两晋

150年

张玮杰 ◎ 著

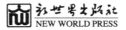
新世界出版社
NEW WORLD PRESS

图书在版编目（CIP）数据

两晋150年 / 张玮杰著. -- 北京：新世界出版社，2024.1

ISBN 978-7-5104-7798-0

Ⅰ.①两… Ⅱ.①张… Ⅲ.①中国历史—晋代—通俗读物 Ⅳ.① K237.09

中国国家版本馆CIP数据核字（2023）第 235098 号

两晋150年

作　　者：张玮杰
责任编辑：曲静敏
责任校对：宣　慧　张杰楠
责任印制：王宝根
出　　版：新世界出版社
网　　址：http://www.nwp.com.cn
社　　址：北京西城区百万庄大街 24 号（100037）
发 行 部：(010)6899 5968（电话）　(010)6899 0635（电话）
总 编 室：(010)6899 5424（电话）　(010)6832 6679（传真）
版 权 部：+8610 6899 6306（电话）　nwpcd@sina.com（电邮）
印　　刷：天津旭丰源印刷有限公司
经　　销：新华书店
开　　本：710mm×1000mm　1/16　尺寸：170mm×240mm
字　　数：363 千字　　　　　印张：24
版　　次：2024 年 1 月第 1 版　2024 年 1 月第 1 次印刷
书　　号：ISBN 978-7-5104-7798-0
定　　价：69.00 元

目录

第六章　鲜卑崛起

第七章　时代之子刘裕

第一章 暗涛汹涌

西晋建国

正始十年（249）正月里的一天，为纪念先帝曹叡逝世十周年，曹魏皇帝曹芳带领权臣曹爽以及包括曹爽几位兄弟在内的众多官员悉数出城，到埋葬了曹叡的高平陵[①]拜祭。蛰伏许久的太傅司马懿终于等到了打翻身仗的机会，他利用长子司马师豢养的三千死士迅速控制了京城，之后设计诛杀了优柔寡断的曹爽兄弟，控制了曹魏朝廷。

两年后（251），司马懿去世，司马师接掌了曹魏兵权。又三年（254），司马师废掉曹芳，另立曹髦为帝。司马师去世后（255年3月），他的弟弟司马昭掌握了兵权。甘露五年（260）五月，司马昭的手下成济刺死了曹髦，曹奂（本名曹璜）在司马昭的扶持下登上了皇帝宝座。

景元四年（263），司马昭派大将钟会和邓艾等人灭蜀国，之后接受了九锡[②]，并被封为晋王。由曹魏过渡到晋朝的"禅让"似乎就要瓜熟蒂落，就在这个时候，司马昭却病逝了（265年9月），他的世子司马炎继承了父亲的王位，成为新的晋王，担任相国，把持朝政。

曹魏咸熙二年十二月十三日（266年2月8日），魏帝曹奂把帝位禅让给了三十岁的晋王司马炎，曹魏灭亡，晋朝建立，史称西晋。曹魏从公元220年建立，共有五任皇帝（即曹丕、曹叡、曹芳、曹髦、曹奂），立国四十七年。

司马炎史称晋武帝，他封曹奂为陈留王，将曹奂的王宫建在邺城（今河北临

---

① 今河南汝阳县东北茹店村东南二里霸陵山下。
② 九锡即"九赐"，指皇帝给有功勋的臣子赐下的九样东西，包括车马、衣服、乐章、朱红色大门、斜坡台阶、虎贲百人、武器、大旗斧钺、祭祀用的酒，这是古代帝王给予臣子的最高礼遇。王莽是中国古代史上第一个得到九锡的大臣，后来每当有权臣要篡位时，总是以得到九锡为先决条件。

漳县），和曹魏一朝所有的亲王聚在一处①，便于看管。他准许他们在邺城内继续奉行曹魏的历法，继续使用原有的礼仪和乐器，但所有曹魏亲王都要降封为侯爵。

处理好前朝王室，司马炎就开始分封自己的家族了。他追尊祖父司马懿为宣皇帝，伯父司马师为景皇帝，父亲司马昭为文皇帝，尊自己的母亲王元姬为皇太后，封晋王妃杨艳为皇后。之后，他又在宗族内大肆封赏，司马家族一下子有了二十七人为王。

曹魏不给皇族实权，致使司马家轻易篡位成功，对于这一点，司马炎可谓印象深刻，所以他大封皇族是为了巩固国家权力。他把各位王爷所封的郡设为封国，有两万户人家的为大国，设立上、中、下三军，兵五千人；一万户人家的为次国，设上、下二军，士兵三千人；五千户人家的为小国，只设一军，兵五百人，让他们拱卫朝廷。各位王爷都可以在封国内自己任命太守（内史）、县令及其他地方官员。

需要交代一下的是，这次分封后，除了都督外地军事的王爷外，其余的王爷们并没有前往封国就任，而是留在了繁华的首府洛阳，遥控指挥封国内的大小事务。西晋对封国实行"三分食一"的制度，即封国内百姓缴纳的租调，三分之一归王爷留用，三分之二上交朝廷，充实国库。

分封了宗室王，还要任命各级官员。朝廷要维持运转，各级岗位就需要有明确的人员担任，其中最重要的莫过于以下几个：三师（或称为上三公），即太师、太傅、太保，因为要避讳司马师，所以晋朝改太师为太宰；三公，即太尉、司徒、司空；另外，还有大司马和大将军。三师更多的是一种荣誉头衔，一般没有实际职务，由德行高、资格老、年龄大的重臣来担任，供皇帝平时咨询，如果没有合适的人选就空出来，宁缺毋滥。有时候这个岗位也用来把位高权重者"晾"起来，比如吕后时的王陵、曹爽时的司马懿。三公中的太尉主管国家军

---

① 曹魏嘉平三年（251），魏帝曹芳让所有曹姓亲王都集中在邺城居住，并让他们断绝和外面的交往。

队，司徒主管包括干部任免在内的行政事务，司空是主管监察的，这样的设置也体现了权力制衡，能起到互相监督的作用。大司马、大将军位在三公之上，大司马一般不和太尉同时设置，大将军也不经常设置。除此之外，骠骑将军、车骑将军等也是重要岗位。

司马炎任命司马孚为太宰，他是司马懿的三弟，司马炎的爷爷辈，在朝中威望很高；郑冲为太傅，他是曹魏时期的太保，这次官职前进一位；王祥为太保，他是曹魏时期的太尉，也是让琅琊（今山东临沂）王家开始发达的人物，古代著名的道德楷模、二十四孝子之一，曾经在大冬天卧冰求鲤给后母吃，在当时有非常良好的声誉，这次官职同样前进一位；义阳王司马望为司徒，他之前是曹魏的骠骑将军；何曾为太尉，他之前是曹魏的司徒；荀颢为司空，他是曹操麾下著名谋士荀彧的儿子，之前是曹魏时期的司空，也没有更好的位置了，就继续干下去吧；石苞为大司马，他是那个因为斗富而臭名昭著的石崇的爸爸，之前是曹魏的骠骑将军；陈骞为大将军，他之前是曹魏的镇南将军。

三师、三公、大司马、大将军，这八个职位统称为"八公"，但像司马炎时期这样同时并立的情况是很罕见的，说明刚一开国，西晋的官僚机构就很臃肿。

司马炎又任命裴秀为尚书令，王沈为骠骑将军，贾充为车骑将军。裴秀、王沈、贾充都是开府仪同三司，也就是享受和三公一样的待遇。其他封官、晋爵不再一一细表。

文臣武将普遍增加二等俸禄，皆大欢喜。品级第一的待遇是每天五斛粮食，比如各位文官公和武官公；品级第二的为每天四斛粮食，比如拜为特进的；品级第三的为每天三斛粮食，比如各位卿。一斛等于十斗，一斗等于十升，一斛就是一百升。斗是谷等粮食的计量单位，当时谷的出米率一般是五成，百升谷能得五十升小米。一升小米现在重两斤半，按平均每斤小米四元的市场价格，一品官每天得的五斛谷（相当于两百五十升小米）相当于现在的一千五百元，一个月就是七万五千元！

新皇登基，还要惠及治下百姓以赢得民心，于是司马炎免除全国一年的租赋和关市税，并赏赐孤寡无劳动能力者每人五斛粮食。他还大赦天下，欠租者所欠租税都不再收取，丢官失爵的人也都恢复了官位，过去的种种不愉快全部消除。总之，天下一派喜气洋洋的欢乐气氛。

之后，晋武帝司马炎登坛祭祀天地，杀了黑色公牛作为祭品，向天下宣告，一个新政权已正式诞生。

当时，虽然蜀国已经灭亡，但南方的孙吴还在，何时解决东吴、统一全国，就成了西晋这个新生政权和司马炎首先要面对的问题。东吴凭借长江天险，让多少英雄豪杰饮恨江边，近世曹操赤壁之战的惨败也提醒着司马炎，伐吴之战不能操之过急，要先做准备工作，慢慢来。

泰始五年（269）二月，司马炎命当时任尚书左仆射的羊祜为都督荆州诸军事，镇守军事重镇襄阳（今湖北襄阳），为将来的伐吴做准备了。

羊祜是中国历史上的一员名将，字叔子，出生于曹魏黄初二年（221）。泰山（今山东泰安）羊家在当时是大族，世代做的都是拿两千石俸禄的官（相当于太守级），难得的是他们代代清廉，因此在世人中享有美誉，而羊家传到羊祜这里的时候，已经是第九代了。

这里说的"尚书左仆射"，有必要简单介绍一下。尚书台在汉朝时是内廷，被控制在皇帝手中。汉献帝建安十三年（208）设置了丞相职务，曹操任丞相，把属于内廷的尚书省正式迁移到外朝，直属于丞相管理，对丞相负责[1]。尚书台主要管理国家社会事务，其组成一般有：录尚书事、尚书令、尚书左右仆射、各曹尚书、尚书左右丞、尚书郎、尚书都令史、令史、书令史、书吏干。录尚书事一般由朝中的重要人物兼任，统领尚书台。尚书令是尚书台的正职，左右仆射是尚书台的副职，各曹尚书是六个内设部门的领导，这几个官职放在一起有"八座"之称。羊祜处在这个位置上，也算延续家里的传统，是个高官了。

被委以重任的羊祜开始思考伐吴之策，他认为，益州（州府成都，今四川成都）处于长江上游，要攻打地处下游的东吴，就需要利用长江的力量，让军队顺

---

[1] 实际上，自建安元年（196）曹操为录尚书事起，他就已经把尚书台掌握在自己手里了。

流而下才可能成功，于是他秘密上书司马炎，建议让益州刺史王濬负责建造舰队。司马炎很快就同意了，同时加封王濬为龙骧将军。

王濬是西晋名将，字士治，弘农（今河南灵宝）湖地人。他是羊祜的好友，有了他的配合，羊祜的计策可以继续执行下去了。

西北变乱带来的太子妃

泰始六年（270），西北再起战事，河西鲜卑秃发部的头领秃发树机能起兵反晋。这场战争持续了十年，其间几易将帅，深远地影响了西晋的政局。

这里需要讲一下鲜卑。

商朝时期，在如今的我国河北省北部、内蒙古东部地区生活着一支少数民族，史称东胡。当时的东胡很强大，连彪悍的匈奴人都要每年给他们进贡。到战国时，东胡对中原地区的入侵令地理位置靠北的燕国很是苦恼，燕国将领秦开卧底东胡，摸清了东胡的底细后潜回燕国，于公元前300年带兵攻打东胡，东胡被打了个措手不及，一直退到一千多里外的西辽河上游（今内蒙古通辽一带）。之后，秦开又效法赵国，动员军民修建长城。这座燕国北长城西起造阳（今河北张家口），东到襄平（今辽宁辽阳），全长达两千多公里，有效阻挡了东胡的侵扰。

到了秦汉，匈奴冒顿单于在鸣镝弑父后自立为王，他的实力逐渐强大，也开始带兵攻击东胡。东胡被击垮，分裂成不同的部族四下逃散，其中退居乌桓山（今大兴安岭南端）的一支被称为乌桓，退居鲜卑山（具体位置不可考，大概在今大兴安岭北部）的一支则被称为"鲜卑"，此外还有柔然、库莫奚、契丹、室韦、蒙古等。

后来，随着历史的发展，鲜卑分化出慕容、宇文、段部、拓跋、乞伏、秃发、吐谷浑各部。秃发部的首领匹孤率领部落迁到了今甘肃省中西部及内蒙古西部一带，自称河西鲜卑，以此表示自己驻扎在黄河以西。匹孤死了后，他儿子寿阗继承了他的位置，成了新的部落首领。因为寿阗的母亲睡觉的时候把他生在了被子上，而鲜卑称被子为"秃发"，所以这个部落的人们开始用"秃发"作为姓氏。

秃发树机能是寿阗的孙子，天生勇猛且有谋略。这样一个人物，对西晋来讲注定是个威胁。

西晋泰始四年至五年（268—269），河西、陇西地区遭逢大旱，当地民众缺衣少食，苦不堪言。朝廷怕出乱子，派遣在西部拥有威名的胡烈出任秦州（今甘肃东南部）刺史，用以镇服百姓。

胡烈是员猛将，虎父无犬子，胡烈的儿子胡渊也很能干。曹魏时期，胡烈曾跟随钟会伐蜀，蜀国灭亡后，钟会有了自立的野心，扣押了胡烈和众多随行将领。当时年仅十九岁的胡渊听说此事，立刻带领士兵奋力攻杀，杀死了钟会和姜维，解救了众将，从此声名远播。

然而，胡家父子为将虽猛，却不是治民的好手。胡烈到任后采用高压手段，激起当地人民的强烈不满，一时间民怨沸腾。秃发树机能趁机起兵，把胡烈围困在万斛堆（今甘肃靖远县）。时任都督雍、凉二州诸军事的扶风王司马亮听闻消息，派将军刘旂率兵前去救援，可刘旂早被秃发树机能吓破了胆，畏缩观望，不敢前进。泰始六年（270）六月初，胡烈兵败被杀。

胡烈被杀的消息震惊了朝廷，司马炎下诏，任命杜预为秦州刺史，贬司马亮为平西将军，刘旂以军法处斩。司马亮上书说是自己指挥不当，处置不力，请求赦免刘旂，于是司马炎免去司马亮的职务，留了刘旂一命。从这点上看，司马亮对部下还挺有人情味的。

撤了一个统帅，就得有新的统帅补上。司马炎让尚书石鉴代理安西将军，同时出任都督陇右诸军事，率兵继续讨伐秃发树机能。

石鉴和秦州刺史杜预结过怨，这次出征，石鉴没有一心退敌，反而觉得报私仇的机会来了。他到任后，命令杜预迅速攻击叛军，然而当时杜预手下只有三百士兵、百匹战马，此时出击，无疑是以卵击石。

杜预知道这是石鉴的阴谋，自然不肯白白前去送死。他按兵不动，还上书给石鉴说，秃发鲜卑刚刚获得胜利，兵强马壮，声势很盛，而我方部队十分疲惫，军资又供应不足，应优先集中兵士运输粮秣，养精蓄锐，等到明年（271）春季再进军，这才是上策。

石鉴大怒，立即弹劾杜预延误军机，于是朝廷下令用囚车把杜预押赴京师，送廷尉审判。杜预的妻子是司马懿的第二个女儿高陆公主，在"八议"①的范围之内，杜预得以用他丰乐亭侯的爵位赎了一命。

如此内斗，想也知道石鉴讨伐秃发树机能之战不会取得胜利。

晋泰始七年（271）正月，和秃发树机能打拉锯战的石鉴遭人举报，有人说他以前攻打东吴的时候曾虚报杀敌数目。究竟是谁举报的，这个不好说，可能是杜预，可能是同情杜预的人，也可能是石鉴的其他政敌。司马炎接到报告后非常恼怒，直接下诏免除了石鉴的官职，把他打发回老家，终身不再录用，但没有剥夺他的爵位和封地。不过，后来石鉴又被起用，这是后话。

西北的战事越闹越凶，羌人和氐人也加入了战局。他们和鲜卑人秃发树机能合兵一处，包围了凉州刺史牵弘，牵弘不敌阵亡。

西北的局势牵动着朝野上下的心，朝廷急需派一位大员去安定西北。经人推荐，贾充进入了司马炎的视野。

贾充，字公闾，平阳襄陵（今山西襄汾县东北）人，他父亲叫贾逵，是曹魏时候的豫州刺史，获封阳里亭侯。贾逵晚年才有了贾充，老来得子，对贾充十分宠爱。

贾充十二岁的时候贾逵去世，他承袭了父亲的爵位，后来开始参与到司马师的军中事务中，跟随司马师讨伐毌丘俭、文钦。平定叛乱后，司马师眼部病痛发作，先回了许昌，留下贾充督军。司马师死后，贾充到司马昭府中做事，又跟随司马昭平定诸葛诞之乱。他献计攻破了诸葛诞的城池，立下功劳，得以晋爵为宣

---

① "八议"是中国古代的一种特权制度。当时律法规定，有八种人犯罪后，司法机关无权直接审判，而是要奏请皇帝，请皇帝裁决，一般情况下他们的罪责都会得到宽大处理。八议分别是：议亲，议故，议贤，议能，议功，议贵，议勤，议宾。

阳乡侯，增加封邑一千户。

之后，贾充出任廷尉（掌刑狱），他本就擅长法理，在任上又工作勤恳，有纠正、平反错案的名声，于是廷尉做了一段时间，又转任中护军（掌禁卫军，同时掌管武官选拔）这一重要职位。甘露五年（260）的时候，就是贾充直接命令成济刺死魏帝曹髦的，他也因此被封为安阳乡侯。司马炎登基为帝后，又升贾充为车骑将军、散骑常侍、尚书仆射，并改封鲁郡公。

贾充担着"弑君"的恶名，本人的操守确实也不高，虽然有点小才华，但主要靠拍马屁取悦皇帝，因此得到朝中正直人士的鄙视和厌恶，比如侍中任恺和中书令①庾纯。他们联合起来，准备寻找机会扳倒贾充，正好这次朝廷要派大员去西北平叛，他们就向司马炎推荐了贾充，司马炎听了也认为合适，便任命他为都督秦、凉二州诸军事，让他率军前去讨伐秃发树机能。

贾充拿到诏书后顿时觉得脊背发凉，急得六神无主，因为他知道，自己这一去一定不会有好结果，说不定小命都得丢在大西北。他找到了同党荀勖等人想办法。荀勖对贾充说："你位高权重，竟然被匹夫摆弄成这样，真是丢脸！出征一事陛下已经下了诏书，无论如何都推辞不得，但近来宫中传出消息，说太子要婚配了，这是你的机会，只要你能把女儿嫁给太子，到时候以筹备婚事为由，你就可以留下来，事情就会有转机。目前想来，也只有这一个办法了。"

贾充大喜，他和妻子郭槐及荀勖等人拿重金开道，贿赂皇后杨艳和杨艳的左右侍从。经多人相劝，司马炎终于决定迎娶贾家女儿为太子妃。

司马炎的皇后杨艳出身弘农（今河南灵宝）杨家，这个家族在东汉时曾经出了四世三公，算得上是世家。杨艳先后为司马炎生下司马轨、司马衷、司马柬三个儿子和平阳、新丰、阳平三位公主，可惜司马轨不幸夭折，司马衷就成了最年长的，自然而然也就成了太子名号最有力的竞争者。

然而，司马衷从小发育迟缓，智力水平、语言表达能力都比同龄孩子差许多，这让司马炎非常担忧。他把这种担忧告诉了杨艳，母以子贵，杨艳自然要祖

---

① 中书令和中书监同为中书省高层领导，中书监的排位更靠前。

护自己的儿子。她对司马炎说："立太子是以年龄论，而不以才能，怎么可以随意改换呢？"司马炎被左劝右劝，也渐渐开始觉得孩子还小，通过不间断的教育也许能迎头赶上，便打消了之前的念头。泰始三年（267），司马炎封九岁的司马衷做了皇太子。泰始七年（271），司马衷刚刚十三岁。

太子是个傻子，这可不是良配，但那是皇家，自然与别个不同，何况为了保全自身性命，贾充也管不了那么多了。

贾充和郭槐有两个女儿，大女儿贾南风十六岁，二女儿贾午才十二岁。贾南风外表丑陋，贾午还漂亮些，贾充觉得让贾南风出嫁有点对不起司马家，怎奈二女儿年龄太小，太子妃的衣服也撑不起来，最后只能让贾南风嫁给了太子。

时已入冬，适逢京城洛阳下大雪，平地里积雪达到两尺厚，将近现在的五十厘米，军队没法出发，而且不久太子就要结婚了，司马炎便顺势不再让贾充去西北平叛了。

泰始八年（272）二月十七日，太子司马衷迎娶贾南风为太子妃。

晋武帝的后宫

像任何一个有正常需求的帝王一样，晋武帝司马炎也非常喜欢美女，他的后宫不可能只有皇后杨艳一个，搜罗治下美女是他的重要生活内容之一。

泰始九年（273）秋，司马炎颁布诏书，准备挑选公卿及公卿以下官员的女儿充实后宫。把女儿送到皇宫，有些官员是不想的，因为后宫佳丽太多，有些美女终其一生也难以得到皇帝临幸，最后只能落得个孤苦凄凉的结局，于是他们就把自己的女儿藏了起来。司马炎也考虑到了这一点，于是又下令，胆敢隐藏不参加遴选的，治不敬之罪，格杀勿论，而且在挑选工作结束之前，全国禁止婚嫁。之后他派宦官专门乘坐使者的车辆快马加鞭到各州郡网罗美女，然后再将她们集中送到京城，等候下一场挑选。

司马炎让皇后杨艳替自己去选人，杨艳出于女人的自保和嫉妒，只选了那些身材修长、皮肤雪白的女子入宫，长得好看的则全都淘汰。但有些事拦也拦不住。大臣卞藩的女儿长得很漂亮，司马炎看上了，他用扇子遮住脸，偷偷对杨艳说："听说卞藩的女儿很漂亮，你要把她留下来。"杨艳却回答说："卞家女儿三代都是皇后（曹操妻，曹髦妻、曹奂妻），不能委屈这个姑娘，让她当妃嫔。"司马炎一听就来气了，干脆让皇后回宫歇着，开始亲自上阵挑选。所有中他意的美女，都要用红色的丝绢在手臂上扎一个结，作为记号。

晋朝后宫除皇后外的级别是这样的：贵嫔为一级，夫人为二级，贵人为三级，这三位统称三夫人，位比前朝的三公；淑妃为四级，淑媛为五级，淑仪为六级，修华为七级，修容为八级，修仪为九级，婕妤为十级，容华为十一级，充华为十二级，以上统称九嫔，位比九卿；十三级的美人、十四级的才人、十五级的中才人则位比千石官员。三公、九卿级别官员的女儿在三夫人和九嫔之间加封，而将军、校级的女儿，就只能在十五级中才人至十三级的美人之间加封了。

一批美人进了后宫，司马炎还嫌不够。泰始十年（274）夏，他又下诏书，征集低级官员和普通百姓家的女儿共五千人到皇宫集合，要在她们中挑选宫女。当然，如果被皇帝看上，这些宫女也随时会有被临幸的可能。一入皇宫，归家无期，当时母女们难分难舍，在皇宫内抱头大哭，哭声传到皇宫之外，听到的人无不悲伤动容。

不过，司马炎的后宫里也不全是美女，也有"丑女"。是不是司马炎挑选的时候突然眼花挑选错了？不是的，这位与众不同的女子叫左芬，是写出《三都赋》造成"洛阳纸贵"的左思的妹妹。左芬自幼好学，善写文章，名声仅次于哥哥左思，左思因写了《三都赋》造成"洛阳纸贵"，司马炎为了博取好名声，就把左芬纳入了后宫。泰始八年（272），左芬被封为修仪，这是后宫中的第九级，起点也不低了。司马炎很看重左芬的文采，每当有土产与稀世珍宝进贡的时候，一定会让她写文章称颂，左芬也每每能写出令司马炎满意的文章来。她因为容貌一般而得不到宠幸，但又因文才而受到礼遇，多次获得恩赐，后来还被擢升为贵嫔。左芬的诗、赋、信等流传下来的有几十篇，其中就有司马炎命她写的关于愁思的文章——《离思赋》。

司马炎的后宫还有个特别的美女，是个小辣椒，她叫胡芳，是镇军大将军胡奋（胡烈的哥哥）的女儿。泰始九年（273）司马炎大选后宫的时候，胡芳被选上，下殿后便号啕大哭，左右赶紧制止她："陛下如果听到哭声可不好啊！"胡芳任性地说："我死都不怕，还怕什么陛下！"因为年龄小又漂亮，此时已经三十八岁的司马炎自然不会跟她计较，反而很喜欢她的这种自然流露，便封她为贵嫔。司马炎每次有问题问胡芳的时候，她都不加掩饰，快人快语，率直回答，举动刚直大方，司马炎因此对她越发宠爱，给她的待遇仅次于皇后，这让皇后杨艳深感危机。

泰始十年（274），杨艳生病了，且一病不起。就在她生病时，有侍女禀报，皇帝最近去胡贵嫔（胡芳）那里的次数渐多，这让她十分担心：万一自己有意外，司马炎也许会立胡芳为皇后，这样的话，自己儿子司马衷的太子地位可能会不稳。

杨艳的病势转重，司马炎前去探视，杨艳用尽了最后的气力，用头枕着司马炎的腿流着泪说："陛下要答应我最后一件事情。"

司马炎赶忙问："什么事情？别说一件，就是一百件我也答应。"

杨艳道："我叔叔杨骏有个女儿叫杨芷，才貌出众，我走了之后，请您娶她为后。"说着显出非常悲伤的神态，不停地抽泣。

望着这个自己曾经深爱的女人，司马炎也很伤感，泪流满面，当场许诺会迎娶杨芷为后。

这年秋天，皇后杨艳病逝，年三十七岁。她被安葬在峻阳陵，这座陵墓位于洛阳城北，是司马炎为自己预留的墓地。

两年后的咸宁二年（276），在十月二十一日这天，司马炎正式迎娶杨芷，并立其为皇后。杨芷本年十八岁，字季兰，容貌端庄秀丽，性格温和。她的父亲杨骏是杨艳父亲杨炳的亲弟弟，是东汉太尉杨震的后人。杨骏一共弟兄四个，分别是杨炳、杨骏、杨珧和杨济。

一家出了两个皇后，杨家陷入一片欢乐之中，但还是有人对此忧心忡忡，怎么也高兴不起来，他就是杨家的老三杨珧。当初司马炎下聘礼时，他就上书说：

"从古至今，一个家族之中如果出了两位皇后，这个家族就没有能够得到保全的。请您把我的这份奏章放到皇家祭庙中吧，如果日后事情如我所料，请您赦免我。"司马炎批准了他的请求。

应该说杨珧是有先见之明的，在他无力阻挡灾祸降临的情况下，他所求的唯有自保。但可惜的是，这份奏章并没有让他逃脱被杀的命运。

一人得道，鸡犬升天。同年十二月，司马炎破格提拔镇军将军杨骏为车骑将军，封临晋侯。从镇军将军到车骑将军，杨骏一步跨过了好几个台阶。

西晋的将军职位由高到低排序如下：骠骑、车骑、卫将军、伏波、抚军、都护、镇军、中军、四征（东西南北）、四镇（东西南北）、龙骧、典军、上军、辅国等。杨骏等于直升五级，晋级速度堪比火箭。当然，之前作为皇后杨艳的亲叔叔，他的职位本也不低，只是现在成了皇后的亲爹，他的地位就更加显赫了。

对于杨骏官职如坐火箭式地上升，朝廷内议论纷纷，尚书郭奕甚至上书直言："杨骏这个人器量太小，不能够担当国家重任。"但对于这些意见，司马炎一概不听。杨骏自以为有了皇帝的默许，更加不知收敛，行事愈发高调，趾高气扬，不可一世。

贵嫔胡芳的父亲、平南将军胡奋看不惯杨骏，告诫他道："自从你女儿当了皇后以后，你就变得高高在上，目中无人！总结前代历史，和皇族结亲的能善终的不多，看你现在的言行，你的灾祸很快就会来了！"

杨骏冷笑道："你女儿不也在宫中吗？"

胡奋道："我女儿只是你女儿的仆人罢了，不会给家人带来多大好处，也不会给家人带来多大坏处。"

杨骏听罢，顿时对胡奋怀恨在心，但苦于抓不到胡奋的把柄，奈何不了他。

马隆西征

咸宁四年（278）正月，从西北战场再次传来坏消息：凉州刺史杨欣大败，阵亡，成了第三个阵亡的凉州刺史[①]。咸宁五年（279）正月，又传来了秃发树机能攻陷凉州的消息，朝野震惊。

司马炎亲自主持金銮殿朝会，讨论西北战事。面对这场已经打了八年多的战争，司马炎叹息道：“哪位将军能为我荡平这个逆贼呢？！”

站在阶下的朝臣面面相觑，不敢搭腔，殿内一片寂静。这时候，只听一个声音高喊：“陛下就把秃发这帮贼寇交给我收拾吧！”大家循着声音一看，原来是司马督（六品军事官）马隆。

马隆，字孝兴，兖州东平人，少年时就表现得有勇有谋。曹魏时，兖州刺史令狐愚[②]因罪被暴尸，没有人敢为他收葬，马隆自称是令狐愚的门客，出钱偷偷埋葬了他，并在墓地种植松柏，守丧整整三年，全州的人都把这件事作为美谈。西晋建立后，因为东吴未灭，司马炎号召在全境选拔猛士充实部队，兖州推荐了马隆。因在部队表现优异，马隆逐渐升至司马督。

这次司马炎要征召可以平定秃发树机能的勇将，马隆主动请缨。只听他接着说：“陛下如果能用微臣，微臣必不负所望，荡平贼寇！”

司马炎闻听大喜，但一看是马隆，职务不高，心里也犯嘀咕，便问：“现在正是用人之际，只要能荡平反贼，我怎么会不任用你呢？只是不知道你有什么谋略，能这般有底气？说来听听。”

马隆知道皇帝不相信自己，便说：“微臣请求陛下让我自主招募勇士三千人，不管他们的出身，不管他们家乡是哪里。经过训练后，我率领他们击鼓西

[①] 另两个是胡烈、牵弘。

[②] 令狐愚，字公治，太原人。曹魏时期将领，曾与太尉王凌一起密谋废除曹芳，改立楚王曹彪为帝。还未动手，令狐愚就病逝了。后来消息泄露，王凌服毒自尽。司马懿下令把令狐愚和王凌开棺暴尸三日，并夷三族。

进，凭借陛下的声威恩德，消灭贼寇指日可待。"

司马炎大喜过望，当即任命马隆为讨虏护军兼武威郡太守。

大殿内很多官员都不同意，纷纷提出质疑："朝廷六军兵力已经够多，州郡的兵力也不少，动用他们即可，不宜另行悬赏招募兵员，扰乱现有的正常军事制度。马隆也只是个低级军官，请陛下不要听他信口开河。"

司马炎不听，坚决任用了马隆。于是马隆开始招兵，他订立了招募标准：双臂能拉开一百二十斤巨弓，用腰力能拉开一千零八十斤巨弩的，即可入军效命。应征者前来考试，从早晨到中午，选拔了三千五百人，马隆才说够了。

马隆带着这些新兵到武器库挑选武器，但他事先没给好处，看管武器库的武库令不让他们挑，只给他们一些旧武器。马隆气愤不过，和武库令发生了激烈争执。御史中丞听说后上书弹劾马隆，但马隆反驳说："我们将要血染沙场，可是武库令却拿曹魏时期已经生锈腐朽的旧武器给我们，这让我们怎么上战场杀敌？相信这绝不是陛下派我们出征的本意！"

司马炎听说后，命武库令打开仓库，让马隆他们随意挑选，并拨付给他们够用三年的军需物资，叫他们即刻动身出发。

马隆率领士兵一路向西挺进，顺势渡过了温水，秃发树机能率数万士兵予以阻截。鲜卑人熟悉地形，有时凭借天险拦在马隆一行人的前面，有时又设下埋伏截断马隆的后路，行踪飘忽不定。

马隆他们一路克难攻坚，坚定前进。马隆根据八阵图制作扁厢车①，遇到土地宽阔时就扎下车的尖头，把车并列排开作为营垒，遇到道路狭窄时就建造坚固木屋加在车上，边作战边前进。这给他们带来了便利，弓箭所射到之处，敌人应声而倒。

马隆又运用奇谋，趁其不备，出奇制胜。他命人在路两边堆砌磁石，秃发树机能的士兵全身都穿戴铁盔铁甲，路过时便被吸住不能动弹，而晋军都披着犀牛

---

① 扁厢车，战车的一种，车身大幅度缩减，适合狭窄道路前行，是基于用战车阻击敌人骑兵的想法改进出来的。诸葛亮首先使用这一战术。

皮做的盔甲，磁石不起作用，于是秃发树机能的叛军被马隆军砍瓜切菜似的砍杀。叛军蒙了，以为晋军是天神下凡，有神仙相助，军心开始动摇，战斗力锐减，马隆趁机率领军队转战千里，杀敌数以千计。

因为过去通信不发达，不像现在有卫星通信系统，消息传递速度很慢，所以马隆奔赴西部以来音讯皆无，朝廷很担心他，也很担心战事，慢慢地，竟有人说他已经死了。后来马隆的信使终于到达京师洛阳报信，当时是在半夜，司马炎马上召见，听到捷报后高兴得鼓掌大笑。

第二天一大早，司马炎召集群臣开会，训斥他们道："马隆率弱小部队，奋不顾身，英勇杀敌，取得了一连串的胜利。我当初如果听了你们的话，秦州、凉州早就没有了！"又下诏升马隆为宣威将军，假节①。

此时的马隆还拼杀在第一线。到了武威后，敌人的首领猝跋韩、且万能等率领一万多部众来归降，马隆的部队声威大震。

咸宁五年十二月，马隆与秃发树机能进行决战，力斩其首级，凉州十年之乱终于完全平定。回朝后，马隆和将士们都得到了显赫的官爵。

后来，马隆被封为奉高县侯，加授东羌校尉。他任职十多年，名扬西北，最终在任上去世。马隆的儿子马咸也是一员猛将，之后在八王之乱中还会提到他。

从分裂走向统一

羊祜为伐吴筹谋许久，在咸宁四年（278）十一月去世。死前，他多次要求出兵，可惜司马炎觉得时机未到，不肯发兵。到了咸宁五年（279）秋季，王濬等人接连上书，力主灭吴。这时候西北战场捷报频传，司马炎也认为是时候解决东吴的问题，一统天下了。

---

① 皇帝给予臣子的特殊权力，得赐假节者在战时有权斩杀触犯军令的人。

咸宁五年（279）十一月，司马炎开始分兵派将。他命镇军将军琅琊王司马伷出涂中（今安徽滁州一带），安东将军王浑出江西（长江以西），时任豫州刺史、建威将军的竹林七贤之一王戎出武昌（今湖北鄂州），平南将军胡奋出夏口（夏水注入长江处），镇南大将军杜预出江陵（今湖北江陵县），益州刺史王濬和巴东郡（今重庆奉节县东）监军唐彬则从巴蜀顺长江而下。六路大军共二十万兵士，东西并进，同时开拔，誓要对东吴发动灭国大战。同时，司马炎任命张华为度支尚书，负责调度、运送粮草等物资。

一次出动二十万大军非同小可，司马炎还要选派一位资历老、自己信得过的人为大都督，节制、调度各路兵马，他又想到了贾充。贾充最初推辞不干，司马炎说："爱卿若不去，我就御驾亲征。"贾充这才不情愿地接受了，率领朝廷禁卫军进驻襄阳（今湖北襄阳）。

镇南大将军杜预进攻东吴江陵，安东将军王浑进攻东吴沿边城池和营寨，这两路军队势如破竹，攻无不克，一路前进。

咸宁六年（280）二月一日，王濬、唐彬率领舰队浩浩荡荡，顺长江而下。舰队中的大船长一百二十步（一百三十多米），能载两千多人。大船周边以木栅为城，修城楼望台，有四道门出入，船上可以来往驰马，又在船头画上鹢鸟（一种似鹭的水鸟）的头和各种怪兽，用来恫吓江神。这艘舰船的规模之大，史无前例。

当年王濬在益州造大船，碎木顺长江而下，布满长江水面，建平郡（今重庆巫山县）太守吾彦发现后，认为晋朝有进攻东吴的计划，赶快向东吴帝孙皓报告，但孙皓不以为然。吾彦没有办法，只得自己做些防御准备。他用粗大的铁链横跨长江，固定在两岸，形成一道铁链防线，阻拦大船通过，又打铸了大铁锥沉到长江中，预备破坏舰船底部，使它沉没。

然而王濬也掌握了吾彦的部署，他提前准备了方形大木筏，满载身披铠甲、手执利刃的稻草人，用以迷惑东吴士兵，然后命游泳技术精湛的士兵乘坐大木筏开路，铁锥撞到木筏，牢牢插在船底，就被木筏带着顺流而下，沉没在下游河床深处了。王濬又提前造好了非常大的火炬，长十多丈，数十个人才能搂抱过来，其上浸满麻油，放在舰船前面，遇到横跨江面的大铁链时晋军就点燃火炬，一会儿工夫铁链熔化断开，航道顿时通畅。

二月三日，王濬攻克西陵，斩留宪等东吴大将；二月五日，攻克荆门、夷道（均在今湖北宜都境内），斩陆晏（陆抗长子）等东吴大将。

杜预采用疑兵之计，派牙门官①周旨率领八百名骑兵，趁夜色掩护渡过长江，袭击乐乡（今湖北江陵县西南）。周旨竖起许多面旗帜，又在巴山放起火来，远远望去，好像有千军万马袭来。吴都督孙歆见这阵势非常害怕，写信给江陵督伍延说："晋朝军队好像是长了翅膀飞过江的！"

周旨等人埋伏在乐乡城外，孙歆派兵出城迎战，结果大败而回。周旨又让伏兵尾随孙歆的军队进了城，孙歆没有觉察，晋兵一直杀到了孙歆的帐幕之下，活捉孙歆而回。

二月八日，王濬斩杀了吴水军都督陆景（陆抗次子）。二月十七日，杜预攻克了江陵，斩杀伍延。从沅江、湘江以南地区到交州（今越南北部）、广州等地，各州郡全都闻风而降，杜预捧出皇帝符节予以安抚。至此，晋军总共俘获、杀死吴都督、监军十四人，牙门、太守等一百二十多人。而另一边，胡奋也顺利攻下了江安。

二月十八日，司马炎下诏："王濬、唐彬已经平定了巴陵（今湖南岳阳），要立即与胡奋、王戎一同攻击夏口、武昌，然后顺长江而下直指建业。杜预则应当安抚零陵（今湖南永州）、桂阳（今湖南郴州）的军民，并设法招降衡阳（今湖南湘潭）守军。大军抵达后，荆州以南的地区发布文告即可招降平定，然后杜预等人各自分兵增援王濬、唐彬，太尉贾充转移到项县（今河南沈丘县）驻扎。"

王戎派遣参军罗尚、刘乔率军与王濬会师一起攻打武昌，吴国的江夏郡太守刘朗、督武昌诸军虞昺识时务地投降了。

杜预主持召开军事碰头会，会上有将领说："东吴积蓄了近百年的实力，不可能瞬间就土崩瓦解。现在正是春季，冰雪融化，雨水渐多，河水即将泛滥，我

---

① 即营门官。

们行军困难，最好等到冬季再大举进攻。"

杜预说："从前，乐毅济西一战而胜[①]，吞并强齐，就此立威。目前我军兵威已振，这就好比劈砍竹子，破开数节之后，剩下的就迎刃而解，不用再费多大力气了[②]。"

杜预面授诸将机宜，率军直指吴都建业。

东吴皇帝孙皓听说晋军南下，命令丞相张悌率丹阳郡太守沈莹、护军孙震、副军师诸葛靓等率领部队三万人北上渡江迎战。走到牛渚（今安徽马鞍山西南采石矶）时，沈莹说："晋在巴蜀训练水军已经很长时间了，而我们在上游的防守向来松懈，国内名将又都相继去世了，现在只是一些年轻人在担当重任，恐怕抵挡不住。晋的水军必然要来到牛渚，我们应当集中兵力，守株待兔，以逸待劳，在这里与他们决一死战。假如有幸能够取胜，那么江北地区自然就太平了。如果现在渡江与晋军交战，一旦战败，大势去矣。"

张悌不同意，反驳道："我们东吴将要亡国，这是人人皆知的事实，不是今日才有的事。我担心巴蜀之兵兵临城下时，我军会因恐惧过度不战自溃。趁着现在渡江，尚且还能与晋决一死战，如果失败，不过就是为国捐躯，死而无憾；假如能够取胜，那么敌军奔逃，我军声势就将倍增，然后可以乘胜西上，在长江中游迎击敌人，那样就不愁不能破敌了。要是依你的计谋，恐怕兵士早都四散奔逃了！到时候坐等敌军到来，然后君臣一起投降，没有人为国殉难，这难道不是很耻辱的事情吗？！"

于是在西晋咸宁六年（280）三月，东吴丞相张悌等人渡过长江，包围了王浑的部将都尉张乔。当时张乔手下只有七千人，他关闭了营垒请求投降。诸葛靓想把他们都杀了，张悌劝阻道："强敌还在后面，不要做这种无谓的事情，再说杀降兵降将也不吉利。"诸葛靓道："这些人只是假装投降拖延时间罢了，此时不除掉定有后患！"可张悌不听，仍旧接受了降书，并命张乔部队就地驻扎。

[①] 济西之战发生于公元前284年，燕国军队夺取齐国七十余城池，大获全胜。
[②] 这就是成语"势如破竹"的出处。

张悌大军继续前进，不久遭遇了晋朝的扬州刺史周浚率领的部队，两军列队对峙。东吴大将沈莹亲自率领精锐敢死队员五千人对晋军发动猛烈冲锋，一连三次，但晋军都顽强地顶住了，岿然不动。沈莹一看晋军防守有方，一时攻不下来，而此时东吴士兵已经士气低落，军容不整，无奈只得后退。晋将军薛胜、蒋班瞅准时机反攻过来，吴军抵挡不住，溃不成军，四散奔逃，无论沈莹怎么喝止都没有用。这时，假降的张乔又从背后杀过来，在板桥（今江苏南京江宁区）大破吴军，斩首无数。

诸葛靓带了几百名亲兵逃走，走了一段没有看见张悌，便派人去接应。前去接应的人见到张悌，不想张悌却不肯走，诸葛靓又亲自去接他，他还是不走。诸葛靓着急道："存亡自有天数，非一人之力，为什么你非要求死呢？"张悌流泪说："仲思（诸葛靓的字），今天是我为国殉难的日子。我还是一个小孩子的时候，就被你家丞相（指诸葛瑾）赏识提拔。我常常怕我死得没有意义，辜负了先贤的知遇之恩，现在我能以身报国，还有什么可遗憾的！"诸葛靓再三想拉他走，还是拉不动，只好流泪与他辞别。走出一百多步远，诸葛靓回过头再看时，张悌已经被晋军乱刃杀死。这一仗，包括孙震、沈莹等吴军将领在内的七千八百人全部被杀。

丞相被杀，东吴举国震动，一片哗然。

当初，司马炎下诏命王濬攻下建平郡时，要他接受杜预的节制调度，攻打建业时，则要他接受王浑的节制调度。王濬舰队挺进西陵，杜预写信对他说："你已经摧毁了敌人的要塞，应立即直取建业，把吴人从水深火热之中解救出来，然后班师回京，这是旷世奇功。"王濬见信后非常高兴，把杜预的信派人呈送给司马炎。

扬州别驾[①]何恽对刺史周浚说："张悌率领的东吴主力已经被歼灭，现在王濬也攻下了武昌，正在乘胜前进，东吴败迹显露。我建议，我们应当立即领兵渡江，直指建业，到时候就可以不战而胜，捉拿孙皓。"周浚赞赏何恽的计谋，让

---

① 辅佐刺史的官。

他去报告安东将军王浑。何恽说："王浑不懂得把握战机，谨小慎微，所以他肯定不会听从我们的意见。"周浚坚持要向王浑禀告，而王浑的回答果然不出何恽意料："我接到的皇帝命令，只是让我驻扎在长江以北，以便抗击吴军，并没有让我轻易进兵。而且陛下命令王濬接受我的调度，你们应该马上准备好船舰，等王濬到来，再一起进发。"何恽说："王濬远征万里，屡破强敌，离建立奇功只差最后一步，却要受您的节制，这样的事情闻所未闻。况且您为上将，应该相机而动，不能事事都等着皇帝下命令。现在渡江完全有把握取胜，如果坐失战机，反而徒留遗憾。"王浑仍不肯接受建议。

王濬的舰队从武昌顺着长江直接向建业进逼，孙皓派遣游击将军张象率领舟师一万人抵抗，但张象已经被吓破了胆，看见王濬的旌旗就投降了。这时候，江中布满了身披铠甲的王濬士兵，他们铠明甲亮，旌旗招展，声势威猛，东吴百姓惊恐不已。

王濬等几路晋朝兵马都在向建业推进。孙皓一看大势已去，与其被屠杀灭族，不如主动投降，于是他采用光禄勋薛莹、中书令胡冲等人的计谋，分别派遣使者向王浑、王浚、司马伷奉上书信请求投降，印玺则送到琅琊王司马伷手里。

三月十五日，王濬的舰船抵达三山，王浑派信使邀请王濬过来议事，要求他暂停前进。王濬的舰船部队正乘风破浪直逼建业，他回复王浑说："船正顺风而行，根本停不下来。"当天，王濬的八万精兵乘着相连百里的战船，伴随着震天响的擂鼓声、呐喊声进入了石头城（位于建业西北）。孙皓脱光上身，双手绑在背后，抬着棺材到王濬军营投降。王濬命人为孙皓松了绑，烧了棺材，请他进大营相见。

从公元195年孙策创立江东大业，到孙皓出降的这一年，孙家在江东的统治共延续了八十六年。王濬接收了吴国的地图和户籍册，共计四州（交州、广州、扬州、荆州）四十三郡，五十二万三千户，男女老幼共二百三十万，士兵二十三万名。

对于这段历史，唐代诗人刘禹锡有诗云："王濬楼船下益州，金陵王气黯然收。千寻铁锁沉江底，一片降幡出石头。"

洛阳得到孙皓投降的消息后，万民沸腾，大家都涌上街头敲锣打鼓地庆祝，城内热闹非凡。文武百官穿戴整齐到金銮宝殿上向晋武帝司马炎道贺，司马炎手拿酒杯，眼含热泪，感慨万千。这时候他首先想到的是羊祜，他对群臣说："这应该归功于羊祜啊！"

咸宁六年（280）四月二十八日，司马炎封孙皓为归命侯；四月二十九日，他改年号为"太康"，这一年就是太康元年了。

古代皇帝有的喜欢改年号，让我们后人不胜其烦，比如刘禅改了四个年号，孙皓改了八个年号。历史上改年号最多的是唐朝的唐高宗李治，在位三十五年，改了十四次年号；而最让人省心的还是清朝的康熙，一个年号用了六十一年。

面对这样一件大喜事，司马炎特批全国人民不用劳动，大吃大喝欢庆五天。为什么是五天？大概和五行有关吧。他派使节到东吴旧地进行安抚，废除东吴时期的苛政，一切精简行事。原东吴的刺史、太守以下官员，均可原职不动。

琅琊王司马伷派人"护送"孙皓和一班东吴皇族前往晋朝首府洛阳，于五月一日抵达。前东吴皇帝孙皓和东吴太子孙瑾把泥涂到头上，把双手绑在身后，来到东阳门。司马炎派谒者①解开他们的绳索，赐给孙皓衣服、车辆以及农田三十顷（三千亩），许诺以后每年给他谷米五千斛、钱五十万、绢五百匹、丝绵五百斤；又任命孙瑾为中郎，其他曾封亲王的东吴皇子都为郎中，原东吴将领和名士也都予以擢升。那些和孙皓一同来到洛阳的孙姓皇族被免除田赋捐税十年，江南人民则可免除田赋捐税二十年。

五月四日，晋武帝司马炎出席在金銮宝殿举行的受降仪式，参加仪式的还有晋朝的文武百官、邻国使者和国子学学生等。

司马炎宣孙皓和随行的高级官员上殿。孙皓登上大殿，跪倒向司马炎叩头，司马炎对孙皓说："朕设的这个座位已等待你很久了。"孙皓回答说："我在南方，也设了座位等待陛下。"

贾充问孙皓："听说你在南方，喜欢挖人的眼珠、剥人的脸皮，这是哪一等

---

① 负责皇家礼仪的官员。

级的刑罚？"孙皓回答："为人臣子的杀了他的君王，或是有那邪恶不忠之徒，就应处以这种刑罚。"当年贾充命成济杀死魏帝曹髦，此时知道孙皓是在讽刺他，非常羞愧，脸一红，瞬间沉默了，而孙皓面无愧色。

天下大势，合久必分，分久必合。从汉灵帝光和七年（184）黄巾大起义开始算起到灭吴的太康元年（280），时间已经过去近百年，中国终于重归统一，西晋也成为中国古代史上九个大一统王朝①之一，它的领土东到朝鲜中部，西到塔克拉玛干沙漠，南到越南中部，北到瀚海沙漠群。

为了适应扩大的国土，司马炎颁布了户调式②，共有三项内容，包括占田制、户调制、品官占田荫客制，意在对全国土地进行再分配，使耕者有其田。

具体的分配情况我们不再详述，只需特别讲一点。户调式中提出："先贤之后及士人子孙亦如之。"由此，士人③享有免除赋役的特权这件事首次以政府法律的形式固定下来了。士族这种经济上的特权，加之当时九品中正制的选官制度让他们享有的政治特权，都成为日后晋朝形成门阀政治的基础。

占田法令颁布以后，因为国家许诺要给予合法田地，一些过去没有登记上的"黑户"也开始纷纷向政府报到，申领土地，因此出现了人口的"激增"，到了太康三年（282），人口户数由太康元年（280）的二百四十五万户增加到三百七十七万户。国家统一，社会安定，耕者有其田，加之风调雨顺，太康初年的经济迅速发展起来。

除了颁布户调式，天下一统后，司马炎还重新划分了行政区域，把全国分为十九个州，共计一百七十二个郡和封国（其中郡有一百四十二，封国为三十，亲王以郡为封国），二百四十五万九千八百四十户，一千六百一十六万三千八百六十三人。

司马炎下诏罢州郡兵，诏书中说："汉末四海之内分崩离析，刺史既处理民事又统帅兵马。如今天下一统，应当收起兵器，各刺史的岗位职责应该按照汉朝

---

① 这九个王朝分别是：秦、西汉、东汉、西晋、隋、唐、元、明、清。
② 户调式，一种按户征税的制度，起于东汉末年。"式"是一种法令的名称。
③ 指世代为官的名门望族中没有在朝中为官的。

兴盛时候的那样，只管督察州内政事，不管民事和军事。州府及郡府所统率的士兵要全部取消，大郡设置武官一百人，小郡设置五十人。"司马炎在世的时候，这一制度得以贯彻。

刺史、太守不再领兵，前者专心治吏，监察州中官员，三年一次入朝奏事；后者专心治民，发展民生。州中还保留有军队的，都是都督、将军统率的驻屯军，称为"外军"，直属朝廷。全国的精锐力量是驻扎在京城内外的军队，称为中军，西晋初年曾经有三十六军，大概十几万人，蔚为壮观。以后我们经常要讲某要员是"都督中外诸军事"，意思是他既统领中军，又掌管外军，实际上就是"天下兵马大元帅"。

交州牧陶璜上书说："交州、广州东西宽几千里，有六万多户蛮夷时常蠢蠢欲动，服从朝廷的只有五千多家。两个州唇齿相依，只有靠相当数量的军队才能镇得住。另外，宁州境内各蛮夷都占据各河流的上游，水路和陆路都和交州相通，很容易袭扰交州。这些地方不应该裁减州兵，不然我们的力量就过于单薄了。"司马炎深以为然，特批在此三地保留军队。仆射山涛又上书说："不应该裁减掉州郡的军事力量和武器装备。"但这次司马炎没听。二十几年后，天下群寇并起，州郡没有足够的军事实力扑灭反贼，于是天下大乱——正如当年山涛预料的那样。

不过，我们也应该看到罢州郡兵积极的一面，这些多余出来的人可以投入农业生产，促进农业发展。

盛世隐忧

灭吴之后，司马炎收纳了孙皓后宫的五千美女，这样一来，他后宫中的美女就达到万人了。面对这个情况，司马炎也发了愁，因为她们个个千娇百媚，还都对皇帝望眼欲穿，该如何公平对待呢？司马炎突发奇想——干脆，看天意，不，看"羊意"。

司马炎乘坐由温顺的羊拉的车子在后宫转悠，羊车停在哪个美女门口，他就在这个美女宫中过夜。

那该怎么做才能吸引拉车的羊光临自己的门口呢？一个美女首先想到了窍门。山羊喜欢吃竹叶，她就把竹叶插到门旁，果不其然，羊看到竹叶就像老虎看到猎物一样兴奋，乖乖地停在门口大嚼起来，皇帝自然就在这里过夜了。不过这个方法很快就失了效，因为别人发现了这个秘密，纷纷效仿，办法便不灵了，大家只好另辟蹊径。另一个美女知道了羊喜欢吃咸的，又把盐水洒到地上，引诱羊上门，羊果然拉着司马炎到了。总之，美女们为了争夺皇帝的宠爱，真是各出奇招。

就这样，司马炎成天醉心在后宫的莺莺燕燕中，根本无心政事，皇后杨芷的父亲杨骏及杨骏的弟弟杨珧、杨济利用皇帝的懈怠，开始逐步掌握大权。他们内外勾结，拉帮结派，排斥异己，权倾朝野，被时人称为"三杨"。朝廷里的旧臣渐渐被边缘化了，朝中风气也因此渐渐败坏，越走越歪，最为显著的就是很多权贵竞相比富，其中尤以石崇、王恺为最。一千多年来，他们两人一直被认为是奢侈生活的典型，被后人唾弃，可司马炎不但不制止他们斗富，还暗中支持舅舅王恺和石崇比拼，更加助长了歪风邪气的蔓延。

其实，晋朝的奢靡之风由来已久，不是在灭吴之后才爆发的。朗陵县公何曾的生活就极度奢侈，他是从曹魏时代走过来的老臣，司马炎对他格外纵容，即便他"日食万钱，无下箸处"，也不予斥责。这里说的一万钱，指的是五铢钱。根据有关资料介绍，西晋的时候，一万钱的价值相当于一两黄金。如果按一克黄金约五百元计算，一两黄金就是两万五千元。就算在今天，有谁一天吃喝消耗万元以上，也是非常奢侈的了。

司马炎不独放纵何曾一人，生活铺张在他看来不是什么大事，不得不说，西晋奢靡风气的流行与他这种默许的态度不无关系。

泰始（265—274）初年，益州监军位置空缺，朝臣议论应该任用杨宗还是唐彬。司马炎征求散骑常侍文立的意见，文立说："杨宗、唐彬都是难得的人才，臣实在难以取舍。不过唐彬贪财，杨宗贪酒，请陛下您裁定吧。"司马炎说："财欲可以满足，而贪杯的人难以改变。"于是任用了唐彬。可见，司马炎对贪财奢侈是见怪不怪了。

一些正直人士对此忧心忡忡，车骑司马傅咸（傅玄之子）就上书说："我私下认为，目前奢侈造成的浪费比天灾还要严重。古时候人多地少，然而老百姓家都有积蓄，是因为他们节俭；现在地广人稀，但是老百姓却家家余粮不多，这是有人过分奢侈的缘故。要想在全社会提倡节俭，就应整治奢侈的社会风气，奢侈不被责罚，反而被大家认为是高贵的行为，那以后人们奢侈起来就没有尽头了！"然而司马炎对这个意见视之不见。

司马炎曾经问司隶校尉刘毅道："我可以和汉朝的哪一个帝王相比？"刘毅回答说："可与桓、灵二帝①相比。"司马炎又笑着问："怎么会糟糕到这个程度？"刘毅接着答："桓帝、灵帝卖官的钱都进了官府的仓库，现在卖官的钱都进了权臣贵戚的私人腰包，凭这一点来说，您恐怕还不如他们。"司马炎一听，也不计较，大笑道："桓帝、灵帝时代可听不到这样坦诚的话，现在朕有像你这样正直的臣下，已经胜过桓帝、灵帝了！"

司马炎似乎是一句话把朝臣奢靡贪财的忧患遮掩了过去，然而西晋的内忧可不止这一条。

齐王司马攸是司马炎的弟弟，父亲司马昭很喜欢司马攸，一度想立他为世子，后在大臣的劝说下才立了司马炎。司马炎登基后立太子司马衷，可众人皆知，司马衷比较愚钝，难堪大任，那么待司马炎百年之后，谁可承继大统？齐王司马攸在朝野上下都有良好的名声，于是人们又把目光聚焦到了比司马炎小十岁的司马攸身上。

为了稳固司马衷的太子之位，司马炎免去了司马攸的司空之位，让他到齐国（首府在今山东临淄）上任。司马攸对于自己被外放感到又愤怒又怨恨，急火攻

---

① 指东汉的汉桓帝、汉灵帝。汉桓帝名刘志，公元146年至168年在位；汉灵帝名刘宏，公元168年至189年在位。后世普遍认为，东汉末年的祸乱，起于桓、灵二帝。

心，没几天就吐血而死，年仅三十八岁。

其实，司马炎也对司马衷能否坐得住皇帝的位置有些怀疑，不过，一个人的出现打消了他的全部疑虑。

当初，司马炎派才人谢玖去东宫指导太子司马衷一些房中之术，没多久，谢玖怀上了司马衷的孩子。太子妃贾南风没有生子，又很善妒，为了安全起见，谢玖征得司马炎的同意后返回西宫居住。十月怀胎，她分娩了一个男孩，取名司马遹。和司马衷不同，司马遹自幼聪慧，这让司马炎倍感欣慰，他把希望寄托在司马遹身上，所以也就没有换掉太子司马衷的想法了。

太康十年（289），沉缅女色追求享受的司马炎终于病倒了，卧床不起。为了巩固太子司马衷的地位，也为了司马家的江山着想，十一月二十三日，他进行了一项重要的人事任命——任命他最信任的叔叔司马亮为侍中、大司马、大都督，假黄钺①，兼都督豫州诸军事，大营设在许昌。同时，他改封第三子南阳王司马柬（和司马衷同母）为秦王，任都督关中诸军事；改封第六子始平王司马玮为楚王，任都督荆州诸军事；第九子濮阳王司马允为淮南王，任都督扬州诸军事。这几位皇子统统假节。之后，他又封自己的第十二子司马乂为长沙王、第十四子司马颖为成都王、第十五子司马晏为吴王、第十七子司马炽为豫章王、第十八子司马演为代王；封皇孙司马遹为广陵王、司马玮的儿子为毗陵王、司马允的儿子为汉王；改封扶风王司马畅（司马炎叔叔司马骏的儿子）为顺阳王、司马畅的弟弟司马歆为新野公；又封司马澹为东武公、司马繇为东安公（二人都是司马炎的叔叔司马伷的儿子）。

这时候开国元老们绝大多数都已经去世了，杨骏借着皇亲国戚的身份控制了朝政。他不让别的大臣靠近司马炎，自己亲自负责给司马炎喂汤喂药，更进一步安排亲信替换了皇帝身边的侍从。

---

① 黄钺，以黄金为饰的长柄斧子，古代帝王权力的象征。假黄钺，即把黄钺借给大臣，由大臣代表皇帝亲征的意思。

司马炎清醒点儿的时候，看到身边的侍从都是些陌生面孔，立刻意识到了什么，他严肃地对杨骏说："你怎么这么做！"这时，被任命为都督豫州诸军事的汝南王司马亮还没有离开洛阳前往许昌大营，司马炎赶紧命令中书省拟诏书，让司马亮与杨骏一同辅政。杨骏当面没有表现出来什么，之后却去了中书省，要求看一下诏书，有关官员不敢驳他的面子，就拿给他看，谁知杨骏把诏书藏起来就迅速告辞了。主管官员大惊失色，但慑于杨骏淫威不好硬抢，只好先报告给中书监华廙，华廙也吓得一头冷汗，亲自去找杨骏索要，但杨骏拒绝归还。正在这个时候，司马炎又神志不清了，杨芷皇后向他请求让杨骏独自辅政，司马炎头动了一下，也分不清是摇头还是点头，但杨芷认为这是点头。

太熙元年（290）四月十二日，杨芷召见中书监华廙和中书令何劭，传达皇帝司马炎"口谕"：任命杨骏为太尉、太子太傅、侍中、录尚书事、都督中外诸军事。这下杨骏可谓是集全国军政大权于一身了。杨芷命令华廙和何劭起草诏书，然后当着他们的面拿给司马炎看，司马炎表情痴呆，一句话都说不出来。

新的诏书发布以后，杨骏立即催促司马亮动身前去许昌。这时候司马炎回光返照，突然又清醒了，问道："汝南王来了没有？"左右侍从都是杨骏的人，说："还没有！"司马炎又昏迷了过去，这一次他没能再清醒过来。

四月二十日，晋武帝司马炎在含章殿去世，享年五十五岁，后被安葬在峻阳陵（今河南偃师南蔡庄北）。司马炎生前有过明确的薄葬遗令，严禁石兽、碑表等地面设施，因此葬礼、陵墓的规格按照他的要求，都不算豪华。

司马炎作为司马家族继承人，自小锦衣玉食，无忧无虑，但在曹魏正始十年（249），司马家也曾经历一次腥风血雨的政变，当时司马懿赌上了全族的性命，孤注一掷诛杀了曹爽。幸亏这次行动成功了，否则司马家可能会被屠灭三族。当年十四岁的司马炎对那些血腥场景是刻骨铭心的，因此他一直都知道政治斗争的残酷。

司马炎以晋代魏时，东吴尚未平灭，为了积攒国力，他重视农耕，和诸位王爷、公卿大夫一起亲自耕作一千亩农田以做表率，又设立常平仓，打击囤积居奇。他宽以待人，不以奢侈斥责大臣，对自己却要求严格，提倡节俭并身体力行。有官员曾请求建立七庙，但他认为此事徭役过重，没有允许。祭祀大典用的御牛的青丝缰绳断了，因为青丝比较贵重，司马炎就用麻绳代替。他拒绝花费巨大的人力、物力到泰山封禅，在位二十六年，没有新修建豪华宫殿的记载。他注重建立温情社会，撤销了驻守在山阳国（今河南焦作）看守原东汉刘姓皇族的部队，废除了对他们出行等方面的限制，同时解除了对曹魏皇族的禁锢令，撤销了曹魏将领出征、驻防时要把家属留在洛阳做人质的命令。他设立了谏官，任命了性格刚直的大臣傅玄等担任此职，纠察百官。他还命人制定了《晋律》，使全社会有法可依。

他任用羊祜、杜预、王濬等人的谋略，出兵伐吴，统一了全国，结束了东汉末年以来近百年的分裂局面，使西晋成为中国历史上九个大一统王朝之一，功彪史册。

他性格敦厚，对人旷达宽容，敢于任命许奇、嵇绍在皇宫中为官[1]；灭吴后，王濬和他争辩的时候口不择言甚至一言不合就拂袖而去，他不予追究；刘毅说他是东汉桓帝、灵帝一样的昏君，他也是哈哈一笑就过去了；曹魏的曹芳、蜀汉的刘禅、东吴的孙皓都在他有生之年得以善终，曹奂是在司马炎去世两年后去世的，也是善终。纵观中国历史，一位帝王有这样的度量，是很了不起的。

灭吴后，司马炎制定了户调式，使耕者有其田，促进了国家经济的发展。正如干宝在《晋纪总论》中说："太康之中，天下书同文，车同轨。牛马被野，余粮栖亩，行旅草舍，外闾不闭。民相遇者如亲，其匮乏者，取资于道路。故于时有'天下无穷人'之谚。"这是司马炎开创的著名的"太康之治"。

但天下平定后，司马炎却怠于政事，沉溺于美女酒宴之中无法自拔，老臣被疏远，外戚得重用，好多政策形同虚设，买官卖官风行，社会奢靡之风大行其道。他明知道太子司马衷难堪重任，但因为觉得皇孙司马遹聪明睿智，便没有废掉太子，终给国家留下后患。

---

[1] 许奇的父亲许允被司马师流放，途中去世；嵇绍的父亲嵇康则是被司马昭下令杀死的。

贾南风上位记

太熙元年（290）四月二十日，三十二岁的太子司马衷继位登基，改年号为"永熙"，史称晋惠帝。他尊母亲杨芷为皇太后，封太子妃贾南风为皇后。又立司马遹为皇太子。之后再下诏书，任命太尉杨骏为太傅、大都督，假黄钺，总领朝政，还给予杨骏任命文武百官的权力。

杨骏当政以后大权独揽，刚愎自用，朝中大臣们都对他非常失望，这就给了别人可乘之机。

皇后贾南风的权力欲望极强，总想干预政事，但因受到杨骏的压制无法施展，因此非常郁闷。她派人通知汝南王司马亮（此时已驻扎在许昌），让他发兵讨伐杨骏，但司马亮优柔寡断，不敢答应。贾南风又想到了楚王司马玮，他是司马炎的第五个儿子，从小就喜欢打架斗殴，有股狠劲。司马玮当时担任都督荆州诸军事，人在京城，贾南风便联络了他，让他率兵除掉杨骏，司马玮答应了。

贾南风决定发兵。她让司马玮防守司马门，又命人率军放火焚烧杨骏的府邸，还安排弓弩手在楼阁上对着杨骏的府邸齐发乱箭，杨骏手下的士兵们被箭雨覆盖，根本出不来。杨骏惊慌失措，慌不择路逃到马房里躲藏起来，但很快就被发现了，士兵用戟把他戳死，之后他的弟弟们及同党也悉数被杀。

贾南风不但容貌丑陋、嫉妒心强，还生性残忍。当初做太子妃的时候，她就因为嫉妒亲手杀死了几个人，还用戟投掷怀有身孕的太子姬妾，用刀刃划破这些女子的肚皮，以此杀死未出生的胎儿。晋武帝司马炎得知后暴怒，下令整修金墉城，准备废掉太子妃贾南风，把她关押在那里，杨芷百般规劝，才使他打消了这个念头。但贾南风对此并不知情，她以为杨芷经常在司马炎面前说自己的坏话，因此对杨芷怀恨在心。

这一次，贾南风成功铲除了杨骏，也没有放过杨芷。她命人把杨芷关押了起来，一年过去，又中断了杨芷的食物供给，八天后，杨芷被饿死。她是中国历史上唯一被饿死的皇后。

刚刚经历变乱，朝中需要有经验的老臣来主持朝政、稳定大局。为此，贾南风先征召汝南王司马亮为太宰，让他跟太保卫瓘同为录尚书事，辅佐朝政，又任命秦王司马柬为大将军、东平王司马楙为抚军大将军、楚王司马玮为卫将军兼北军中候[①]、下邳王司马晃为尚书令。

此番政变过后，贾家取代杨氏成为朝中新贵，贾南风的同族哥哥、车骑司马[②]贾模，贾南风母亲郭槐的堂兄弟、右卫将军郭彰，以及贾南风妹妹贾午的儿子贾谧，都可以与司马诸王一起参与朝廷决策。

贾谧是贾午和韩寿所生的儿子，当时韩寿在贾府做事，贾午看上了韩寿，瞒着父母偷偷和他约会，留下了"韩寿偷香"的风流韵事。贾谧开始姓韩，过继给贾充后改姓了贾，现在算是贾家的后代，深得贾南风的宠爱。

贾家得势，攀附在贾家周围的人一时间多了以来，其中最有名的是潘安（古代著名美男）、陆机（《平复帖》作者）、石崇（富可敌国的炫富狂人）、刘琨（闻鸡起舞男主角之一）等二十四人，他们常和贾谧在石崇位于洛阳郊外的豪华私人园林金谷园聚会，因此被称为金谷二十四友。

在贾家权势滔天的情况下，由楚王司马玮掌握禁军兵权原是好事，但司马玮脾气乖戾，动不动就杀人，太宰司马亮和太保卫瓘对他又恨又怕，就合计着想夺了他的兵权，让临海侯裴楷成为新的北军中候。

消息走漏，司马玮暴跳如雷，决定向司马亮、卫瓘报复。为了保险起见，司马玮帐下的舍人岐盛劝他主动向贾南风靠拢，请求支持。

贾南风一直以来都痛恨卫瓘，因为卫瓘曾经建议晋武帝司马炎废掉司马衷另立太子，再加上如果一直由资格老、在朝中很有话语权的司马亮与卫瓘共同执掌朝政，她这位皇后势必备受压抑，因此她也早想搬掉这两块绊脚石了。如今，突然间多了司马玮这样一个亲王级别的助手，贾南风非常高兴，终于决定动手了。

[①] 禁军的首领。
[②] 车骑将军府的军政官。

元康元年（291）六月，贾南风下达诏书（司马衷当然只是个摆设），免除司马亮和卫瓘的职务，让司马玮执行。司马玮派遣公孙宏、李肇领兵包围了司马亮的王府，让清河王司马遐去逮捕卫瓘。

司马亮的帐下督①李龙禀告司马亮道："外面发生了事变，请速派兵抵抗。"司马亮不相信，没有同意。过了一会儿，司马玮的士兵爬上墙头大声冲里面喊话，司马亮大惊道："我没有二心，为何到了这等地步！如果有诏书，请让我一看。"公孙宏不加理睬，命士兵急攻。长史刘准对司马亮说："这是一场阴谋。王府里能人勇士也不少，可以奋力一搏。"但司马亮认为这样就有造反的嫌疑，犹豫着不肯同意。

转眼间，司马亮被李肇生擒了。当时天气酷热，士兵将司马亮放在车下，有人可怜他，还给他扇扇子，将要到中午了，也没有人敢动手杀他。听闻这样的情况，司马玮着急了，下命令道："能取下司马亮人头的，赏一千匹布！"重赏之下必有勇夫，于是司马亮被乱兵杀害，首级被扔到北门墙外，和他一起被处死的还有他的长子司马炬等人。

司马玮敢对堂爷爷痛下杀手，其残暴程度可以想见，司马家的自相残杀也由此开始。司马亮是八王之乱中死去的第一个王，从前一年杨骏被杀后他被调入京城，到此时仅仅过了四个月。说是"八王"，实际参与乱斗的司马家大小王有几十个，《晋书》卷五十九把司马亮、司马玮、司马伦、司马冏、司马乂、司马颖、司马颙、司马越放在一起单独作传，是因为只有这八个人曾经掌握了最大的权力，也是因为这样，后人才称由此开始的这场动荡为"八王之乱"。

清河王司马遐的手下荣晦曾经担任过卫瓘的帐下督，但他犯了严重错误，被卫瓘训斥一番后赶走了，从此他怨恨在心。现在荣晦跟随司马遐来逮捕卫瓘，他公报私仇，自作主张，斩杀了卫瓘及其子孙共九人，司马遐拦都拦不住。卫瓘的孙子卫璪、卫玠当时没有在家，得以幸免。

---

① 作战参谋。

司马亮、卫瓘已死，岐盛劝司马玮道："今天应该趁势除掉贾谧、郭彰，还政于王室。"一向勇猛的司马玮这时候却犯了犹豫，下不了决心。

另一边，太子少傅张华也打着同样的主意，他建议贾南风趁势除掉司马玮，贾南风其实对司马玮也有深深的忌惮，认为趁机除掉他是好事，所以完全赞同张华的意见。她派遣殿中将军王宫拿着驺虞幡①对众军士说："楚王假传皇帝圣旨，大家不要再受他的骗了，即行散开！"众人看到驺虞幡，这可是最权威的皇命，于是都放下兵器撒腿就跑，司马玮顿时成了孤家寡人，站在那里不知所措。还是司马玮手下一个年仅十四岁的仆人反应迅速，驾着牛车拉上他就要投奔秦王司马柬，可惜还是晚了一步，牛车被士兵拦住，司马玮被押到廷尉。元康元年（291）六月三十日，司马玮被杀，年仅二十一岁。

就这样，八王之乱中的第二个王也完蛋了，同样仅当权四个月。八王之乱才刚开始，就有两个王一起出局了。

政敌基本肃清，从此以后，贾南风独揽朝政，委任亲信担任朝廷要职，任命堂兄贾模为散骑常侍兼侍中。贾南风和贾谧商议，觉得张华是平民出身，没有威胁皇权的实力，而在朝野中又有一定的威信，重用他只有好处，于是下诏任命张华为侍中、中书监，开府仪同三司。此后张华尽心辅佐皇室，勤勤恳恳，努力弥合裂痕，使朝臣团结一心。几年之内，晋朝政治安定，民间平稳和谐，张华居功至伟。

按下葫芦浮起瓢

元康四年（294）五月，匈奴部落酋长郝散发动叛乱，于谷远（今山西沁源县）起兵反晋，进攻上党郡（今山西黎城县），杀死了郡太守。

---

① 驺虞幡，绣着驺虞的旗子，用来化解和阻止战争。驺虞，一种传说中的神兽，长得像老虎，据说它生性仁慈，不吃活的动物。

　　这里我们需要简单回顾一下匈奴的历史。匈奴是从哪里来的？据《史记·匈奴列传》记载，商汤灭夏（约前1600）后，把夏桀流放到南巢（今安徽巢湖附近），夏桀死后，他儿子淳维带着父亲留下的妻妾和一些手下逃到了北方的草原，因此匈奴实为华夏民族的一支，但因为长期与中原内地隔离，久而久之，形成了与中原民族不同的文化风俗。匈奴曾经令中原王朝很苦恼。西周周幽王为了博取冷美人褒姒一笑，听信部下谗言，在没有外敌入侵的情况下点燃烽火台，各诸侯国派兵来救，发现是一场闹剧，这就是著名的"烽火戏诸侯"。等到犬戎（古匈奴）真的来攻，烽火台上燃起的烽火早就失去了信用，犬戎攻破镐京，周幽王被杀（前771），之后周平王东迁洛邑（今河南洛阳），东周开始（前770）。

　　公元前214年，秦始皇派大将蒙恬率领大军大败匈奴，收回河套以南地区，设四十四个县，并增修了长城，全长达一万余里。后蒙恬大军渡过河套，占领阴山山脉，威震匈奴，使其十余年不敢犯边。公元前209年，冒顿单于杀父自立。他是一个有雄才大略的军事统帅，在他的带领下，匈奴逐渐走向强大，最终击败了东胡①，开始独霸草原。公元前200年，匈奴把刘邦围困在白登山（今山西大同东），刘邦采用陈平之计，向冒顿单于的妻子行贿，这才得以解围。到汉武帝刘彻在位时，他倾全国之力，几次派大将卫青、霍去病前去攻打，终于大败匈奴，匈奴由盛转衰。

　　为了争夺权力，匈奴内部开始了残酷的政治斗争。东汉建武二十四年（48），匈奴南疆八大部落首领共同向东汉光武帝刘秀臣服，表示要永远做汉王朝的藩属，并帮助汉王朝抵挡来自北方的侵略。当时虽然有大臣反对，但刘秀表示同意，还派人帮助南匈奴在五原郡（今内蒙古包头）西北八十里的地方建立王庭，南北匈奴正式分裂。南匈奴后移居云中郡（今内蒙古托克托县），再移居西河郡美稷县（今内蒙古准格尔旗），最终定居在距离东汉都城洛阳几百公里的平阳（今山西临汾）。各位如果摊开地图看看这几处地方就会发现，南匈奴实际上一直是在南迁，也就是往汉王朝的中心迁。

---

① 居于今内蒙古东部、河北北部的少数民族。

东汉永元三年（91），当时的全国最高统帅窦宪决心趁北匈奴势微将其一举消灭，便派大军行至金微山（今阿尔泰山），出塞五千余里，大破北匈奴主力，斩杀包括各王在内的五千余人。窦宪命随行的才子班固写了一篇文章纪念这场胜利，刻在燕然山（今蒙古境内杭爱山）上，史称"燕然勒石"。2017年，中蒙考古学家在联合考古时找到了这块石碑。

打了败仗，北匈奴汗国中的一部分人开始向西漂泊，最后来到欧洲，他们在那里的活动影响了欧洲的历史进程。公元92年，北匈奴留下的当家人向汉王朝投降，自此，长久以来困扰着中原政权的一大威胁被解除。但事情没有想象中那么美好，新的威胁很快出现了——北匈奴留下的广大草原地区被鲜卑部落占据，鲜卑日益强大，留在草原上生活的大约十万名匈奴人为了生存，也渐渐自称鲜卑。

南匈奴人在东汉末年也是没有消停，他们参与了中原各路诸侯的混战，并在南下时掳走了东汉大学者蔡邕之女蔡文姬[1]。曹操势力日益强大后，南匈奴首领归附曹操，之后，南匈奴汗国的百姓们长久居住在大汉的边塞之内，跟汉朝编入户籍的居民没什么两样，但不向汉朝政府缴纳田赋捐税。

当时的一些人提出，任凭匈奴这样在境内生活却不加管理，一旦他们人口增加，恐怕不好控制，所以应早做预防。于是，在东汉建安二十一年（216）七月，南匈奴单于栾鞮呼厨泉到邺城晋见魏王曹操的时候，曹操趁机把栾鞮呼厨泉强留在了邺城，命右贤王[2]监理南匈奴汗国。但曹操也没有亏待栾鞮呼厨泉，每年都送他棉丝、绸缎、金钱、粮秣等物，给他的待遇等同侯爵，他的子孙也仍可保持单于封号。

为了进一步分化匈奴人，曹操将匈奴汗国分为五部，让左部定居于兹氏（今山西汾阳），右部定居于祁县（今山西祁县），南部定居于蒲子（今山西隰县），北部定居于九原（今山西忻州），中部定居于大陵（今山西文水县）。之

---

[1] 蔡琰，字文姬，东汉时著名文学家，有《悲愤诗》二首和《胡笳十八拍》留存于世。一开始嫁给卫仲道，丈夫死后回蔡家居住。南匈奴入侵时，为南匈奴左贤王所掳，生下两个儿子，后被曹操用金钱赎回，嫁给了董祀。

[2] 右贤王，匈奴贵族封号，二十四长之一，身份只略低于左贤王。

后，他又让每部遴选有声望、有能力的贵族担任统帅，并另选汉人充当司马，监督当地军政，将匈奴分而治之，匈奴对中原政权的威胁顿时消减不少。

话题回到匈奴部落酋长郝散身上，他这次起兵叛乱没能坚持多久，到本年（294）的八月就率领部下投降了。冯翊郡（今陕西大荔县）都尉为了绝后患，诛杀了郝散。

元康六年（296）夏季，郝散的弟弟郝度元要为兄长报仇，与冯翊郡、北地郡（今陕西铜川）的马兰羌人①、卢水胡人②一起造反，杀了北地郡太守张损，打败了冯翊郡太守欧阳建。

此时晋朝的征西大将军为赵王司马伦。司马伦，出生年不详，字子彝，晋宣帝司马懿的第九个儿子，司马师、司马昭的异母弟弟。司马炎称帝后，他被封为琅琊王。受到散骑常侍刘缉买通工匠盗窃御裘一案的影响，司马伦按理当被治罪，但因为是皇室至亲而被下诏赦免，得以前往他的封国。咸宁三年（277）八月，司马伦改封赵王，任平北将军、督邺城守军事，后再升任安北将军，元康初年又改任征西将军、开府仪同三司，负责镇守关中。

司马伦宠信出身普通的琅琊人孙秀，孙秀狐假虎威，平时作威作福，与雍州刺史解系、冯翊太守欧阳建交恶。为了军事上的事情，他们互相向朝廷告状，欧阳建更是上书皇帝，指控司马伦刑罚和赏赐不公。朝廷知道解系刚正不阿，认为司马伦在关中成事不足败事有余，调他回京师洛阳任车骑将军，改派梁王司马肜接替司马伦为征西将军，兼都督雍、凉二州军事。关中地理位置重要，纵观整个西晋，镇守这里的都是司马家的人。

解系和弟弟御史中丞解结上书请求杀孙秀以使贼人退兵，张华把这件事告诉了梁王司马肜，让司马肜诛杀孙秀，司马肜答应了。孙秀的朋友辛冉得到消

---

① 马兰羌人，即居住在马兰山的羌人。

② 卢水胡人兼具白种人和黄种人的特征，其祖先被认为源自商代的卢方。卢方有别于中原民族，史书中称他们为"卢戎"。

息，向司马彤说情道："贼人自发起兵，跟孙秀关系不大，不应该怪罪到孙秀身上。"司马彤觉得有理，孙秀因此免去一死。

司马伦到了洛阳后，采用孙秀的计谋，尽力结交贾谧、郭彰，这二人到皇后贾南风那里为司马伦美言，于是贾皇后对司马伦很是欣赏，非常信任。司马伦趁机要求担任录尚书事的职务，但张华、裴颜（时任尚书左仆射）坚决不同意；司马伦又要求担任尚书令，张华、裴颜还是不同意。司马伦、孙秀从此就和张、裴二人结了仇。

元康六年（296）八月，解系被郝度元打败了，秦州、雍州地区的氐人、羌人全都叛变，氐族部落酋长齐万年自立为帝，包围了泾阳（今甘肃平凉西北）。

氐族、羌族和匈奴一样，都是历史悠久的民族。氐族源自西戎①，也有人说是盘瓠（神话人物）之后，他们散居于今天的甘肃陇南和天水、陕西西南部及四川松潘一代，分支众多，或因居住地得名，如巴氐、白马氐、武都氐等；或因服饰得名，如青氐、白氐等。氐人的迁移最早发生在西汉武帝时期。元鼎六年（前111），汉武帝为开拓西南边境，派遣中郎将郭昌等攻灭氐王，置武都郡（治所在今甘肃成县西），很多氐人被迫离开原居住地，向境外山谷间移动。元封三年（前108），氐人叛乱，汉武帝派兵征讨，把部分氐人迁移至酒泉郡（今甘肃酒泉）。建安十六年（211），氐人随马超攻打曹操，失败后，马超率氐人归附刘备。建安二十四年（219），曹操抵达汉中，认为武都太过偏远，于是迁氐族五万余部众出居扶风（今陕西扶风县）、天水（今甘肃天水），以充实关中。魏黄初元年（220），武都氐王杨仆率众投靠，被迁于天水郡安置；青龙四年（236），武都氐王苻健率四百户投降魏国，被安置在内郡②；正始元年（240），魏国名将郭淮迁氐人三千多部众安置在关中。西晋时，氐人已经遍布

① 古时对西部少数民族的称呼。
② 内郡，指汉朝版图边缘诸郡以外的郡国，更靠近中央，与外郡相对。

西北各州郡，在关中和陇右①形成两个分布中心，关中的氐人主要分布在京兆（今陕西西安）、扶风、始平（今陕西兴平东南）等郡，以扶风郡为最多；陇右氐人主要分布在天水、略阳（今陕西略阳县）等郡。

羌族也是中国一个古老的民族，古称西羌，同样分支繁多，早期主要居住于今天的青海东部及甘肃西南部地区，南达四川北部，西至新疆南境。西汉时，羌人叛乱，赵充国、冯奉世相继击败羌人，此后，汉羌之间相安无事数十年。东汉时，大量羌人内迁至凉州、陇右一带，与汉人杂居。汉安帝永初、元初年间（107—120），东汉与羌人连续战斗十多年，后打败羌人。到东汉末年，马腾、马超和韩遂部下有很多羌族、氐族士兵，马腾的母亲就是羌人，他们利用羌人与曹操作战。后来蜀国、魏国都曾利用羌人、氐人的力量，互相抗衡，所以这一时期有更多羌、氐等少数民族内迁。

氐、羌大量内迁，导致关中地区百余万人口中少数民族就占了一半。与汉魏时期一样，西晋的汉人官僚地主把氐、羌等少数民族作为重要的剥削对象，使他们沦为奴隶，随意赎买、凌辱甚至屠杀，这样的暴行不断激起他们的反抗。前文所说的那位自立为皇的齐万年就是扶风郡的氐民，最初是氐人的部落酋帅，入晋之后成为编民。因他在底层具有一定威望，能代表一般氐民的利益，被公推为叛军领袖。

西北战火熊熊，朝廷开会讨论派哪一位将领前去讨伐齐万年，大家推举周处，都说周处是吴国名将的后代，忠诚刚烈且果敢坚毅，必能取胜。这个周处，就是故事"周处除三害"的主人公。

东吴灭亡后，周处入洛阳为官，逐渐升至御史中丞。作为监察官，他公正无私，弹劾的人不分宠臣与贵戚。梁王司马肜曾经违法，周处据实弹劾，因此得罪了司马肜。这次要推荐讨伐齐万年的人选，很多朝臣都推荐周处去，却不是因为佩服他的人品，而是因为憎恨他的刚正，想让他远离朝廷。太康六年（296）十月，朝廷下诏任命周处为建威将军，和振威将军卢播一起作为安西将军夏侯骏的

---

① 陇右，指陕、甘界山陇山以西，黄河以东的地区。陇山又称六盘山。

下属，出兵讨伐齐万年。

元康七年（297）正月，齐万年率领七万人驻守梁山（今陕西乾县西北）。司马肜、夏侯骏派周处率领五千士兵前去攻打齐万年，周处说："军队没有后援必定失败，即使我战死了，那仍然是国家的羞耻。"司马肜、夏侯骏不听，强令他快速攻击。

正月四日，周处与振威将军卢播、雍州刺史解系进军到六陌，将士们还没来得及吃饭，就在司马肜的催促下发起了进攻。敌我兵力悬殊，周处知道这次自己在劫难逃，特吟诗一首："去去世事已，策马观西戎。藜藿甘梁黍，期之克令终。"吟罢立即率领将士杀入敌阵。

从早到晚，周处率兵斩敌首级数以万计，弓箭用尽了，弓弦折断了，仍不见卢播和解系前来救援。左右劝周处撤退，他按着剑柄大喊道："今天就是我尽忠之日，有什么可后退的！"最后奋力血战而死，年六十二岁。噩耗传到洛阳，朝廷追赠周处为平西将军，谥号为"孝"，又赐他墓地一顷，赐给他的家人钱百万，另许他家在京师洛阳五十亩的土地上建私宅。

对于司马肜，朝廷只是下诏责备了他，并没有给予什么实质性的处分。

没了周处，朝廷只得又派积弩将军孟观率兵讨伐齐万年。孟观沉着刚毅，文武双全，率领的宿卫兵也个个身手矫健，勇猛异常，这些关中兵士冒着弓箭和垒石冲锋陷阵，与齐万年大战十几次，每次都完胜。到元康九年（299）正月的时候，孟观在中亭（今陕西武功县西）大破氏族军队，活捉了齐万年，顿时氏羌畏服。之后，孟观转任东羌校尉，授右将军。

名士清谈

元康七年（297）七月，朝廷任命王戎为司徒。王戎是竹林七贤之一，和当时的尚书令王衍（王戎的堂弟）、河南尹乐广一样，都是当时名士。魏晋时期多的是这样的名士，他们都是清谈的行家里手。

清谈出自乡里清议，在东汉后期出现。汉朝选官实行察举制，很注重一个人在乡里的名声，因此当时士大夫阶层出现了品评人物的风潮，名士们对一个人的评价能影响这个人的仕途。比如南阳人许劭在汝南主持月旦评，每月对人物重新进行一次评价。这个人名气很大，连曹操都慕名而来，备了厚礼，请求他为自己评价一下。许劭刚开始不肯，后来被曹操胁迫，才说出了一句著名的评语："君治世之能臣，乱世之奸雄。"

名士们也批评时政。汉桓帝和汉灵帝在位时，宦官当权，朝政黑暗，士大夫对宦官们提出了强烈的批评和质疑，这招来了宦官们的疯狂报复。桓帝延熹九年（166）和灵帝建宁二年（169）的两次党锢之祸，当时名士及他们的学生被逮捕杀害的有九百多人，他们的亲朋故旧纷纷到边塞避祸，有的住土穴，有的躲树洞，一时间腥风血雨。但事有例外，一个叫郭泰的大名士就被宦官放过了。

郭泰，字林宗，太原郡介休县（今山西介休）人，相貌魁伟，博览群书，擅长演讲，一讲起来就口若悬河，滔滔不绝，因为这项技能名震洛阳。但他演讲时从不具体评议朝中人物，只是抽象地探讨人伦鉴识的理论，因而宦官找不到杀害他的借口。经受残酷打压后，郭泰的这种风格得到士人的追捧，他们不再评论时事政治，而是由政治方面转到人物方面，当然，这些人物也不是当权派，而是古人或者乡里的人物。评古不论今，这样就可以自由发挥，不再怕受到打击陷害了。正因如此，史学大师陈寅恪认为，清谈之风始自郭泰。

天灾、战乱、政乱、世道不稳让当时的人们纷纷感叹世事无常、生命短暂，儒家的经学已经不能适应乱世的需要，衰落成了必然，崇尚"玄虚淡泊""无为而治"的老庄思想复兴。到了魏明帝曹叡（公元226年至239年在位）的时候，这种新思潮已经势不可当，以摧枯拉朽之势风靡整个京师。当时的名士何晏与夏侯玄、王弼等都精通《老子》《庄子》，他们大肆倡导玄学，还把玄学引入清谈，使清谈的内容渐渐演变成了谈玄。他们要用老庄思想调和儒教，把道家的思想灌入儒家的经学里去，于是何晏作《论语集解》，王弼作《论语释疑》，一时之间这类书籍纷纷涌现。在儒家的经典里，只有《周易》稍带一些神秘性，容易和《老子》《庄子》发生联系，于是这本书也便合了当时士人的口味，被奉为经典。

司马氏是尊奉儒教的，因此司马氏当权后，如何调和儒教和老庄的关系成了比较重要的问题。有一次，阮瞻去见司徒王戎，王戎问："圣人贵名教，老庄明自然，其旨同异？"瞻曰："将无同。"意思是"大概没什么不同"，二者差不多。王戎听了大喜，立即任命阮瞻为官。

玄学的发展也经历了几个阶段，从何晏、夏侯玄等的正始玄学，到竹林七贤的竹林玄学，及至目前讲到的在元康年间出现的元康玄学，前文提及的王戎、王衍、乐广就是这时清谈界的领袖。再往后发展还有东晋玄学，那是后话。

王衍，字夷甫，琅琊郡临沂县（今山东临沂北）人，二十四孝之一王祥的族孙，王戎的堂弟。他生来外表俊美，喜好老庄，在谈论玄理时经常手持一把有白玉柄的麈尾，手和玉柄的颜色一样白皙，风姿绝然。然而姿态虽美，却有一点不足——凡是他觉得自己说的道理有什么不妥当的地方，会马上更改说法，世人称他这是"口中雌黄"，成语"信口雌黄"便出自此。不过即便如此，记述魏晋名士风采的《世说新语》里还是有数十条提到了王衍。

王衍出身高门，自然衣食无忧，他耻于谈钱，嘴里从来不说"钱"这个字。他老婆郭氏不信邪，有一次想试试他，就让奴婢用钱绕床一圈，堵着他让他不能出来。王衍早晨起来看到钱后，就对奴婢说："把这些东西（阿堵物）都拿走！"确实没有说钱。王戎感叹道："王衍的风度仪态高雅清澈，好像晶莹的玉树，自然是尘世之外的人物。"

王衍幼年时曾去拜访竹林七贤的老大山涛，山涛见到他感叹了良久，王衍走后，他说："谁家老太婆生下这么漂亮的儿子，然而误尽天下老百姓的，可能也是他。"山涛一语成谶，这事以后再讲。

乐广，字彦辅，南阳清阳（今河南南阳）人，《世说新语》里也有多次提到他。乐广每次谈玄都用最简练的词语，条理清晰，事理明确，使人信服。他性情谦和，批评别人时也一定会先称赞对方的优点，使对方缺点自然显现。

除了王衍、乐广，当时的名士还有王澄、胡毋辅之、谢鲲（谢安的伯父）、王尼、毕卓等。他们的清谈不是胡侃，而是有固定的几方面内容，比如清谈哲理，就是谈论《老子》《庄子》和《周易》中的哲学思想；比如品藻人物，就是对人物进行品评；此外，他们也对宇宙论的哲学展开了激烈而且长久的争论。清谈不仅需要充足的知识储备和活跃的思维，也是个体力活，因为清谈的时间不限，有时候甚至通宵达旦，这需要有个好身体做支撑。

魏晋名士们不拘礼节，放浪形骸，酗酒服药是常事。他们飘逸放达，标新立异，言论玄妙，这构成了独特的名士风流，后世人想效仿而不得法，只能望其项背。

不过正是这种名士风流，一定程度上加速了西晋的灭国。名士们热衷于谈玄，认为谈论政务是俗事，谁要是谈论治国理政，就会被大家耻笑。但这些名士又大都身居高位，崇尚虚无的后果就是朝中几乎没人关心国计民生，政务懈怠，国家被拖入了危险的局面，后终于招致五胡之祸，西晋灭亡，"清谈误国"一词便出自此。当然，西晋灭亡还另有深层次的原因，这个问题留待后文再谈。

太子废，权臣立

晋惠帝司马衷愚钝，不解风情，皇后贾南风在他面前找不到做女人的感觉，竟和太医令①程据通奸。程据高大英俊，深得贾南风的喜欢，常以看病为名入宫和贾后私会。一名情人不够，贾南风还让人在大街上搜罗英俊青年，将他们装入竹篓运进皇宫玩弄，事后又怕他们把此事泄露出去，于是杀人灭口。但有一次贾南风实在喜欢一个英俊健壮的青年，没舍得杀他，终于使事情外露。

贾南风越来越不像话，裴頠（贾南风的表兄）与贾模（贾南风的堂兄）、张华一度秘密商量，想要废掉她，改立太子司马遹的亲生母亲谢玖为皇后，可思前想后觉得此事不稳妥，决定还是先凭亲戚身份对贾南风加以规劝。可贾南风哪里会听？最终，贾模郁郁寡欢，忧愤而死。

有贾南风撑腰，贾谧、郭彰等人也愈发张狂，行事毫无顾忌，他们结党营

---

① 管理御医的官。

私，卖官鬻爵的价目近乎公开，群臣敢怒不敢言。南阳郡人（今河南南阳）鲁褒作了一篇《钱神论》来抨击时政，在文中，他把钱称为"孔方兄"，"孔方兄"一词从此流传。

有点才气的贾谧在东宫为太子司马遹讲学，但他根本不把司马遹当回事，对司马遹态度非常傲慢，呼来喝去，像主人对待下人一样。司马遹的叔叔成都王司马颖发现后严厉斥责了贾谧，贾谧大怒，到他姨妈贾南风那里告状。贾南风护着外甥，竟贬司马颖为平北将军，叫他前去镇守邺城，把他排挤出了京师。之后，贾南风召回在西北督军的梁王司马肜，让他回京任大将军、录尚书事，又任命河间王司马颙为镇西将军，接替司马肜镇守关中。

司马遹毕竟是太子，如果日后继位，以贾家人现在的表现，势必会引来他对贾家的报复。为了化解这个矛盾，贾南风的母亲郭槐打算让二女儿贾午的女儿，也就是贾谧的妹妹去做太子妃，但这个想法遭到了她两个女儿的坚决反对，贾南风准备为司马遹迎娶尚书令王衍的女儿。司马遹听说后很高兴，因为一来这段姻缘可以帮助他巩固地位，二来他之前就听说王衍的长女王景风非常漂亮，是个大美女。可是结果令他失望了，王景风被贾谧抢先一步娶走，没办法，贾南风为他迎娶了不如姐姐漂亮的王衍的二女儿王惠风。这让司马遹心头恼火，十分憋屈，但他也无可奈何，只能在暗地里发发牢骚。

司马遹年幼的时候很聪明，深得他爷爷晋武帝司马炎的喜欢，司马炎还把他看作是司马家的未来之星，但年龄大些以后他就表现得不那么上进了，变得不喜欢学习，热衷于跟下人游乐，对师傅们也不够尊重。起因是贾南风嫉妒司马遹已有的好名声，吩咐宦官们诱导太子玩乐，让他尽情地玩，越堕落越好。

在宦官们的蛊惑下，司马遹变得越来越任性，手下人稍有不如意他便棍棒相加。他还尽情享乐，太子宫每月的用度是五十万钱，但他花销无度，往往超支一倍，最后竟在太子宫的花园内种植农作物、养鸡养鸭，然后向民间出售以弥补亏空。他还喜欢算命卜卦、阴阳之术，平时忌讳比较多，比如不让修补房屋，哪怕是一个瓦片。属下苦心规劝，司马遹也不听，甚至对劝他的人怀恨在心。

　　司马遹与贾家结怨已深，贾南风一直想废掉他，如今他越来越荒唐，贾南风觉得机会来了。她开始肆意放大宣传司马遹的缺点，使远近皆知，又在肚子上绑上枕头，假装自己已经怀孕，并让宫人准备稻草等物供"分娩"时使用，然后把自己妹妹贾午和韩寿的小儿子韩慰祖偷偷弄进宫来，准备立他为太子。

　　元康九年（299）十二月，贾南风派人通知司马遹，说惠帝司马衷身体不适，命司马遹进宫问安。这当然是假话。司马遹进宫后，贾南风不见他，叫他待在别的房间，派宫女陈舞假称惠帝的命令，赐给司马遹三升酒，要他全部喝光。司马遹推辞说喝不了三升，陈舞威胁道："这是不孝呀！天子赐酒你却不喝，难道是怕酒中有毒吗？"司马遹迫不得已，勉强喝下，醉得一塌糊涂。

　　贾南风让黄门侍郎潘安拟了一份草稿，又让宫女承福拿着草稿和笔墨纸砚，趁着司马遹醉了，谎称惠帝的命令让他抄写一遍。潘安拟的草稿中写道："陛下应当自己了断，否则我就亲自送他归西；皇后也应当自我了断，如不了断，我亲手处理。我与谢妃（司马遹母亲谢玖）约定了日期一起行动，不能犹豫不决招来后患。事成之后，我要立道文（司马遹长子司马虨的小名）为王，立蒋俊（司马虨的母亲）为皇后。如能遂愿，我将用三牲供奉北君，大赦天下。"司马遹迷迷糊糊间不能辨别内容，照抄了一遍，不过字体歪歪扭扭，大半都不能成形，贾南风命人修补后送交了司马衷。

　　贾南风拿着司马遹写的东西让群臣讨论，自然是附和或者默不作声的占绝大多数，张华等人竭力替太子申辩，然而无济于事。于是贾南风废黜司马遹的太子之位，并将他押往许昌关了起来。不久，司马遹的母亲谢玖被乱棍打死。

　　尚书令王衍见风使舵，上书请求让女儿王惠风和司马遹离婚，贾南风批准了。司马遹到了许昌，写信给前太子妃王惠风，述说自己被冤枉的详细经过，希望王惠风把信转交给王衍，然后呈送晋惠帝。但王衍看到信后选择明哲保身，不予呈递。

　　这时候，一个更大的阴谋正在酝酿。赵王司马伦的高参孙秀建议司马伦劝说贾南风杀掉司马遹，然后他们就可以以给太子报仇的名义起兵除掉贾南风，进而控制朝政，司马伦表示赞同，于是对外散布消息，说殿中有人打算废黜贾皇后让太子复位。贾南风听闻消息十分惶恐，司马伦趁机劝说她早日解决掉司马遹以绝后患，贾南风点头同意。她让自己的情人太医令程据配制毒药巴豆杏子丸，然后交给黄门孙虑赶到许昌去毒害太子。孙虑到许昌后拿药丸逼司马遹吃，司马遹当然不肯，借口要去上厕所，不想刚转身，孙虑就从背后用药杵把他砸死了。司马遹死时，年仅二十三岁。

司马伦和孙秀达成所想，赶紧假称接到惠帝诏令，对京师二卫①所属的三部司马（前驱、由基、强弩）说："陛下有命：'皇后贾南风与贾谧等人杀害朕的太子，现在派车骑将军进宫废黜皇后，你们都要服从命令。事情成功，我赐你们关中侯的爵位；如不听从，诛杀三族。'"贾氏一党早已不得人心，大家纷纷表示服从。他们假借惠帝诏书骗开宫门，在道路南侧陈兵，派早就和司马伦秘密结盟的翊军校尉齐王司马冏（司马攸之子）带领一百兵士推开小门闯进去。

华林令骆休是内应，他把惠帝司马衷迎到东堂，用假诏令宣贾谧到殿前，准备杀死他。贾谧发现事情不对，跑到西边钟下，大声呼救："皇后救我！"但随即就被赶到的士兵手起刀落砍下了人头。

因为贾南风与司马冏的母亲有仇②，司马伦便派司马冏去宣布废黜贾南风的诏书。贾南风看到了司马冏，吃惊地问："你干什么来了？"司马冏说："奉诏书来逮捕你。"贾南风说："诏书应该从我手上发出，你哪来的诏书？"见事情无可转圜，她急忙跑到阁楼上头，远远地向惠帝呼喊："陛下的皇后要让人废黜了，你自己也离被废不远了！"贾南风又问司马冏："带头起事的人是谁？"司马冏答道："梁王和赵王。"贾南风说："拴狗本应该拴住脖子，我却拴在了尾巴上，怎么会不如此？"这真是螳螂捕蝉黄雀在后。

贾南风被押到大殿，先是囚禁，后被司马伦的人强行灌下金屑酒，这个八王之乱的始作俑者就这样在痛苦中死去了，年四十五岁。她控制西晋朝政整整十年。

---

① 卫尉所辖的皇宫保卫部队和卫将军所辖的首都卫戍军。
② 司马冏的母亲贾褒是贾充与原配夫人李婉的女儿。

贾南风倒台之后，司马伦又命人逮捕了贾午、韩寿、孙虑、程据等贾氏一党，这些人被活活拷打而死。他还杀害了屡屡反对自己的张华等人，报了一箭之仇。

晋惠帝司马衷下诏书，任命司马伦为使持节①、都督中外诸军事、相国、侍中等，王爷头衔依旧保留，完全效仿当年司马懿、司马昭辅佐曹魏时的例子。司马伦认为故太子司马遹的二儿子司马臧才四岁，容易控制，于是让惠帝下诏立临海王司马臧为皇太孙。

司马伦资质平庸，这次政变能成功全依赖孙秀出谋划策，因此他对孙秀更加言听计从，还让孙秀担任中书令，孙秀顿时权势熏天，朝廷上下势利之徒都奔走孙秀之门，反而冷落了司马伦。

大权在握，孙秀立马张狂起来，先是将早年与自己有仇的潘安关入了大牢，后又觊觎巨富石崇的美貌小妾梁绿珠。孙秀开口索要，遭到拒绝后便带兵围了金谷园，准备强行将绿珠带走，不料绿珠跳楼而亡，恼恨之下，他将石崇也押入了大牢。最终，孙秀以谋反的罪名灭了石崇、潘安的三族，石崇死时五十二岁，潘安死时五十四岁。

孙秀不仅可以决定大臣们的生死，还可以插手皇室的事。

齐王司马冏因配合司马伦废掉贾南风而被擢升为游击将军，但他对这一安排并不满意，经常难以掩饰自己的愤懑，面露不虞，长吁短叹。孙秀善于察言观色，他认为把司马冏继续留在京师会有隐患，就任命司马冏为平东将军，假节，派他去镇守许昌。

贾南风被废黜后，皇后之位一直空缺，孙秀几经考虑，提议立泰山大族羊玄之的女儿羊献容为皇后。羊献容端庄美丽，身材骄人，不过她能被孙秀选中，更多地是因为她外祖父孙旂与孙秀是同族，而孙旂的几个儿子又和孙秀比较要好。

永康元年（300）十一月七日，晋惠帝司马衷册立羊献容为皇后。

---

① 皇帝给予臣子的特殊权力，"使持节"的权力限度最高，无论平时或战时，都可以诛杀太守以下官员；"持节"次之，平时不能诛杀官员，只可诛杀平民，战时可以诛杀太守以下官员。

两个司马的倒下

司马伦权欲熏天，他与孙秀积极谋划，于永康二年（301）正月九日废黜了司马衷的皇帝之位，把他关押到金墉城，然后自己乘坐皇帝专用座驾进入金銮宝殿，正式即皇帝位，改年号为"建始"。

司马伦登基后，尊司马衷为太上皇，废黜了原皇太孙司马臧，封其为濮阳王，立自己的儿子司马华为皇太子，其他儿子也都封王。之后他又给孙秀等党徒加官晋爵，甚至最低等的奴仆杂役也都有了官爵。每当朝会的时候，这些帽上绣着蝉形图案、侧旁挂着貂尾的高官就会坐满朝堂①。貂是比较珍贵的，宫中一时弄不来那么多貂尾以供使用，便用和貂尾差不多的狗尾巴顶替貂尾，由此还产生了一句谚语："貂不足，狗尾续。""狗尾续貂"这一成语就出自于此。

孙秀认为齐王司马冏（都督豫州诸军事，镇守许昌）、成都王司马颖（都督冀州诸军事，镇守邺城）、河间王司马颙（都督雍凉州诸军事，镇守长安）都是封疆大吏，手握强兵，如果他们有异心的话，朝廷就会有危险，于是他把自己的亲信安插到三位亲王身边做参谋，为了防止亲王抵触，又加封司马冏为镇东大将军，司马颖为征北大将军、开府仪同三司，以示安抚。

齐王司马冏并不领情，他怨恨司马伦，于建始元年（301）三月，联合豫州刺史何勖、龙骧将军董艾起兵反抗。他派人向成都王司马颖、河间王司马颙、常山王司马乂以及新野公司马歆通报，并向全国四征、四镇各位将军②和所有的郡县、封国发出檄文，请求他们一起行动，共同起兵推翻司马伦，匡扶社稷。

司马冏派的一路使节赶到了邺城，成都王司马颖找来邺县县令卢志商量，卢志说："赵王谋朝篡位，天怒人怨，殿下您应该挺身而出，召集天下群雄匡扶正

---

① 古代皇帝特准进宫的亲信官员，会在官帽上绣一个蝉形图案，并在帽子侧部悬挂一条貂尾，侍中在左侧，散骑常侍在右侧。这样的人在司马伦时一共有九十七人。

② 四征将军：征南、征北、征东、征西；四镇将军：镇南、镇北、镇东、镇西。

义。百姓一定会拥护您，事情一定会取得成功。"司马颖点头表示同意。他兵发洛阳，一路上人民纷纷投靠，到达朝歌（今河南鹤壁淇县）时，部队已达二十多万人。常山王司马乂在他的封国常山国（今河北正定县）内起兵，与太原国内史刘暾各率人马南下，作为司马颖的后援。新野公司马歆接到司马冏的檄文后一番犹豫，最后也起兵响应了。

使者到了河间王司马颙那里，但司马颙支持的是司马伦，他逮捕了使者，派人把使者押送到司马伦处，并采用长史李含的建议，派振武将军张方出兵消灭了准备响应司马冏的前安西参军夏侯奭，之后又让张方领兵东下支援司马伦。张方率部队行进到华阴（今陕西华阴）的时候，司马颙得到了司马冏和司马颖实力强大、兵精粮足的消息，这个墙头草的态度顿时来了个一百八十度的大转弯。他立刻召回张方，改为响应司马冏和司马颖，起兵讨伐司马伦。

司马伦正在温柔乡里逍遥自在，听说三亲王兴兵，大吃一惊。不能坐以待毙，他派上军将军孙辅、折冲将军李严带领七千兵马出延寿关（今河南巩义南），征房将军张泓、左军将军蔡璜、前军将军闾和带领九千兵马出堮阪关（今河南登封），镇军将军司马雅、扬威将军莫原带领八千兵马出成皋关（今河南荥阳汜水镇），三路大军共同南下抵挡司马冏，又派孙秀的儿子孙会督率将军士猗、许超带领三万禁军北上抵挡司马颖。同时，他任命东平王司马楙（司马懿弟弟司马孚的孙子）为卫将军，都督各军，又派遣京兆王司马馥、广平王司马虔（二人均为司马伦的儿子）带领八千士兵作为后援。

建始元年（301）四月，征房将军张泓等人推进到阳翟（司马冏驻地，今河南禹州），与司马冏的军队正面接触。张泓有勇有谋，多次击败司马冏军。司马冏出师不利，命令军队后撤到颍阴，张泓乘胜前进，步步紧逼。

除了这一支，司马伦派出的其他部队都按兵不动。上军将军孙辅、徐建所率军队突然出现了夜惊[1]，他们也没有弄清情况，以为是司马冏的军队杀过来了，狼狈地跑回洛阳向司马伦报告说："齐王实力强大，张泓等人已全军覆没了！"

---

[1] 夜惊，指军队白天精神高度紧张，夜晚有个风吹草动，士兵们突然间就互相砍杀起来。

司马伦大惊失色，严令孙辅等要保守秘密，然后急召司马虔和许超回来保卫京师。过了没多久，戏剧性的一幕出现了——张泓打败司马冏的捷报到了！司马伦"高兴"得差点没背过气去，他赶紧又命司马虔和许超返回原驻地。

张泓率各路人马渡颍水（发源嵩山，汇入淮河）向司马冏的总部发起进攻，司马冏发现张泓部队中军虽然凶猛，但侧翼战斗力差些，于是命令精锐部队全力进攻侧翼的孙髦和司马谭等人的军队。所谓牵一发而动全身，孙髦、司马谭等人抵挡不住，张泓顿时全军败退。孙秀接到了战报，但为稳定朝廷，依旧声称已经全歼了司马冏军，活捉了司马冏，还率文武百官向司马伦道贺。

成都王司马颖的督护赵骧到达黄桥，被孙会、士猗、许超的军队击败，死伤一万多人，赵骧没有料到对方战斗力这么强，顿时吓破了胆。见此情况，司马颖准备撤退到朝歌城内据城自卫，但咨议参军卢志、兖州刺史王彦劝他："胜败乃兵家常事，敌人刚刚获胜，防守一定松懈，不如挑选精兵，星夜兼程，攻其不备，出奇制胜。"司马颖同意了，让赵骧重整旗鼓，率领八万士兵与王彦一起出发。

司马伦奖赏黄桥之战的有功将士，认为士猗、许超、孙会都立下战功，应该平等对待，于是都让他们持节。这样的结果是三位将军谁都不服谁，谁都不听谁，都代表皇帝行事，军令不一，同时他们又都轻视司马颖的部队，守备松懈，这就让人钻了大空子。赵骧等率部队来攻，孙会等人一触即溃，他们也顾不上召集部队了，疯狂南逃。司马颖率军队渡过黄河，长驱直入。

自从齐王司马冏等人起兵后，朝廷文武百官及禁军将士躁动不已，都想趁机诛杀司马伦和孙秀。孙秀看出情况不妙，非常害怕，不敢离开中书省半步。等到河北战败的消息传来，他更加惊恐不安，不知所措。孙会、许超、士猗等人逃回来后，与孙秀商议退路。他们有的主张聚集残兵，做最后一搏；有的主张焚毁宫殿，诛杀异己，挟持司马伦南下投奔孙旂、孟观；有的主张乘舰船遁入东海。朝堂上议论纷纷，没个定论。

四月七日，左卫将军王舆和担任尚书的广陵公司马漼（司马懿儿子司马伷的第四子）决定逮捕司马伦等人，他们带领七百多士兵从南掖门进入皇宫，三部司马纷纷响应。王舆亲自带兵攻打孙秀所在的中书省，孙秀急忙命令关闭南掖门，王舆派兵登上墙头焚烧屋顶，屋内顿时烟熏火燎，孙秀、许超、士猗等人受不了，逃出门来，被逮个正着。这些人全部被斩首示众，之后孙奇、孙弼、谢惔、骆休等人也被杀死。王舆到云龙门扎营，召集"八座"，逼司马伦下退位诏书，诏书上说："我受孙秀等人蒙蔽，触怒了三位亲王。现在孙秀已被诛杀，大家当迎接太上皇（司马衷）复位，我则会回到乡里终老。"诏书下达的同时，他又传下驺虞幡命令各路兵马停止冲突。

黄门把司马伦从华林园东门赶了出去，把他和他儿子司马荂一起送回府里，然后派几千卫队浩浩荡荡去金墉城迎接惠帝司马衷复位，队伍所经之处，百姓都三呼万岁。惠帝重登金銮宝殿，大臣们都磕头请罪。惠帝下诏，把司马伦、司马荂等人押送至金墉城关押，之后又派使者带最贵重的礼物去慰问立下大功的司马冏、司马颖、司马颙。

梁王司马肜为了摆脱司马伦一党的嫌疑，上奏说："赵王司马伦父子忤逆，论罪当诛。"朝中不少人附和。四月十三日，惠帝派尚书袁敞持节宣旨，赐司马伦自尽。司马伦被迫饮下金屑酒，这时的他相当羞愤，用毛巾盖住脸连声道："孙秀误我！孙秀误我！"从前一年四月司马伦诛杀贾南风当政到现在，过去了整一年，八王之乱中的第三王终结。

司马伦的儿子司马荂、司马馥、司马虔、司马翊等都被廷尉拷打致死，文武百官中凡是司马伦任命的全部免职，一时间，台、省、府、卫各部门留任的官员寥寥可数。

成都王司马颖率军进入京师洛阳。四月十五日，河间王司马颙也到了。司马颖派赵骧、石超到阳翟去帮助齐王司马冏讨伐张泓等人，张泓等战败投降。从三王起兵到战事结束一共六十多天，死亡近十万人。

五月，义阳王司马威也被诛杀了。他本来不在死刑之列，但神智混沌的惠帝对他的印象太过清晰，他指着司马威说："是他跟我抢夺玉玺，把我的手都弄伤了[1]！"皇帝这样说，司马威就不得不死了。除此之外，襄阳太守宗岱又杀死了

---

① 公元301年正月，司马伦命司马威抢夺玉玺。

孙旂，永饶（今河南南阳南）冶令①空桐机杀死了孟观，这些司马伦的同党全部被灭三族。

齐王司马冏率军进入洛阳，惠帝司马衷下诏，任命他为大司马，加九锡。司马衷又任命成都王司马颖为大将军、都督中外诸军事、录尚书事，假黄钺，加九锡；河间王司马颙为侍中、太尉，加赐弓矢、钺、圭瓒三锡；梁王司马肜为太宰，兼司徒；常山王司马乂为抚军大将军，统领左军，不久改封为长沙王、骠骑将军；广陵公司马漼为广陵王，兼任尚书、侍中；新野公司马歆为新野王、都督荆州诸军事，加授镇南大将军。其他任命不再一一细表。

大司马司马冏想长期独霸朝政，就需要排除障碍。虽然惠帝司马衷的子孙都死在了动荡中，但成都王司马颖是晋武帝司马炎的第十五子，过去深受晋武帝司马炎的喜欢，民望也一向不错，是帝位的有力竞争者。司马冏权衡之后，上书请求册立清河王司马覃为皇太子——司马覃是司马遐（司马炎第十二子，司马衷的弟弟）的儿子，刚满八岁，容易控制。惠帝果然下诏立司马覃为皇太子，并任命司马冏为太子太师，东海王司马越（司马懿四弟司马馗之孙，司马泰之长子）为司空兼中书监。

司马冏生活奢华堕落，他住在他父亲司马攸原来的王宫里，又不满足，便大规模扩建府邸，北边占到了粮市，南边拆毁数百间房屋，修整后的宫宇规模比肩皇宫。他经常不上朝见驾，坐在自己府内接见百官，随意发号施令，任用亲信，排斥异己，百官对他大失所望。

司马冏不觉朝中危机四伏，反而乐享富贵，沉湎歌舞酒色。不过，人闲了就容易无事生非，司马冏清闲下来的时候就会想起过去的种种不愉快，比如河间王司马颙曾经依附司马伦的事。

司马颙的长史李含跟梁州刺史皇甫商一向不和，后李含被司马冏征召担任

_____

① 管冶铁的官。

翊军校尉①，皇甫商则在司马冏手下做参军事。此前，司马颙采用李含的建议杀死了夏侯奭，而夏侯奭的哥哥也在司马冏府中任职，同时李含和司马冏的右司马赵骧也不和。李含内心很不安，怕被这些人报复，于是他单人独马逃回河间王司马颙府上，还编了一套说辞，骗司马颙说自己接受了惠帝的密诏，让司马颙起兵除掉司马冏。他又对司马颙说："我们现在给长沙王司马乂发出讨伐檄文，让他先起兵讨伐齐王司马冏，但他实力没有齐王强，一定会被杀死，这样我们就有了出兵的借口，可以趁机兴兵。罢免齐王后，咱们再拥立成都王，这可是大功一件！"

李含是一肚子坏水，但不得不承认，有时候这样的小人也能改变历史走向。司马颙对李含的建议深表赞同，他向惠帝上表陈述司马冏的种种罪行，并说："我将带领十万精兵，同成都王司马颖、新野王司马歆、范阳王司马虓在洛阳会师，到时候请长沙王司马乂逮捕司马冏，让成都王司马颖辅政。"司马颙调兵遣将，命李含任都督，率领振武将军张方等向洛阳疾驰，又派出使者邀请司马颖一同出兵。司马颖手下的咨议参军卢志劝他不要掺和此事，但权力的诱惑在前，司马颖根本不听。

李含率兵行进到阴盘（今陕西西安临潼区），张方率两万部队在新安（今河南渑池县）屯扎，他们给长沙王司马乂发檄文让他出兵逮捕司马冏。司马冏得到消息，决定派董艾先发制人，带兵袭击司马乂的车队。司马乂身高七尺五（大概一米八），自恃武力过人，带领一百多人不断冲杀，向皇宫的方向一路疾驰，进入皇宫后他命人关闭宫门，与司马冏的部队展开对攻。

司马冏命黄门令王湖拿来驺虞幡，派人举着高声道："长沙王假传圣旨！"司马乂一方则呼喊道："大司马谋反，帮助他的人诛灭五族！"当天夜里，洛阳城内喊杀声震天，箭矢如雨点般密集，整个城池火光冲天。惠帝司马衷来到上东门，箭都落到他面前，差点射到他身上，群臣纷纷上去救，一个接一个地被箭射中倒下。大司马长史赵渊一看司马冏大势已去，于是反水，杀了中领军何勖，生

---

① 杂号将军，大概是五品官。

擒了司马颙，向司马乂投降。

司马乂把司马颙押解到金銮殿上，惠帝司马衷可怜他，想放他一条生路，但司马乂呵斥左右，叫人赶快把司马颙拉出去斩首。至此，八王之乱中第四王的时代终结，司马颙当权一年零九个月。

司马颙的人头被展示给六军，他的同党都被灭了三族，总共有超过两千人被杀，他的儿子们则被囚禁、削爵，之后惠帝大赦天下，改年号为"太安"。

李含等人听说司马颙已死，主要的对手没了，就率兵掉头回去了。

长沙王司马乂有自知之明，对朝政不敢私自做主，事无巨细都要派人到邺城向实力更强、民望更高的成都王司马颖请示，然后再发布。一时间，司马颖成了朝中掌权的人。

李氏乱蜀，成汉建立

当初张鲁①称霸汉中郡（今陕西汉中）时，賨人②中的李姓部落从巴西郡的宕渠县（今四川渠县三汇镇）前去投靠。东汉建安二十年（215）七月，曹操攻克了汉中，部落首领李武带领五百多家归降，曹操授予他将军之职，把这群人迁到略阳郡（今甘肃天水）以北地区，北方一带的百姓都称他们为"巴氐"。

李武的儿子李慕曾经担任东羌猎将，李慕的儿子李特、李庠、李流随了父亲，都长得健壮威武，善于骑马射箭，还有谋略，为人豪爽，仗义疏财，在乡里具有很高的威望。特别是李特，他身高八尺（约一米九三），为人沉稳，颇有主见。

元康六年（296）齐万年造反的时候，关中恰逢连年大荒，略阳郡、天水郡

---

① 张鲁，字公祺，一作公旗，沛国丰县（今江苏丰县）人，东汉末年割据汉中一带的军阀。据传，张鲁是西汉留侯张良的十世孙，也是天师道教祖张陵的孙子。

② 賨人，秦汉时期四川、湖南等地的一个少数民族。

等六个郡的老百姓纷纷外出寻找粮食，李家兄弟也在其中，他们常对逃荒路上遇到的穷苦人施以援手，因此深得大家拥戴。

益州（州府在今四川成都，统管八郡四十四县）地理位置险要，贾南风掌政时，让亲戚赵廞担任益州刺史。贾南风被除掉后，朝廷下诏任命赵廞为大长秋[1]，提拔成都内史耿滕继任益州刺史之位。赵廞接到任命状十分恐慌，担心入京后性命不保，着急地想寻找出路。恰好这时李特率流民来到此地，因祖籍与赵廞是一个郡的，赵廞特别重用他们，把他们视为自己的嫡系部队。依仗流民势力，赵廞起兵反叛，杀死了耿滕，然后攻打西夷校尉陈总，又把陈总杀了。从此赵廞占据蜀中自立，宣布自己为大都督、大将军、益州牧，撤掉晋朝朝廷任命的官员，换上自己的人马。

渐渐地，深得人心的李特等人引起了赵廞的猜忌，他找机会杀死了李特的弟弟李庠等李氏家族十几人。当时李特和弟弟李流带兵在外，他们听闻消息，率军杀入成都，将赵廞和其妻儿杀死，之后又率军打败了朝廷新立的平西将军、益州刺史罗尚，声势进一步壮大。流民推举李特为代理镇北大将军，李特遂自封大将军、益州牧，并自任都督梁、益二州诸军事。

战乱频仍，巴蜀百姓纷纷修筑土堡结寨自保，后来他们归降了李特，而李特因军中缺粮，就把部队分散安置在各个堡寨里。益州刺史罗尚奉朝廷命令讨伐蜀地的流民部队，虽被李特多次击败，但仍没放弃。等到朝廷援军到来，各堡寨信心顿失，罗尚趁机威逼利诱，各堡寨纷纷倒戈，李特等人终被杀死。李特的弟弟李流、儿子李雄等人得以逃脱，他们收拾了残余部队撤退到赤祖（今四川绵竹东），在这里，李流自称大将军、大都督、益州牧。

然而面对困局，李流也没有信心，他准备投降朝廷，但李雄不同意。为了鼓舞士气，李雄冒险偷袭罗尚的属下，大胜。李流非常羞愧，通过这一仗，他认识到李雄具有雄才大略，有勇有谋，强过自己，便把军中事务全权委托他处理。

在李雄的带领下，流民军又杀死了汶山太守陈图，攻占了郫城（今四川成都

---

[1] 皇后近侍官首领。

郫都区），李流随后迁到郫城驻扎。这时候，百姓或四散奔逃，或结寨自保，城乡空空荡荡，李流的军队得不到粮食补充，出现了士兵挨饿的情况。李流把目光投向了距郫城不远的青城山，在那里，道士范长生正在传道收徒，一千多户人家因此聚集，粮食充足。

这里需要对我国的本土教道教做一介绍。

说起道教，我们首先想到的是道家，然而道家和道教其实是不同的。道家是后人把老子、庄子等先贤的论述归纳为一体的一个学术流派，道教则是产生于东汉时期的一种宗教。在东汉章帝刘炟召集的白虎观会议[①]上，人们把儒学神学化，完成了神人合一的过程。班固整理的会议记录《白虎通德论》在解释"三纲六纪"[②]等儒家教义时，将谶纬神学与儒学经书置于同等的地位，并行引用。自此以后，中国社会一切以儒学为中心，一切又都用神学去解释，这为道教的产生提供了温床。

从东汉安帝刘祜在位时期（107—125）起，饥荒、瘟疫大肆流行，百姓饥苦不堪。宗教可以给人一种精神安慰，因此得到统治阶级和被统治阶级的欢迎，道教就这样在东汉顺帝刘保在位时期（125—144）应运而生了。道教早期的教义可以用两句话概况："上云羽化飞天，次称消灾灭祸。"也就是说，初级的可以祛除病痛，消去灾祸，高等的可以修炼成仙，跳出生死轮回。天师道（道教前身）的创始人为张陵，他自称"太清玄元""天师"，在青城山收徒传教，信徒需要出米五斗交给道观，因此这个教派又被称为五斗米道。张陵曾"构二十四治馆"，其中"二十三所在蜀"，一所在咸阳，可见蜀郡是道教的大本营，而巴氏李氏就信奉五斗米道。

东汉灵帝刘宏在位时期（168—189），张角创立了太平道，其信徒遍布青、

---

① 白虎观会议，指公元79年11月，东汉章帝召集诸臣和诸儒生在白虎观召开的一次讨论儒家经典的学术会议。

② "三纲"即君为臣纲、父为子纲、夫为妻纲；"六纪"即诸父有善、诸舅有义、族人有序、昆弟有亲、师长有尊、朋友有旧。

徐、幽、冀、兖、豫、荆、扬八个州，旁及并州和凉州，声势浩大，远非五斗米道所能比。黄巾起义中，太平道骨干被朝廷剿灭，太平道组织解体，剩余的信徒大都融入了五斗米道。五斗米道的第二代天师为张衡（非发明地动仪的张衡）。张衡传其子张鲁，张鲁采用政教合一的治理模式，将教众划为由低至高的三级："鬼卒""祭酒""治头大祭酒"，他自己作为最高统治者"师君"掌管教内全部事宜。这一时期的五斗米道得到了真正的大发展。

建安二十年（215）十一月，雄踞汉中三十年的天师道教主张鲁归降曹操，随曹操东返，定居于邺城。张鲁和他的五个儿子都被曹操封侯，张鲁的女儿则嫁给了曹操的儿子曹宇。曹操没有禁止五斗米道，五斗米道从此开始在北方传播。虽然随着张鲁的归降大量教民迁走，但巴蜀地区的五斗米道并没有因此绝迹，而是以不同方式传播。

范长生就是五斗米道的信徒，他注重信义，博学多才，深得教徒的敬服，因此被拥为成都一带天师道的首领，在青城山传道。因为巴氏李氏也是五斗米道的信徒，在接到李流的求助后，范长生决定资助粮食等物资，李流部队因此重新振作起来。

流民军与朝廷军僵持着，各有胜负。李流逝世后，李雄接任大都督、大将军、益州牧，在郫城建立了大营。太安二年闰十二月（304），李雄向困守成都的罗尚发起凌厉攻势，罗尚抵挡不住趁夜逃遁，李雄占领了成都。

李雄早有自立之心，他想到道士范长生是世外高人，在巴蜀拥有极高的人气和威望，就想迎立范长生为国君，自己做辅佐大臣。李雄把这个想法告诉范长生后，范长生对他建国的想法表示支持，但坚持不肯做国君，而是表示要拥立李雄。范长生以实际行动支持李雄，他穿上道袍，登上道场，向众人传达上天旨意，说李雄是天命所在。与此同时，各位将领也一再请求李雄早登大位。

建武元年（304）十月，李雄即位为成都王，宣布境内大赦，弃晋朝建武年号，改年号为"建兴"，正式宣布独立，五胡十六国中的第一个政权就此建立。

李雄废除了晋朝的法律制度，重新订立法章。他任命叔叔李骧为太傅，兄长李始为太保，李离为太尉，李云为司徒，李璜为司空，李国为太宰，阎式为尚书令，杨褒为仆射；追尊曾祖父李武为巴郡桓公，祖父李慕为陇西襄王，父亲李特为成都景王，尊奉母亲罗氏为王太后。李雄非常看重李国、李离的智慧谋略，大小事务都要征求他们的意见后再施行，李国、李离因此对李雄也越发恭敬——这是个双赢的政治局面。

两年后的三月，道士范长生自青城山来到成都，李雄亲自到城门口迎接，以臣下迎接帝王的礼仪把范长生迎入大殿，任命范长生为丞相，尊称其为范贤。范长生劝李雄称帝，李雄同意了。六月，李雄正式登基为帝，定国号为"成"，改年号为"晏平"，之后他任命范长生为"四时八节天地太师"，封西山侯。

在公元306年的时候，这个新的国家被称为"成"，公元338年它改国号为"汉"，因此历史上称之为成汉。为了避免表述不清，本书将这个李雄建立的国家皆称成汉。

争斗复争斗，争斗何其多

当初，司马颙认为司马乂实力较弱，肯定会被司马冏杀死，然后自己就有了起兵讨伐司马冏的借口，等杀掉司马冏，废黜了惠帝司马衷，拥戴司马颖继帝位，自己就能做丞相，控制朝政。可惜算盘打得啪啪响，结果却是司马乂把司马冏杀死了，他的计划泡了汤。

不过司马颙也不算看走眼，司马乂虽然胜了，势力还是很弱，因此自己不敢做主，大小事务都要请邺城的司马颖决断。司马颖遥控朝廷，但这哪有自己掌权来得痛快？他还是嫌司马乂碍手碍脚，准备除掉他。

这时，原司马冏的参军皇甫商被司马乂任命为自己的参军，而皇甫商的哥哥皇甫重正担任秦州刺史。李含曾和皇甫商结怨，他感受到危机，劝司马颙除掉司马乂，司马颙同意了，但消息走漏，司马乂先下手杀掉了李含等人。司马颙得知心腹李含被杀，当即起兵讨伐司马乂，同时派金城太守游楷等人率领共四个郡的军队联合进攻皇甫重。

司马颙任命张方为都督，率领七万精锐军队出函谷关向东直指洛阳。司马颖出兵相助，他驻扎朝歌，让平原国（今山东平原县）内史陆机为前将军、前锋都督，统领中郎将王粹等人，率二十多万军队也向洛阳进发。陆机这个流亡北方的原吴国人突然跃居各将领之首，王粹等人心里愤愤不平。

太安二年（303）十月八日，太尉司马乂陪同惠帝司马衷在建春门（洛阳东城门）迎战陆机，司马颖则派将军马咸协助陆机。司马乂手下的司马王瑚领数千骑兵把戟系在马的两侧冲击马咸军队，马咸军队面对这种阵势慌了手脚，一时溃不成军，马咸被杀。兵败如山倒，陆机也阻止不了，只好带着军队退到七里涧，尸首阻断了河流。

当初，宦官孟玖受到司马颖的宠信，想让自己父亲担任邯郸（今河北邯郸）县令，其他人都不敢出言，只有右司马陆云（陆机的弟弟）坚决反对，最终这项任命没有通过。孟玖因此恨透了陆氏兄弟，一直在寻机报复。这次机会来了，孟玖便向司马颖进谗言道："陆机勾结长沙王司马乂，怀有二心，这才使我军惨败！"孟玖的同党也都附和。司马颖大怒，派人杀死了陆机兄弟，并灭陆机三族。

司马乂又大胜张方军，杀死五千多人，张方撤退到洛阳西边的十三里桥驻扎。张方坏点子多，他命人把千金堨（古代水利工程）中的水放掉，使洛阳城内水井枯竭，春米的水碓也因无水可用而停止工作，朝廷无奈，只能发布动员令，让王侯公爵家中的奴婢动手捣谷米以供应军粮。但城池被包围，城中粮食渐渐短缺，每石米的价格被抬升到一万钱；不仅粮食短缺，人员也一样，于是朝廷又下令，一品官员不在军营的，家中十三岁以上的男子全部充当后备役部队，另外还征调奴仆充实军队。总之，为了抵御来自司马颖和张方的攻击，洛阳全城动员。

外有大敌，不能坐以待毙，司马乂府中的主簿祖逖（闻鸡起舞故事里的男主角）说："雍州刺史刘沈忠义可嘉，善于用兵，他的兵力足以对付河间王司马颙，您应当命刘沈出兵，这样司马颙为了自保，必定会召张方回去救援，这是上策。"司马乂同意了。刘沈受命，组织自己治下七个郡的一万多将士向长安进发，同时命人骑快马向各郡传达皇帝的命令，各郡纷纷响应。

另一方面，司马乂又派皇甫商拿着惠帝司马衷的亲笔诏书秘密出发，去金城郡太守游楷等处让他们停止攻打皇甫重，并命令皇甫重出兵讨伐司马颙。皇甫商化装成普通百姓，低调行路，走到了新平郡（今陕西彬县）。无巧不成书，他在这里遇到一个堂外甥，而这个堂外甥又一直非常憎恨他，就向司马颙告发了。司马颙接到消息大喜，立即命人逮捕了皇甫商，将他斩首。

司马乂依仗洛阳城池坚固，多次击退司马颖的攻势，斩杀六七万人，虽然城中粮食日渐匮乏，但将士们依然顽强抵抗。渐渐地，张方这边吃不消了，他认为洛阳无法攻陷，打算带部队回长安。

正在这个时候，洛阳城内突然发生变故。殿中各将领和三部司马疲于奔命，起了异心，他们认为这样下去肯定不是张方的对手，不如干掉司马乂投降张方。于是，左卫将军朱默等人逼着东海王司马越牵头，一行人突然冲入司马乂大营，逮捕了司马乂。司马越在禀告惠帝司马衷后，解除了司马乂的所有官职，把他囚禁在金墉城。但等他们打开洛阳城门以后，才发现张方的军队已经疲惫不堪，军容不整，根本不是皇家军队的对手。一些将领们有些后悔，打算解救司马乂，集结队伍重新对抗张方，司马越却害怕司马乂出狱后报复自己，决定杀了他，断绝大家反攻的想法。黄门侍郎潘滔派人将城内的事秘密通知了张方，然后对司马越说："王爷不用担心，自会有人替您除去隐患。"

永安元年（304）正月二十八日，张方部将郅辅率领三千大军到金墉城带走了司马乂。张方为人极为残暴，司马乂被带到大营后，张方命人点起大火，把司马乂架起来放到火上烤。司马乂被活活烤死了，死时年仅二十八岁，他的惨叫声传出去很远，就连张方的士兵听到后也无不落泪。八王之乱中第五个王的统治终结了，当权一年又两个月。

司马颖率军进入洛阳，大概是出于安全考虑，很快又返回了邺城。惠帝司马衷下诏，任命司马颖为丞相，司马越为守尚书令（即代尚书令）。司马颖派奋武将军石超率军五万把守洛阳的十二个城门，把朝中过去和自己有过节的人全部杀掉，宫廷禁卫军也全部换上了自己的嫡系部队。他上书奏请任命卢志为中书监，但仍让他留在邺城，处理丞相府的日常事务。

河间王司马颙本在郑县（今陕西华县）驻扎声援张方部队，听说雍州刺史刘沈率军进攻长安，便派军迎战，结果大败，惊慌之下赶紧退守长安，并急召张方回军。张方命士兵在洛阳掳掠了官家、私家的奴婢一万多人后匆忙西归，半路军中缺粮，就把人杀了混在牛马肉中充饥，场面惨不忍睹。

刘沈率军渡过渭水，所向披靡，司马颙屡战屡败。刘沈派安定太守衙博、功曹皇甫澹带五千精兵杀入长安城内，一直冲到司马颙的军营前，他自己带兵作为后援，可是却因故未能按时到来。冯翊太守张辅发现衙博等人是孤军奋战，后继无援，大喜，带部队拦腰攻击，衙博和皇甫澹不敌被杀，剩下的残余士兵逃出长安。张方又趁机派部将夜袭刘沈，刘沈不敌被抓，宁死不降，司马颙暴跳如雷，将他腰斩。

永安元年（304）二月十七日，丞相司马颖上书请求废黜皇后羊献容[1]，惠帝哪敢不答应，把羊献容软禁在金墉城。这是羊献容第一次被罢黜，此后她数次沉浮，成了中国历史上被废立次数最多的皇后。司马颖又让惠帝废黜皇太子司马覃，仍旧让他做清河王，为自己做皇位继承人扫平道路。

司马颖和司马颙表演起了双簧。司马颙表奏惠帝，请求立丞相司马颖为皇太弟，其实这就是走个程序，惠帝哪里能做得了主，于是三月十一日，惠帝下诏立司马颖为皇太弟，兼任都督中外诸军事，并保留丞相职务。这样一来，司马颖就成了皇帝位置的合法继承人，依照曹操辅佐汉朝皇帝时的旧例，皇帝御用的车轿、服装及用品等全都迁到邺城。惠帝又下诏命司马颙担任太宰、大都督、雍州牧。

司马颖把皇宫里的精锐弄到了丞相府，把皇宫的宿卫兵换成了自己的嫡系。他不把惠帝放在眼里，越权的事越做越多，还重用人品很差的孟玖等人，朝中大

---

① 司马颖和羊献容的父亲有仇。

臣深感失望。

司空东海王司马越与右卫将军陈眕以及司马乂过去的部将上官巳等谋划讨伐司马颖。永安元年（304）七月一日，陈眕率兵攻入云龙门，用皇帝诏书召集文武百官和禁卫军将士，下令讨伐司马颖。奋武将军石超逃回邺城向司马颖报信。

在司马越等人的主张下，七月三日，惠帝大赦天下，恢复皇后羊献容和皇太子司马覃的地位。司马越亲自担任大都督，侍奉惠帝北征司马颖，并征召前侍中嵇绍到惠帝身边服侍，官复原职①。临行前，侍中秦准问嵇绍说："这次前去，安危难以预料，您备有好马吗？"他的意思是有了好马好逃跑。嵇绍严肃地答道："圣上发正义之师亲征，司马颖等一定望风而逃。倘有意外，我还有气节在，我用不着好马！"

司马越发布檄文征召各地勤王之师，各地军队不断赶来，到安阳（今河南安阳）地界时，部队已经达到十几万人，声势浩大。司马颖经历了最初的慌乱后还是决定迎战，派出石超率五万将士驻扎在荡阴（今河南汤阴县）。

陈眕的两个弟弟陈匡、陈规身在邺城，他们决定弃暗投明，从邺城逃了出来。司马越问他们邺城内的情况，他们说城内现在分歧严重，已经人心离散。司马越一听，觉得司马颖不过如此，就放松了戒备。

七月二十四日，石超的军队突然杀来，勤王大军措手不及，两军混战，王师大败，连惠帝的面颊都被冷箭射伤了，左右侍从四散奔逃。这时候嵇绍正好赶到，他整理衣冠下了马，登上皇帝御车，用身体护住惠帝。石超的士兵把嵇绍拉到车辕上准备杀害，惠帝大喊道："这是忠臣，不要杀！"那士兵没有停手，只回答道："我们奉皇太弟（司马颖）的命令，只放过陛下一人。"说罢，没有犹豫就把嵇绍杀了，鲜血溅到了惠帝的衣服上。惠帝受到惊吓，从车上滚落到草丛中，携带的皇帝印信都丢失了，十分狼狈。

石超把惠帝迎到自己军营中，不敢怠慢。惠帝又饿又渴，石超送上水，还让下人送上了秋桃。下人要为惠帝洗衣服，惠帝说："上面有嵇侍中的血，不要洗

_____

① 嵇绍之前被司马颖罢免了。

了！"九百多年后，南宋文天祥的《正气歌》里有一句"为嵇侍中血"，说的就是这一件事。嵇绍被杀的时候五十二岁，后来被追封为侯爵，赐一亩墓地。嵇绍是嵇康的儿子，跟他父亲一样也是有名的帅哥，成语"鹤立鸡群"说的就是他。

司马颖派卢志把惠帝迎入邺城，他代表皇帝宣布大赦，改年号为"建武"。司马越逃奔到下邳（今江苏古邳镇），徐州都督东平王司马楙拒绝接纳他，于是司马越逃回到了自己的封国东海国（今山东郯城县北）。

陈眕、上官已等人尊奉司马覃，坚守洛阳。

司马颖认为司马越兄弟（司马越、司马腾、司马略、司马模）都是人才，在宗室中享有声望，下令宽恕司马越并召他回朝，司马越不接受。

当初，司马颙派张方率两万精锐部队去救援司马颖，中途听说朝廷军队已经失败，惠帝被"迎"入邺城，司马颙就命令张方先去占领洛阳。留守洛阳的上官已和张方展开厮杀，但不敌，张方顺利进入洛阳城。

八月，司马越的亲弟弟并州刺史东瀛公司马腾及安北将军王浚起兵讨司马颖，发兵邺城。司马颖派幽州刺史王斌及石超等迎敌。王浚大破王斌，又击败石超，乘胜进军邺城。

战败的消息传至邺城，人心惶惶。司马颖和卢志等人裹挟着惠帝坐上牛车仓皇逃出邺城，连金银细软都来不及收拾。随行的一位中黄门在自己的被套中藏了三千钱，这是他辛苦积攒的，一路上视若珍宝，悉心守护，但眼看皇帝没有钱买吃的，他动了恻隐之心，就把这些钱拿了出来。惠帝很感谢他，还专门下了借钱诏书，待以后归还。用中黄门的这些钱，他们买了一些食物，惠帝这时候也顾不上形象了，端起瓦盆狼吞虎咽。因为要躲避追兵眼线，他们夜里也不敢住旅店，只能和衣而眠，惠帝则盖着中黄门的被套睡觉。走到温县（今河南焦作温县）的时候，因为司马家祖籍在这里，司马懿父亲以上的祖先也都埋葬在这里，惠帝一定要去祭拜祖坟。这时候他的鞋子都跑丢了，他便把侍中的鞋子穿上，来到祖坟前。看到这些坟茔，惠帝感伤自己目前的狼狈样子，像个受了委屈的孩子一样扑倒在地痛哭流涕，众人也都跟着泪流不已。

一行人继续南下，到邙山脚下的时候，张方率领一万多士兵亲自出城迎接，为惠帝举行了盛大的欢迎仪式。建武元年（304）八月十六日，经过波折回到洛阳的惠帝宣布大赦。

张方仗着兵强马壮控制了朝中大权，他拒绝司马颖参政，谁的兵马多谁说了算，就是司马颖也只能干瞪眼。张方的属下在洛阳城烧杀抢掠，个个腰包鼓鼓，都急着想和家里人分享"成果"，吵吵闹闹地想要回乡，急躁不安。张方一看这样下去也不是办法，于是在建武元年（304）十一月初一带兵闯进宫殿，准备让惠帝坐自己的车子一起出发去长安。惠帝虽然有些愚钝，但也看出来了这是什么阵势，他快步跑到后花园的竹林中躲藏起来，可惜还是被张方的士兵找到了，没有办法，惠帝只好含泪上了车。张方没有下马，只是匆匆行了一礼，辩解道："现在盗贼横行，保护皇宫的力量不足，请陛下跟我到大帐去，我必将誓死保卫陛下的安全。"

惠帝被挟持到张方的营寨中，张方命手下将士驾车去皇宫装载后宫佳丽和宝物。士兵们趁机奸污宫女，瓜分财物，把稀奇的帘布和御帐等割下来做马鞍，自曹魏以来宫中积累的宝藏被抢劫一空。三天后，张方挟持着司马衷、司马颖、司马炽（司马炎的第十七个儿子）等皇室向长安行进。

张方部队到达霸上（今陕西西安东）的时候，司马颙率队声势浩大地过来迎接，进城后，司马颙把自己的征西将军府改为皇宫，让惠帝司马衷居住，改元复为"永安"。自此，留在洛阳的尚书仆射荀藩（荀勖的儿子）、司隶校尉刘暾、河南尹周馥组成了留守朝廷，称东台，惠帝所在的长安政府被称为西台。

十二月二十四日，惠帝下令——背后当然是司马颙的意思——废除司马颖的皇太弟身份，改立豫章王司马炽。惠帝兄弟共二十五人，这时除了惠帝自己，在世的只剩下司马颖、司马炽和吴王司马晏了。司马晏资质平庸，但司马炽自幼好学，平时闭门谢客，专心研究典籍，有良好的名声，所以司马颙选他为帝位继承人。惠帝又下诏让司空司马越任太傅，与司马颙共同辅政；光禄大夫王衍任尚书左仆射；东中郎将司马模担任宁北将军、都督冀州诸军事，镇守邺城；太宰司马颙兼都督中外诸军事；张方担任中领军、录尚书事，兼任京兆太守。之后改年号为"永兴"，大赦天下。

司马越认为任命他为太傅明显是司马颙的主意，因此拒绝接受太傅的职位。几位亲王各自心怀鬼胎，新一轮的争斗即将开始。

刘渊建汉赵

当年，汉高祖刘邦为了和亲匈奴，把一位同宗的女儿册封为公主，将她嫁给冒顿单于，然后两族结为表面上的兄弟，匈奴人都以改姓刘氏为荣。

东汉建武二十四年（48），匈奴南疆八大部落首领共同推举日逐王孪鞮比当呼韩邪单于，向光武帝刘秀臣服。匈奴一族经过刘秀允许进入西河郡的美稷县（今内蒙古准格尔旗）定居，后来进一步南迁，把王廷迁移到左国城（今山西吕梁离石区）。东汉中平五年（188），第四十任单于孪鞮羌渠派其子于扶罗率兵援助东汉，讨伐自称安定王的张纯。于扶罗要回军的时候，得到了父亲羌渠单于在政变中被杀害的消息，于是他就和部下留驻在内地，自称单于。于扶罗死后，其弟呼厨泉继位，任命于扶罗之子刘豹为左贤王。后来为了加强对匈奴的管理，曹操将呼厨泉强留邺城，把他的兵分为五部[1]，任命刘豹为左部帅，率左部定居于兹县（今山西汾阳）。

刘豹的妻子怀孕十三个月，生下了儿子刘渊。这个孩子自小聪明，七岁时候母亲去世，他顿足捶胸，号啕大哭，异常悲痛，同族人都暗暗称赞他孝顺。刘渊自幼好学，拜崔游为师，博览群书，尤其喜欢《春秋左氏传》《孙子兵法》这两部书，同时他还注重学习武艺，武艺十分精湛。

大概在曹魏景元五年（264），刘渊到洛阳做人质。后来晋武帝司马炎登基，他身边的红人安东将军王浑对刘渊十分欣赏，待他以礼，诚心与他结交，还

---

[1] 五部匈奴的故事，见"按下葫芦浮起瓢"一节。

多次把他推荐给武帝。武帝召见刘渊面谈，也对他刮目相看。

咸宁五年（279）刘豹去世，武帝司马炎让刘渊回去接替匈奴左部帅的位置。刘渊到任后大展身手，赏罚严明，济困救危，待人诚恳，匈奴五部不断有英杰前去投靠，远在千里之外的幽州、冀州也不时有知名人士、寒门学子前来与刘渊结交。永熙元年（290）十月，当时辅政的杨骏任命刘渊为建威将军兼五部匈奴大都督。元康末年（300），因为有部下叛乱并出逃塞外，刘渊被免职。成都王司马颖镇守邺城的时候，又向皇帝请奏任命刘渊为冠军将军兼五部军事，命刘渊率军驻守在邺城。司马颖算盘打得好，他自觉有了刘渊的守卫，邺城将更加安全。

刘渊的堂祖父右贤王刘宣一直怀有二心，这时候已经天下大乱，他看到机会来了，就对族人们说："以前我们的祖先和汉结为兄弟，同甘苦共患难，但自从汉朝灭亡以来，我们匈奴单于就成了一个虚名，名下没有一寸土地，即使拥有王侯的爵位，也跟普通平民差不多。我们现在虽然弱小，但部族仍有两万多人，为什么我们要一直低头听命于人，被别人差使？我们忍辱受屈已经百年了，现在左贤王英明神武，老天如果不是为了我族复兴，绝不会让这种人物降生！司马氏骨肉相残，四海鼎沸，我们的时机已经成熟了！"他们经过秘密磋商，共同推举刘渊为大单于，刘宣派自己的亲信呼延攸前去邺城禀告刘渊。

刘渊见到呼延攸，心中大喜，因为他也在找机会脱身。他向司马颖请求回去参加一个族人的葬礼，但司马颖不批准，刘渊便让呼延攸转告刘宣，让他以支持司马颖的名义召集五部匈奴的壮士，但此事还未成行，机会就来了。

安北将军、都督幽州诸军事王浚手里握着精兵，他又把自己的一个女儿嫁给了辽西鲜卑段部头领段务勿尘，另一个女儿嫁给了乌桓人苏恕延，因此实力更壮。司马颖曾经向王浚借兵，但王浚不借，司马颖怀恨在心，于是任命嫡系和演任幽州刺史，让他打入王浚内部找机会刺杀王浚。计划被识破，王浚大怒，杀死了和演，独占了幽州，之后他又联系了并州刺史司马腾以及鲜卑、乌桓的混合部队，一路夺关斩将，杀向邺城。

刘渊就在这时候站了出来，提出自己可以回去带来五部匈奴帮助司马颖。司马颖不无担忧："五部匈奴士兵能不能召集起来？即便可以召集，鲜卑人、乌桓人也不好对付，我打算陪同陛下（司马衷）回到洛阳，避一避他们的锋芒，然后号召天下勤王，您看怎么样？"刘渊说："殿下是武皇帝（司马炎）的儿子，拥有别人无可比拟的巨大声望，大家都愿意为您效命，所以我想五部匈奴召集起来并不难。只是殿下离开邺城是示弱于人，路上一旦遭人追击，根本无法到达洛阳，即便到了洛阳，大权也不会在您手上了。请令我回去带兵，我会用两部的兵马击败司马腾，用三部的兵马击败王浚，这两个贼人的头颅不日将悬挂在高杆上！"司马颖大喜，封刘渊为"北单于"，批准他返回左国城。

司马颖也明白现在不能再犹豫，便带领卢志和仅剩的几十个骑兵侍奉着惠帝登上牛车，奔向洛阳。王浚派出羯朱追击司马颖，追到朝歌（今河南淇县）也没有发现司马颖等人的踪迹，于是就放弃了。之后他们进入邺城，军中的鲜卑人、乌桓人在城中大肆掠夺，烧杀奸淫无恶不作，邺城百姓伤亡惨重。

王浚带大军返回蓟城，途中有下属汇报，说鲜卑人的队伍里有被掠夺来的大量汉人妇女，于是王浚下令："有胆敢私藏妇女者，斩！"鲜卑人大为惊惧，纷纷把这些女人扔到易水（位于今河北西部的一条河流）里，约有八千人被淹死，场面相当凄惨。

另一边，刘渊回到了自己的部族，刘宣等人尊奉他为"大单于"，二十天之内就召集了五万兵马。刘渊派兵前去援救邺城，还未到就听说邺城已经失守，他叹息道："司马颖不听我的话坚守在邺城，反而自己溃散了，真是奴才！但我与他有约在先，不能见死不救。"他打算发兵攻打鲜卑、乌桓，刘宣等人劝阻道："晋人待我们如奴隶一般，现在他们骨肉相残，是老天要抛弃他们让我们光复祖业。鲜卑、乌桓和我们的境遇相似，是可以争取过来的，为什么要攻打他们呢？"刘渊很受鼓舞，说："您说得对呀！大丈夫应当像汉高祖、魏武帝那样建立功业！"刘宣等人忙叩头行礼。

永安元年（304）冬季，刘渊将都城从离石迁到左国城（今山西方山县峪口镇后南村）。他对部下道："过去汉朝能维持那么久的时间，是因为朝廷对老百姓施以恩德。匈奴先祖和汉朝相约为兄弟，哥哥去世由弟弟继承王位，情理上也是可以的。"于是他定国号为"汉"①。刘宣等人请求刘渊当皇帝，刘渊道："现在天下没有平定，我还是效仿汉高祖，先称汉王吧。"

刘渊在南郊设立祭坛，登上王位，大赦，改年号为"元熙"。为了显示自己政权的正统性，他追尊安乐县公刘禅为孝怀皇帝，立汉高祖以下三祖五宗的神位来祭祀。

羯人石勒

永安元年（304）的时候，一个牛人登场，他叫石勒。

石勒，最开始名匐，字世龙，晋泰始十年（274）出生，是上党郡武乡县（今山西武乡县）的羯族人。羯族人长得深目、高鼻、多须，是匈奴别部羌渠的后裔，因他们分散居于上党、武乡、羯室一带，所以被称为羯族。石勒的祖父耶奕于、父亲周曷朱（又名乞翼加）都担任过部落的小头目。

石勒十四岁时，跟随乡里人到都城洛阳贩卖货物，这是他第一次来这么大的城市。目睹了洛阳的繁华，再跟自己家乡一比较，他深感失落。快走出洛阳东门的时候，他靠着城墙大声长啸，这阵啸声被当时的尚书左仆射王衍听到，他循着啸声望去，见石勒相貌奇异，又听啸声中气很足，就回头对左右说："刚才那个胡人小子，我从他的啸声里听到了不祥的音调，恐怕他日后会成为我朝的大患！"王衍派人马去逮捕石勒，但这时候石勒已经快速离开了。

石勒成年后体魄健壮，胆识过人，雄浑威武，精于骑马射箭。他父亲周曷朱脾气暴躁，为人凶狠，在部落里并不得人心。他经常让石勒替他管理一些事物，石勒处理得非常妥当，倒是慢慢得到了族人的拥护爱戴。石勒生活的武乡县北原

---

① "五胡十六国"中的第二个国家建立，也是五胡十六国中第一个在中原建立的少数民族政权（成汉建立在西北）。后来汉国被刘曜改为"赵"，为了区别之后石勒建立的赵国（后赵），后人称刘渊建立的政权为"汉赵"或"前赵"，本书将它统一称为"汉赵"。

山（太行山中部向西延伸的山脉）中有草木长成了骑兵的形状，他家庭院里种植的人参枝繁叶茂，长成了人形，当地很多人都说："石勒相貌奇异，志向远大，气度恢宏，他的未来不可限量。"

太原郡邬县（今山西介休东北）郭敬、宁驱等人对这种说法深信不疑，开始资助石勒生活费，以图日后能沾个光。石勒非常感激，他自己有一把力气，就拼命地为他们耕种田地。劳动中他经常听到金戈铁马的声音，石勒感到很奇怪，就回家问母亲，母亲却不以为然，说他是劳作中出现了耳鸣，没有什么可大惊小怪的。

太安年间（302—303），并州发生饥荒，饥饿引发了动乱，石勒与族人在逃奔中失去了联系，他选择去投靠宁驱。官府听说后准备抓住石勒卖掉，是宁驱把他藏起来，这才躲过一劫。石勒一看，觉得躲在宁驱这里不是长久之计，又去投奔都尉李川。路上石勒饥饿难耐，就在这个时候，他碰巧遇到了恩人郭敬。石勒像迷途的孩子见到父母一样，哭着给郭敬叩头请安，向他诉说了这一路的种种艰辛。郭敬听着伤感地流下了眼泪，他不断地安慰石勒，卖掉了自己带的值钱的东西给石勒购买食物和衣服。

石勒饱餐一顿后，对郭敬说："现在饥荒很严重，我们不能这样坐以待毙。诸族胡人饥荒更甚，不如引他们到有收成的冀州去谋生。您可以趁机把他们抓起来卖到那里去，这样两全其美（指胡人有饭吃，郭敬他们有钱赚）。"郭敬深表赞同。

可计划还没有实施，因为建威将军阎粹怂恿并州刺史东嬴公司马腾强行抓胡人卖掉以赚取军队用度，包括石勒在内的众多胡人就被司马腾派出的将军郭阳、张隆抓住了，每两人佩戴一副枷锁被押往冀州。途中，石勒经常遭到张隆的侮辱和殴打。事也凑巧，押送胡人的另一位将军郭阳是郭敬的族兄，郭敬拜托郭阳及侄子郭时多多关照石勒。有熟人好办事，有了郭阳、郭时的关照，石勒一路上的吃饭问题、小病小灾就都迎刃而解。

石勒被卖给茌平人师懽为奴隶。他在田地里劳动的时候，又听到了以前听到的那种战鼓声和号角声，他对伙伴们说："我小时候在家，就经常听到这种声音。"师懽听到这些话，再仔细打量石勒，感觉他非池中之物，就恢复了他的自由之身。

师懽家附近有个牧马场，石勒因为出色的相马本领得到牧马场首领汲桑的欣赏。汲桑是个勇士，二十几岁的时候力能扛鼎，擅长长啸。石勒和汲桑脾气相投、惺惺相惜，一来二去，两人成了好朋友。

一开始，石勒受雇为别人劳动，以此养活自己。一次，他不巧被一小股官兵发现，官兵正要逮捕他的时候，一群鹿从旁边窜了出来，他们也顾不上石勒了，争相去捕鹿，石勒得以逃脱。后来石勒召集了王阳、夔安、支雄、冀保、吴豫、刘膺、桃豹、逯明等八位骑士，干起了强盗勾当，郭敖、刘徵、刘宝、张曀仆、呼延莫、郭黑略、张越、孔豚、赵鹿、支屈六等人又来投靠，组成了"十八骑"，这也是石勒争霸天下的最初班底。他们到较远的大户庄园里强掠财物，然后把所得全部送给汲桑。

前文说到，永安元年（304）十二月，被张方挟持到长安的晋惠帝司马衷下诏撤销成都王司马颖的皇太弟封号，但因为司马颖素有盛名，河北（黄河以北）的很多人对他的遭遇深表同情。司马颖昔日的帐下督公师藩自称将军，在河北率众起兵，聚集了数万人的部队，声势浩大。像很多人一样，汲桑与石勒带领牧民还有数百马匹前去投靠公师藩。石勒正式开启了自己的军旅生涯，也是在这时，汲桑给他取了一个响亮的名字，姓"石"名"勒"。

公师藩任命石勒为前队督，让他随自己去攻打平昌公司马模所在的邺城。司马模听闻有兵来攻很紧张，向范阳王司马虓求助，司马虓派大将苟晞率队前去救援。苟晞和广平郡的丁绍联手击退了公师藩和石勒。这是石勒和苟晞两位猛人的第一次交手。

盟主司马越

张方劫持惠帝司马衷强行迁都长安，引得天下群情激愤。永兴二年（305）

七月，司马越召集将士起兵勤王，他向在崤山（位于今河南西部，洛阳与长安之间）以东的各征①、镇②、州、郡发布檄文，檄文上说："让我们同心协力，集结正义之师，奉迎天子返回洛阳！"

徐州都督东平王司马楙看到檄文后惶恐不安，长史王脩劝他："东海王在皇族中颇有声望，如今他起师勤王，您应该审时度势，把徐州让给他，这样既保全了自己，也收获了好名声。"司马楙权衡利弊，照办了。司马越遂兼任徐州都督，司马楙则自称兖州刺史、车骑将军。

司马越为人谦和，年轻时就有美名，这时他的兄弟们又都是一方大员，影响力很大，于是范阳王司马虓和王浚等人共同推举他为勤王军的盟主。不断有人前来投靠，司马越择优任用他们为各地刺史、太守。琅琊王司马睿就被任命为平东将军、都督徐州诸军事，在下邳驻防，司马睿又请来琅琊王氏子弟王导③担任司马，把军事事务全交给他处理。

司马越亲率三万精兵向长安进发，到达萧县（今安徽萧县西北）后驻扎，司马虓则从许昌推进到荥阳（今河南荥阳）驻扎。豫州刺史刘乔也起兵响应司马越，出于政治、军事上的考虑，司马越任命刘乔为冀州刺史，让司马虓接任豫州刺史，这下刘乔不干了，他认为这不是御诏，于是出兵抵制。当时司马虓任用刘琨为司马，司马越任用刘藩为淮北护军、刘琨的哥哥刘舆为颍川（今河南禹州）太守，刘乔便给朝廷上书，罗列了刘舆兄弟的种种恶行，随后率兵攻打许昌。他还派长子刘祐率军阻挡司马越大军，导致司马越前进不得。

东平王司马楙在兖州任上横征暴敛，各郡县都不堪重负。范阳王司马虓派苟晞回兖州任刺史，调司马楙为都督青州诸军事，司马楙不接受，背叛了联军，与刘乔联合到了一起。

---

① 指征东、征南、征西、征北四将军。
② 指镇东、镇南、镇西、镇北四将军。
③ 字茂弘，王祥弟弟王览的孙子。

　　说回司马颙一边，他听说公师藩等起兵为司马颖打抱不平，怕公师藩的这把星星之火引发燎原之势，内心很是焦虑。为了安抚这些河北人士，司马颙奏请惠帝任命司马颖为镇东大将军、都督河北诸军事，配给一千士兵，又任卢志为魏郡太守，跟随司马颖镇守邺城，另派建武将军吕朗到洛阳驻守。

　　司马颙又请惠帝发布诏令，命东海王司马越等各位王爷回到自己的封国，司马越等人不予理睬。正在这时，豫州刺史刘乔那封关于抵抗司马越的奏章送到，司马颙感觉有了帮手，立即有了底气，撺掇惠帝下诏："刘舆逼迫范阳王司马虓犯上作乱。现命镇南大将军刘弘、平南将军彭城王司马释、征东大将军刘准各率部队，与刘乔并肩作战。命张方为大都督，率领十万精兵，与吕朗在许昌会师，消灭刘舆兄弟。"从这份诏书中可以看出，司马颙还是想争取司马虓的。司马颙命司马颖率楼褒等人、石超率王阐等人共同防守黄河大桥，作为刘乔的援军。为了激励刘乔，司马颙还提拔他为镇东将军，假节。

　　镇南大将军刘弘不愿战火继续，便写信给刘乔和司马越，希望他们能辅佐皇室，平息战争，但二人均不接受。他又上书劝谏，希望司马颙能从中调停，司马颙不听。刘弘知道司马颙主要的依靠是张方，而张方天性残忍，不得人心，所以司马颙注定会失败，于是转而投靠了司马越。

　　刘乔的立场很坚定，他乘虚而入，带兵袭击许昌（司马虓总部），将其一举攻克。刘琨带兵来救，但到达时城池已经陷落，他只得和兄长刘舆以及范阳王司马虓一起逃往河北，他的父母则被刘乔抓住了。

　　路上，刘琨游说冀州刺史温羡把职位让给司马虓，温羡是个聪明人，照做了。司马虓又派刘琨到幽州向王浚求援，王浚派精骑八百相助，袭击在黄河桥上防守的王阐，大获全胜，王阐被杀，司马虓和刘琨遂率众渡过黄河，在荥阳又杀死了石超等人。刘乔从考城（今河南兰考县兰考镇）率兵撤退。司马虓派刘琨和都护田徽攻打司马楙所在的廪丘（今山东郓城县），司马楙抵挡不住，逃回自己的封国。刘琨等继续率兵向东挺进，迎接东海王司马越，又在谯县（今安徽亳州）攻打刘祐，刘祐兵败被杀。刘乔的部队四散奔逃，他本人逃到了平氏县（今河南桐柏县平氏镇）。

司马越率部队推进到阳武（今河南原阳县东南）驻扎，王浚派他的部将祁弘带领精锐的鲜卑、乌桓骑兵充当司马越的前锋，司马越的军队声势更胜。

当初，皇太弟中庶子缪播受到司空司马越的宠信，但其堂弟右卫率缪胤是太宰司马颙已经去世的前妻的弟弟——有时候人际关系就是这么复杂。司马越起兵勤王的时候，派缪播、缪胤到长安做司马颙的工作，让他保护惠帝东归洛阳，并约定以陕地（今河南三门峡）为界和司马颙共治天下。司马颙一直以来对缪播兄弟都很信任，也看到司马越的队伍阵容强大，感到自己没有必胜把握，在仔细衡量下，就想听从劝告，划界而治。

张方可不愿这么干，他知道自己罪行深重，天下人不会饶过他，于是对司马颙道："如今我们占据险要地势，凭着咱们的实力能够挟天子以令天下，怎么能拱手就让别人得势？"张方一直是司马颙的主心骨，听张方这么说，司马颙一时也没有了主意，只能暂时打消了平分天下的念头。等到刘乔兵败的消息传来，司马颙非常焦虑，罢兵与司马越和解的念头更坚定了一些，但又担心张方不同意，因此迟疑不决。张方知道是缪播兄弟在劝说司马颙和解，恨得咬牙切齿，盘算着想暗害他们。

张方初来长安的时候穷困潦倒，衣不蔽体，食不果腹，长安城里的大富翁郅辅是个善人，经常接济张方，张方打心底里很感激他，把他视作恩人。穷则思变，人想有变化的时候各种潜能就容易爆发，张方就是这样，他的才干和勇敢逐步得到司马颙的赏识和信任，渐渐成为司马颙的心腹。张方知恩图报，平步青云后特别推荐自己的恩人郅辅为帐下督。

司马颙的参军毕垣家里是河间（今河北沧州）的豪门大户，曾经受到过张方的侮辱，自尊心遭到极大伤害，加之他本人心眼又小，对张方一直怀恨在心，时刻准备报复。这次他嗅到了机会，便对司马颙说："张方带兵在霸上驻扎挺长时间了，他这是听说山东的军队实力强大，犯怵了，所以才停滞不前。之前还有消息说他有投靠敌人的想法，您应该防患于未然！要想了解张方的计划，盘问一下他的亲信郅辅就知道了。"缪播兄弟也不失时机地劝司马颙："司马越等人恨的是张方，您杀了张方向天下谢罪，司马越等自会退兵。"

永兴三年（306）正月，司马颙派人召见郅辅，想向他了解张方的具体打算。郅辅来到王府，正要去晋见司马颙，毕垣迎上前拦住他道："张方要谋反，大家都说你知道这事，王爷如果问你，你会怎么回答？"郅辅顿时大吃一惊，六神无主，造反这可是要灭九族的事情啊！他赶紧问："我确实不知道张方要谋反，这可怎么办？"毕垣一看把郅辅唬住了，故作关心地给他出主意："王爷问话的时候，你只回答'是，是'就行了，否则的话，你全家性命不保！"郅辅点头答应。

郅辅进入府内，司马颙直接问他道："张方要谋反，你可知情？"郅辅慌忙回答道："是。"司马颙一听，张方这小子果然怀有二心，应该尽早除掉，然后他又问道："派你去除掉他，行吗？"郅辅又回答道："是。"司马颙于是派郅辅去给张方送信，要他借机杀掉张方。

郅辅平时与张方来往密切，关系很铁，因此当他带刀进张方府内的时候守卫也没有多问。张方打开了司马颙给他的信，在灯下细看，郅辅瞅准机会，拔刀砍下了张方的头颅。得手之后，郅辅大摇大摆地出了张府去向司马颙禀告，司马颙悬着的心终于放下了——他还在后怕，如果郅辅不能得手，张方起兵造反，后果将不堪设想。司马颙奖励郅辅，任命他为安定太守。

司马颙把张方的人头送给司马越，司马越一看司马颙的臂膀已去，大喜，更是无所忌惮，直接拒绝了司马颙和解的请求。司马颙没有达到目的，又损失了一员大将，但他拿司马越无可奈何，只好把气全撒到了郅辅的头上，命人把刚刚升了职的郅辅拉出去斩首。

惠帝驾崩

司马颖接受司马颙让他防守洛阳黄河大桥的命令，率军到达洛阳，命将军楼褒带兵防守大桥。司马模派将军宋胄进攻，楼褒不敌，向西撤退；又派前锋督护冯嵩和宋胄会合，进逼洛阳。司马颖看到勤王军势不可挡，十分恐惧，于是逃往关中，到达华阴（今陕西华阴）后有消息传来，说司马颙和司马越和解了，他顿时不敢继续前进。

建武将军吕朗在荥阳（今河南荥阳）驻守，刘琨拿张方的人头展示给他看，吕朗顿时泄气，乖乖出城投降。司马越派祁弘、宋胄、司马纂带领鲜卑精骑西行迎接惠帝圣驾，又命周馥在渑池（今河南渑池县）驻扎。永兴三年（306）四月十三日，司马越本人率大军到温县扎营。

祁弘等人继续西进，司马颙精锐尽失，已无力抵挡，只能单枪匹马逃入太白山①。祁弘等人率军进入长安城，纵容部属进城后大肆抢掠，野蛮地杀死了两万多人，大臣们四散奔逃，跑得快的逃到了秦岭群山中，没有吃的就捡拾栎树果子果腹。

五月十四日，祁弘等人伺候着晋惠帝司马衷登上牛车，公卿大臣步行，随皇帝东归洛阳，梁柳为镇西将军，留下镇守关中。六月一日，惠帝到了洛阳，他登上昔日宫殿，坐上宝座，觉得恍如隔世，不禁感伤落泪。之后他前往拜谒太庙，恢复了羊献容的皇后身份，大赦天下，改年号为"光熙"。

这边皇帝等刚走，司马颙的部将马瞻等人又杀回了长安，杀死了留守将军梁柳，然后到山里找到司马颙，把他接回了长安，孤守。听说长安失守，安定太守贾疋②等人起兵反攻，马瞻等人被杀。司马颙的长史杨腾一看主子大势已去，暗中投靠了司马越，至此，除了孤零零的长安城，关中其他地区全部归了司马越。

八月，晋惠帝任命东海王司马越为太傅、录尚书事；范阳王司马虓为司空，镇守邺城；平昌公司马模为镇东大将军，镇守许昌；王浚为骠骑大将军和都督东夷、河北诸军事，兼任幽州刺史。

祁弘带领部队进入函谷关后，成都王司马颖看大势已去，仓皇逃奔到新野（今河南新野县）。司马越命令南中郎将刘陶前去捉拿司马颖，司马颖不敢停

---

① 秦岭山脉最高峰，跨太白县、眉县、周至县三县。

② 贾疋，曹操手下著名谋士贾诩的曾孙。

留，北渡黄河逃到朝歌（今河南淇县），他在这里召集了属下几百人，准备去投靠旧部公师藩，不料走到半路就被顿丘（今河南清丰县）太守冯嵩抓住了。冯嵩不敢擅自处置，便把他押到邺城，交给了范阳王司马虓，司马虓不忍心杀害这个先帝最喜欢的儿子，只是把他暂时关押了起来。而公师藩准备自白马津（今河南浚县）南渡黄河，却遭到兖州刺史苟晞的拦截，在混战中被杀死了。

同年（306）十月，范阳王司马虓暴病而亡，年三十七岁，死因不得而知。因为过去司马颖在邺城拥有巨大声望，长史刘舆怕司马虓的死讯传开后会引起巨变，所以秘不发丧。为绝后患，他派人假冒钦差传旨，赐死了司马颖和他的两个儿子，司马颖死时年二十八岁，八王之乱中第六个王的生命就此终结。司马颖被俘后，他的旧部一哄而散，各奔前程，只有卢志不离不弃，司马颖父子死后，还是卢志为他们父子收尸安葬。卢志的忠贞得到司马越的欣赏，后征召他为军咨祭酒。

司马越本打算任用刘舆，但有人对他说："刘舆这个人人品不好，就像油污一样，谁接近他都会受到污染。"所以刘舆刚刚到来时，司马越就有意疏远他。刘舆一看自己不受待见，暗暗努力想要出头。他是个有心人，秘密查阅了全国军事和仓库、牛马、器械、地形地貌等资料，把这些一一默记在心。当时全国形势多变，司马越经常召集属下议事，众人常常对时局一筹莫展，想不出好的办法，这时候刘舆就会站出来，按照之前对全国军事等情况的了解，分析得头头是道。司马越因此越来越欣赏他，后来还任命他担任左长史这个重要职位，让他做自己的参谋助手。

刘舆请求司马越让他弟弟刘琨镇守并州，以此加强北方的防务力量，于是司马越在请示惠帝后，任命刘琨为并州刺史。原并州刺史司马腾升任车骑将军，调任都督邺城诸军事，镇守邺城，填补司马虓去世后留下的空缺。

十二月，新上任的并州刺史刘琨从洛阳出发，前往并州州府晋阳（今山西太原西南）。当时并州处于和匈奴争斗的最前沿，深受匈奴抢掠之苦，刘琨一路上饱尝艰辛，冒险前进，目睹了百姓流离四散的惨状：道路上扶老携幼出逃的百姓成群结队，连绵不绝，被杀死的、饿死的塞满道路，白骨露于野，秃鹰在空中盘旋，发出阵阵刺耳的叫声，场景相当凄惨。

此前，东燕王司马腾要从并州出发去邺城镇守，从太行山中的井陉（太行八陉之第五陉）东下，并州将领田甄、田兰、任祉、祁济、李恽和薄盛等人以及其他官吏、百姓共计一万多人，都跟随司马腾到冀州讨饭吃，这部分人被称为"山西（太行山以西）乞活"，他们组成的军队被称为"乞活军"。值得注意的是，这支乞活队伍里有个叫冉瞻的年轻饥民，他就是冉魏政权的建立者冉闵的父亲。

组织乞活军有两个好处：一可以将流民收编，使这些人有所依靠，不再四处流散；二可以形成一支强有力的武装，便于更好地谋食。没有财产住所，只为活命乞食，这样的部队打起仗来无后顾之忧，十分勇敢强悍。后来，乞活军成为司马腾麾下一支重要的军事力量。但也是因为组织乞活军，人口大量外迁，再加上连年战乱造成大量死亡，并州人口骤减。

刘琨一路招兵买马，终于招募到五百多人，他带着这些人边战斗边前进，历尽艰辛，终于到达晋阳。这时候，整个并州剩下的人口也不足两万户，州府晋阳更是满目疮痍。官署已经被焚毁，尸首遍地，杂草丛生，没有耕牛，农具也寥寥无几，匈奴人盘踞四周，人们连做饭的柴火都很少能得到，少数留守官员也是面黄肌瘦，刘琨看得一阵心酸。他向朝廷写信，请求拨付五百万斛粮食、五百万匹绢、五百万斤绵以维持政府运转，同时赈济灾民，得到批准。又命人掩埋尸体，铲除杂草，修复官衙，安抚百姓，大力发展生产，慢慢聚集起了一些流民。不到一年的时间，并州的社会状况大有改观。

虽然刘舆推荐刘琨是有私心的，但从刘琨到任后的所作所为看，这一任命是正确的。

北方边境暂时安定，朝中却遭遇大变。光熙元年十一月十七日夜，惠帝司马衷在吃夜宵的时候吃了一个饼，出现了腹泻、呕吐的中毒症状，经御医抢救无效，第二天在显阳殿驾崩，结束了自己四十八年的懵懂生活，后被葬于太阳陵。

是谁害死司马衷的？当时人们都怀疑是司马越，但这个问题一直没有确切答案，成了未解之谜。司马衷驾崩后，按说该让皇太弟司马炽继位，但皇后羊献容想到自己是司马炽的嫂子，如果司马炽继位，自己就做不成皇太后了，于是打算拥立废太子清河王司马覃①。侍中华混把这十万火急的消息告诉了太傅司马越，司马越立即宣皇太弟司马炽入宫。司马覃接到羊皇后的通知，人都已经赶到了尚书省，但突然发现气氛不对。他是个聪明人，知道保命要紧，就捂住肚子连连叫痛，称病回去了。

十一月二十一日，年方二十三岁的司马炽登基，大赦天下，是为晋怀帝。他尊奉皇后羊献容为惠皇后，让她居住在弘训宫，册立妃子梁氏为皇后。

太傅司马越控制了朝政，他环视天下，发现老对手河间王司马颙还活在世上，就下诏任命司马颙为司徒，命他即日回京任职。司马颙看到诏书很高兴，以为司马越不计前嫌要和自己携手共事，高高兴兴地和家眷启程赴任。当他们走到新安（今河南渑池县）的时候，司马越的弟弟南阳王司马模派部将梁臣在路上拦住车马，然后登上马车，把司马颙活活掐死了，同时被杀的还有司马颙的三个儿子。

八王之乱的第七个王就此丧命，大权掌握在了第八个王司马越的手中，这场司马诸王之间的纷争到这里也就结束了，前后持续了十六年之久。这是中国历史上最严重的皇室内乱之一，死亡人数动辄以万计，国内经济被严重破坏。变乱后期，朝廷已无力控制全国形势，造成大规模少数民族内迁，特别是成汉和汉赵这两个少数民族政权的建立，更是为西晋敲响了丧钟。

---

① 司马衷的侄子，前皇太孙司马尚去世后曾被立为皇太子。

第二章 统一昙花一现

苟晞破汲桑

公师藩被苟晞杀死后，他的部将汲桑逃回了以前的据点牧马场。汲桑是个猛将，有一定的号召力，不久就又聚拢了一批人，自称大将军，宣称要为老主人成都王司马颖报仇。他以羯人石勒为先锋攻打附近郡县，石勒所向披靡，因功被封为代讨虏将军，之后受命率兵进攻邺城。

邺城里的仓库已是空空如也，镇守邺城的司马腾虽在府中积累了巨额财富，为人却刻薄寡恩，部下因此对他多有抱怨。等到汲桑大军到来，司马腾慌了神，为了鼓舞士气，他赐给将士每人几升米兼一丈左右的布帛，但为时已晚，这时候大家已经对他离心，不愿意为他卖命了。

永嘉元年（307）五月，汲桑率兵重创魏郡太守冯嵩，长驱直入攻下邺城。司马腾顾不上收拾金银财宝了，单人匹马一路狂逃，但仍被汲桑部将李丰追上杀死。

汲桑起出成都王司马颖的棺材，趴到棺材上放声痛哭，然后命人把棺木装到车上，做事前都要向司马颖棺材祷告。为了报复，他命人一把火烧了邺城王宫，大火连续燃烧十天不灭。邺城王宫从袁绍时期开始经营，又经曹家精心建造，共历百余年，如今就这样毁于一旦。烧了宫城还不够，他又命令屠城，杀了一万多官员百姓，然后在城中抢掠满足才扬长而去。

汲桑命石勒为先锋，率部队攻打兖州。太傅司马越没想到汲桑的战斗力如此强大，内心十分焦虑，匆忙命兖州刺史苟晞和将军王赞剿灭汲桑。

苟晞，字道将，出生年月不详，河内郡山阳县（今河南修武县）人。他是晋朝数得着的猛将了，年轻的时候曾经在司隶部做事，深受司隶校尉石鉴的器重。东海王司马越为侍中的时候引荐他为通事令史①，后又多次升官，直至目前的兖

---

① 负责呈递、传达奏章的官员。

州刺史。

这次石勒和苟晞遭遇是针尖对麦芒，两人斗得旗鼓相当，大大小小的战役打了不下三十次，互有胜负，难分伯仲。永嘉元年（307）七月一日，太傅司马越亲自率兵驻屯官渡（今河南中牟县），支援苟晞。苟晞的队伍得到鼓励，更加奋勇，一鼓作气打败了石勒。汲桑见势不妙率众撤退，苟晞乘胜追击，一连踏破汲桑八个营垒，杀死一万多人。汲桑与石勒等被逼得走投无路，准备去投奔汉赵，中途又被冀州刺史丁绍截住，一行人如丧家之犬，毫无斗志，再败，汲桑和石勒也被打散。汲桑又逃回牧马场，石勒则逃向了乐平（今山西昔阳县），二人此生未能再相见。

司马越率得胜之师返回许昌，论功行赏，加封苟晞为抚军将军，兼都督青州、兖州诸军事；加封丁绍为宁北将军，并监冀州诸军事。二人都被授予符节。

除了善于用兵，苟晞还精力充沛，做事效率高，很多事到他手里都能化繁为简，但他为人严酷，执法严苛，在人们看来很不近人情。他的姨妈曾来投靠，苟晞很尊重她，且十分周道地侍奉赡养她。一日，姨妈向苟晞说情，想让自己的儿子在他手下做个将领，苟晞刚开始不同意，说："我治军一视同仁，从不枉法，我是怕您日后后悔啊！"可姨妈坚持，不得已，苟晞让她儿子担任了督护。

姨妈的这个儿子不争气，作奸犯科，触犯了军法，苟晞手捧符节把他杀死，姨母叩头求情都不为所动。之后苟晞换上素服前去吊唁，哭道："杀你的，是兖州刺史；来哭弟弟的，是你的表哥苟道将。"

野心勃勃司马越

永嘉元年（307）七月十一日，朝廷任命琅琊王司马睿为安东将军、都督扬州江南诸军事[1]，假节。

---

[1] 当时扬州的州府设在建邺，即今江苏南京市。

司马睿，字景文，咸宁二年（276）出生在晋首府洛阳。他的曾祖父为宣帝司马懿，祖父为琅琊武王司马伷，父亲为琅琊恭王司马觐，母亲为夏侯光姬。司马睿为人沉稳有气量，善于藏拙，平时不显山不露水，所以很多人对他了解不多，并不看好他，只有侍中嵇绍觉得他不是普通人物。嵇绍对人说："琅琊王相貌不凡，恐怕他不是个甘做人臣的。"元康二年（292），十七岁的司马睿被任命为员外散骑常侍，后逐渐升迁至左将军。当年惠帝亲征成都王司马颖，在荡阴吃了败仗，司马睿的叔叔东安王司马繇被杀，他怕受到牵连，便想逃走，然而夜里月光皎洁，城中警卫森严，根本无法出城。正焦急间，只见乌云蔽日、雷雨交加，巡查部队也避雨去了，天助司马睿，他总算逃了出去。

司马睿和司马越府中的王导交好，当时朝廷内乱不止，王导劝司马睿回自己的封国琅琊（今山东临沂），司马睿听取了他的建议。后司马睿聘请王导为自己府上的司马。

永嘉元年（307）九月一日，司马睿到达建邺。因为他之前名声并不大，江东的名士看不起他，很久都没人来拜访，王导对此感到忧虑。正赶上司马睿要出门，王导就给他出了个主意，让他登上高抬大轿，又安排了壮观威严的仪仗队伍，并一众中原名士骑马在侧。纪瞻、顾荣等江南人士见了感到惊异，一个跟一个地在路边行拜礼。

司马睿又用王导之计，让江东大姓族人任要职：贺循为吴国（今江苏苏州）内史、顾荣为军司、纪瞻为军咨祭酒、卞壸为从事中郎、周玘（周处之子）为仓曹属、张闿（张昭曾孙）为参军。他诚心对待江东士人，尊重当地风俗，江东人士也对司马睿敬佩起来，并渐渐由敬佩转为拥护。

司马睿确实有能干大事的性子。刚来江东时他常常因为贪杯误事，有一次王导劝他不要再如此，他就命人把酒杯斟满，再接过来把酒泼掉，从此戒酒了。

王氏世族，人才辈出，就在王导去到南方为司马睿筹谋的时候，他的兄弟们也在朝中受到重用。

永嘉元年（307）十一月，朝廷任命名士王衍为司徒，但身居高位的王衍对政府事务漠不关心，反而是以清谈玄论为己任。不过他也会为王家谋划后路，他对司马越说："目前天下大乱，要依靠地方大员来剿平叛乱，应该选择文武全才的人来做地方长官。"然后他推荐自己的弟弟王澄任荆州都督、堂弟王敦为青州刺史。王衍对他们两个说："荆州有江汉的险固，青州有大海为屏障，你们两个在外，我在朝中，可以称为狡兔三窟了。"

太傅司马越与苟晞关系曾经很亲密，还结拜为异性兄弟，但司马越的司马潘滔劝他道："兖州地势险要，曹操当初就是从这里起家建立了霸业。苟晞胸怀大志，不会久居人下，他如果长期经营兖州的话，日后定会成为您的心腹大患。如果您把他调任青州，施个调虎离山之计，同时加封他的官衔，苟晞一定说不出什么，然后您就可以亲自统领兖州，这样才能防患于未然啊！"

司马越认为潘滔说得很有道理，于是自封为丞相、兖州牧，兼任都督兖、豫、司、冀、幽、并六州诸军事，同时任命苟晞为征东大将军、开府仪同三司、侍中、都督青州诸军事兼青州刺史，假节，并封东平郡公。苟晞对这项安排十分不满，从此心中埋下了对司马越仇恨的种子。他到了青州，因为心情不痛快，执法更为严酷，每天都要杀人，青州人称他为"屠伯"。

有威胁的还有怀帝司马炽，他登基不久就开始亲自处理政务，对朝廷上下的事情也格外留心，司马越对此极不高兴，于是提出要出镇地方。司马炽留也留不住，只好批准，于是司马越离开了首都洛阳，坐镇许昌。

永嘉二年（308）二月十六日，司马越派人杀死了做过皇太弟、对自己有威胁的清河王司马覃，扫除了又一个潜在威胁，司马覃死时年仅十四岁。三月，司马越从许昌搬到鄄城（今山东鄄城县）。八月初，鄄城城墙突然崩塌了几十丈，司马越请人占卜，得出的结果是鄄城气运不祥，于是他把大营迁到濮阳，没多久又从濮阳迁到了荥阳。

司马炽还是皇太弟的时候，与中庶子缪播就非常亲近，继位后，更是任命缪播为中书监，任缪播的弟弟缪胤为太仆卿（主管出行的官），把他们兄弟当作自己的心腹。司马炽的舅舅散骑常侍王延、尚书何绥（开国重臣何曾的孙子）、太史令高堂冲等人也会一起参与朝廷的重大事务，被视为怀帝的班底。

司马越怀疑这群人在暗中谋划对付自己，手下刘舆等也劝说他赶紧把缪播等人解决掉，以绝后患，于是司马越诬陷缪播等人意图不轨，图谋叛乱，在永嘉三年（309）三月二十六日这一天，派平东将军王秉率领三千士兵冲入皇宫。这时缪播等人正在和司马炽议事，王秉不由分说，当着司马炽的面带走了王延、缪播等十余人，将他们交付廷尉象征性地审讯后全部杀害了。

司马炽对亲信被杀一事无能为力，只有暗自流泪叹息。当年司马越为了除掉司马颙的得力助手张方，求助缪播兄弟得以成功，如今又杀了他们，让人不由慨叹权力斗争之无情。

铲除了异己，司马越任命王敦为扬州刺史，任命王敦的堂兄王衍为太尉，他自己则辞去兖州牧的职务，但仍然兼任司徒。司马越琢磨，近年来朝廷中的数次变故均是由宫中的禁卫军发起，所以把禁卫军换成自己的人才可靠。他通知司马炽后，免除了宫中所有有侯爵封号的官。当时几乎所有武官都封侯了，于是几乎全部被罢免回家。然后司马越让亲信何伦任右卫将军，王秉任左卫将军，带领几百名东海国的精锐士兵负责皇宫的警卫工作，进一步控制了朝廷。

此后凉州姓张

京中不稳，边境也不安宁。早在永嘉二年（308）二月，五十四岁的凉州刺史张轨就因中风瘫痪，口齿不清了。

张轨，字士彦，是汉代常山景王张耳的第十七世孙，他父亲张温曾任太官令（掌管宫廷饮食供应）。张家世代精通儒学，张轨承继家传，自小聪明好学，入仕后逐渐升至散骑常侍、征西军司[1]。

中原发生八王之乱，时局动荡，张轨想趁机占据河西（黄河以西）地区，在占卜后得到上签，更加坚定了自立的决心。他请求前往凉州（州府设在姑藏，今甘肃武威）镇守，于是在永宁初年被任命为护羌校尉、凉州刺史。这时候鲜卑反

---

[1] 军司，即军师，为避讳司马师而改。

叛，攻城略地，势不可当，张轨到任后，用宋配等作为自己的心腹智囊，率兵征讨，斩首万余，声震河西。

他在当地设置学校，招收学生，开始推行教化，后又挫败谋乱，俘虏十多万人，顿时威名大震，晋惠帝遂加升他为安西将军、安乐乡侯，食邑千户。张轨还大规模修建姑臧城。这座城本来是匈奴人修建的，具有一定规模，南北七里，东西三里，地势似龙形，所以又叫卧龙城。

现在张轨病倒，他儿子张茂代理主持州政府事务，陇西内史张越出身凉州的名门望族，想趁机赶走张轨。张越与西平太守曹祛和自己的哥哥酒泉太守张镇等商量，想派人到长安向南阳王司马模禀告，说张轨因病致残，已经不能正常履职，请求让秦州刺史贾龛接替他的位置。贾龛想要答应，他哥哥责备道："张轨是当世名士，威震河西，你有什么资格取代他？"于是贾龛放弃了。张镇等人还不死心，上书要求另派他人，可朝廷指令还没到，他们就迫不及待地宣布罢免张轨的职务，让军司杜耽代理州政，又让杜耽上书朝廷，请求任命张越为刺史。

张轨准备告老还乡，长史王融、参军孟畅用脚踩碎张镇的檄文，推门进来对张轨说："晋室多难，还要依靠您安抚河西。张镇兄弟胆大妄为，应该讨伐他们！"说完转身出去，下令戒严。正好张轨的大儿子张寔这时候从京城洛阳回来，于是任他为指挥官，带兵讨伐张镇等人。先礼后兵，张寔派张镇的外甥令狐亚去劝说张镇投降，陈明利害，张镇流着眼泪说："我受人蒙蔽！"然后到张寔那里请罪。

朝廷接到张镇等人的奏章，认为张轨确实不具备履职的身体条件了，就任命侍中袁瑜为凉州刺史。得到线报后，凉州治中（掌管州中文书）杨澹骑上快马飞奔至长安，向都督雍、凉二州诸军事的南阳王司马模发誓，说张轨是受到诬陷。于是司马模上书朝廷，要求暂停任命袁瑜，朝廷批准，并下令诛杀曹祛等人。

张轨派张寔率领三万步骑兵平乱，曹祛被抓后遭斩首，张越等人则逃到邺城，从此，凉州完全置于张轨家族的掌控之中。朝廷加封张轨为西平郡公，张轨推辞不接受。

从汉王到帝王

永兴三年（306）三月，东莱国（今山东莱州）惄县县令刘柏根率领一万多人聚众造反，自称悦公。东莱人王弥带领家仆前来投靠，刘柏根便任他为长史。王弥是东莱人，家里世代都是太守级的官吏，他的祖父王欣在晋武帝时期曾经任汝南太守，他本人年轻时读过不少书，也颇有才干。

刘柏根带领部下进攻青州州府临淄（今山东淄博），青州都督高密王司马略派部将刘曚带兵迎战，结果刘曚大败，逃往洛阳，司马略不得已撤退到聊城（今山东聊城）。朝廷派善战的幽州刺史王浚出兵剿灭刘伯根，刘伯根不敌，兵败被杀。

王弥带领残兵败将逃进附近的长广山占山为王，做起了强盗。与别人不同，他是个有文化的强盗，精于谋划，从不蛮干，每次去抢掠都会做周详的计划，有十足的把握才出手。

王弥擅长骑马射箭，力气也大，加之行踪飘忽不定，神出鬼没，青州一带的人都称他为"飞豹"。他自称征东大将军，不断进攻郡县，杀死太守和县令，撬开官府库房，抢走武器和钱粮，因此名声大噪。之后"飞豹"王弥不断收拢散兵游勇，不久聚集了几万手下，一时间军威大振。他派遣将领攻打青州、徐州、兖州、豫州等地，这些地方多半的郡县被攻破，太守、县令被杀。之前兖州刺史苟晞多次与王弥交锋，均不能胜，阻挡不住王弥军队前进的步伐。

永嘉二年（308）四月十三日，王弥攻陷许昌。他命人打开官府库房，夺取了不少军用物资，之后继续进军，向洛阳挺进。在鄄城驻扎的太傅司马越得到消息后，急忙派帐下的司马王斌带领五千精锐部队进京守卫，凉州刺史张轨也派遣督护北宫纯带兵到洛阳协防。

五月，王弥部队进入辕辕关（今河南偃师东南），在伊河北打败朝廷军队。强敌近在眼前，洛阳全城乱作一团，宫城甚至在白天也关闭了城门，怀帝司马炽命司徒王衍做指挥官，率领文武百官保卫宫城。

五月十九日，王弥军队抵达洛阳，在洛阳南城的津阳门外安营扎寨。城内，北宫纯建议趁敌人立脚未稳的时候实施偷袭，王衍批准了，于是他挑选一百多勇士直奔王弥大营，王弥军队果然大败。

王弥命人放火焚烧城门，之后向东逃窜。王衍派左卫将军王秉乘胜追击，王弥再遇大败。走投无路下他问部下："朝廷部队实力还很强，我们现在没有地方可以容身。刘渊在洛阳做人质的时候和我多有来往，我们交情很好，如今他号称汉王，去投奔他如何？"部下都表示赞同。

王弥狼狈不堪地逃过黄河，北上与部将王桑会合，然后从轵关（今河南济源西北）到达平阳（今山西临汾）。听说猛将王弥来投，刘渊非常高兴，派侍中、御史大夫等到郊外迎接。他任命王弥为镇东大将军、司隶校尉，加授侍中，特进；另任命王桑为散骑侍郎。

北宫纯率军进攻河东郡（今山西夏县），又打败了汉赵的抚军将军刘聪，这也是北宫纯第一次和汉赵军队交锋。因为史书上没有对北宫纯做过交代，我们无从知晓他的身世。

永嘉二年（308）九月，汉王刘渊派镇东大将军王弥、辅汉将军石勒进攻晋朝重镇邺城。时任征北大将军的和郁是邺城守将，他一听说两位猛将来攻，就吓得弃城而逃。怀帝司马炽只好命令豫州刺史裴宪移师白马抵御王弥，车骑将军王堪移师东燕郡（今河南延津县）抵御石勒，平北将军曹武驻扎在大阳（今山西平陆县）以监视蒲子（今山西隰县，汉赵都城）的动静。

十月三日，刘渊正式称帝。刘渊命石勒、刘灵带兵三万人进攻魏郡、汲郡、顿丘等地，当地百姓们为了自保修建的坞堡有五十多个，这些人都慑于石勒等的威势投降了。石勒给坞堡的头领都授予将军、都尉的头衔，并从百姓中挑选了五万青壮年作为自己的兵士。他命令兵卒不得骚扰老弱病残者，社会秩序基本平稳。

十一月八日，石勒攻陷了邺城，生擒了逃到"三台"①的魏郡太守王粹，将其斩首示众。

太史令宣于脩之劝刘渊道："陛下虽然承天命，龙飞凤翔，但晋室还没有消

---

① 三台，指铜雀台、金雀台、冰井台，曹操于公元210年修建，位于今河北临漳县。

灭，您的皇宫仍显简陋，不够宽敞。我夜观天象，不出三年您一定能攻下洛阳，只是蒲子地势崎岖，不是长久居住之所。平阳有帝王之气，希望陛下能够迎合天象，迁都平阳。"刘渊听从劝告，于永嘉三年（309）正月初一把汉赵的都城迁到了平阳。

刘渊决心进攻洛阳，他命晋降将朱诞任前锋都督，让灭晋大将军刘景任大都督，率兵首先进攻重镇黎阳（今河南浚县）。汉赵军顺利攻克黎阳，又在延津打败了晋朝的车骑将军王堪。刘景为人残忍，攻破城池后，他命令士兵把俘虏的晋朝三万多名平民百姓全部赶入黄河淹死。

有探报把胜利的消息告诉了刘渊，刘渊摸着大胡子哈哈大笑，但又听说刘景淹死三万名百姓，顿时大怒："刘景还有什么脸面再回来见我！上天岂能容忍这种残酷的行为？我想要消灭的只是司马氏一族罢了，平民百姓又有什么罪？我要得天下，怎么能失掉民心！"于是把刘景贬为平虏将军。

到了夏季，天下大旱，长江、汉水、黄河、洛水等河流全都枯竭，甚至到了步行就可以过河的地步。这等干旱可谓是千年难遇，天灾之下，晋朝军民人心更为涣散。

永嘉三年（309）八月，刘渊命楚王刘聪为主帅，带兵进攻晋朝都城洛阳。晋平北将军曹武率军阻截，被刘聪打败。刘聪遂长驱直入，直达宜阳——这里距离洛阳不足百里。

刘聪志得意满，觉得晋朝实力不过如此，自己一路过来势如破竹，拿下洛阳也是指日可待，顿时放松了戒备。有一天夜里探子来报，说晋朝的弘农太守垣延来降，刘聪大喜："识时务者为俊杰，快快迎接垣将军！"不料垣延是诈降，率部前来是为趁着夜色直入戒备松懈的刘聪大营。刘聪被打了个措手不及，只能狼狈逃窜。

转眼到了十月，刘渊决心出动大军总攻洛阳，于是命刘聪、王弥、刘曜、刘景率领五万精锐骑兵进犯洛阳，命呼延翼带领步兵作为后援。十月二十一日，刘聪等人率精骑到达宜阳。二十六日，刘聪进攻洛阳西城的西明门，凉州督护北宫纯率领一千多名敢死队队员趁夜出城袭击刘聪大营。北宫纯不愧为一员猛将，入敌营如入无人之境，力斩汉赵征虏将军呼延颢，刘聪部队再次溃败，撤退到洛水旁驻扎。

已经走到半路的汉赵后援呼延翼部队发生内乱，呼延翼被自己的部下杀死，部队群龙无首，逃回平阳。刘渊一看这仗打不下去了，索性命令刘聪也撤回来。但刘聪不服输，上奏刘渊说："晋朝军队其实很弱，胜败乃兵家常事，不能因为呼延翼、呼延颢被杀就撤兵。我请求留下来再攻洛阳。"刘渊想了想，还是批准了。

洛阳城内，太傅司马越亲自登上城楼巡视，命令加固城楼，鼓励士兵坚守杀敌，一时间军心大振。

十一月十四日，刘聪到洛阳城外的嵩山祈祷，命平晋将军安阳王刘厉、冠军将军呼延朗留守大营。刘聪到嵩山祈祷的消息传到洛阳城内，在太傅参军孙询的劝说下，司马越乘虚偷袭了刘聪大营，杀死了呼延朗等人，刘厉怕刘聪回来降罪，干脆跳进洛水自杀了事。

王弥对刘聪说："现在我们军队受挫，洛阳城却仍坚固，我们的运粮车在中途又受到袭扰，粮食已经支持不了几天了。请您和刘曜将军先回京师筹措粮饷，我也回兖州、豫州地区待命，收集粮饷备用，不知您意下如何？"

刘聪之前是向刘渊请求坚决留下的，这次想回也没脸回，他向太史令宣于脩之求助，宣于脩之对刘渊说："我观察天象，发现洛阳城上星光依然明亮，气势蒸腾，现在如果大军不撤回来，势必失败。"刘渊听他如此说，派黄门郎傅询召刘聪等人速速回撤。

永嘉三年（309）十一月二十日，刘聪、刘曜率败兵回到平阳。

另一边，石勒进军却很顺利。他攻取常山（今河北正定县）等郡后，部队超过了十万人，来投靠的士大夫也络绎不绝。石勒给他们建了一个豪华的"君子营"，张宾是营中最主要的智囊，刁膺也是其中的佼佼者。

永嘉三年（309）冬季，石勒进攻信都（今河北衡水冀州区），杀死了冀州刺史王斌。晋廷命令车骑将军王堪、北中郎将裴宪从洛阳率军讨伐石勒，石勒焚烧军营，聚集军粮，回军抵抗。魏郡太守刘矩临阵变节，献出城池投靠了石勒。

石勒率军抵达黎阳，裴宪慑于石勒的声威，不战而逃奔淮南，王堪退守仓垣（今河南陈留镇西）。

石勒取得一连串的胜利，刘渊大喜，任命石勒为镇东大将军，封汲郡公，持节。石勒坚决推辞了汲郡公的封号。

永嘉四年（310）初，石勒秘密渡过黄河，攻下白马（今河南滑县），残忍地坑杀了三千多人。这时候，王弥率领三万部卒前来与石勒会师，两方合兵一起攻打徐、豫、兖三个州。二月，石勒攻下鄄城，杀死了兖州刺史袁孚，不久又攻克仓垣，杀死晋朝的车骑将军王堪，然后北渡黄河，攻打冀州各郡县，当地九万多百姓都投靠了他。

刘聪登基

永嘉四年（310）七月九日，刘渊生病了，病势沉重，他开始安排后事。刘渊任命陈留王刘欢乐为太宰，长乐王刘洋为太傅，江都王刘延年为太保，楚王刘聪为大司马、大单于，以上顾命大臣全部为录尚书事，掌握政府实权，并在平阳西侧设置了"单于台"[1]。

刘渊又任命齐王刘裕为大司徒，鲁王刘隆为尚书令，北海王刘乂为抚军大将军兼司隶校尉，始安王刘曜为征讨大都督兼单于左辅，廷尉乔智明为冠军大将军兼单于右辅，光禄大夫刘殷为左仆射，王育为右仆射，任颛为吏部尚书，朱纪为中书监，护军马景兼左卫将军。永安王刘安国兼右卫将军，安昌王刘盛、安邑王刘钦、西阳王刘都兼任武卫将军，分别统领禁兵。以上这些汉赵的重要官员绝大多数都是刘氏皇族中人。

永嘉四年（310）七月十六日，刘渊召刘欢乐、刘洋等人进宫接受遗诏辅佐朝政。七月十八日，刘渊病逝，太子刘和继位。

---

[1] 当时，少数民族与汉族分治，单于台是专门用来管理少数民族百姓的机构。

新皇刘和是刘渊长子，出生年月不详，母亲是皇后呼延氏。他长得仪表堂堂，喜欢读书，但性格多疑，对下属刻薄寡恩。宗正呼延攸是刘和的舅舅，刘渊嫌他品德不好，在世的时候始终不肯给他升官；侍中刘乘，一直很厌恶楚王刘聪；卫尉西昌王刘锐，因没有受到刘渊临终托付倍感失落。这几个人结成小团伙，对刘和说："先帝没有细加思量，让齐王（刘裕）、鲁王（刘隆）、北海王（刘义）在京城拥有强兵，楚王刘聪拥兵十万在郊外驻扎（单于台），陛下现在不过是替别人坐位子罢了，您最好早做决断。"

刘和深以为然，他召见安昌王刘盛、安邑王刘钦，把要除掉齐、鲁、楚、北海四王的决定告诉他们。刘盛不肯配合，被杀了，刘钦看到这阵势很害怕，只得说："愿听从陛下差遣。"

刘和派几路兵马同时行动：刘锐率领人马攻打城外刘聪所在的单于台；呼延攸率领刘安国攻打刘裕所在的司徒府；刘乘率领刘钦攻打刘隆；尚书田密、武卫将军刘璇攻打刘义。

田密、刘璇心向刘义，见到刘义后表示愿意归附，并劝刘义去投靠兵力强大的刘聪，于是他们冲开城门，前往单于台。刘聪得到消息后下令全军戒备。

刘锐率部队到了单于台，看到刘聪的部队戒备森严，知道他已经有所准备，而自己与他相比兵力悬殊，便知趣地立即撤了回去，和呼延攸、刘乘合兵一处攻打刘隆、刘裕。这时候呼延攸、刘乘又怀疑部将刘安国、刘钦和自己不一心，杀死了他们。当天夜里，呼延攸等攻下司徒府，杀死刘裕，二十二日又杀死了刘隆。

永嘉四年（310）七月二十三日，刘聪率大军反攻平阳城，进展顺利。次日，刘聪进入光极殿，在西室抓住刘和，当即斩首。刘和仅仅在位七天。刘聪又逮捕了刘锐、呼延攸、刘乘等人，砍下他们的人头，把尸体抛到大街上示众。

刘聪此时手握重兵，有绝对权威，文武大臣们叩请刘聪登基。按照惯例，刘聪推辞了一番，说自己毕竟是庶子（母亲是张夫人），而北海王刘义是单皇后（刘渊第二任皇后，氐族首领单征的女儿）的儿子，所以应该让刘义继位。

刘义哪里敢答应，他与大臣们哭着请求刘聪继位，刘聪假意思考了很久才答应，说："北海王和群臣因为四海未定，天下祸乱还很多，看我年长几岁，托付我重任。这是国家大事，我怎么敢推辞！等到北海王刘乂长大后，我再把国家大业交还于他吧。"

于是刘聪继位为帝，尊奉单氏为皇太后，尊奉母亲张氏为帝太后；以刘乂为皇太弟，兼大单于、大司徒；立自己的妻子呼延氏为皇后，呼延氏是刘渊的第一任皇后呼延皇后的堂妹（以今天的道德标准看，呼延氏堂姐妹嫁给了刘氏父子，这有点乱了辈分）。之后封儿子刘粲为河内王，刘易为河间王，刘翼为彭城王，刘悝为高平王，同时任命刘粲为抚军大将军、都督中外诸军事。又任命石勒为并州刺史，封汲郡公。

当了皇帝的刘聪准备一雪一年前在洛阳打了败仗的耻辱，这次他要改变战略战术，先清除洛阳外围的晋朝部队，然后合围洛阳。

永嘉四年（310）十月，刘聪命抚军大将军刘粲、龙骧将军刘曜和征东将军王弥率领四万精兵进犯洛阳。这时候石勒也率领两万骑兵在大阳（今山西平陆县）与刘粲会合，他们在渑池（今河南洛宁县）打败晋朝的监军裴邈，大军长驱直入到达洛川，之后刘粲和石勒又分兵进攻洛阳。刘粲越过轘辕山，攻打梁国（今河南商丘）、陈留郡、汝南郡（今河南息县）、颍川郡（今河南许昌）等地，并大肆抢掠。石勒从成皋关（今河南荥阳泗水镇）进兵，十月十三日在仓垣包围陈留太守王赞。王赞善于用兵，以逸待劳，击退了石勒，石勒撤退到文石津（今河南滑县西南，古黄河渡口）安营。

因四周遭到汉赵抢掠，接济困难，洛阳的粮食越来越少。事态紧急，晋怀帝司马炽派使者携令箭征召全国军队来支援京师。怀帝对使者说："转达我的号令给各位征镇将军！他们马上发兵还能够救我们，迟了就来不及了！"然而竟然没有一个人赶过来救援。本来征南将军山简（山涛之子）派遣督护王万带兵来救，可是走到半路被乱民打败，不得不退了回去。荆州刺史王澄亲自带兵也要赶过来救援，半路听说山简的部队失败了，掂量掂量自己的实力，也退回去了。

自从杀了王延等人后，司马越就失去了人心，众人对他渐渐不满，再加上强敌在四周掳掠，京师饥荒严重，司马越的内心也愈发慌乱。他左思右想，心一横，穿上军装进宫拜见怀帝，要求出兵讨伐石勒等人。怀帝当然不能让他走，劝说：“现在胡人近在眼前，京城内人心动摇，朝廷社稷全仗太傅，如果您带兵出征，将使朝廷根基孤立！”但司马越态度坚决：“臣今天带兵讨伐贼人，势必要全歼他们，这样各州郡进贡的物资就可以畅通无阻地到达京师，可以重振国威。如果待在这里，等于坐以待毙。”怀帝知道再说什么也没有用了。

永嘉四年（310）十一月十五日，司马越命太尉王衍为军司，同时把朝野上下有名望的人士、战斗力强的将军和兵士全部搜罗过来，集结了四万人，离开都城洛阳往许昌进发。他留下了自己的王妃裴氏和世子司马毗，大概是在向朝廷表明自己并非逃亡，同时命嫡系龙骧将军李恽、右卫将军何伦守卫京城，监视朝廷一举一动，又命太傅府才子潘滔任河南尹，负责主持洛阳事务。

大军撤走，洛阳守卫力量薄弱，饥饿却在不断蔓延，宫殿中竟然都有人被饿死。城中盗贼横行，公然在大街上抢劫，各官府无力维持秩序，只能动员官吏在周围挖壕沟建堡垒抵御盗贼。

司马越率大军行进到项县（今河南沈丘县）驻扎，任命冯嵩为左司马，他自己兼任豫州牧。

宁平城之战

石勒准备把长江、汉水地区作为大本营加以经营，谋士张宾却认为他属下的士兵多是北方人，在南方会水土不服，加之在这里并没有根基，因此坚决反对。石勒听从张宾的建议，率军渡过汉水，进攻江夏郡（今湖北云梦县），于永嘉五年（311）正月十五日攻克。二月，进攻新蔡郡（今河南新蔡县），杀死新蔡王司马确，又攻克了许昌，杀死平东将军王康。

司马越留在洛阳的嫡系何伦等人无法无天，公然掠夺公卿大臣家的财产，甚至让公主陪睡。怀帝忍无可忍，秘密写信给和司马越有仇的青州刺史苟晞，让苟晞征讨司马越等人。苟晞有了底气，向天下人公布司马越的罪行，发布公告说：

"司马越目无朝廷，独断擅权，使天下大乱，今天我受命讨伐此贼，还政王室！"

然而苟晞和怀帝往来的书信早被司马越的奸细获得，于是司马越也公布了苟晞的罪行，发布讨伐檄文，两个昔日好友正式翻了脸。司马越命从事中郎杨瑁担任兖州刺史，让他联合徐州刺史裴盾共同讨伐苟晞，苟晞也派骑兵进入洛阳，要逮捕司马越的心腹河南尹潘滔。潘滔趁夜色掩护，逃出洛阳城。

内忧外患越积越深，司马越恐惧焦虑，一病不起，他预感到自己已时日无多，便把后事全部托付给了王衍。永嘉五年（311）三月十九日，司马越在项县撒手人寰，八王之乱里的最后一个王生命终结，当权近五年。王衍对外封锁了司马越死亡的消息。

由于期间不断有民众加入，司马越从洛阳城出来的四万人马已经壮大到了十万，他一死，群龙无首，大家都推举大名士王衍为元帅，但王衍最擅长的是清谈，现在天下大乱，十万人的安危寄予他手，这副担子他可不敢接手，就让襄阳王司马范（司马玮之子）主持大局，但司马范也不干。没有人出来当首领，那就集体领导吧，于是王衍等高级官僚一商量，决定先把司马越灵柩送回他的封国东海国（今山东郯城县）。

世上没有不透风的墙，在洛阳的何伦、李恽等人听说司马越已经去世，赶紧带上裴妃以及世子司马毗从洛阳东门出城逃走。怀帝得到消息后，追贬司马越为县王，任命苟晞为大将军、大都督兼都督青、徐、兖、豫、荆、扬六州诸军事。

石勒也得到了司马越去世的消息，立即率领轻骑兵加速追赶王衍等人。永嘉五年（311）四月，石勒的军队在苦县宁平城（今河南郸城县东北）追上了晋军。王衍派将军钱端迎战，被石勒打得大败，钱端战死。石勒率骑兵包围晋军，晋军顿时惊慌不已，自相践踏，惨叫连连。石勒又命令放箭，瞬间箭如雨下，晋军不是被杀就是被俘，无一人幸免。太尉王衍、吏部尚书刘望、廷尉诸葛铨、豫州刺史刘乔、太傅长史庾敳、襄阳王司马范、任城王司马济、武陵庄王司马澹、西河王司马喜、梁怀王司马禧、齐王司马超等高官和随行宗亲被生擒。

石勒把他们带到帐中，特别赐座，向他们询问晋朝内乱的原因。王衍是名士，自然口才特别棒，他从晋朝建国说起，滔滔不绝，抑扬顿挫，犹如说书人，把故事讲得引人入胜，石勒听得着迷了，不知不觉过去了大半天。王衍最后说自己年轻时并不想当官，无心参与国事，后来阴差阳错才到了今天的位置。除了解脱自己，他还进一步向石勒献媚，劝石勒称帝，希望借此让石勒赦免自己。

石勒没有想到王衍这么没有节操，他大怒道："您可谓是天下闻名，少壮登朝，到了白头时候身居高位，担负重任，怎么还说自己没有当官的欲望呢？把天下搞乱的，不是你等又是谁呢？！"

石勒命人把王衍等架出去，大家都怕死，纷纷洗白自己，只有襄阳王司马范神色严肃，大声喝道："面对今天的情形，你们为什么还要白费口舌？"

石勒问手下孔苌："我行走天下，到过多个地方，但从未见过这类名满天下的名士，是不是应该把他们留下来？"孔苌不同意，说："他们都是晋朝的公卿大臣，受晋室朝廷恩惠多年，必然不会为我们所用，留下来又有什么用呢？"石勒皱皱眉："即便是这样，也不能用刀杀他们。"于是当天夜里，他派人把墙推倒压死了王衍、司马范等人。王衍临死时叹道："唉！我等虽然不如古人，但平时若不崇尚虚浮，同心协力，匡扶天下，怎么会到了今天这个地步！"王衍死时五十六岁。

石勒又命人劈开司马越的灵柩，把尸体抬出来用火焚烧："把天下搞得大乱的就是这个人，我今天要为天下人报仇！"

古代信息不发达，何伦等人逃到洧仓（今河南许昌鄢陵县），正好与石勒大军遭遇，战败。司马毗以及另外四十八个司马家的亲王又被石勒俘虏，何伦和李恽逃脱。裴妃被冲散，几年后她渡过长江，逃往南方投靠司马睿。当初琅琊王司马睿能够镇守建邺就是裴妃的主意，所以司马睿对她非常关照，并把自己的儿子司马冲过继给她，作为司马越的后代继承爵位。这是后话。

洛阳失陷

因为京师洛阳饥荒十分严重，又有强敌环视，大将军苟晞上书请求迁都到自己的根据地仓垣，并派从事中郎刘会率领几十艘舰船、五百名护卫、一千斛

（一百升等于一斛）粮食去迎接怀帝。怀帝打算接受苟晞的建议，但公卿大臣意见不一。朝堂上闹哄哄的不能决定，宫中的人又贪恋过去搜刮的财产，也不愿意迁都，最后怀帝也没了主意。

机会永远不等人。不久后洛阳城中几乎断粮，街头出现了人吃人的现象，文武百官逃亡殆尽，怀帝终于下决心迁都，但发现自己连侍卫都凑不齐。他急得直搓手，不断叹息："为什么连轿子都没有呢？"

怀帝派司徒傅祗出城到河阴（今河南孟津县）筹集出走时用的船只，然后由几十名官员开路，步行从西掖门走出皇宫，来到了昔日最繁华的铜驼街上，可是过去熙熙攘攘、人声鼎沸的场面已经不见，眼前是满目的荒凉和路边三三两两的尸体，秃鹫在高空盘旋，发出阵阵刺耳的叫声。怀帝吸了一口冷气，继续前行，却突然被一伙强盗拦住了去路。这伙人没有认出怀帝，只是看这帮人衣着华丽，非富即贵，觉得要发财了才出来抢劫。怀帝等人随身携带的物品被疯抢一空，衣服也被剥下，没办法，怀帝赶紧撤回了宫中。度支校尉魏浚忠于朝廷，率领数百家流民守卫在河阴的峡石，抢劫搜罗粮食呈献给怀帝。怀帝任用魏浚为扬威将军、平阳太守（此时平阳在汉赵手中）兼度支校尉。

刘聪派呼延晏、刘曜、王弥、石勒等分头行动，对洛阳发起最后冲击。刘曜的大军还没有到达，呼延晏已到洛阳城外，他命人把粮草辎重留在张方当年在洛阳西十三里桥建造的堡垒之中。

永嘉五年（311）五月二十七日，呼延晏到达洛阳城下。第二天，呼延晏下令攻打平昌门。五月三十日，平昌门破。呼延晏命人放火烧了东阳门和各府衙，抢了一些财物后就退出了洛阳，并命人把停泊在洛水的船只焚毁，切断怀帝水上的退路。

六月四日，司空荀藩和光禄大夫荀组（荀藩弟弟）丢下怀帝，逃到辕辕。六月五日，王弥率军到达宣阳门。六月六日，刘曜到达西明门。六月十一日，王弥和呼延晏攻入宣阳门，直入南宫，闯进太极殿的前殿，放纵士兵抢劫，把宫中的宝贝抢夺一空。怀帝司马炽狼狈出逃，出华林园门，准备投奔长安，但被汉赵士兵捉住后囚禁在端门。刘曜从西明门进城，在晋的武库扎营。六月十二日，刘曜杀死了晋太子司马诠、吴孝王司马晏（晋愍帝司马邺的父亲）、竟陵王司马楙、右仆射曹馥、尚书闾丘冲、河南尹刘默等人。这一次，洛阳的官员百姓死了三万多人。然后，刘曜又挖掘了晋朝的历代帝后陵墓，焚烧祭庙，烧毁皇宫和官府。他在弘训宫发现了美艳的羊献容，立即惊为天人，将其纳为己有。刘曜命人把怀帝和他的六方玉玺都送往平阳。

洛阳的事让刘曜都干完了，石勒选择带兵出洛阳，过辕辕关，来到许昌驻扎，静观时局变化。晋光禄大夫刘蕃（并州刺史刘琨的父亲）、尚书卢志出逃，投奔并州而去。

刘曜因为王弥不等自己到达就抢先进入洛阳而对王弥心怀怨恨，后来王弥放纵士兵抢掠洛阳，刘曜制止不成，更添恼怒，寻机杀死了王弥的牙门将王延。王弥大怒，立即派人攻打刘曜，双方发生火并，死伤一千多人。

王弥的长史张嵩劝道："您与始安王（刘曜）共同进攻洛阳，如今却互相攻击，还有什么脸面回去面对主公呢？攻陷洛阳的功劳确实属于您，然而刘曜是皇亲国戚，跟主公的关系更亲近一筹，您应该屈尊忍让。晋朝平灭东吴后，二王（指王濬和王浑）争功的前车之鉴，将军应该引以为戒。"王弥若有所悟："你说得很对，如果不是你，我还不懂得自己犯了这种错误呢！"于是他向刘曜请罪，两个人的关系又和好如初。王弥和刘曜分别赏赐张嵩百斤黄金。

王弥对刘曜说："洛阳位居国家中心，四面有山河要塞作为天险，有现成的宫殿，应当禀告主公，让他把首都从平阳迁到洛阳。"刘曜以天下未定，洛阳四面受敌，势必不能长期坚守为理由，不同意王弥的建议，还纵火焚烧洛阳。王弥怒骂道："这个屠各崽，不是个当帝王的料！"与刘曜间的怨恨又起。

王弥带兵向东到项关驻扎，已归降的晋司隶校尉刘暾对他说："现在九州鼎沸，各路豪杰逐鹿中原，将军您为汉国建立了奇功，有功高盖主之嫌，现在又和始安王发生冲突，汉国已经没有您的容身之所了，不如往东走，据守您的老家青州，静观天下大势。待局势有变，上可以统一全国，下也不失为一方诸侯，这是上策。"王弥表示赞同。

石勒坐大

苟晞目前位极人臣，觉得人生得到极大满足，他的侍妾达到数十人，奴婢近千人，整天陶醉在温柔乡里，不分白天黑夜，纵情声色。苟晞为人一向残暴，前辽西太守阎亨因为多次规劝竟被他一怒之下杀死了。刑罚苛刻，加之治下瘟疫流行，饥荒蔓延，苟晞逐渐众叛亲离。石勒抓住机会派兵袭击蒙城，一举抓住了苟晞和豫章王司马端。石勒任命苟晞为左司马，但一个多月后苟晞反叛，石勒又把他杀死了。

解决了苟晞，石勒的日子却没有变安稳，他还有另一个肉中之刺。石勒认为王弥勇猛，对他处处提防，两人互相忌惮，貌合神离。王弥的参谋刘暾劝说他先下手为强，除掉石勒，王弥同意，命刘暾携带手信，去邀请他的部将安东将军曹嶷共同对付石勒。但刘暾走到半路就被石勒派出巡视的骑兵抓获，石勒秘密杀掉了刘暾，王弥却浑然不知。

碰巧这时候王弥的部将徐邈、高梁率部队叛离，另投了他处，王弥实力顿时衰减不少。石勒对自己的高参张宾说："王弥地位显赫，与我同殿称臣，但现在却言辞谦恭，他一定在打我的主意。"张宾回答："我觉得王弥有称霸青州的野心，他迟迟没有发兵，应该是忌惮你会尾随而至。他有除掉你的心思，只是没有机会罢了，我们要早做准备，等到曹嶷到来，想消灭他就很难了。不过现在虽然徐邈等人离开了他，他的实力依然很强，我们不要硬碰硬，可以设计引诱他过来再下手。"

当时石勒正与乞活军的陈午在蓬关交战，王弥也正与刘瑞交兵，他派人向石勒请求支援，石勒没有答应。张宾对石勒说："天赐良机，您为什么要丢掉？陈午这伙人成不了气候，威胁不到我们，王弥却是人中豪杰，应该找机会尽早除掉，以绝后患。"于是石勒率兵袭击刘瑞，把他杀死，替王弥解了围。王弥非常高兴，认为石勒相信了自己的好话，把自己当成了亲近的朋友，顿时对石勒消除了戒心。

永嘉五年（311）十月，石勒在己吾县（今河南宁陵县西南二十里）宴请王弥。王弥很高兴，打算前往，长史张嵩劝阻，王弥不听。到了石勒大营，宴会场面很盛大，舞女们的舞蹈让王弥如醉如痴，大家喝得东倒西歪，王弥也醉意蒙眬，手脚不听使唤，但石勒没醉，他是在假装醉了。看火候到了，石勒拔出宝剑，手起刀落亲手杀死了王弥。王弥被杀后，石勒兼并了他的部队。

石勒上书刘聪，称王弥叛变，自己已替圣上除掉了他。刘聪勃然大怒——好一个石勒，谁给你的权力？竟然擅自杀死朕的大将！眼中还有没有我？但他转念又想，这时候石勒已经坐大，自己已经控制不了，把石勒逼反自己就又多一个强敌，于是只能象征性地责备了他一下，又捏着鼻子加封他为镇东大将军，都督并、幽二州诸军事兼并州刺史，以此来拉拢他。

见石勒因实力渐强而受猜忌，晋朝刘琨认为可以做做文章。当年石勒作为奴隶被人卖掉的时候和母亲王氏断了联系，刘琨想笼络石勒，便想方设法找到了王氏，然后把她和石勒的侄子石虎一起送到石勒营帐，还附带一封信，信上说："将军英明神武，天下无敌，纵然是古代名将，也不能和您相提并论。可是您目前却没有立足之地，飘忽不定，知道这是为什么吗？因为您没有遇到明主。以前赤眉、黄巾横扫天下，但失败也是朝夕之间，正是因为他们师出无名、聚众谋乱。希望将军吸取以往教训，幡然悔悟，改换门庭，则平定天下又有何难？现在我任命将军您为侍中、持节、车骑大将军，兼护匈奴中郎、襄城郡公，统管内外，希望将军能够接受！"但石勒回信说："道不同不相为谋。你应当为自己的朝廷尽忠，而我是外族人，难以为你效劳。"

石勒回送刘琨名贵礼物、宝马良驹，辞谢使者后送他回去，此后与刘琨断绝交往。

晋愍帝司马邺

洛阳失陷，怀帝被俘，群龙无首。在阳城（今河南登封）的司空荀藩、在成皋的河南尹华荟（曹魏重臣华歆的曾孙）联合汝阴太守李矩一起，共同推举司徒傅祗为盟主，帮助他在河阴建立行台，为他供应粮食等物资。傅祗以司徒、持节、大都督的身份传檄四方，又派遣儿子傅宣带领公主和尚书令和郁奔赴各征镇征发义兵。

后来，荀藩与弟弟荀组、族侄荀崧、华恒（华荟弟弟）在密县（今河南新密）也建立了一个行台，他们推举琅琊王司马睿为盟主，也向各地发布檄文。荀藩代行皇权，任命荀崧为襄城太守，李矩为荥阳太守，前冠军将军褚翜为梁国内史。

抚军将军秦王司马邺（年十二岁，司马晏的儿子）是荀藩的外甥，他向南投奔舅舅，荀藩改奉他为盟主，把行台向南迁到许昌。前豫州刺史阎鼎在密县聚集了几千西州流民，荀藩任命阎鼎为豫州刺史，又命周颛（晋安东将军周浚的长子）等人作为阎鼎的参谋助手。

据守长安的南阳王司马模派牙门将赵染防守蒲坂（今山西永济），赵染想做冯翊（今陕西大荔县）太守，但司马模没有同意。赵染也有个性，一怒之下干脆率领部下投降了汉赵。刘聪大喜，任命赵染为平西将军。

永嘉五年（311）八月，刘聪派熟悉长安情况的赵染与安西将军刘雅带领两万精骑进攻司马模，河内王刘粲、始安王刘曜率领大队人马作为后援。

赵染攻克潼关后长驱直入，抵达长安城下，南阳王司马模派部将淳于定率军抵挡，但被赵染打败。正在这个关键时候，猛将北宫纯突然投降了汉赵。对于这件事，史书上没有交代具体原因，但不论怎样，晋朝都失去了一员大将。

这时候函谷关以西地区的饥荒已经十分严重，尸横遍野，满目疮痍，老百姓携家带口投亲靠友而去，留下来的不到百分之一二，长安城的仓库也已搬空，城中士卒四散逃亡。军咨祭酒韦辅对司马模说："现在敌我力量悬殊，事态紧急，早点投降也许可以保全性命。"司马模一看也没有别的办法，于是投降了自己曾经的部下赵染。赵染一看平日不可一世的司马模竟然也有今天，心中大感解恨，让司马模跪在地上，自己坐着捋起袖子数落他，把他狠狠地羞辱了一通，然后把司马模送到了汉赵河内王刘粲那里。九月，刘粲斩司马模，又把司马模的漂亮妃子刘氏送给胡人张本为妻。

司马模死后，他曾经任命的冯翊太守索綝跟麹允、梁肃等人投奔了安定（今甘肃泾川县北）太守贾疋。他们几个人在一起谋划要夺取长安，复兴晋朝，于是共同推举贾疋为平西将军，让他率领五万大军进攻长安。

雍州刺史麹特、新平太守竺恢和扶风太守梁综听说贾疋起兵，一起率领十万军队与他会合。索綝等与汉赵大将刘雅打了大小百余战，终于击败刘雅。贾疋则与刘曜大战，刘曜身中流箭，带汉赵军队大败而逃，贾疋趁机杀死了汉赵的凉州刺史彭荡仲。麹特等人率军和刘粲交战，刘粲大败，逃回平阳。晋朝各路军队进展顺利，贾疋顿时声威大振，关西的汉人、氐人、羌人等纷纷前来投靠或发兵配合。

豫州刺史阎鼎有让秦王司马邺定都长安的想法，于是护送司马邺入关，贾疋派兵前去迎接保护。贾疋已经包围长安好几个月了，刘曜在他手上接连吃败仗，实在无法支撑下去，便强制带上男女老幼八万多人，往汉赵都城平阳逃去，秦王司马邺得以顺利从雍州进入长安。

永嘉六年（312）九月三日，贾疋等尊奉秦王司马邺为皇太子，在长安建立行台，祭拜昊天和五色帝，设立宗庙。司马邺任命任阎鼎为太子詹事，总领文武百官；贾疋为征西大将军、秦州刺史；梁综为京兆尹；司马模之子司马保为大司马，承袭父爵；光禄大夫荀组兼任司隶校尉、豫州刺史，和司空荀藩共同保卫开封。

被贾疋杀死的汉赵凉州刺史彭荡仲的儿子彭天护率领众多人马，进攻征西大将军贾疋。两军对垒，在夜色的掩护下，彭天护假装不敌，引诱贾疋追赶。彭天护提前在山中设下埋伏，贾疋追着追着就进了埋伏圈，坠入山涧，被彭天护的人马活捉后杀害。汉赵让彭天护接替父职，为凉州刺史。

贾疋死后，阎鼎总领朝政，引起了梁综的嫉妒，他私下里谋划要杀害阎鼎，自己专权，但消息走漏，阎鼎先下手为强杀死了梁综。冯翊太守梁纬和北地太守梁肃都是梁综的兄弟，又都与抚夷护军索綝是姻亲，他们联合了始平太守麹允一起，向司马邺上奏，说阎鼎擅杀大臣，目无君主，请求诛杀阎鼎以谢天下。但不等司马邺答复，他们已经向阎鼎发起了进攻，阎鼎不敌，逃奔向雍州，后被氐人杀死，首级被送到长安。

永嘉七年（313）正月一日，刘聪在光极殿大宴群臣，他命晋怀帝司马炽穿着平民服装给自己和众臣倒酒。看到昔日的皇帝竟然被如此侮辱，曾在晋朝为官的光禄大夫庾珉、王隽等人异常悲愤，痛哭流涕，刘聪顿时觉得大为扫兴。宴后，他命人告发庾珉等人和晋并州刺史刘琨里应外合，图谋平阳。二月一日，刘聪杀死庾珉、王隽等原晋朝的大臣十多人，晋怀帝司马炽也同时遇害。

四月一日，晋怀帝被害的消息传到长安，司马邺举行了隆重的哀悼仪式，向全国发布讣告。四月二十七日，司马邺（年十四）在长安继位登基，改年号为"建兴"，史称晋愍帝。他任命卫将军梁芬为司徒；雍州刺史麴允为尚书左仆射、录尚书事；索綝为前将军、尚书右仆射、京兆尹，兼领吏部，加平东将军，进号征东将军。

这时的长安几乎成了一座空城，住户不满百家，城中杂草丛生，找遍全城竟然只找到了四辆牛车。文武百官没有正式官服，也没有官印，只好把官名刻在上朝用的手板上。

不久司马邺又任命索綝为卫将军兼太尉，把国家大事全权委托他处理。

葛陂对

永嘉六年（312）二月，汉赵的镇东大将军石勒在葛陂（今河南驻马店东和店镇）修建军事基地，种植庄稼，打造战船，准备过江进攻据守建邺的琅琊王司马睿。面对悍将石勒，司马睿很紧张，他让军队在对敌前哨寿春（今安徽寿县）集结，任命纪瞻为扬威将军，统领兵马抵御石勒。

南方本就多雨，而目前的这场雨更是淅淅沥沥下了三个月还没有停下来的迹象。石勒一筹莫展，他带来的将士多是北方人，对这样潮湿的气候水土不服，军中又发生瘟疫，加上饥饿，死伤已经过半。正在这时，石勒接到晋军将要进攻的消息，马上召开高级别官员参加的会议，听取属下的意见。

右长史刁膺建议派使者送去贵重礼物，向司马睿求和，然后请求司马睿允许他的部队去扫平河北，等到晋军退去，再从长计议。石勒听后勃然变色，议和这种软弱的手段从来不是他的选择。中坚将军夔安请求石勒到地势高的地方躲避水灾，石勒却说："你胆子太小了！"孔苌、支雄等三十多个武将请求各带三百名士兵，乘船三十多艘在夜里发动突袭，攻占城池。石勒听了大笑道："这才是勇将之计啊！"

石勒看自己的首席参谋张宾一言不发，主动问道："张先生有什么看法？"张宾回答："将军您攻陷洛阳，囚禁了晋帝司马炽，杀死不少王公大臣，还占有了王妃公主，即使拔下您的头发来细细数，也不及您的罪过多，现在怎么能向他们求和呢？去年（311）您杀了王弥后，就不应该到这个地方来。现在这里雨水连绵不绝，是在警示将军不应该再在这里停留了。邺城城池坚固，西临平阳，四周有山有水，都是自然屏障，我们应该向北占据那里，然后招贤纳士，讨伐异己，平定河北，到时候将军将是一人之下万人之上。司马睿派大军驻扎寿春，不过是要抵御您的攻击罢了，如果您要离去，他们也不敢追击。为了稳妥起见，我们可以先让辎重粮草向北移动，大军向寿春方向移动，辎重粮草走远后大军再撤，到那时哪里还用愁什么进退无路呢？"

这就是史上有名的"葛陂对"，为石勒以后建立后赵指明了方向并提出了整体战略思想，堪比刘备和诸葛亮的"隆中对"。

石勒听了这番话，激动地撸起袖子，摸着长须道："张先生此计甚妙啊！"于是提拔张宾为右长史，号称"右侯"。

石勒在葛陂还遇到了他人生中一个非常重要的贵人——高僧佛图澄。佛教进入中国是一件大事情，关于这件事最早的记录要追溯到东汉明帝刘庄（刘秀第四子）时期。永平七年（64），刘庄梦见了一个金人在殿堂中飞行，他大惑不解，第二天上朝时向群臣发问，博士傅毅回答说那是佛，汉明帝大喜，派郎中蔡愔及秦景出使天竺（今印度），寻访佛缘。他们在天竺得到释迦牟尼立像以及佛经四十二章，连同高僧摄摩腾、竺法兰一道，用白马驮着经书返回当时的都城洛阳，后来在洛阳雍门西修建了白马寺，这是中国北方地区建造的第一座寺庙。

石勒遇到的这位得道高僧佛图澄是天竺人，本姓帛，于永嘉四年（310）从龟兹国（今新疆库车县一带）不远千里来到洛阳。他号称自己有百十来岁了，脸上沟沟壑壑，但双目炯炯有神，除了佛法，还精通方术。洛阳战乱时，他就潜藏在民间静观局势发展。

石勒在葛陂驻兵，杀了不少人，其中有多名僧人。佛图澄决定用佛法化解石勒的戾气，遂找机会投宿在石勒手下的大将军郭黑略家里。

郭黑略每次随石勒出战前均能预测出胜败，石勒大感惊奇，因为郭黑略不是个有出众谋略的人。细问之下，郭黑略说这都是佛图澄的预测，于是石勒召见佛图澄。佛图澄的见面礼是给石勒表演一个魔术。他取出随身携带的钵，盛满水，焚香祷告，口中念念有词，不一会儿钵中长出了青莲花，光彩夺目。石勒被震撼了，从此将佛图澄视若上宾。

石勒率众到达邺城城下，准备攻城，这时镇守邺城的是刘琨的侄子魏郡太守刘演。张宾认为邺城坚固，不容易攻取，不如选择邯郸或襄国（今河北邢台）中的一个作为大本营，于是石勒转头率兵占领了襄国。张宾又说应该向在平阳的汉赵皇帝刘聪解释一下他们为什么占领此地，以求得支持，石勒依计向刘聪进行了禀报。刘聪此时也管束不了石勒了，只好顺势任命石勒为都督冀、幽、并、营四州诸军事，兼冀州牧，封上党公。

长安保卫战

刘曜、赵染率军攻打晋雍州刺史麴允据守的白城，麴允连战连败。司马邺任命索綝为征东大将军，率军援助麴允。

赵染一肚子坏水，他对刘曜说：“麴允率领大军在外，长安城中肯定空虚，我们可以趁机偷袭。”刘曜同意，命赵染率领五千精骑偷袭长安。

建兴元年（313）十一月九日，赵染率兵攻入长安外城。晋愍帝司马邺躲到射雁楼，赵染在城内放火，杀害、俘虏了一千多人。十一月二十日晨，赵染撤到逍遥园驻扎。晋将军麴鉴率领五千士兵援救长安。赵染退出长安城。麴鉴追击赵染，但与刘曜遭遇，麴鉴战败。

刘曜率军刚刚战胜麴鉴，整支部队都沉浸在胜利的喜悦中，防守松懈，麴允趁机率军袭击，刘曜军大败。麴允斩杀汉赵冠军将军乔智明，刘曜率军返回平阳。

刘曜、赵染等不甘心失败，于建兴二年（314）六月再次整装向长安进发，他们兵分两路：刘曜率军行进到渭汭（渭水入黄河处，约在今陕西潼关北）驻扎；赵染率军行进到新丰（今陕西西安临潼区）驻扎。

索綝前来阻截，对此赵染一脸不屑。长史鲁徽劝道："晋军必将殊死一搏，不能够轻视他们。"赵染呵呵一笑，说："司马模那么强大，我打他都如同摧枯拉朽，索綝小子难道还想弄脏我的马蹄和兵刃吗？"

第二天一早，赵染率领几百轻骑向索军队发起进攻，口中大喊："等我捉回索綝以后再吃早饭！"不料索綝危机中绝地反击，英勇杀敌，赵染被击退。赵染不由得懊悔道："我不听鲁徽的话才导致今天的失败，我有什么脸面再去见他！"但他的选择与众不同——他命人杀掉鲁徽。鲁徽死前大骂："你自己愚笨，刚愎自用，现在又要杀害忠良！你不得善终！"

此战过后，晋愍帝任命索綝为骠骑大将军、尚书左仆射、录尚书事。

刘曜和赵染会合，又与将军殷凯合兵一处，共同率领几万军队向长安进发。麴允率军在冯翊郡（今陕西大荔县）迎战，不敌撤退。但他没有放弃，再次集结部队，趁敌不备夜袭殷凯大营，斩杀殷凯。

损失一员大将，刘曜撤退，转头去攻打河内郡太守郭默所在的怀县（今河南武陟县大虹桥乡），把那里团团包围。怀县城中粮食吃尽，郭默把妻子送给刘曜当人质，请求刘曜卖给他粮食，可是等买完粮食，郭默继续命令关闭城门，坚守不出。刘曜气得发狂，把郭默的妻子扔进河里淹死，一个无辜的女人就这样成了战争的牺牲品。

刘曜继续攻城，郭默抵抗不住，要去投奔荥阳郡太守李矩，李矩派他的外甥郭诵率军去接郭默，可郭诵带兵不多，又慑于匈奴的威势，不敢前进。碰巧这时并州刺史刘琨派参军张肇带领五百多鲜卑骑兵援救长安，路过这里，李矩说服了张肇，让他去攻打汉赵军队。汉赵军队远远看见鲜卑铁骑，不战而逃，郭默顺利率众归了李矩。

之后，刘聪命刘曜率军在蒲坂（今山西永济）驻扎。

建兴二年（314）秋，赵染率军进犯，被麴允的军队乱箭射死。

建兴三年（315）十月，刘曜再次发动攻击，攻占了冯翊郡。

晋愍帝司马邺征调都督陕西诸军事、相国司马保援救京师长安，并不断催促他发兵。司马保命镇军将军胡崧为前锋都督，等各路人马集结完毕，即行出发。

长安城内缺食少粮，上至文武百官下至黎民百姓全都饥饿异常，只有采摘野果野稻才能勉强填饱肚子；长安城外的形势越来越紧急，可据守各个城池的将领各自为政，不再听从朝廷号令，长安危在旦夕。麴允本打算把司马邺护送到司马保那里，索綝表示反对，他说："一旦司马保拥有了圣上，一定会挟天子以令诸侯，只顾着满足个人的权力欲望了！"麴允遂放弃了计划。

西晋灭亡

大都督麴允心地宽厚，威严不够，做事也不果断，拉拢人的主要手段就是授予官职。新平太守竺恢、始平太守杨像、扶风太守竺爽、安定太守焦嵩，全都被授予"征""镇"将军的名号，持节，加侍中、常侍；各寨堡的寨主堡主也都有将军的称号。但对于地位低下者，他的恩惠则远远不够，因此造成了上层骄横、下层离心的局面，晋军的战斗力更加薄弱。

建兴四年（316）七月，刘曜率军包围晋北地郡太守麴昌，麴允率领三万兵马前去救援。刘曜命兵士绕着城墙纵火，浓烟滚滚，遮蔽天日，营造出一副战事正酣的样子，然后派奸细欺骗麴允说："城池已经被刘曜攻陷，您现在赶过去也已经来不及了。"麴允的部队听到后十分惶恐，不敢向前，继而四散奔逃，刘曜趁机加大进攻力度，一举占领了北地郡。

刘曜继续前进，到达泾水（渭河的支流）以北地区，渭水以北的晋方各城池纷纷崩溃，建威将军鲁充、散骑常侍梁纬等人被俘。刘曜早就听说鲁充是一位才子，见面后特别赐给他酒道："我得到了先生您，何愁不能平定天下！"但鲁充回答："我身为晋朝的将军，国家蒙难不敢苟活。如果要我蒙受您的恩德，请立即赐我一死！"刘曜看他态度坚决，赞赏他"真乃义士"，选择了成全他，赐剑让他自尽。

刘曜杀死了梁纬，但见梁纬的妻子辛氏非常漂亮，就准备纳她为姜。辛氏趴在地上大哭，后仰起头对刘曜说："我听说男人为国捐躯，他的女人就不能再嫁。如今我的丈夫死了，我也不能独活，请您立即让我去死，到地下去侍奉我的公公婆婆！"然后继续痛哭不止。刘曜叹息道："这是个贞洁烈女啊，随她的便吧。"辛氏也自杀身亡。

建兴四年（316）八月，刘曜进逼长安，只有寥寥的几个属于晋朝的郡发兵来救，但都畏惧汉赵兵强马壮，只是远远观望，不敢上前。相国司马保派遣胡崧率领精锐部队救援长安，在长安城西攻打刘曜，刘曜第一战失利。这本是个好机会，但胡崧却打起小算盘，他怕再次击败刘曜后朝廷的声威将重新振作，麹允、索綝的势力会更强大，这样会对相国司马保不利，于是就率领部队屯驻在渭水北岸不再进发，随后又回师槐里（今陕西兴平东南）。

刘曜琢磨过味儿来了，原来晋军各怀鬼胎，不是真想救援，于是他催促手下士兵一举攻克长安外城，将麹允、索綝逼到小城固守，彻底切断了长安城内外的联系。这时候长安城中缺粮的情况更加严重，一斗米的价格涨到了二两黄金，城内饿死过半，开始出现人吃人的事情。城中百姓纷纷逃亡，连士兵也开始偷偷逃跑，根本制止不住，只有凉州张氏派来的援兵一千人还在坚守。皇家的太仓里也只剩几十个酿酒用的酒曲饼，麹允把饼弄碎了做成粥给晋愍帝喝，但不久这些饼也吃完了。

建兴四年（316）十一月，愍帝司马邺流着泪对麹允说："现今困苦到如此地步，又外无援兵，实在走投无路。和社稷共存亡本来是我的本分，然而想到城破后将士们会受到酷刑对待，我就不忍心。我打算忍受奇耻大辱，开城投降，让将士、百姓免受荼毒。你马上写降书吧，我意已决。"然后他派侍中宗敞向刘曜递交降书。

十一月十一日，晋愍帝司马邺裸露上身，口衔玉璧，拉着棺材，乘坐羊车出长安城东门投降。晋朝的文武大臣放声痛哭，上前紧紧拉着司马邺的手，司马邺也悲痛万分。司马邺见到刘曜后，起身叩拜，刘曜把他搀扶起来，接受了玉璧，但命人烧了棺材，并派人侍奉着司马邺回宫。

后来，刘曜把司马邺等人送到汉赵都城平阳，至此，建国五十一年的西晋正式终结。

第三章　南方与北方

衣冠南渡

中原陷入战乱以后，特别是洛阳被匈奴攻占以后，中原人民纷纷外出避难。他们的方向主要有三个，第一个就是向东北投奔鲜卑慕容廆。慕容廆当时效忠晋室，他选择地方安置流民，然后从中选拔有文化的人作为自己的幕僚，此举对他建立前燕政权和开发东北地区起到了积极作用。中原人的另一个方向是向西北凉州投奔张轨，张轨是汉人，自然会善待他们。逃往这两个方向的以中下层百姓为多，上层官僚贵族则大都流亡到了南方，这也是中原人避难的第三个方向。

《晋书》记载："俄而洛京倾覆，中州仕女避乱江左者十六七。"《资治通鉴》中说："时海内大乱，独江东差安，中国①士民避乱者多南渡江。"颜之推在《观我生赋》的自注中则写道："中原冠带，随晋渡江者百家，故江东有百家谱。"这百十个世家大族带着他们的乡邻、宾客、部曲②一起来到江东，其中比较著名的有琅琊王氏、陈郡谢氏、陈郡袁氏、汝南周氏、谯郡桓氏、颍川荀氏、颍川庾氏、太原王氏、泰山羊氏、兰陵萧氏、高平郗氏、义兴周氏等。据当代史学家谭其骧先生统计，当时北方人民逃亡到南方去的总数有九十余万，约占当时北方总人口的八分之一强，也就是说，在当时的中国北方，每八个人中就有一个逃到了南边。这次人口大迁徙，就是史学家口中的第一次衣冠南渡。

迁徙以后还要定居。这些北方人到了南方，大多选择和原来的乡邻抱团，一起住在某一个地方，为了安抚他们，后来成为晋元帝的司马睿允许他们用以前居住的郡县名来给新形成的聚居区命名。于是，从原来琅琊郡过来的重新设立了琅琊郡，从陈郡过来的重新设立了陈郡。这些新建的郡县被称为侨郡、侨县，不属

---

① 这里指中原。

② 仆人，也包括私人招募的军队。

于土地原属郡县政府管辖。据《宋书》记载，仅长江下游，也就是现在的江苏一带，就有三十三个侨郡和七十五个侨县。土断①前，侨民用白纸登记户籍（白籍），区别于原住民用黄纸登记的户籍（黄籍），白籍与黄籍最大的不同是白籍可以登记原籍贯。这样的政策导致一个问题：分处两地的不同郡县却有同样的名字，后人记史、讲史就容易混乱。为了区分，只能将这些郡县分出南北。

长江流域，虽然自春秋战国时期的楚国立国以来已经有了数百年的开发历史，但直到西晋末年，其生产力发展水平仍然是大大落后于黄河流域的，即便在晋室东渡的时候，这里仍有耕作技术比较原始、单位产量不高的情况存在。这次北方人口大量南移，给南方带来了充足的劳动力，也带来了先进的农业技术和农业生产工具，人们把此前没有开发的土地开垦了出来，耕牛也开始广泛推广，南方的经济由此得到极大发展。北方人口南移的集中地除长江下游的扬州地区外，还有长江中上游的荆州地区，所以南方经济发展也以这两个地区最为显著。渐渐地，荆州、扬州成了两个经济重心，有了"荆、扬二州户口半天下"的俗语。

为求和谐共存，初来乍到的北地世族会尽可能地照顾南方土著大族的利益。建康②、吴郡、义兴、吴兴等地开发得比较早，吴人势力比较强，他们在这些地方也有更多的经济利益，于是北来大族就有意识地向东南方向发展，纷纷流寓到浙东会稽一带，进而又发展到现在的温州、台州等地，尽可能不在太湖流域求田问舍。如林、黄、陈、郑、詹、丘、何、胡这八姓的北方大族就到今天的福建一带发展，当时有"衣冠南渡，八姓入闽"的说法。

这样，南、北两大地主集团从地域上划分开各自的经济势力范围，两者间的矛盾得到一定程度的缓和，达到了利益共存的最大化，东晋偏安江左的局面得以维持。

---

① 土断，是东晋和南朝时期为解决南迁百姓侨置问题而推行的整理户籍及调整地方行政区划的政策。主要是要划定州、郡、县领域，居民按实际居住地编定户籍，故称"土断"，"以土著为断"的意思。
② 为避讳晋愍帝司马邺，建邺改名建康。

王与马，共天下

长安失守的消息传到江东，时任丞相的琅琊王司马睿十分悲痛，他换上素色衣服，搬离平时居住的房间，为故国的灭亡哀悼三天。以西阳王司马羕（司马亮第三子）为首的众官员向司马睿进言，劝他称帝，司马睿不肯。众官员就退了一步，请司马睿依照魏、晋两朝的旧例称晋王，司马睿答应了。

建武元年（317）三月九日，琅琊王司马睿即晋王位，改年号为"建武"。他在建康城设文武百官，并建宗庙用来祭祀祖先。以改年号为标志，东晋朝廷正式建立。司马睿立十九岁的长子司马绍为太子，并在之后为他迎娶了名士庾亮的妹妹——品貌兼备的庾文君。至于其他任命，不再一一细表。

东晋刚刚建立，百废待兴，而农业是经济根本，于是司马睿下令鼓励、督促农业生产，并要求根据上交粮食的多少来考核郡太守级官员的政绩。军队也要自己种植粮食，但收成可归自己所有，作为军粮。

晋愍帝司马邺出城投降后被匈奴人带到平阳，受尽凌辱。刘聪出去打猎时让司马邺手持画戟担任先导人员；刘聪和群臣喝酒的时候让司马邺斟酒、劝酒，刷洗酒杯；刘聪起身要去厕所的时候，也要让司马邺打着伞盖。太子刘粲一再劝说刘聪杀死司马邺，防止有人利用司马邺生事。终于，十二月二十日，晋愍帝司马邺在平阳遇害，年仅十八岁。

建武二年（318）三月七日，消息传到建康，晋王司马睿痛哭流涕，他穿上白色丧服，住到简陋的屋棚里，为愍帝哀悼。

三月十日，为了延续司马氏的江山，司马睿不再推辞，登基为帝，史称晋元帝。他穿上龙袍，端坐龙床，接受文武百官叩拜，然后他看着中书监王导说："王爱卿请坐到朕身边来。"王导一听，连连摆手推辞："这可使不得！"司马睿再三地请，甚至作势要起身拉王导，吓得王导"扑通"一声跪倒，说："如果太阳降格，和地上万物等同，人民还怎么仰头接受阳光的照耀？"司马睿看王导态度恳切，终于不再坚持。

关于以王导、王敦为代表的琅琊王氏和司马睿的关系，之前略略讲过，但在这里还是有必要再做个介绍。

王敦，字处仲，是王导的堂兄弟，大王导十岁，娶了晋武帝司马炎的女儿襄城公主为妻。石崇和王恺斗富时，王恺曾经举办宴会，邀请王导和王敦一同参加。宴会上，一个舞女吹笛子的时候有点走调，王恺当即命人把她乱棍打死，满座皆惊，只有王敦神色如常。又一天，王恺①请客，依旧请王导和王敦参加。王恺让美女敬酒，并说如果哪个客人不喝，就把美女杀死。王导平时不喝酒，此时为了救人还是勉强喝下，可王敦不为所动，就是不喝，这位来敬酒的美女便没了命。王导回家后长吁短叹，道："处仲（王敦）的心肠这么硬，又这么残忍，日后恐怕不会有好结果啊！"

永嘉年间，天下大乱，司马睿征召王敦为扬州刺史。王敦对军事很在行，不断立功，最后出任都督江、扬、荆、湘、交、广六州诸军事。至此，王导和王敦一文一武，在东晋朝廷上掌握着极大的话语权。王家和司马家这种特殊的关系，被世人称为"王与马，共天下"。

汉赵与后赵

南方局面初定，北方再添乱局。

单太后是汉赵开国皇帝刘渊的第二任皇后，在刘渊去世时还很年轻，且姿容美艳，好色的刘聪继位后不顾人伦，竟和单太后突破了底线。宫内眼线众多，这件事很快就传到了皇太弟刘乂那里。刘乂多次苦劝自己的母亲单太后，单太后既羞且愧，不久就去世了。刘聪对刘乂的好感逐渐降低，只是顾及着和单太后的感情，没有免去刘乂皇太弟的身份。

刘乂的存在对刘聪之子刘粲是个威胁，他找到机会污蔑刘乂谋反，并派人刺

---

① 也有说此事是石崇所为，本书依据《晋书》中的说法，按王恺所为记述。

死了刘乂。刘聪对此自然不予深究，反而封刘粲为皇太子，兼相国、大单于。

除了单太后，刘聪还把太保刘殷的两个漂亮女儿同时纳入宫中，见刘殷的四个孙女也美貌不凡，干脆将这四个女孩也接入宫中。刘家的这六位美女，被时人称为"六刘"。刘聪不满足，又分别封中护军靳准的两个女儿靳月光、靳月华为上皇后和右皇后，封中常侍王沈貌美的养女为左皇后。尚书令王鉴等苦苦相劝："陛下怎么能让阉人之女进后宫呢？"刘聪不仅不听，竟将王鉴等人斩首。扫去障碍后，刘聪又把中常侍宣怀的养女迎入宫中，封为中皇后。包括这几位在内，刘聪前前后后共封了八位皇后，可以说是中国历史上皇后最多的皇帝。

不出意料，由于过度沉湎女色，刘聪的身体很快就垮掉了。建武二年（318）七月，刘聪预感时日无多，便任命大司马刘曜为丞相，石勒为大将军，让他们到首都平阳来辅佐朝政，但刘曜和石勒都再三推辞，没有前来。他只好改命刘曜为丞相兼雍州牧，石勒为大将军兼幽州牧、冀州牧，又任命上洛王刘景为太宰，济南王刘骥为大司马，昌国公刘颙为太师、朱纪为太傅、呼延晏为太保，让他们同领尚书事，再命范隆为守尚书令、仪同三司，靳准为大司空兼司隶校尉。按刘聪的意思，这七人将共同辅政，轮流批阅奏章。

建武二年（318）七月十九日，刘聪去世，葬在宣光陵（今山西临汾）。次日，太子刘粲即位。

刘粲像他父亲刘聪一样荒淫无度，为父守丧期间就与尚不满二十岁、花容月貌的皇太后靳月华勾搭在一起。

靳月华的父亲靳准自命不凡，想取刘氏而代之。他对身在刘家后宫的女儿们说："现在公侯们想废掉皇上，拥戴济南王（刘骥）为帝，这样一来肯定要祸及我们家！你们两人要尽快告诉陛下这些人的阴谋。"

两位美女跑到刘粲面前哭诉。刘粲看她们哭得花容失色，模样可怜，心疼道："美人不必担忧，我除掉他们就是。"于是下令把太宰上洛王刘景、大司马济南王刘骥、刘骥的弟弟车骑大将军吴王刘逞、太师昌国公刘颙和大司徒齐王刘劢一起处死。太傅朱纪和守尚书令范隆听到了消息，立马出逃，准备投奔驻守长安的刘曜。

事后，刘粲任命靳准为大将军、录尚书事，叫他处理朝中大小事宜，自己整天沉醉在酒色之中不理朝政。靳准趁机矫诏任命堂弟靳明为车骑将军，靳康为卫将军。至此，靳家控制了平阳的军队。

又过一阵，见时机成熟，靳准亲自带兵冲入宫中抓住刘粲，当众宣布他的数条罪名，砍了他的头，之后将刘家人不分男女老幼统统押赴东市斩首，场面非常凄惨。《晋书》中说，当日"鬼大哭，声闻百里"。已死的刘家人也没能逃过一劫，刘渊、刘聪的墓被挖开，刘聪被砍了头，刘家宗庙也被烧毁。靳准这么做，一定是非常恨刘家，至于为什么，史书中没有交代，算是未解之谜。

除去刘家，靳准自封大将军、汉天王，重设文武百官，开始行使皇帝权力。

身在长安的刘曜听到平阳城内变乱的消息，立即率领大军星夜兼程往回赶，准备诛杀靳准。石勒也得到了消息，命令张敬率领五千精骑做前锋，自己率五万精兵为后援，攻占襄陵（今山西临汾东南）的平原地带。靳准是位敢于硬碰硬的猛人，他听说石勒军队到了，立即派兵前去挑战，但石勒选择坚守不出，以此来挫伤靳准军队的锐气。

建武二年（318）十月，刘曜率领大军抵达赤壁（今山西河津西北），正好遇上从平阳逃出来的太保呼延宴和太傅朱纪。他二人向刘曜哭诉平阳城内的剧变，说城内的刘氏皇族已经被斩尽杀绝，劝刘曜登基为帝，延续汉赵江山。刘曜答应了，改年号为"光初"，史称襄宗。为拉拢石勒，刘曜任命他为大司马、大将军，加九锡，封邑增加十个郡，封赵公。

两大强敌当前，靳准害怕了，甚至想到了投降。他知道如果投降刘曜，自己必然会尸首不存，而石勒已经割据一方，是刘曜的对头，投降石勒或许可以保住性命。于是他派侍中卜泰把皇帝专用的车轿、衣服送给石勒，请求归降，不想石勒转头就把卜泰送给了刘曜——石勒是想让刘曜明白，靳准畏惧的是他石勒而非你刘曜，想以此来挫伤刘曜的士气。

刘曜并非等闲之辈，他看得清局势，因此极力争取让靳准向自己投降。刘曜对卜泰说："先帝末年纲纪大乱，小人干政，残害忠良。司空（靳准）热血衷肠，行使尹伊、霍光之权，拯救黎民百姓于水深火热，使我有机会登上帝位，可谓功高德厚。司空如果能够忠心于我，迎我入城，我将把朝政大事全权交给司空处理。请把我的意思转告司空及众位大臣。"

卜泰回到平阳城中，把刘曜的话原封不动说给了靳准听，但靳准在大屠杀中杀死了刘曜的母亲和哥哥，对于归降后刘曜是不是真的能宽恕他还是心里犯嘀咕，因此迟疑不定。

靳准犹豫不决，想活命的左车骑将军乔泰、右车骑将军王腾、卫将军靳康等人可是等不了了，他们联合起兵攻打靳准，靳准不敌被杀。事后他们推举尚书令靳明为头领，派卜泰手捧六颗传国玉玺到刘曜处，向刘曜投降。

石勒得到消息大怒。这一回合他输给了刘曜，输得很彻底！

石勒率军攻城，石勒的侄子石虎和石勒会合后，也对平阳城发起声势浩大的攻击。靳明据城坚守，可石勒和石虎都是猛将，靳明不敌，只得赶紧向刘曜求援，刘曜派征北将军刘雅、镇北将军刘策率军前去接应。

石勒攻势凌厉，靳明等眼看城池已经守不住了，便带领一万五千多人先一步出城去投靠刘曜。靳准曾经担忧的事终于还是发生了，刘曜把前来投靠的靳家人不分男女老幼统统砍了头，报了靳准杀死刘姓皇族的仇。之后，刘曜派人进入平阳，把母亲的遗骸迎回来下葬。

石勒终于攻入平阳，他把平阳皇宫付之一炬，又整修了刘渊和刘聪的墓地，把刘粲等一百多名皇族的尸体收殓安葬，安排士兵把守陵墓，然后返回襄国，顺便带走了城中的乐师、乐器和观测天象的浑仪等物。

经此一役，平阳成了一片废墟，刘曜干脆把都城由平阳迁到了长安。

在刘渊时期，这个国家名为"汉"，而刘曜曾经被封为中山王，中山是原赵国的土地，于是他改国号为"赵"，因此后世称匈奴刘氏建的这个国家为"汉赵"，而为了与后来石勒建立的赵国区别，又称这个国家为"前赵"。此时的汉赵国土面积已经大大萎缩，仅辖关中、河南郡洛水以北、河东郡、弘农郡、上洛郡等地。

石勒派左长史王脩向刘曜汇报平阳之战的情况，并献上俘虏。刘曜对此大为赞赏，命司徒郭汜等人持皇帝符节前往襄国，任命石勒为太宰、大将军，晋爵为赵王，并给他增加七个郡的采邑——石勒的采邑这下有二十个了。他又赐予石勒皇家专用的车马，封他的夫人为王后，世子为王太子，这些待遇跟曹操辅佐汉朝时一样。石勒的使者王脩和副使者刘茂则被任命为将军，封侯爵。为了留住石勒，刘曜能给的都给了。

正在这个时候，意外发生了：王脩的跟班曹平乐羡慕京师的繁华，想留在朝廷任职，不想跟着王脩回襄国了，但这话他不能明说，得另找个理由。曹平乐这个人坏点子比较多，眉头一皱计上心来，他向刘曜上书说："大司马（石勒）派王脩及臣等来到长安，表面上是向您表示臣服，实际上却另有打算，他是想窥视长安的虚实，等我们回去以后，大军随后就会杀到。"

刘曜虽已登基，但他的军事实力不济，手下人才匮乏，本身就有些心虚，现在听曹平乐如此说，便对这番话深信不疑，加之他对石勒一直以来也不信任，加官封爵只是拉拢石勒的无奈之举，因此对石勒更加忌惮。他火速命人骑快马，把要去襄国宣布圣旨的郭汜给追了回来。刘曜怕王脩回去后如实报告长安城的情况，命人把王脩杀了。副使刘茂逃脱。

刘茂狼狈地逃回襄国，向石勒哭诉了王脩被杀的经过，石勒暴怒，追授王脩为太常，诛灭了曹平乐三族。曹平乐因为一己之私，竟让三族付出生命，人竟能自私至此！

太兴二年（319）十一月，石勒登基，改年号为"赵王元年"——此时石勒尚未称帝，只称赵王。为了区别于刘曜的汉赵（前赵），史称石勒建立的赵国为"后赵"，其领土范围包括二十四郡，二十九万户。

石勒任命张宾为大执法，让他位居百官之首；任命石虎为单于元辅[1]、都督禁卫诸军事，其他官员也各有任命。石勒又尊高僧佛图澄为国师，每逢军国大事都要向他请教。在佛图澄的影响下，后赵佛教徒激增，仅佛图澄门下的追随者就有数百人，前后门徒将近万人。这一时期，佛教在北方得到广泛传播。

石勒严令治下少数民族不许欺负汉人士族，并以身作则，对汉人出身的首席

---

[1] 在匈奴的部族中，大单于之下有单于左右辅、单于元辅、左右贤王等，都具有很高的地位。

智囊张宾尤其尊敬，每次在朝堂上都不直呼他的名字，而称呼其为右侯。张宾也尽心辅佐，对石勒是知无不言，言无不尽，兼之他为人谦虚，待人有礼，又胸襟开阔，为人公正，因此在后赵国内很受人们尊重。

石勒非常忌讳"胡"字，严禁人们在公文中和交谈中使用"胡"字。黄瓜最开始叫胡瓜，因为它不是中原的产物，是汉朝时张骞从西域带回来的。有一次，石勒指着一盘胡瓜问樊坦："爱卿可知道这个东西叫什么名字？"樊坦是汉人，之前因为说了"胡"字得罪过石勒，但被石勒宽恕了，这次他恭恭敬敬地回答道："紫案佳肴，银杯绿茶，金樽甘露，玉盘黄瓜。"石勒听后很满意，哈哈大笑，从此胡瓜就变成黄瓜了。

人心不足蛇吞象

南方，东晋。

大将军王敦位高权重，手握重兵，先后击败了反叛朝廷的江州刺史华轶、交州刺史王机、猛将杜曾、流民头目杜弢等人，可谓是劳苦功高。渐渐地，王敦骄傲起来，他自持有功，行事飞扬跋扈，甚至开始自行任命州郡官员，并擅自杀了不听他话的武陵郡太守向硕。

司马睿对王敦既惧怕又厌恶，渐渐开始疏远王家，把御史中丞刘隗、尚书左仆射刁协引为心腹。刘隗提出建议，为抑制王家的势力，应派己方阵营的人到全国各地任职。王导生性谨慎，能够隐忍，对此泰然处之，但王敦忍不了，和司马睿之间的关系产生了裂痕。

这时，湘州刺史的位置空缺，王敦上书请求让自己的参军沈充去补缺。湘州位处荆州、交州、广州的交界，是咽喉要地，如果被王敦的人控制了，朝廷会更加被动。司马睿没理会王敦，任命谯王司马承任湘州刺史。为了安抚王敦，他给出了一个理由：方镇官员任命要皇亲和贤达并用。

之后，司马睿又任命自己信任的尚书仆射戴渊为征西将军、司州刺史，兼都督司、兖、并、雍、冀六州诸军事，镇守合肥（今安徽合肥），同时任命刘隗为镇北将军、青州刺史，兼都督青、徐、幽、平四州诸军事，镇守淮阴（今江苏淮安）。司马睿明面上给这两个人的任务是讨伐胡人，实际上是让他们牵制王敦。

不过要说王敦最忌惮的，还是祖逖。

祖逖，字士稚，范阳国①遒县（今河北涞水县）人，出生于晋泰始二年（266）。他家是当地的望族，连续许多代都担任着能拿两千石俸禄的官职，这个待遇和郡太守是一样的，而他的父亲祖武就曾经担任上谷郡（今河北怀来县东南）太守。但祖逖命苦，年少时就失去了父母，家道中落，他们兄弟六人相互扶持着渐渐长大。祖逖自小性格豁达，不拘小节，仗义疏财，遍览群书。他知道京都洛阳文化人遍地，于是便往来于京城和家乡之间，交了不少朋友，和他交谈过的人都认为他有见识、有雅量，是个不可多得的人才。

长大后祖逖侨居阳平郡（属司州，今河北邯郸大名县一带），后来出任司州主簿（负责文书的佐官），在这期间，他结识了同为主簿的刘琨。祖逖年长刘琨五岁，两个人很投缘，几次接触后就成了知己好友，成语"闻鸡起舞"讲的就是他们的故事。祖逖、刘琨都胸怀大志，他们约定，如果日后天下大乱，豪杰并起，他们二人会再到中原聚首。

匈奴进攻洛阳，京城大乱，士人、百姓纷纷南渡，祖逖也率领族人几百户来到淮河以南避难。他们一行风餐露宿，终于到达泗口（古泗水入淮河处），时任镇东将军的琅琊王司马睿听说祖逖到了，随即任命他为徐州刺史，不久又让他担任军咨祭酒，让他居住在京口（今江苏镇江）。

祖逖常怀忧国忧民之心，国家丧乱让他寝食难安，多次向司马睿提出要北伐中原。这时候司马睿在江东立足未稳，无力北伐，但祖逖的爱国之心也应该受到鼓励，于是他任命祖逖为奋威将军、豫州刺史，并拨给他一千人的口粮外加三千匹布，但士兵部卒和铠甲兵器都需要祖逖自行解决。祖逖得到这些物资赞助后，率领部属一百余户北渡长江。船行到江中，祖逖神色严肃，用手大力拍打船

---

① 范阳国，是司马懿四弟司马旭的三儿子范阳王司马绥的封国，约在今河北保定以北、北京以南。

桨，对江发誓道："若我不能收复中原，有如此江！"成语"击楫中流"便是出自此处。见祖逖迎风挺立，言辞慷慨激昂，众人皆受感染，纷纷表示为国捐躯在所不惜。

祖逖等人一路前行，到达淮阴（今江苏淮阴东南）后驻扎。他命人搭起火炉，开始锻造兵器，同时继续招募勇士，共招到两千余人，然后继续向北挺进。

就这样，祖逖一路向北，终于夺取了黄河以南的土地。石勒不能坐视，派人来攻，但无法攻到黄河以南，可惜祖逖也无力渡过黄河继续北上，两人只能隔河相持。这时，并州已经被石勒夺取，并州刺史刘琨前往投靠幽州刺史段匹磾，但被段匹磾杀害，年四十九岁。祖逖得到好友去世的消息，非常难过。

祖逖辛苦经营北伐大业，都督司、兖、并、雍、冀六州诸军事的戴渊却空降成了他的上司，这让他非常郁闷；祖逖又听说王敦准备谋乱，更加忧心忡忡，心力交瘁之下，他竟一病不起了。太兴四年（321）九月，祖逖病逝于雍丘（今河南杞县），时年五十六岁。

祖逖去世，王敦更加无所顾忌。永昌元年（322）正月十四日，王敦罗列刘隗的罪行，以"清君侧"的名义在武昌（今湖北鄂州）发兵谋反。湘州刺史、谯王司马承听说王敦起兵，立即发兵勤王。

王敦和司马承都在极力争取凉州刺史甘卓（东吴大将甘宁的曾孙）加入己方阵营。甘卓几经犹豫，终于决定起兵勤王，讨伐王敦。除此之外，甘卓还邀请广州刺史陶侃一起起兵，陶侃派参军高宝北上支援。

王敦派南蛮校尉魏乂和将军李恒率两万人攻打司马承所在的长沙，司马承率军顽强抵抗。

司马睿召戴渊、刘隗回援京师。刘隗和刁协够狠，他们劝司马睿把留在京师的王氏族人斩尽杀绝。王氏家族面临灭顶之灾，王导几乎一夜愁白了头，他把官服归还朝廷，带领王家子弟二十多人，每天早上早早地到朝堂上请求皇帝治罪。

司马睿很早就结识了王导，也感念王导一直以来的忠诚，他派人把官服还给王导，还特地召见了他。王导跪拜谢罪道："逆臣贼子历朝历代都有，可我哪会料到现在这样的人竟然出在了我的家族里！"司马睿把王导搀扶起来，拉着他的手宽他的心："茂弘（王导的字），你是国家栋梁，不要再这么说了。"

永昌元年（322）三月，司马睿任命王导为前锋大都督，并下诏："王导大义灭亲，现在把我做安东将军时的符节交给他。"又任命戴渊为骠骑将军，周顗为尚书左仆射，王邃为尚书右仆射。

司马睿在做最后的争取工作，他派自己的表弟王廙去做王敦的思想工作。王廙也是王敦的堂弟，但任他磨破了嘴皮，王敦都不为所动，甚至还扣留了王廙。无奈之下，王廙也加入了王敦的队伍。

见谈无可谈，司马睿便任命周札（周处之子）为右将军、都督石头城水陆军事，又任命甘卓为镇南大将军、侍中，兼都督荆、梁二州诸军事，之后让陶侃兼江州刺史，刘隗驻防金城，甘卓、陶侃前去抄王敦的后路。他自己身披铠甲，亲自到建康城外检阅军队，鼓舞士气。

王敦率大队人马浩浩荡荡抵达石头城外，准备先进攻刘隗，但他的部将杜弘建议道："刘隗豢养了一批死士，不容易对付，不妨先攻石头城。周札对手下很刻薄，部下跟他离心离德，我们发动进攻后，他的部队必定一哄而散，周札一败，刘隗自会逃走。"王敦同意了这个策略，任命杜弘为前锋。正如杜弘所料，周札的部下很快便四散奔逃，周札无法再守，只得打开城门，王敦毫不费力就占据了石头城。

司马睿命令王导、周顗、刁协、刘隗、戴渊等率兵全力进攻，务必收复石头城。他们分三路出击，但都大败而归。王敦在重兵簇拥下进入石头城，他趾高气扬，不去拜见司马睿，还放纵士兵四处抢掠，把建康城弄得鸡飞狗跳。

司马睿给刁协、刘隗准备出行的马匹和随员，让他们自寻生路。刁协年龄大了，受不了马上颠簸，平日里对部下又少有恩惠，大家都不愿意再和他一起走，于是在走到江乘县（今江苏句容北）的时候就把他杀死了，并将首级送给王敦。刘隗向北投奔了后赵，后官至太子太傅。

王敦势大，无奈，司马睿只好低头，携百官到石头城拜见。后司马睿大赦天下，王敦被任命为丞相、都督中外诸军事、录尚书事、江州牧，晋封武昌郡公，食邑一万户，王敦都推辞不受。

司马绍登基

王敦建议朝廷任命西阳王司马羕为太宰——司马羕是八王之乱中司马亮的儿子，司马亮兵败后，他因年幼被救走而幸免于难。之后，王敦又任命王导为尚书令，王廙为荆州刺史，还调换了不少朝廷官员和封疆大吏，把重要位置都换上与自己一党的人，被降职、免职和调动的官员数以百计。

王敦认为京师不是久留之地，自己的大本营武昌（今湖北鄂州）才是最安全的，所以没有入朝见驾，而是于永昌元年（322）四月率军队返回武昌。

人一旦得志就容易忘形，王敦也是这样，此时他性格中的弱点显露无遗，越发贪婪、傲慢、残忍起来。各地向朝廷进贡的物品大都落入王敦的口袋，在朝中重要岗位上任职的大都是王敦的门生。

之前，南蛮校尉魏乂受王敦之命攻打湘州刺史谯王司马承，并将其生擒，在把司马承押运到武昌的途中，王廙按照王敦的指令杀死了司马承，湘州刺史的位置由此空了出来。司马睿本已下诏让广州刺史陶侃接任，但因为陶侃不属于王敦的嫡系人马，王敦要求皇帝撤回诏令，司马睿只好同意。后来，王敦又命襄阳太守周虑设计杀害了甘卓，命从事中郎周抚督察沔北地区军务，代替甘卓镇守沔中。王敦还任命哥哥王含为征东将军兼都督扬州、江西诸军事，堂弟王舒为荆州牧，堂弟王彬为江州牧，堂弟王邃为徐州牧，他自己则亲自兼任都督宁州、益州诸军事。

王敦把沈充和铠曹参军钱凤引为嫡系，诸葛瑶、邓岳、周抚、李恒、谢雍等也都是他的心腹。沈充等人仗势欺人，贪得无厌，大肆修建府邸，侵占他人田地住宅，挖掘古墓，公然在集市抢夺他人的财物，简直无恶不作，可王敦依旧信重他们。王敦的堂弟、豫章太守王棱看不惯，多次进言，言辞比较激烈，王敦一怒之下竟把他杀了，很有"顺我者昌，逆我者亡"的意味。

王敦把持朝政，并进一步揽权。他取消了司徒这一重要职位，把司徒的职权并入丞相府。随着他的权柄越来越大，皇帝成了摆设，这让司马睿非常郁闷，急火攻心之下竟一病不起。永昌元年（322）十一月初十，司马睿驾崩，年四十七岁，后被葬于建平陵（位于今江苏南京）。死前，司马睿把司空王导叫来，命他辅佐太子。

十一月十一日，年仅二十四岁的皇太子司马绍登基，史称晋明帝。王敦不把年轻的皇帝司马绍放在眼里。他野心膨胀，有了篡夺皇位的打算，竟暗示司马绍召自己入朝。司马绍不敢不照做，亲笔写下征召诏书。王敦接到诏书没有立即入京，而是选择移驻姑孰（今安徽当涂县），屯兵于湖（今安徽当涂县南），又给自己加上了扬州牧的官衔。

太宁元年（323）四月，司马绍又赐予王敦黄钺和班剑——这些是皇帝用的礼器，并允许他"赞拜不名、入朝不趋、剑履上殿"，王敦在朝中的地位更加无人可及。

六月，司马绍立太子妃庾文君为皇后，让皇后的兄长中领军庾亮任中书监。庾家是颍川的大族。

平定王敦之乱

地位越发尊贵的王敦生病了，并且病情不断加重。他没有儿子，哥哥王含把自己的二儿子王应过继给了他，这时他便任命养子王应为武卫将军，做自己的副手，又任命王含为骠骑将军、开府仪同三司。

温峤在王敦府上做左司马，他苦心劝告王敦不要再起兵，但王敦不听，他干脆偷偷将王敦病重的事情禀报朝廷，让朝廷早做准备。

温峤想要找个脱身之机，恰好丹阳尹一职出现空缺，他便对王敦说："丹阳尹身负治理京畿之重任，应该选拔文武全才的人来担任，明公应当自己选拔适合的人选，如果让朝廷派人，可能所用非人。"王敦认为温峤说得很对，问他有没有合适的人选，温峤回答道："愚以为钱凤可用。"王敦一听，犹豫起来，因为钱凤是他的心腹，他不舍得。王敦又去征求钱凤的意见。之前温峤有意与钱凤多接近，还称赞钱凤是满腹经纶，得到温峤这位名扬江左的名士的夸赞，钱凤当然很高兴，对温峤也很友好，在王敦面前没少说温峤的好话，此次被询问，钱凤也自然而然地推荐了温峤。王敦同意了，上表让温峤补丹阳尹之缺，朝廷自然也同意。温峤假意推托一番，最终欣然接受。

王敦设宴为温峤饯行。温峤担心钱凤发现自己的意图，在敬酒的时候假装脚步踉跄地来到钱凤的面前，在钱凤端起杯正要喝酒的时候，特意用手板把钱凤的头巾打掉，并说："钱凤你是什么东西，我温峤敬酒你竟敢不喝！"钱凤丈二和尚摸不着头脑。王敦看到，赶紧上前劝解，把事情给压了下来。

温峤向王敦辞别，涕泪横流，装作不舍得离开的样子，如此再三作态，然后才上路。温峤刚走，钱凤就琢磨过味儿来，赶紧去见王敦，对王敦说："温峤和朝廷交往甚密，又和庾亮交情比较深，他未必可信啊！"王敦闻听，呵呵一笑道："太真（温峤的字）昨天喝醉了，和你产生了点小误会，你怎么能因此说他的坏话呢？"见此，钱凤只能无奈地离开。

温峤到达建康后，把王敦准备谋逆的消息告诉了司马绍。太宁二年（324）六月二十七日，司马绍开始有针对性地进行军事部署。他任命司徒王导为大都督，兼领扬州刺史；命温峤为都督东安北部诸军事，和右将军卞敦同守石头城；任应詹为护军将军、都督前锋及朱雀桥南诸军事，郗鉴为行卫将军、都督扈从御驾诸军事；又让庾亮领左卫将军职，让吏部尚书卞任行中军将军职。

郗鉴请求征召临淮太守苏峻、兖州刺史刘遐共同讨伐王敦。苏峻、刘遐是流民帅，朝廷对他们不是很信任，很多人担心召他们前来会给朝廷增添麻烦，但眼看大敌当前，苏峻和刘遐又都是猛将，司马绍还是下诏征召他们两人及徐州刺史王邃、豫州刺史祖约、广陵太守陶瞻等入京师护卫。

王敦命钱凤、邓岳、周抚等率领士兵向京师进发，任命王含为全军主帅。王含等率水陆五万大军抵达秦淮河南岸，温峤率晋军在北岸烧毁朱雀桥，让王含大军无法渡河。司马绍重金招募死士，派鲜卑出身的将军段秀和中军司马曹浑等率领勇士千人渡秦淮河，出其不意进行攻击，大胜，杀死敌前锋将领何康，王含大军败退。

王敦听说王含战败，又惊又怒，准备亲自带兵前去，但是已经起不来身了，只能交代后事道："我死后，王应要立即登基，设立文武百官，然后再安排丧葬事。"说完不久就病逝了，年五十九岁。王应果然听话，隐瞒了王敦死讯，却无起兵大志，反而日日饮酒纵乐。

七月十七日，刘遐、苏峻等率领勤王精兵万人抵达建康，司马绍连夜犒劳他们。

沈充和钱凤率领一万多人的援军与王含合兵一处。七月二十五日夜，沈充、钱凤渡过秦淮河，连连得手，攻至宣阳门，正在这时，刘遐、苏峻从侧面发动进攻，重创沈充、钱凤军队。刘遐后来又在青溪打败沈充。

七月二十六日，王含感觉大势已去，命人焚烧营帐，在夜色掩护下逃跑。王含携王应逃往荆州，荆州刺史王舒派军队前来迎接，船行到江心，军士把王含、王应父子捆绑起来投入江中。

钱凤逃到阖庐州（江中一个岛屿），寻阳郡太守周光将他抓住斩首，然后前往建康赎罪——之前周光曾跟随王敦起事。

沈充慌不择路，逃到了他的旧属吴儒家里，吴儒让他藏到墙的夹层里，并帮他关上门，然后吴儒凶相毕露，笑嘻嘻地说："这下我可以拿到封邑三千户的侯爵了！"原来朝廷有令，杀死沈充的人可以得到这个爵位。沈充央求道："如果你放我出去，我必厚报。"吴儒不听，杀死沈充，把首级送到建康。

王敦党羽之乱自此平定。司马绍命人挖出王敦的尸体，脱下其官服，让其呈下跪请罪的姿势，然后一刀下去，把头颅砍下，和沈充的首级一同悬挂在朱雀桥上。

在郗鉴的劝说下，司马绍允许王家人替王敦收尸，并允诺对王家的其他人不予追究。之后，他一一封赏讨伐王敦有功的人。

王导进位为太保，兼领司徒府，获封始兴郡公，食邑三千户，受赐绢九千匹，可以享受当年王敦的待遇——"剑履上殿，入朝不趋，赞拜不名"。这封赏太厚，王导坚辞不受。其他的，西阳王司马羕兼太尉，应詹为江州刺史，刘遐为徐州刺史，苏峻为历阳内史，庾亮为护军将军，温峤为前将军。司马绍又任命尚书令郗鉴为车骑将军、兖州刺史，兼都督徐、兖、青三州诸军事，镇守广陵（今安徽淮安）。

国家大权再次回到司马氏手中，可晋明帝司马绍明明正是盛年，却突然感觉身体不适，竟要生病卧床了。他安排太宰司马羕、司徒王导、尚书令卞壶、车骑将军郗鉴、护军将军庾亮、领军将军陆晔、丹阳尹温峤共同辅佐太子，轮流领兵值班，同时授予卞壶右将军衔，任命庾亮为中书令、陆晔为录尚书事。

太宁三年（325）八月二十五日，晋明帝司马绍驾崩，终年二十七岁，庙号"肃祖"，葬于武平陵（今江苏南京鸡笼山北）。晋明帝是一位有作为的皇帝，他机智敏捷，有勇有谋，遇事果断，以弱势斗败王敦，保住了司马家基业，可惜上天没有留给他更多施展抱负的时间。

两赵首战

汉赵和后赵相安无事，百姓们安稳地过了几年，但平静只是相对的，风暴很快又要降临。

太宁二年（324）春，后赵的司州刺史石生对汉赵河南郡太守尹平发起攻击，尹平不敌被杀，石生强行带走了五千多户人家返回驻地。以此事件为标志，汉赵和后赵成了仇人，两个赵国之间战争再次拉开序幕，河东郡和弘农郡一带为主战场，兵戈不断，老百姓流离失所。

北羌王盆句除归降汉赵，这又让后赵很不爽。后赵将军石佗率军对北羌王发动攻击，缴获部众三千多户、牛马羊一百多万头，大胜而回。

接连的失利让刘曜很恼火，他派中山王刘岳追赶石佗，还亲自带兵作为后援。双方在黄河岸边摆开阵势，刘岳叫阵，石佗出战。刘岳不愧为大将，战了几个回合便力斩石佗。后赵士兵一看主帅阵亡，撒腿就跑，刘岳军随后杀到，杀死后赵将士六千多人，将石佗之前所获全数夺回，满载而归。

后赵石生率兵屯扎洛阳，不断渡过黄河攻打晋的领土，晋司州刺史李矩、颍川郡太守郭默打不过，粮草也接济不上，便派人向刘曜递交了降书。

太宁三年（325）春季，刘曜派刘岳率领一万五千精兵赶赴孟津，派镇东将军呼延谟率兵出崤山，和李矩、郭默会师后，联合进攻石生。刘岳率军顺利攻克了孟津和石梁，斩杀、俘获后赵五千多人，之后大军继续挺进，把石生围困在了金墉城（今河南洛阳西北）。

后赵中山公石虎率步兵、骑兵四万人进入成皋关（今河南泗水镇），与刘岳大军在洛阳城西遭遇。两强相争勇者胜，石虎奋勇当先，后赵军士气高昂，如猛虎下山一般。刘岳不敌，被流箭射中，退守石梁。

石虎命部队深挖沟壕，设置栅栏，把石梁团团围住，完全断绝了石梁和外面的联系。石梁城内开始缺粮，将士们饥饿难耐，实在没有吃的了，不得不杀掉战马充饥，战马一匹匹减少，突围的可能性也在不断降低。后来石虎又腾出手向呼延谟发起攻击，呼延谟不敌被杀。

刘曜得到报告后，亲自率领大军前来救援，石虎率三万精骑拦击。汉赵的前军将军刘黑攻击石虎的部将石聪，把石聪打得大败。

刘曜大军到金谷驻扎，本来一切还算平顺，但在夜里，军中突然发生夜惊，将士们不清楚发生了什么事情，以为敌人攻过来了，四散奔逃。刘曜只能又退兵到渑池，但到了夜间，军中再次发生夜惊。刘曜认为这是不祥之兆，顾不得被困城中的刘岳了，直接带兵回了长安。

太宁三年（325）六月，石虎攻陷石梁，抓获刘岳及其手下将领八十多人，并三千多氐族、羌族士兵。这些人全部被押送到后赵都城襄国（今河北邢台），剩余的九千多士兵则全部被活埋。然后石虎北上攻击并州的王腾，当地守军坚持不住，城池被攻破，王腾本人被杀，石虎又下令活埋了俘虏来的七千多将士。

丢城失地、将士被杀的消息不断传来，刘曜十分悲痛，他穿上孝衣，在郊外哭祭了七天后才回到长安。刘曜觉得十分憋屈，这是他从军多年以来从没有遇到过的大败仗，他既恨又怒，竟染上了疾病。

颍川太守郭默被石聪打败后丢下妻儿，疯狂逃奔到建康。司州刺史李矩也准备投奔建康，但刚走到鲁阳就病逝了，他的长史崔宣率领士卒两千人投了后赵。

经过这轮大战，司州、豫州、徐州、兖州地区全部被后赵收入囊中，后赵与晋以淮河为界，局势日渐紧张。

苏峻、祖约叛晋

太宁三年（325）八月二十六日，年仅五岁的皇太子司马衍继位登基，他是明帝司马绍和皇后庾文君的长子。司马衍登基后尊庾文君为皇太后，大赦天下，将文武官员的待遇普遍提高了两级。

新皇太过年幼，大臣们奏请皇太后按照东汉时候的先例临朝听政，庾文君先后四次推让，最后才同意。九月十一日，皇太后庾文君正式临朝，任命司徒王导为录尚书事，和中书令庾亮、尚书令卞壶一起辅佐朝政。她又任命郗鉴为车骑大将军、陆晔为左光禄大夫，都兼开府仪同三司；任南顿王司马宗为骠骑将军，虞胤为大宗正（掌皇家事务）。

庾亮是太后的哥哥，所以王导虽与他同为辅政大臣，但也选择尽量避免和他发生正面冲突，这就造成了庾亮在朝中独大的局面。庾亮人是不坏，但领导经验实在不足，他为人严整，执法严格，也有些刚愎自用，因此得罪了不少人。

豫州刺史祖约自认为名气和资历都不比郗鉴、卞壶差，在王敦叛乱的时候也曾保卫京师，立下战功，目前又率领着主力部队在北部边境对抗后赵，算得上是朝中很有分量的大臣了，却不在托孤重臣之列，因此非常郁闷，甚至怀疑是庾亮删掉了自己的名字。

咸和元年（326）十一月，后赵石聪进犯寿春，祖约几次上表请求援兵，庾亮不理。朝廷讨论要修建河堤，淹没北部广大地区，以此阻止后赵军队。祖约正好处于被淹没区，因此大怒道：“庾亮这是要弃我等于不顾啊！”两人的梁子算是结下了。

历阳内史苏峻在讨伐王敦时也立下战功，声望渐长，拥有精兵万人，手下部队的武器装备也非常精良，是晋部署在长江之北的主力部队。强兵在手，苏峻渐渐不安分起来，开始大量吸纳亡命之徒，意图不轨。

庾亮厌恶司马宗、司马羕和虞胤等人，碰巧御史中丞钟雅弹劾司马宗谋反，于是他派右卫将军、从事中郎赵胤前去逮捕司马宗，司马宗率兵抵抗，被赵胤当场诛杀。庾亮把司马宗这一支改为"马"姓，又罢免了西阳王司马羕太宰的职务，降其为弋阳县王，同时降大宗正虞胤为桂阳太守。

司马宗和苏峻交好，司马宗死后，他的属下卞阐投奔苏峻，苏峻把他藏了起来。庾亮又想剥夺苏峻的兵权，准备调他到中央任职，明升暗降。王导、卞壶、温峤等人都说这不可行，势必会逼反苏峻，但庾亮听不进去。

苏峻得知消息，先是派人向庾亮说情，希望自己能继续留任现职，但庾亮不许。庾亮先征召北中郎将郭默为后将军、屯骑校尉，又任命弟弟庾冰为吴国内史，准备好后，继续下令征召苏峻回朝，说是要任他为大司农、散骑常侍、特进，苏峻拒绝。

形势一触即发，江州刺史温峤准备率众保卫京师，庾亮不同意，他写信给温峤道："我对西陲的担忧（指陶侃，陶侃和庾亮不和）超过苏峻，你不要越过雷池。"[1]

苏峻知道祖约十分怨恨庾亮，于是约他一起起兵，祖约答应了。咸和二年（327）十一月，祖约派任沛内史的侄子祖涣和任淮南太守的女婿许柳带兵与苏峻会合。十二月一日，苏峻的部将韩晃、张健率军攻陷了姑孰（今安徽当涂）。

十二月十日，司马衍授予庾亮符节，让他出任都督征讨诸军事。庾亮命弟弟庾翼率领数百人守卫石头城。

宣城内史桓彝起兵勤王，于十二月二十一日抵达芜湖。韩晃打败了桓彝，桓彝退守广德。之后韩晃继续前进，开始攻击防守慈湖的左将军司马流。得到这个消息的时候，司马流正准备吃烤肉，他吓得呆在那里，双手发抖，试了几下肉都送不到嘴巴里，结果司马流兵败被杀。

咸和三年（328）正月，温峤率军抵达寻阳。

二月一日，苏峻带领祖涣、许柳等两万将士抵达覆舟山（位于江苏南京玄武

---

[1] 这就是"不敢越雷池一步"的出处。古雷池，在今天的安徽省望江县雷池乡境内。

区），同卞壶率领的郭默、赵胤等交战，卞壶军大败，阵亡一千多人。二月七日，苏峻进攻建康城东南的青溪栅，卞壶不敌被杀，他的两个儿子卞眕和卞盱力战而死。丹阳尹羊曼、黄门侍郎周导、庐江太守陶瞻也在这一战中先后战死。

庾亮准备在宣阳门构筑工事，但人心已散，兵士们竞相逃走，庾亮兄弟几人一看大事不好，也顾不上其他人，都逃向了寻阳。

苏峻进入皇宫，放纵士兵在宫内抢掠，宫女都被他们抢走了。士兵们又强迫平时养尊处优惯了的朝廷官员挑着担子上蒋山（即钟山，位于今江苏南京东北），不听命令的就要被鞭打，城中哭声震天。

二月八日，苏峻代表成帝下诏，大赦天下，只不赦庾亮兄弟。王导因为名望太高，官职不变。祖约任侍中、太尉、尚书令，苏峻自任骠骑将军、录尚书事，许柳任丹阳尹，马雄任左卫将军，祖涣任骁骑将军。弋阳王司马羕拍苏峻马屁，被恢复为西阳王、太宰、录尚书事。

苏峻派兵进攻吴国内史庾冰，庾冰战败，投奔会稽。苏峻命侍中蔡谟接任吴国内史。

局势至此，皇太后庾文君也无能为力，她万分焦虑，一病不起，去世时年仅三十二岁。

联兵平叛

庾亮抵达寻阳（今江西九江西）后声称接到庾太后命令，任命温峤为骠骑将军、开府仪同三司，又授郗鉴为司空。温峤对庾亮有点崇拜，这个时候不但没背弃他，还分出一部分士兵给他。

温峤认为，面对当前的形势，没有陶侃的帮助是不可能战胜苏峻的。在他的建议下，庾亮同意推举征西大将军、荆州刺史陶侃为盟主，联兵讨伐苏峻。陶侃对自己没有被列为托孤大臣的事情耿耿于怀，对庾亮很有成见，起初不答应，后来庾亮专门写信向陶侃道歉，加之陶侃也怕苏峻得势后自己没有立足之地，终于还是答应了。他穿上铠甲，登上战船，星夜兼程而来。

咸和三年（328）五月，陶侃率领大队人马到达寻阳，庾亮又当面向陶侃道歉，陶侃摒弃前嫌，跟庾亮和好如初。

陶侃作为盟主，率领六万将士浩浩荡荡出发，旌旗延绵七百多里。苏峻听说陶侃等人发兵来征讨，赶紧从姑苏回兵石头城，并把司马衍等人强行带到石头城。

陶侃上表推荐王舒监浙东军事，虞潭监浙西军事，郗鉴都督扬州八郡军事，并命令王舒、虞潭服从郗鉴的调度。郗鉴率将士渡江南下，与陶侃等在茄子浦会合。雍州刺史魏该也率兵来助。五月二十九日，勤王军向石头城进发。

宣城（今安徽宣城）内史桓彝抗击苏峻，苏峻派韩晃进攻宣城，桓彝不敌被杀，年五十三岁。之所以要多讲这一句，是因为桓彝是枭雄桓温的父亲。

陶侃率领西路勤王大军到达石头城，但出师不利，屡战屡败。东路勤王部队由王舒、虞潭率领，同样屡战屡败。在这紧要关头，雍州刺史魏该又去世了，勤王军原本就不乐观的形势雪上加霜。

祖约手下将领私自勾结后赵，后赵命汲郡太守石聪率军渡过淮河，进攻寿春。七月，寿春陷落，祖约弃城逃往历阳，石聪掳掠了寿春两万多户人家后返回。

祖约的失败让苏峻部队的军心开始动摇，但即便这样，陶侃这边的进攻也还是无法取得进展，双方处于拉锯状态。

温峤军队缺粮，向陶侃借粮，这时陶侃已有了回军的想法，因为久攻不下，勤王军内部也出现了怯敌的情况，再这样下去，盟军有瓦解的趋势。这时候，庐江郡太守毛宝自告奋勇："请您给我派些部队，我去攻击叛贼的粮库，如果我失败了，您再走也不迟。"陶侃应允。

毛宝率军奋力攻击，烧毁了苏峻在句容、湖孰的粮食储备，陶侃一看事有转机，决定留下。

敌将领韩晃、张健等猛攻大业大营，营中断水，将士们把粪便绞出水来解渴，顽强坚守。陶侃准备发兵救援大业，长史殷羡道："我们的士兵大都是水兵，不擅长陆战，到时候如果不能取胜，军心就瓦解了。不如我们猛攻石头城，这样大业的包围自然就会解除。"

九月二十五日，陶侃亲率水军向石头城发起猛攻。庾亮、温峤、赵胤等率领一万步兵从白石垒南下，但赵胤军队被苏峻派出的苏硕（苏峻之子）和部将匡孝率军袭击，大败。

苏峻正在犒劳将士，已经有几分醉意，他远远地看到赵胤军狼狈逃窜，大笑道："匡孝能破敌，难道我还不如他吗？"他借着酒劲，只带了几个骑兵就发动了攻击，但根本无法冲入阵营。苏峻准备返回，正在这时，他的坐骑突然被绊倒，说时迟那时快，陶侃的部将彭世、李千抓住时机投出手中长矛，长矛疾如流星，苏峻应声倒地，众将士一哄而上，把苏峻剁成肉酱，众将士还不解恨，又把苏峻的尸体焚烧成灰。三军将士得知敌首被诛，兴奋地高呼万岁。

苏峻的司马任让等人推举苏峻的弟弟苏逸为头领，关闭城门顽抗。韩晃听说苏峻已死，也不再围攻大业，撤回石头城。赵胤进攻历阳，祖约不敌，连夜率领亲兵数百人投奔后赵而去。

咸和四年（329）二月十三日，盟军进攻石头城，韩晃等弃城逃跑。此战，温峤带兵斩杀苏硕，之后勤王部队又生擒苏逸，将其斩首示众。

曹据怀抱年幼的晋成帝司马衍投奔温峤。劫后余生，一众文武官员都跪倒在地痛哭流涕，请皇帝治他们护驾不力之罪。司马衍赦免了他们，只有投靠了苏峻的西阳王司马羕和他的两个儿子、一个孙子以及彭城王司马雄被诛杀。

勤王军乘胜追击，把韩晃等全部杀死。至此，苏峻、祖约之乱被全部平定。

三月十日，朝廷论功行赏，封陶侃为侍中、太尉、长沙郡公，兼都督荆、雍、梁、交、广、宁六州诸军事；郗鉴为侍中、司空、南昌县公；温峤为骠骑将军、开府仪同三司，加授散骑常侍、始安郡公。其他有功之人也各有赏赐。

受赏后，陶侃返回荆州刺史总部江陵，后来他觉得江陵位置偏僻，把总部迁到了巴陵（今湖南岳阳）。温峤也回到了江州刺史府所在地武昌。

庾亮见到司马衍时，把头磕得噔噔作响，请求皇帝降罪。但庾亮毕竟是司马衍的亲舅舅，打断骨头连着筋，司马衍原谅了他，还任命他为都督豫州、扬州、江西、宣城诸军事，兼任豫州刺史，领宣城内史职，镇守芜湖。

两赵决战

南方的晋在内乱，北方的两赵之间也在发生激烈的争斗。

咸和三年（328）秋季，后赵石勒派中山公石虎率领四万大军从轵关挺进，攻击汉赵的河东郡，有五十多个县先后响应。石虎不断挺进，进攻重镇蒲阪（今山西永济）。蒲阪是长安的门户，这里要是丢失的话，长安必会不保。刘曜急忙调兵遣将，命河间王刘述率氐族、羌族士兵驻扎秦州，防备前凉张骏等偷袭长安，他自己则亲自率领能调动的所有精锐，声势浩大地从潼关渡过黄河，救援蒲阪。

一物降一物，得知刘曜亲率部队来战，一向杀气腾腾的石虎也害怕了，不战而退。刘曜率军追击。咸和三年（328）八月，汉赵军在高侯（今山西闻喜县北）追上后赵军，两赵军队展开激烈厮杀，后赵军不敌，石虎的养子石瞻①被杀，年二十九岁。后赵军损失惨重，士兵尸体连着尸体排起来长达二百多里，被汉赵军队缴获的武器等军用物资数以亿计。石虎率领残兵败将狼狈地逃往朝歌（今河南淇县），这是他出道以来打的最大的败仗。

刘曜率大军从大阳渡过黄河南下，包围了洛阳，后赵的荥阳太守尹矩、野王太守张进等见状都归降了他。

汉赵节节胜利，咄咄逼人，后赵举国震惊。十一月，石勒准备亲自率兵去解洛阳之围，大臣程遐等都认为刘曜士气正盛，锐不可当，竭力劝阻，石勒也拿不定主意了，去高僧佛图澄处求教。佛图澄告诉石勒："佛塔的铃音告诉我，你此去定能活捉刘曜。"石勒大喜。

石勒命石虎把守石门要塞，命石堪、石聪和豫州刺史桃豹率兵到荥阳会师，

---

① 石瞻本姓冉，叫冉良，被石虎收养后改姓石。他是日后建立了冉魏政权的冉闵的父亲。

他自己则亲自率领水陆大军四万人，从大堨（è）渡过黄河，兵锋直指洛阳。大堨是位于今天河南省卫辉市的一个古黄河渡口，石勒到来之前，这里寒风凛冽，大冰块顺流而下，场面十分惊险。石勒到来时，这里微风轻和，冰块渐渐融化，石勒大军得以顺利渡过黄河。就在他们渡河后，上游又漂来了大量冰块，石勒见此，认为这是神灵相助，于是把渡口名改为灵昌津。

在大战开始前，石勒对随行的大臣徐光说："刘曜大军如果把守成皋关，这是上策；如果在洛水阻截，这是中策；如果坐守洛阳，等于束手就擒。"十二月一日，后赵各路兵马在成皋会合，经过清点，共有步兵六万人、骑兵两万七千人。石勒看到成皋关没有汉赵士兵把守，激动地用手指指天，又点了点自己的额头，说："这是天意啊！"他命令士兵卷起铠甲，用木头把战马的嘴填上，防止发出声响，然后偷偷穿过巩县和訾城之间的隐蔽小道，向洛阳进发。

此时的刘曜几乎天天和近臣喝酒赌博，不但听不进劝谏，还动不动就斩杀谏臣。直到听说石虎据守石门，石勒渡过黄河，他才又紧张起来，开始增加荥阳的守卫力量，并关闭了黄马关（位于成皋关的西边）。

在洛水巡逻的汉赵士兵抓获了敌方羯兵，刘曜亲自审问："大胡（指石勒）本人来了吗？有多少部队？"羯兵回答说："大王亲自来了，军队数不胜数，势不可当。"刘曜听到，瞬间变了脸色，他命令解除己方军队对洛阳的包围，沿洛水布阵。

刘曜军有将士十几万人，排开阵势，南北有十多里长。石勒远远地观察到刘曜军队的变化，大喜，对左右说："你们现在就可以祝贺我了！"他率领步兵、骑兵四万人进入洛阳城。

十二月五日，大决战开始。石虎率领三万步兵从洛阳城北向西攻击刘曜中军，石堪、石聪等率领八千精骑兵从洛阳城西向北攻击刘曜的前锋。只见石勒身穿铠甲，身披战袍，威风凛凛，从阊阖门杀出，配合夹击刘曜军队。大战在洛阳西阳门外激烈展开，一时间战鼓雷鸣，战马嘶鸣，喊杀声震天，尘土蔽日。

刘曜自少年时代起就喜欢喝酒，如果哪天没有喝酒，这一天就不算过完，年纪大了后他变得更加嗜酒如命。这次迎战石勒前，他又畅饮数斗，然后才命人去牵他的坐骑，可是这匹良马却低头俯首，怎么都拉不起来。刘曜个子比较高，这匹马也是为他量身定"找"的，可现在他不得不改骑另一匹不合适的小马。要出发的时候，他又饮酒一斗多。

刘曜到达西阳门，指挥军队向平坦处转移，石堪看到破绽，全力猛攻，刘曜军队大败。刘曜喝得迷迷瞪瞪，此时也跟着大部队向后撤退，可是他胯下的小马大概是第一次驮这么重的人，有点不习惯，在一个石筑的水渠里失足跌倒，把刘曜摔到了冰面上。这下摔得真重，刘曜受了重伤，动弹不得，被石堪活捉。汉赵军顿时溃散，后赵军一路追杀，斩首五万多。石勒传令下去："我想捉拿的只有刘曜一人，现已抓到手了，让将士们停止追杀，放他们一条生路吧。"

刘曜被五花大绑着去见石勒。两位老友谁都没有想到，再次重逢竟是如此场景。

刘曜问石勒："石王，还记得当年的重门之盟①吗？"

石勒沉默不语。时间一晃过去十八年了，早已物是人非，他让徐光告诉刘曜："今天的结局是天意使然，还有什么可说的呢？"

十二月十一日，石勒班师回朝，命征东将军石邃押送刘曜。刘曜乘坐马车，还有御医同行。二十五日，一行人抵达襄国。石勒把刘曜安排在永丰小城，赐给他美女数名，同时严加看守。

石勒命刘曜给在长安的皇太子刘熙写信，令他献城池归降。刘曜写下诏令给刘熙："你要匡扶国家，不要因为我改变主意。"石勒非常生气，不久就下令把刘曜杀死了。

刘熙听说父皇刘曜被擒，吓得六神无主，和弟弟南阳王刘胤商议后决定放弃长安，率文武百官逃往秦州上邽。关中无主，顿时大乱，石勒派石生占领了长安。

咸和四年（329）八月，回过味儿来的刘胤率领数万人攻打长安，石虎率领两万精骑前来救援。九月，石虎在义渠（今甘肃庆阳）大败刘胤，刘胤逃回上

---

① 公元310年七月，刘曜和石勒在重门，也就是今天的河南省辉县市西北盟誓。

邦。石虎乘胜大开杀戒，之后趁势攻陷上邽，生擒刘熙、刘胤及汉赵的王公大臣三千多人，将他们全部杀死。

至此，立国仅二十六年的汉赵（前赵）正式宣告终结。汉赵共有五位国君，分别是刘渊、刘和、刘聪、刘粲和刘曜。

后赵吞并了汉赵，成了中原霸主。咸和五年（330）二月，石虎率领群臣集体上奏，认为大功已经告成，石勒应该登基称帝，石虎还献上了帝王的印玺绶带。石勒一开始并不同意，几次三番才终于答应。此后，石勒自称"赵天王"，行皇帝事。

石勒立妻子刘氏为王后，世子石弘为太子；任命儿子石宏为秦王、骠骑大将军、都督中外诸军事、大单于、持节；任命另一个儿子石恢为辅国将军、南阳王；任命侄子石虎为太尉、守尚书令、中山王，石虎的儿子石斌为太原王，石邃为冀州刺史、齐王。其他不再一一细表。总之，这次论功行赏，石勒共封郡公二十一人、侯二十四人、县公二十六人、县侯二十二人。

绝大多数受封官员都喜气洋洋，下朝后急匆匆地回家报喜，但有一个人却怒气冲冲，这个人就是石虎。石虎认为自己南征北战，为石勒立下汗马功劳，大单于的封号一定是属于自己的——大单于在匈奴部落里地位尊贵，掌握有军事实权。但出乎石虎的意料，石勒把大单于的封号给了石宏。

石虎是个狠角色，也是个暴脾气，他越想越窝火，难以抑制心中的怒火，对儿子石邃说："主公定都襄国以来，我对他言听计从，俯首帖耳，用血肉之躯抵抗飞箭和垒石。二十多年来，我南擒刘岳，北逐索头，东平齐鲁，西定秦雍，讨伐平定了十三个州。成就赵之大业者是我，大单于的封号应该给我！但现在主公却把它授予了黄毛小儿石宏，一想到这个事，为父就寝食难安。等主公驾崩之后，我不会再给他留后！"

尚书右仆射程遐和安西将军姚弋仲都劝石勒杀了祖约，以示惩罚不忠，于是石勒下令逮捕了祖约，将他和族人一百多人全部杀死，祖约的妻妾和儿女则被分赐给诸胡人。

当年，祖逖有个羯族仆人名叫王安，祖逖对他非常好，曾对他说："石勒和你同族，你应当投靠他去建功立业。"之后给了他丰厚的盘缠，让他去投奔石勒。王安不负祖逖所望，在石勒帐下屡立战功，升到左卫将军。这次石勒命令把祖约的族人全部杀死，王安慨然叹息道："我怎么能让祖逖先生绝后呢！"祖逖有个妾生了个儿子名叫祖道重，年方十岁，王安买通关系，偷偷把他带出去藏了起来。因为僧人在后赵地位尊崇，王安就让祖道重穿上僧袍，到佛寺出家做和尚，以避人耳目。后来后赵灭亡，祖道重才又回到南方。

咸和五年（330）九月，石勒即帝位，大赦天下。

丁零部落酋长翟斌来朝见石勒，石勒封他为句町王。丁零人是匈奴的一个分支，世代居住在今天的西伯利亚贝加尔湖湖畔。公元91年北匈奴瓦解，丁零人西迁至康居王国（今中亚锡尔河流域），后丁零翟氏内迁。翟氏日后还要掀起风浪，并在中原建立了自己的国家，这是后话。

石勒举行盛大的宴会，宴请高句丽和鲜卑宇文部落的使者以及文武大臣。酒至半酣，石勒回想起这大半辈子打拼的经历，感慨万千，问身边的徐光道："朕可以和古代开创基业的哪一类帝王相提并论？"徐光感觉到这是一个拍马屁的绝佳时机，立马回答道："陛下神武，韬略胜过汉高祖（刘邦），才气胜过魏武帝（曹操）。三王[①]以来，没有人能和陛下相提并论，您也就仅仅比轩辕黄帝逊色一丁点！"

石勒听后，捻着胡须哈哈大笑："人不能没有自知之明，你的话太夸张了。朕如果遇到汉高祖，倒是可以和韩信、彭越争个长短，但应当向他称臣。不过如果遇上的是光武帝（刘秀），我们就会在中原驰骋争锋，鹿死谁手尚不可知。大丈夫行事，应当光明磊落，如同日月，但不管怎么样都不能像曹操和司马懿父子那样，欺凌他人的孤儿寡妇，以遮人耳目的手段取得天下。我的实力应该在二刘（刘邦、刘秀）之间，怎么能和轩辕相比呢！"

---

① 三王，指夏、商、周三代之君，大禹、商汤王、周武王及周文王的合称。

第四章　权力更替

后赵权力争夺战

程遐和徐光跟石虎不是一路人，他们竭力劝石勒除掉石虎，以绝后患。但石勒说："现在吴（指东晋）、蜀（指成汉）未灭，怎么能够擅杀大将？如果我那样做，恐怕会被后世耻笑。"

其实石勒早年想过除掉石虎。当年，刘琨把石勒失散在并州的母亲王氏和侄子石虎送回他身边，那时石虎十七岁，但石勒发现他心狠手辣，手段非常残忍，在军中被视为毒患。石勒因此想杀死石虎，他把这个想法告诉了母亲王氏，王氏十分疼爱石虎，不同意："那些拉车拉得快的牛在还是牛犊子的时候总是会把车挣破，你应该稍微忍让一些。"在王氏的劝说下，石虎也渐渐克制了自己。石虎身长七尺五寸，善于骑马射箭，勇冠三军，屡立战功，将士们渐渐对他既惧且敬起来。现在石虎已经成为石勒手下不可缺少的大将，石勒还要利用石虎夺取天下，自然不会杀他。

咸和八年（333）夏季，石勒病重，石虎开始阴谋夺权。他先是矫诏让镇守邺城的秦王石宏返回襄国，顺势将他扣留。石勒病情稍微转轻，用力睁开眼睛，突然看见石宏站在面前，吃了一惊："我让你镇守军事要地，正是为了今天，你回来做什么？你是主动来的，还是有人叫你回来的？如果是有人叫你回来，应该把那个人赐死！"石虎就站在旁边，听了这话十分紧张，搪塞道："秦王思念您，所以回来探视一下，马上就让他回去。"过了几天，石勒又问起石宏，石虎说："已经走到半路了。"

广阿（今河北隆尧县东）地区发生蝗灾，石虎趁机密令做冀州刺史的儿子石邃带领三千精骑赶去，以消灭害虫的名义留在那里，保持警戒。

咸和八年（333）七月，石勒病情加重，他自知这次难过鬼门关，发布遗命说："大雅（石弘）和诸位兄弟要相互扶持，司马氏就是你们的前车之鉴。中山王应当三思周公、霍光之事，不要给后世留下话柄。"七月二十一日，石勒逝世，年六十岁，共在位十五年。

石勒刚一死，石虎就凶相毕露。他下令立即逮捕右光禄大夫程遐、中书令徐光，交付廷尉处置，后又将他们两人杀死。之后他又征召儿子石邃，叫他带兵进宫"保护"皇帝。

石弘是个文弱书生，面对如此情况十分恐惧。他主动提出要把帝位让给石虎，石虎并不接受："君主去世，太子即位，这是常理，我怎么敢乱来？"石弘流着眼泪再三辞让，石虎发火了，说："你如果不能担当大任，到时候天下人自有公论，你不用这么做！"石弘无奈，被逼继位，大赦天下。

八月，石弘任命石虎为丞相、魏王、大单于，加九锡，让他总领朝政，并把魏郡等十三个郡划为石虎的封国。石虎把石勒时期占据重要位置的官员调到闲职上，又把自己的亲信幕僚安置到重要岗位上，进一步掌控朝局。

石虎把原太子宫改名为崇训宫，将皇太后刘氏（石勒的妻子）及眷属全部安置在这里，之后又挑选漂亮的宫女和华丽的车马、宝物送入自己的丞相府。

皇太后刘氏对石勒的养子彭城王石堪说："先帝刚刚驾崩丞相便如此对待我们，身死国灭近在眼前，你准备怎么办？"石堪答："军权已经不属于我们，我准备出走兖州，推南阳王石恢为盟主，称奉皇太后之命，起兵讨伐逆贼。"刘太后果断地说："尽快行动！"

九月，石堪乔装易容，率轻骑兵袭击兖州，不能攻克，向南逃奔至谯城。石虎派兵抓获石堪，送回襄国后用火刑将其残忍杀害，之后又把南阳王石恢召回襄国，刘太后也被处死。

十月，镇守关中的石生和镇守洛阳的石朗都起兵讨伐石虎。石虎让儿子石邃留守京中，自己带领七万部队进攻石朗。城破后，石朗被抓获，石虎命人将他砍掉手脚后斩首。随后石虎向长安进军，让儿子梁王石挺为前锋大都督。但进攻长安之战并不顺利，石挺失败被杀，最终是石虎买通了城内鲜卑将士，里应外合，这才打败石生攻入长安。石生逃往大山，被部下杀死。

石虎命将军麻秋讨伐氐族部落首领蒲洪，蒲洪率两万户投降，石虎任命他为冠军将军。蒲洪到达长安后，劝说石虎迁关中的豪强和氏、羌等部落充实京师，石虎同意，迁徙秦州、雍州的士族及氏族、羌族十多万户到襄国。石虎任命蒲洪为龙骧将军、流民都督，驻扎在枋头（今河南浚县南），之后又任命羌族首领姚弋仲为奋武将军、西羌大都督，让他率领自己的部队驻扎于清河的滠头（今河北枣强县东北）。

到了咸和九年（334），认为被废掉不如主动让贤，于是石弘手捧玉玺来到石虎府上，要把帝位禅让给石虎。石虎依旧不接受："天下自有公论，你不需要这样做！"面对石虎的这种态度，石弘更加害怕，他眼里含着热泪回宫，对自己的亲生母亲太后程氏说："先帝不会再有遗业了！"

十一月，石虎派郭殷率军直接入宫，把石弘废掉，贬其为海阳王。对于这一天，石弘已经有了充分的心理准备，他对大臣说："我不堪大任，愧对天下，天命已去，没有什么好说的！"说罢抬脚上车，神色安详。

群臣劝石虎继位，石虎说："我听闻道合乾坤者称皇，德协人神者称帝，皇帝之号我不敢当，可以暂且称我作摄政赵天王。"石虎把石弘和太后程氏、秦王石宏、南阳王石恢软禁在崇训宫，不久又将他们全部杀了。

石虎任命夔安为侍中、太尉、守尚书令，郭殷为司空，韩晞为尚书左仆射，王波为中书令。夔安是石勒起家班底"十八骑"之一，在长期的军事斗争中和石虎结下了深厚的友谊，为石虎所用。其他文武百官也各有封赏。

虎毒食子

石虎夺权后，为了锻炼被封为太子的儿子石邃，命石邃开始独立处理政事、批阅奏章，当然重要的活动或者人事任免，还需石虎亲自参加或定夺，比如祭祀宗庙、任命刺史太守、军事行动、判决死刑等。

石虎经营邺城多年，邺城让他更有安全感，于是他决定把都城由襄国迁至邺城。咸康元年（335）九月，石虎迁都。跟石勒一样，石虎对高僧佛图澄也非常迷信，他即位后对佛图澄非常敬重，专门下诏，允许佛图澄穿绫罗锦缎，乘坐饰有浮雕和彩绘的车子。每当朝会的时候，太子石邃和三公级的高官要挽扶着佛图澄上殿，主管官员会大声喊："大和尚到！"殿中包括石虎在内的所有人要起身迎接。石虎命司空李农每天早上和晚上都要上门问候佛图澄，太子石邃和各位公卿每五天去拜见一次。佛图澄在后赵国中的地位可以说是一人之下万人之上。

中原地区长时间处于战火烽烟的状态之中，人们朝不保夕，尤其是下层劳动人民，特别渴望来世的幸福，佛学恰恰迎合了这种心理，加之受佛图澄地位超然的影响，后赵国内民众争相信仰佛教，信众争着捐钱建造寺庙，不少人到寺庙削发为僧，佛图澄的门徒渐渐发展到近万人，建立的佛寺达八百九十三所。佛教在后赵地位特殊，和尚不用缴纳赋税和服徭役，一部分人为了躲避赋税和徭役，也选择到寺院剃头。

后赵徭役很重，因为石虎要大搞建设，他命令在旧都襄国建造太武殿，在新都邺城建东、西二宫。咸康二年十二月（337），全部工程完工。太武殿台基高二丈八尺，长六十五步，宽七十五步，全都用珍稀的大理石垒砌。为了应对突发事件发生，又挖掘了地下室，可以容纳五百禁卫兵藏身。大殿用瓦全部是彩瓦，用金子做椽头，用白银包裹柱子，用珍珠穿成帘幕，真是巧夺天工，极尽奢华。石虎睡觉用的是白玉床，挂着流苏帐，又打造了金莲花作为帐顶。他又命令在主殿显阳殿后面建造了九座宫殿，挑选一万多名美女住在里面，这些美女头戴珠玉，身穿绸缎，打扮得花枝招展等帝王临幸。石虎命人教她们骑马射箭、学占卜术，又设置了女太史，让她们学习各种女工和劳动技能。石虎还别出心裁，组建了一千人的女子仪仗队，队员们都头戴紫巾，身穿锦缎，腰系丝绦，脚蹬五彩皮靴，手拿羽扇，吹奏军乐，英姿飒爽。

石虎命牙门张弥把洛阳的巨钟、九龙、翁仲（铜人）、铜骆驼、飞廉（上古十大魔神之一，是风神）打包运到邺城。这些铜像，都是当年魏明帝曹叡命人从长安运到洛阳，或是在洛阳直接锻造的。张弥让人制作了几个四轮大车，车轮上缠着丝网，类似于现在下雪天汽车车轮上缠绕的防滑链，起到防滑和减震的作用，车轮过处，车辙宽四尺，深二尺。在通过黄河的时候，其中一口巨钟突然滑落到了河里，张弥花重金招募三百名潜水高手潜入河底，用竹质绳索把巨钟罩住，另一头拴到一百头牛身上，一声吆喝，百头牛同时用劲往前拉，才把巨钟拉到岸上。张弥又命人建造了可以载重万斛（大约二百七十万斤）的大船，把这些铜像运送过河。总之，历尽千辛万苦，这些东西终于被运到了邺城。

左校令成公段是个能工巧匠，他制造了一个两层大盘，又把这个双层大盘固定在一个高杆上面，高十多丈，大盘上层放置一个巨型蜡烛点燃，下盘站立几十名武士。石虎看到后连连称妙。

咸康三年（337）正月，太保夔安率领文武共五百多位官员，向石虎劝进，让他由摄政天王改称皇帝，没想到在礼节性的推让过程中发生了意外——殿外双层轮盘上层的蜡油突然倾泻而下，流到了下层，当时就烫死了二十多人。石虎大怒，腰斩了成公段。石虎认为这是不祥之兆，决定仪式延后。

二月二十五日，石虎改称"大赵天王"，立王后郑樱桃为天王皇后，立太子石邃为天王皇太子。郑樱桃是舞女出身，十分美艳，当时被石虎纳为小妾。石虎的前两任妻子，将军郭荣的妹妹郭氏和清河大族崔氏之女崔氏，都是因为郑樱桃进谗言而被石虎杀死的，郑樱桃在除掉这两位大家出身的女人后顺利上位。石邃是郑樱桃的长子，他骁勇善战，很得石虎喜欢，但也遗传了石虎的残忍基因。

石虎沉溺于酒色之中，喜怒无常。有时候石邃有事向他禀报，他会不耐烦地说："此等小事，有什么好报的！"但有时候石邃不禀报，他又非常不满，斥责石邃道："你为什么不禀报？"然后便是对石邃一顿鞭打。这样的事情每个月都要发生几次。这时候石邃的弟弟石宣、石韬又都受到石虎的宠爱，几件事情叠加起来，让石邃非常郁闷，继而对父亲石虎怀恨在心。

一次，石邃对中庶子李颜等人说："圣心难测，我想学冒顿[①]，你们肯跟我一起干吗？"李颜等人一听，吓得扑通跪倒在地，热汗直淌，不敢搭话。

七月，石邃装病，不再上朝。他秘密集结五百多人到李颜家喝酒，酒劲冲头，他对李颜等人说："我要到冀州杀死河间公石宣，胆敢不从的，斩首！"结

---

① 公元前201年，冒顿杀父夺位。

果众人被石邃挟持着没走几里，就跑得没剩下几个了，李颜跪下劝阻，昏昏欲醉的石邃只好折返。这事儿传到了郑樱桃的耳朵里，她大吃一惊，派宦官责问石邃，石邃竟然杀死了宦官。

神僧佛图澄曾经对石虎说："陛下不宜经常去东宫。"这次石邃假装生病，石虎不知真相，准备前去探望，但他突然想到佛图澄此前的话，就打消了这个念头。只是他仍然不相信石邃会有害他的想法，于是让他非常信任的女尚书前去探视。

石邃叫女尚书近前谈话，突然间拔出宝剑，杀死了她。这还得了，石虎顿时暴怒，命人抓了李颜等人严刑拷打。李颜经不住酷刑，一五一十地把事情都交代了。石虎下令，把李颜等三十多人统统处死，又把石邃软禁在东宫。但毕竟是亲父子，没过多久，石虎就赦免了石邃。

石虎在太武殿东堂召见石邃，石邃大摇大摆进殿，只是象征性地向石虎行了个礼。两人对谈，石邃对自己的罪行只字不提，没说一会儿就扭头走了。石虎派人追上石邃，告诉他说："太子应该前去拜见皇后，怎么说走就走！"石邃听了也只停顿了一下，然后头也不回，快步出宫。

石虎暴跳如雷，再也无法容忍，下诏把石邃贬为平民。当天夜里，石虎命人杀死包括石邃和他的妻子张氏在内的二十六人，挖了一个坑把他们埋了。石虎又把教子无方的皇后郑樱桃废为东海太妃，立次子石宣为天王皇太子，封石宣的母亲杜昭仪为天王皇后。

慕容氏建国

商代的时候，在今天河北省北部、内蒙古东部地区生活着一支被称为东胡的少数民族。当时东胡很强大，连匈奴人都要每年向他们进贡。到了秦汉时期，匈奴冒顿单于自立，逐渐强大，他带兵攻击东胡，东胡被打得分裂成大大小小好些部族。退居鲜卑山（鲜卑山先不可考，大概在今大兴安岭北部）的一支被称为鲜卑，鲜卑又分化出慕容、宇文、段部、拓跋、乞伏、秃发、吐谷浑各部。

鲜卑部的莫护跋，在曹魏初年率领部落人民进入辽西生活。后莫护跋跟随司马懿讨伐反叛的公孙渊，立了功，被封为率义王，王庭设在了棘城（今辽宁锦州义县西北）。莫护跋发现古燕、代之地（大约今河北北部和山西东北部）的人们大都喜欢戴一种叫"步摇冠"的帽子，他也很喜欢，于是就把头发盘起戴上了帽子，部落的人后来就用"步摇"称呼他。鲜卑发音和中原人不同，叫来叫去，"步摇"就叫成了"慕容"，"慕容"也成了他们的姓氏。关于这个姓氏，还有一种说法：他们仰慕天地二仪之德，承继日月星三光之容，所以就以"慕容"为姓氏。

莫护跋的儿子叫慕容木延，木延有子叫慕容涉归，因协助中原军队有战功，被授予鲜卑大单于的封号，他把部落迁移到辽东郡北（今辽宁辽阳）。随着内迁，慕容鲜卑逐渐汉化。慕容涉归有三个儿子，分别叫吐谷浑、慕容廆和慕容运。

慕容廆出生于西晋泰始五年（269），生得身材魁伟，身高八尺（约一米九），相貌英俊，气度非凡。他年少时曾去拜访当时任安北将军的西晋名士张华，经过交谈后，张华对他称赞不已，还把自己的头巾赠送给慕容廆，两个人结成了好朋友。

慕容涉归去世后，因为长子吐谷浑①是庶出，慕容廆继位。此时慕容廆心向晋室。洛阳、长安倾覆后，因为慕容廆虚心纳贤，中原的士族和平民百姓有不少扶老携幼前来投靠，为此他设置了专门的郡来安置他们。他任用贤才，汉人裴嶷、鲁昌、阳耽、逢羡、游邃、封抽、封弈、宋该、皇甫岌等都成为他手下核心的幕僚成员。东晋元帝司马睿继位后，封慕容廆为都督辽左诸军事、龙骧将军、大单于、昌黎公。慕容廆得到了三颗玉玺，并派人送给了晋元帝司马睿。司马睿大喜，赐给慕容廆丹书铁券，封他为都督幽、平二州及东夷诸军事，兼车骑将军、平州牧、辽东郡公、使持节，食邑一万户。

慕容廆立第三子慕容皝为世子。慕容皝，字元真，出生于晋元康七年（297），

---

① 后来，没有继承大单于位置的吐谷浑在今青海省建立了吐谷浑国。

他母亲为慕容廆的正妻。慕容皝眉骨圆起，门牙宽阔整齐，身材魁梧，身高七尺八寸（约一米八），有帝王之相。他喜欢经学，对天文颇有研究。

咸和八年（333）五月六日，慕容廆逝世，年六十五岁，在位四十九年。世子慕容皝接掌了父亲的权力。

慕容皝的庶兄慕容翰英勇善战，亲弟弟慕容仁和慕容昭当年都深受父亲慕容廆的宠爱，慕容皝相当嫉恨他们三人。如今慕容皝继位，慕容翰便带上儿子投奔了鲜卑段部，得到酋长段辽的善待。慕容仁和慕容昭准备起兵攻打慕容皝，但消息泄露，慕容皝主动出击，慕容昭自尽，慕容仁兵败后被责令自尽。

段氏部落对慕容皝来说是个巨大的威胁，咸康三年（337）三月，慕容皝命人在段部乙连城（今辽宁喀喇沁左翼蒙古族自治县）东部修建了一座新城，让折冲将军兰勃驻守，这样一来可以加强防御，二来可以对段部产生威慑。

这招果然产生了效果。为了加强乙连城的粮食储备，四月，段辽命令数千辆车组成车队，往乙连城运送粮食。兰勃抓住时机，主动出击，全部予以截获。

九月，镇军左长史封奕等人认为慕容皝目前的地位和他承担的责任不相符，劝慕容皝顺应时事，称燕王。慕容皝同意了，并开始设置各种政府机构，他任命封奕为国相，韩寿为司马，杜群任纳言令（即尚书令）。

十月十四日，慕容皝正式称燕王，下诏大赦，追尊父亲武宣公慕容廆为武宣王，封自己的妻子段氏为王后，立世子慕容儁为王太子。从此刻开始，五胡十六国中的另一个国家燕国出现，为了区别以后成立的各个燕国，史称慕容皝建立的国家为"前燕"。

新建的燕国并不平稳，段辽就是一个强敌。不过段辽四面树敌，还多次派兵袭扰后赵的边境地区，慕容皝于是心生一计——他要借助外力。慕容皝派扬烈将军宋回向后赵称臣，请求石虎出兵讨伐段辽，慕容皝许诺他将举全国之力和后赵并肩作战。为了表示诚意，他还把自己的弟弟、宁远将军慕容汗送到邺城做人质。石虎大喜，认为开疆拓土的机会又来了，盛情款待了宋回，回赠了丰厚的礼品，还把慕容汗又送了回去。石虎和慕容皝秘密约定，准备第二年发兵。

咸康四年（338）正月，慕容皝派都尉赵槃出使后赵，商定讨伐段辽的具体日期。

石虎招募勇士三万多人，将他们全部任命为龙腾中郎。段辽得到消息不甘示弱，派堂弟段屈云主动进攻后赵的幽州，幽州刺史李孟不敌，撤至易京（今河北雄县）。石虎任命桃豹为横海将军，王华为渡辽将军，让他们率领十万水军由漂渝津（今天津东）发兵；又任命支雄为龙骧大将军，姚弋仲为冠军将军，率领步骑兵部队共七万人为前锋，讨伐段辽。

三月，赵槃回到棘城，慕容皝当即率军进攻令支北部。段辽准备派军截击，慕容翰劝他道："如今强大的赵军正从南方向我们杀过来，我们应当集中兵力迎敌。慕容皝这次亲自挂帅前来，士卒精锐，万一我们战败了，拿什么来抵御赵军呢？"

段兰一听大怒，说："我上次就被你误导，才有了今日之祸，你不要再多说了！"说完，他率领人马前去迎战。慕容皝以逸待劳，设下埋伏，就等着段兰入瓮，段兰没有识破，进入埋伏圈。慕容皝一声令下，燕军如猛虎下山一般，个个奋勇争先，段兰军大败，被杀死数千人，段兰狼狈逃命，慕容皝抢到五千多户和数万头牲口，满载而归。

支雄是石勒当年起家时依靠的十八骑之一，勇冠三军，他率军顺利攻下蓟县，渔阳、上谷和代郡太守望风而降。这一次，支雄一连夺取四十多座城池。北平相阳裕率领治下百姓数千家退入燕山，构筑防御工事自保。后赵军准备攻击，石虎说："阳裕是个有文化的人，他不投降只不过是显示名节罢了，不会成什么气候的。"

后赵军继续前进，到达北平郡首府徐无（今河北遵化东）。段辽这时候已经成惊弓之鸟，不敢出城应战。他来到慕容翰身边，握着慕容翰的手说："我不听你所言，才到了今天这个地步，是命该如此，可是也让你没有了安身立命之所，实在叫我羞愧不已。"

段辽带领妻子、宗族和治下豪强一千多家，舍弃令支，逃往密云山中。慕容翰也带领家眷、部属北去投奔宇文部落。

段辽刚走，他的左右长史刘群、卢谌、崔悦等人就封存仓库，向石虎投降了。石虎派将军郭太、麻秋率领两万轻骑兵追赶段辽，进入密云山后，捉住了段辽的母亲和妻子，杀死三千多人。段辽只身逃往山势险要的地方，派儿子段乞特真向石虎献上名马和降表，石虎接纳了。

石虎率军进入令支，论功行赏。他把段部的两万多户百姓强制迁徙安置到司州、雍州、兖州、豫州地区，其中那些有才能和德行的人，石虎也予以提拔使用。

阳裕走出燕山向石虎投降，石虎任命他为北平太守。

慕容翰到了宇文部落后，受到酋长宇文逸豆归的猜忌，慕容翰不得不装疯卖傻，才能求得平安。慕容皝知道慕容翰当初出走并不是真心情愿，而是因为误会所致，得知他在宇文部落的遭遇后，便派人秘密接回了他，摒弃前嫌，对他优待有加。

没有永远的敌人和朋友

石虎对慕容皝不等他会师，却趁机抢夺段部的财产、掳掠当地人口的事感到非常生气，准备攻打慕容皝。高僧佛图澄劝他，他不听。太史令赵揽又劝他说星象对前燕有利，不宜进攻，石虎大怒，命人鞭打赵揽数下。

后赵的军队有数十万人，前燕国内气氛十分紧张，慕容皝问燕国内史高诩道："我们该如何应对？"高诩回答道："我们坚守城池，敌军久攻不下，到时候自然就撤走了。"

咸康四年（338）五月九日，后赵军队逼近棘城，前燕右司马李洪的弟弟李普认为棘城必定守不住，劝李洪赶紧逃走。李洪说："天道幽远难测，我们身负重责，切不可摇摆不定，到时候悔之晚矣！"但李普坚持要求李洪离开，李洪生气地说："如果你认为自己正确，你就去做。但我深受慕容氏的大恩，会一直在这里，舍生取义！"李洪和李普洒泪分别。李普出城投降了后赵，随后赵军南下，后死于乱军之中，而李洪则以自己的忠诚闻名后世。

感到害怕的不只是李普，慕容皝远远望见后赵军气势汹汹地杀过来，也感到非常恐惧，准备弃城北逃。军中将领慕舆根劝他道："只要死死地守住城池，我们的气势就会增强，敌人的气势就会减弱，到时候再伺机出城攻击。如果我们守不住城池，再逃也不迟。"

慕容皝暂时放弃了逃跑的想法，但脸上却难掩恐惧，玄菟（今辽宁沈阳东）太守刘佩说："现在大敌当前，国家安危全系大王一人身上，您应该勉励士兵奋勇杀敌，不能显示出不安。请您让我出兵迎击，以展示我军的决心！"慕容皝同意了，刘佩带领几百名敢死队骑兵出城攻击后赵，每人杀死数名后赵士兵后撤回城内，前燕军顿时士气大振。

后赵军从四面八方如蚂蚁般密密麻麻地涌来，架起长梯攻城。前燕军滚木雷石齐下，顽强地坚守了十几天，慕舆根在城楼上督战，后赵军攻不上来。

五月十三日，后赵军的粮食开始供应不上，石虎命令退兵。这时候，慕容皝的第四子慕容恪主动请命，率两千精骑追击后赵军，后赵军没想到前燕敢出来追击，也没有做什么防备，于是大败，被斩首三万多人。后赵各军都狼狈逃窜，丢盔弃甲，唯独石闵（即日后建立冉魏政权的冉闵）率领的一支军队完好无损。

这是东晋十六国时期"第一名将"慕容恪的第一次登场。慕容恪，字玄恭，是慕容皝第四子，母亲为高氏，出生于大兴四年（321）。因为高氏并不得宠，所以刚开始慕容皝对这个儿子并没太在意。慕容恪长到十五六岁时，身高已近两米，而且相貌英俊，为人厚道大度，性格刚毅。每次和慕容皝在一起交谈时，他总是谈及治国安邦之道，而且说得头头是道，慕容皝这才对他刮目相看，让他带兵打仗，给了他施展身手的舞台。

这次后赵和前燕之战，也是另一位战神石闵第一次登上历史舞台的时刻，他的事迹我们以后再讲。

此战后，慕容皝派兵讨伐之前背叛自己投降后赵的郡县，将它们一一收复，杀了不少人。

石虎遭遇了生平最大的败绩，他感到羞耻，谋图报复。他命渡辽将军曹伏率青州兵进驻一座海岛，运送粮食三百万斛供给他们；又派人用三百艘船送了三十万斛粮食到高句丽，让典农中郎将王典率领一万多人沿海开垦田地，并在青州建造战船一千艘，准备日后进攻前燕时用。

咸康四年（338）十二月，逃到密云山的段辽派使者向后赵投降，但他很快后悔了，又派使者到前燕，说自己要归降。

石虎接到段辽的投降信后，派征东将军麻秋率领三万士兵前去迎接，他对麻秋下命令道："受降和临阵迎敌一样，不能大意！"他命段辽的旧部，左丞相阳裕担任麻秋的司马。

慕容皝接到投降信很重视，亲自率军前去迎接。段辽和慕容皝秘密商议准备袭击后赵军。慕容皝派慕容恪率七千精兵埋伏在密云山，在三藏口大败麻秋，杀死麻秋部属约两万人。麻秋的战马也丢了，徒步钻入山中险要之处才得以幸免，阳裕则被生擒。

后赵将军鲜于亮也丢掉了战马，只能徒步登山，但山峰陡峭，无法前进，他一看走不了了，干脆坐下来等待前燕军到来。不一会儿，前燕士兵把他包围住，呵斥他起身，鲜于亮说："要杀就杀，不杀放我走，不要说那么多废话！"鲜于亮仪表堂堂，身形魁梧，说话中气十足，看起来像个大人物，前燕兵不敢擅杀，把这事报告给了慕容皝。慕容皝派人送去了一匹马，把鲜于亮接来。经过一番交谈，慕容皝觉得鲜于亮是个人物，十分高兴，任命他为左常侍，并把前平州刺史崔悫的女儿嫁给了他。

慕容皝尽收段辽部众，待段辽如上宾，又任命被俘虏的阳裕为郎中令。

石虎得到麻秋战败的消息，暴怒，免除了麻秋的官职，剥夺了他的爵位。

不久，段辽又预谋背叛慕容皝，但消息泄露，慕容皝杀死了段辽及其同党几十人，为了缓和同后赵的关系，他把段辽首级送给了石虎。

代国建立

当年，冒顿单于击败东胡，东胡分裂，其中的一支退到大鲜卑山，被称为拓跋鲜卑。关于"拓跋"这个姓氏的来源，有两种说法，一是拓跋族自己的说法，拓跋族认为自己是黄帝的后代，黄帝以土德王，而在拓跋族的语言中，"土"为"托"，"首领"叫作"跋"，所以他们把"托跋"作为姓氏，后来称"拓跋"；二是史学家的说法，有史学家认为"鲜卑父匈奴母"的后裔称为"拓跋"。1980年，考古学家在今大兴安岭北段、内蒙古呼伦贝尔市鄂伦春自治旗阿里河镇发现了嘎仙洞，里面的刻石祝文与史书记载一致，证实了大鲜卑山的存在。

后来，拓跋鲜卑南迁至今河套平原及大青山（属阴山山脉）一带，拓跋首领拓跋力微又率部族迁徙到盛乐（今内蒙古和林格尔县）。曹魏景元二年（261），拓跋力微把儿子拓跋沙漠汗送到中原做人质。拓跋沙漠汗身高八尺，英俊魁梧，相貌不凡，他在洛阳广交朋友，这让西晋幽州刺史卫瓘大为忌惮，他贿赂拓跋部落酋长，让他们除掉沙漠汗。晋咸宁三年（277），拓跋部落酋长联手把沙漠汗杀害了，拓跋力微因此黯然神伤，一病不起，于当年逝世，年一百零四岁，在位五十八年。若干年后，道武帝拓跋珪建立魏国，尊奉拓跋力微为始祖。

拓跋力微去世，他的儿子拓跋悉鹿继位，在位九年后去世。拓跋悉鹿的弟弟拓跋绰继位，在位七年后去世。之后继位的是拓跋沙漠汗的小儿子拓跋弗，在位仅一年就去世了，然后是拓跋力微的儿子拓跋禄官继位。这时匈奴刘渊建立了汉赵（汉国），并州刺史司马腾请求拓跋部一同出兵攻打刘渊，刘渊大败。

拓跋禄官在位十三年后去世，拓跋沙漠汗的另一个儿子拓跋猗卢继位。拓跋猗卢有勇有谋，统一了拓跋三部，后来和晋幽州刺史刘琨合兵大败匈奴刘氏，被晋封为代公，后又被封为代王，"代"这个政权正式建立。公元316年，代王拓跋猗卢被儿子拓跋六修杀死，此事引发部落内部动乱，部族分裂，拓跋氏逐渐衰落。

之后拓跋弗的儿子拓跋郁律继位。晋大兴四年（321）拓跋郁律被害，拓跋沙漠汗的孙子拓跋贺傉继位，于晋太宁三年（325）去世，在位五年。同年，拓跋贺傉的弟弟拓跋纥那继位。

咸和二年（327），当时的后赵中山公石虎攻击代王拓跋纥那，拓跋纥那大败，把首府迁到了大宁。咸和四年（329），代国发生内乱，贺兰部落及各位酋长共同拥立原代王拓跋郁律的儿子拓跋翳槐为代王，拓跋纥那逃往宇文部落。咸康元年（335），代国各部叛乱时，拓跋纥那二次担任代王，拓跋翳槐逃奔到后赵邺城。咸康三年（337），拓跋翳槐回国复位，拓跋纥那投奔前燕。拓跋翳槐迁首府至盛乐，派弟弟拓跋什翼犍出使后赵为人质，请求同后赵和解。

咸康四年（338）十月，拓跋翳槐病重，下令立拓跋什翼犍为代王。但酋长梁盖等人认为拓跋什翼犍在遥远的后赵做人质，后赵不一定会允许他回来，即便允许，恐怕拓跋什翼犍还没有来到，就已经发生动乱了，因此计划另立新君。按年龄，这时候继位的该是拓跋翳槐的二弟拓跋屈了，但拓跋屈为人阴险狡诈，拓跋翳槐的三弟拓跋孤则很忠厚，显然，拥立后者上台会给酋长们更多安全感，于是他们一起杀死了拓跋屈，立拓跋孤为王。

这时候事情又起变化了，仁厚的拓跋孤坚决不同意做代王，他自己跑到邺城，向后赵表示愿意留下来作为人质，请求让拓跋什翼犍回去。他的举动感动了石虎，石虎让他和拓跋什翼犍一同回国。

十一月，拓跋什翼犍在繁畤（今山西浑源县西南四十里）即代王位，改元"建国"，他把国土分了一半给拓跋孤。

拓跋什翼犍智勇双全，深得民心，继位后便开始按照以往中原政权的构架在国内设置文武百官。他任命燕凤为长史，许谦为郎中令。同时也命人着手制定叛逆、杀人、奸淫、偷盗等方面的法律法规。这些法律法规简单明了，便于记忆，便于操作，国内法制建设走上正轨。他还命人在盛乐旧城南八里修筑新的盛乐城。

代国日益强大，一时间，周边各国纷纷归附，拓跋什翼犍的部众达到数十万人。代国人把来投靠的其他少数民族统称为"乌桓人"，拓跋什翼犍把这些"乌桓人"分为两部，各部设立一个总监作为领导——他的弟弟拓跋孤为北部总监，儿子拓跋寔为南部总监。

国内稳定，拓跋什翼犍又派使者携带贵重礼物，向燕国（前燕）求婚，燕王慕容皝把妹妹许配给了他。

司马岳登基

公元334—340年，几年之内，东晋的肱骨大臣陶侃、王导、郗鉴、庾亮先后去世，国家陷入悲痛之中。

江州是居荆州、扬州之间的军事要冲，地理位置非常重要，于是成为王家和庾家激烈争夺的地方。之前庾亮占据着江州，庾亮去世后，王导的侄子王允之出任江州刺史，这让时任豫州刺史的庾亮的弟弟庾怿很不爽。

咸康八年（342）正月，庾怿派人给王允之送去了一壶美酒佳酿，王允之疑心有诈，就倒给了狗喝，狗喝了后当即躺在地上痛苦地打滚，不一会儿就没了气息。王允之既惊又怒，立即将此事秘密奏报成帝司马衍，司马衍叹息道："当年大舅已经大乱天下，难道小舅又要再乱一次吗？"这话传到庾怿耳朵里，他惊恐不安，一个月后饮下毒酒自尽，年五十岁。

五月，二十二岁的司马衍感觉身体不适，卧床休养。中书监庾冰对外甥司马衍的病情非常挂心，因为司马衍的两个儿子司马丕和司马奕，一个才两岁，另一个仅一岁，都在襁褓中。庾冰担心一旦司马衍去世，他的儿子继位，朝中形势就可能起变化，因为自己跟司马衍的血亲关系相对疏远一些，到时候就会有新的势力崛起，对庾家不利。他极力游说司马衍，说国家面临强敌，需要年纪大的皇帝来继承王位、主持大局，这样才能应付时局，言外之意就是让司马衍把皇位传给弟弟司马岳。司马衍听了感觉庾冰说得有道理，于是立下遗诏，说在百年之后，让位居司徒的琅琊王司马岳继承帝位。司马岳，字世同，本年二十一岁，是司马衍的亲弟弟，其母为庾文君，他也算是庾冰的亲外甥。

中书令何充以直言著称，他建言道："君王的位置由父亲传给儿子，这是古往今来的制度，一旦改变了，很少能不出现祸乱，就因为这样，周武王姬发才不把帝位传给弟弟周公（姬旦）。如果琅琊王登基，皇上的亲生儿子怎么办？"庾冰听后，不以为然。

六月五日，司马衍病势沉重，他下诏把儿子司马奕过继给琅琊哀王司马安国。司马衍召见武陵王司马晞、会稽王司马昱、中书监庾冰、中书令何充和尚书令诸葛恢，让他们接受遗诏，共同辅佐新帝。

咸康八年（342）六月八日，在母亲和舅舅控制下度过了一生的成帝司马衍在西堂驾崩，年二十二岁，后葬于兴平陵（今江苏江宁县鸡笼山）。

六月九日，司马岳登基为帝，史称晋康帝。为防止意外发生，康帝下诏，在外驻守的将军、刺史、太守不得擅离值守。新帝继位，应该改年号，大家让庾冰确立年号，庾冰刚开始说了一个，有人说之前用过，再说一个，又在前朝用过。最后庾冰绞尽脑汁，想出了一个年号为"建元"，这次终于确定下来了。

为了避开庾冰等庾家的当权派，何充要求出任外地。司马岳任命何充为骠骑将军、都督徐州及扬州晋陵郡诸军事、徐州刺史，出镇京口。

司马岳立褚蒜子为皇后。褚蒜子是河南阳翟（今河南禹州）人，她父亲褚裒是当时的名士，她母亲名叫谢真石，是陈郡人士，名士谢鲲（谢安的伯父）之女。褚蒜子不但貌美，而且非常聪明，有肚量和见识，司马岳还是琅琊王的时候，就娶她做了王妃。褚蒜子也是我国历史上一位传奇女性，她后来身为太后，三度临朝听政，执政时间长达四十一年。

桓温登场

晋安西将军、荆州刺史庾翼（庾亮的弟弟，康帝司马岳的舅舅）年轻的时候就怀有抱负，一心想建功立业。干事业需要人手，庾翼一直在着力网罗志同道合之人。

当时长沙郡太守殷羡的儿子殷浩熟读老庄、善于清谈，名气非常大，隐居在墓园里达十年之久，多次拒绝政府的征召。曾经有人问殷浩道："我在将要去上任为官的时候梦到棺材，将要发财的时候梦到粪土，这是为什么？"殷浩回答道："官位本就散发着恶臭，所以要做官的时候梦见尸体；钱财本是粪土，所以要发财的时候会梦见污秽。"殷浩解释得很经典，在当时被奉为至理名言，这句话传下来，就变成了"视金钱如粪土"。

庾翼邀请殷浩为司马，殷浩拒绝。庾翼把目光瞄向了和殷浩齐名的琅琊郡太守桓温。桓温是原宣城太守桓彝的儿子，我们之前讲过，苏峻之乱时，桓彝起兵勤王，被苏峻的部将韩晃杀死。

桓温，字元子，出生于永嘉六年（312）。他还未满周岁的时候，名士温峤来桓家做客，见到还被人抱在怀中的小桓温，大为惊奇地说："这小孩有奇骨，让他哭几声我听听。"桓彝就捏了孩子一把，小桓温哇哇大哭起来。温峤听后，称赞道："他长大后定会是个人物！"能得到名士夸赞，桓彝自然高兴，他说："谢温公赏识小儿，我儿就取名叫桓温吧。"温峤开玩笑道："果真如此，日后恐怕要改作和我一姓。"

咸和三年（328）六月，泾县县令江播投敌，导致桓彝被杀，桓温悲痛欲绝，哭到眼睛布满血丝。他把利刃放到枕头底下，发誓要让敌人血债血偿，成语"枕戈泣血"就出自于此。

三年后，江播去世，江播的儿子江彪兄弟三人生怕桓温过来闹事，在灵堂内放置兵器准备自卫。桓温乔装打扮，怀揣利刃，手拿烧纸，装扮成来吊丧的客人，顺利进入灵堂，就在灵堂之内杀死了江彪兄弟，报了父仇。

此时的桓温已经长得高大魁梧、气度不凡了。他和名士刘惔关系很好，刘惔评价他道："桓温眉毛像紫色多棱角的石头，鬓毛如倒插的浓密刺猬毛。有这样的长相，他肯定会是个和孙仲谋、司马宣王一样的英雄人物！"

庾家很看重桓温，把南康长公主司马兴男（明帝司马绍和庾文君的长女）下嫁给他为妻。桓温初任驸马都尉，后继承父亲的爵位，任琅琊太守。

庾翼比桓温年长八岁，两个人惺惺相惜，同有济世救民之志，很谈得来。庾翼曾向成帝司马衍推举桓温道："桓温年少时就谋略不凡，希望陛下不要像对待普通人那样对待他，也不要像寻常的皇室女婿那样养着他，应该对他委以重任，让他匡扶社稷。"

庾翼有大志，打算攻取后赵和成汉，收复失地。他派使者到前燕慕容皝和前凉张骏那里，商定联合出兵的日期。但晋廷内部对此议论纷纷，大多数人都认为朝廷没有这个实力，不赞成出兵，只有庾冰、桓温和谯王司马无忌赞同出兵。

建元元年（343）七月，后赵汝南太守戴开率领数千人投降庾翼。乱世中，这种南投北降的事例很多，我们不去深究原因。

七月八日，康帝司马岳下诏要收复中原。庾翼打算此次要出动全部兵马北伐，他让桓温的同族、平北将军桓宣出任都督司、雍、梁及荆州四郡诸军事兼梁州刺史，进军丹水（今河南淅川县西南），同时任命桓温为前锋督，假节，率兵进入临淮郡（今江苏盱眙县东北）。

庾翼想把大营从武昌北移至襄阳，上表奏请，朝廷下诏不准。庾翼不管那些，违抗诏令径直北进，到达夏口（今湖北武汉）后，又上表请求移镇襄阳。当时庾翼手握四万重兵，朝廷不得不同意，司马岳只好任命庾翼为督征讨诸军事，允许他把大营设在襄阳。

之前，车骑将军、扬州刺史庾冰数次向朝廷提出想到地方任职。八月二日，趁着这次北伐，司马岳下诏任命庾冰为都督荆、江、宁、益、梁、交、广七州及豫州四郡诸军事，兼江州刺史，假节，镇守武昌，作为庾翼的后援。

司马岳又任命桓温为都督青、徐、兖三州诸军事兼徐州刺史，征调徐州刺史何充任扬州刺史、录尚书事，辅佐朝政，征调江州刺史褚裒任卫将军，兼中书令。

晋室朝廷又一次进行人事大洗牌，庾家再次把江州拿到了手中。

庾氏的落幕

晋征西将军庾翼命梁州刺史桓宣进攻后赵防守丹水的李罴，桓宣攻不下来，反被李罴打得大败。庾翼大怒，贬桓宣为建威将军，命他前去守卫岷山。桓宣羞愧难当，急火攻心，一病不起，于建元二年（344）八月七日病逝。庾翼任命长子庾方之为义城郡太守，接手桓宣的部队，又任命司马应诞为襄阳郡太守、参军司马勋为梁州刺史，驻防西城。

中书令褚裒是皇后褚蒜子的父亲，为了避嫌，他坚决不肯出任录尚书事一职。八月十四日，晋康帝司马岳任命他为左将军，兼都督兖州、徐州之琅琊诸军事、兖州刺史，驻防金城。

这时，正值壮年的康帝司马岳突然生病了，而且病情一天比一天沉重，没有减轻的迹象。朝廷商议帝位由谁继承的问题，因为司马岳和皇后褚蒜子的儿子司马聃当年才两岁，所以庾冰、庾翼兄弟建议立当时已经二十五岁的元帝司马睿幼子、会稽王司马昱为继承人，但何充是父死子继制度的坚决捍卫者，他建议立皇子司马聃。司马岳同意何充的意见，九月二十四日下诏封皇子司马聃为皇太子。庾氏兄弟的算盘落空，他们对何充恨之入骨。

建元二年（344）九月二十六日，司马岳在式乾殿去世，年二十三岁，被葬于崇平陵。关于司马岳的死因，正史没有交代，我们也不做臆测。司马岳书法水平较高，他的代表作品《陆女帖》被收录进宋代的《淳化阁帖》。

九月二十七日，中书监何充奉遗诏立司马聃为帝，是为晋穆帝。司马聃当年才两岁，是在皇太后褚蒜子的怀抱中登基的。此后的日子里，褚蒜子命人在太极殿悬挂白纱帷帐，开始垂帘听政。

褚蒜子下诏令任命何充为录尚书事，何充领命，但要求辞去中书监的职务，得到批准。何充建议由褚蒜子的父亲褚裒参与朝中事务，于是朝廷下诏，任命褚裒为侍中、卫将军、录尚书事。褚裒是个明白人，他怕受到朝中大臣的猜忌，因此请求继续在地方任职，态度坚决。朝廷再次下诏，任命褚裒为都督徐、兖、青三州及扬州二郡诸军事，卫将军，兼徐州、兖州二州刺史，驻防京口。

褚家以孝闻名，褚蒜子坚持父女见面的时候以女儿的礼节拜见褚裒，这引起一些人的非议。尚书上奏说："褚裒在朝廷上见皇太后，应该行臣子的礼节，跪拜太后。不过私下的时候，皇太后可以行女儿礼仪。"这是个折中的办法，褚蒜子同意了。

十一月九日，江州刺史庾冰因病去世，年四十九岁。庾冰生活节俭，死后家无妾侍婢女，也没有多少家业。为了填补空缺，朝廷命谢尚（谢鲲之子）为江州刺史，但庾翼极力抵制，他让儿子庾方之留守襄阳，自己带兵返回夏口，朝廷无奈，只好任命庾翼为督江州诸军事。

永和元年（345），朝廷任命二十六岁的会稽王司马昱为抚军大将军、录尚书六条事。司马昱自小聪慧，深得父亲司马睿的喜欢，长大后，他性情淡泊，善于清谈，和当时的玄学家刘惔、王濛及韩伯关系要好，经常和他们一起谈天论地。升任大将军后，他聘请郗鉴的孙子郗超为抚军掾，谢安的弟弟谢万为从事中郎。

庾翼的身体也出现了问题，他的背长了个毒疮，经过治疗不见好转，病情日渐恶化，他感觉自己时日无多，向朝廷推荐自己的儿子庾爰之任荆州刺史，朱焘为南蛮校尉。永和元年（345）七月三日，庾翼病逝，年四十一岁。庾翼期望建立功名大业，有志于收复中原，可惜英年早逝。他也擅长书法，他的《故吏帖》同样被收录进《淳化阁帖》。

对于庾翼去世前推荐儿子庾爰之任荆州刺史一职，大臣们认为庾家久掌西部，在当地颇有民望，应该批准，但何充不同意，他说："荆州是国家的西方门户，人口有一百多万，北接强胡，西接劲蜀，地势险要，周旋万里，这样的地方，有贤达镇守则中原可定，所托非人则社稷堪忧。当年的东吴名将陆抗曾说'西部存则吴存，西部亡则吴亡'，现在我们怎么能让一个白面少年担当此任？我认为桓温有文韬武略，是最适合的人选。"

有大臣说："庾家在荆州势力庞大，庾爰之不肯把位置让给桓温怎么办？如果到时候双方发生武装冲突，那会是国家的灾难！"

何充呵呵一笑，说："诸位不必担心，桓温可以克制庾爰之。"

褚蒜子认为何充的话很有道理，于是下诏，任命徐州刺史桓温为安西将军，都督荆、司、雍、益、梁、宁诸军事，兼南蛮校尉、荆州刺史、持节。果然，庾爰之很识时务，他不敢抗命，乖乖地把位置让给了桓温。朝廷又任命刘惔监沔中诸军事，兼义成郡太守，接替庾方之，同时把庾方之、庾爰之都迁到了豫章郡（今江西南昌）。

可以说，是庾冰、庾翼的先后去世，导致了庾家在朝廷上势力渐渐凋零。

成汉灭国

咸和九年（334）六月二十五日，成汉李雄去世，年六十一岁。李雄的侄子李班继位，不久，李雄之子李期杀死了李班，继位。螳螂捕蝉黄雀在后，不久之后，王位又被李雄的堂弟李寿所夺，李期自杀。

李寿奢侈无度，嗜杀成性，成汉国内人心思变，国家开始走下坡路了。建元元年（343）八月，李寿去世，太子李势继位。李势生活奢靡荒淫，他一头扎进美女堆里，不理朝政，很少会见官员，哪怕来求见的是三公级别的大臣，只重用身边的几个马屁精。就在他荒废朝政的时候，躲在深山里的獠族大批大批地走出山林，他们搭起的帐篷有十余万之多。獠人骚扰百姓，成汉境内混乱不堪。

桓温看到成汉国内混乱，准备讨伐成汉。当时很多人都认为成汉国经过几世经营，在蜀地根基深厚，而且地势险要，易守难攻，讨伐不会成功，但桓温不这么想。他向朝廷上表，还没有等到朝廷批复，就迫不及待地开始点兵派将。

永和二年（346）十一月十一日，桓温将留守事务委托给安西长史范汪，命袁乔率领两千人为前锋，自己亲率益州刺史周抚、南郡太守谯王司马无忌前去讨伐成汉。

桓温逆长江而上，率军进入三峡。他抬头望见两岸的悬崖绝壁，再低头俯视，只见江水波涛汹涌疾流而过，一下子想到西汉时的王阳宁愿选择在家伺候父母，也不愿意冒险进蜀，而王尊则甘愿冒险进蜀为国尽忠，不由感叹道："既然做了忠臣，就不能做孝子了，这也是没有办法的事啊！"正在这时，有属下过来禀报，说军中有人捉到一只小猿猴，小猿猴的妈妈沿着江岸跟着船队一路哀号。母猿追着船队跑了一百多里，最后竟然寻机跳到了甲板上，不想它刚跳到甲板上就死了，那个抓了小猿猴的人把母猿猴的肚子剖开，发现肠子都一寸寸地断裂了。桓温一听军中竟然有如此残忍之人，勃然大怒，立即下令免去那人的职务。这就是"肝肠寸断"成语的来历。

经过这个小插曲，船队继续前行。永和三年（347）二月，桓温率军抵达青衣（今四川乐山）。

李势得到消息后，进行了全国总动员，他派任右卫将军的叔叔李福、任镇南将军的堂兄李权和前将军昝坚等人率领部队，从山阳赶赴合水（今属四川乐山）。将领们建议在岷江南设置伏兵，让桓温自投罗网，昝坚不听，执意率军从青衣江向犍为郡进发，和桓温走岔了道。

三月，桓温率军抵达彭模（今四川眉山彭山区南）。桓温留下参军孙盛、周楚带领一些老弱的士兵保护辎重，自己则率轻装部队，只携带三天的粮食，直奔成都。

李福率军攻打彭模，被孙胜等打败。桓温进军途中遭遇李权，立即下令攻击，晋军如猛虎下山一般冲向成汉军，三战三胜，李权败回成都。

昝坚到了犍为以后才知道自己和桓温走岔了道，赶紧掉头，但等他追上桓温时，桓温已经在距离成都十里的地方严阵以待了，昝坚军被吓得不战自溃。慑于桓温军的强大攻势，镇军将军李位都投降了桓温。

李势调动成都的全部部队，在成都南的笮桥迎击桓温。面对国家的生死存亡，成汉军也发起狠来，桓温军渐渐不敌，参军龚护战死，流箭几乎都要射到桓温的战马，桓温看情势不好，下令鸣金收兵。

就在这个时候，意外出现了。惊慌的传令官听错了命令，竟擂起了战鼓。战鼓声就是命令，晋军像打了鸡血一样又打起了精神，和成汉军展开厮杀。袁乔身先士卒，拔出宝剑，冲入敌军，和敌人展开肉搏战。打仗就像拔河一样，你再多坚持一丁点，对方就坚持不住了。成汉军终于撑不住了，全军溃败。

桓温率军抵达成都，命令放火焚烧各个城门。李势趁夜出东门逃跑，狂奔九十里逃到了晋寿（今四川广元西南），昝坚等人劝说李势投降，李势一看已无路可走，大哭一场，派散骑常侍王幼向桓温递交了降书。他把自己捆绑起来，用车拉着棺材，来到了桓温大营，桓温见状赶忙上前，亲自为他松绑，烧了棺材，把李势和成汉的其他宗室十几人护送到了建康。李势被封为归义侯。到了升平五年（361），李势在建康去世，年纪不详。

成汉从公元304年建国，到347年灭亡，共立国四十四年，历经五位君王，分别是李雄（李特之子）、李班（李雄侄子）、李期（李雄之子）、李寿（李特侄子）和李势（李寿之子）。

桓温在成都逗留了三十天，然后班师回朝。朝廷晋升桓温为征西大将军、开府，封其为临贺郡公。

这次平定成汉，桓温还有一个意外收获，就是李势的妹妹李美女（名字不详）。李美女国色天香，桓温见到她后惊为天人，但桓温的老婆南康公主性格泼辣，嫉妒成性，于是桓温就瞒着她，把李美女安排在书斋后面居住，金屋藏娇。但南康公主司马兴男终究还是知道了，她得到消息后大怒，领着数十个携带刀具的奴婢，要去找李美女麻烦。

到了李美女的房间，李美女正在梳头，只见她一头黑发拖地，皮肤洁白如玉，神态从容。李美女不慌不忙地把头发慢慢盘起来，对司马兴男等人说："我本是亡国之人，无心至此，今天如果被杀，正合我意。"言辞很是凄凉。

司马兴男看呆了，她把刀子扔掉，上前抱住李美女，说："我见汝亦怜，何况老奴！"从此，司马兴男对李美女很好，两个人和睦相处。这就是"我见犹怜"一词的由来。桓温既得江山，又得美人，一时风光无限。

有压迫就有反抗

当了天王的石虎一心享乐。有人对石虎说："胡人命运将走向衰败，晋将要复兴，应该让晋人服苦役，压制他们的生气。"石虎觉得有理，让尚书张群征发邺城附近各郡的男女十六万人，车十万辆，命他们往邺城运土，在邺城城北修筑华林苑和长长的围墙，占地方圆数十里。工人们晚上点着蜡烛施工不停，就这样修起了三观、四门。四门中有三座门与漳水相通，当时天降暴雨，水涝成灾，又累又饿的劳工死去数万。

石虎又命人在邺城建造了四十多座高台，还修复了洛阳、长安城中已经残破的宫殿，这几项工程堪称浩大，役使的工匠、劳力超过四十万人，人民苦不堪言。

秦公石韬很讨石虎的喜欢，石虎任命他为太尉，让他和太子石宣轮换着批阅奏章，可以直接决定赏罚，不用向石虎禀报。弟弟石韬的存在，让太子石宣感觉地位受到了威胁，每天都如芒在背。永和四年（348）八月的一天，石宣派手下杨杯、赵生等人刺死了石韬。

石虎痛失爱子，悲愤交加，当时就哭晕了过去。石虎怀疑是石宣策划了这次刺杀行动，把他召入宫中扣留起来。这时候有个叫史科的人报告说，石韬死的那一夜，他正好住在杨杯家，听到了他们的阴谋，后来翻墙溜了出来。石虎派人前去捉拿，杨杯等侥幸得逃，只有赵生被抓获。经过严刑拷打，赵生把事件经过全部交代了。

石虎暴怒，他对石宣这个儿子已经恨之入骨，命人用非常残忍的方式处死了石宣，又下令杀死石宣的妻儿共九人。石虎把石宣的母亲杜氏贬为庶人，又杀掉了太子宫四率长以下的将军三百人，处决宦官五十人，将他们全部车裂，尸体丢到了漳水中。太子宫被改做养猪养牛的地方，一万多隶属东宫号称"高力军"的士兵全部被贬去守卫凉州。

当年石虎已经五十四岁了，经过这么一顿折腾，神经受到极大刺激，很快就病倒了。

石虎立石世为太子。石世的母亲为汉赵（前赵）刘曜的幼女安定公主，后赵攻破前赵的时候，石虎得到了安定公主。

永和五年（349）春季，已经五十五岁的石虎身体每况愈下，他预感自己时日无多，也想要过一过皇帝瘾，于是天王石虎正式称帝，下令大赦，但高力军不在赦免范围。皇子们原封公爵的，统统晋升为王爵。

被贬到凉州戍边的原东宫一万多名高力军，这时候已经走到雍城（今陕西凤翔县），听到石虎的大赦令，他们大喜，以为很快就能回家和亲人团聚了，但接着往下听，他们的心顿时变得冰凉冰凉的，因为大赦范围不包括他们。高力军士兵们聚在一起议论纷纷，继而变得群情激奋。

当时，石虎下令让雍州刺史张茂遣送高力军西行，但张茂却乘机把高力军的马匹全部没收，让士兵们推着载着粮食的小车缓慢前行。高力军本来都是能征善战的勇士，他们的愤怒终于到达了极点。高力督梁犊是高力军的头领，大家纷纷找他商议对策，梁犊提议起兵杀回家去，高力军的众位勇士全部举双手赞同。

于是梁犊自称是晋朝的征东大将军，率领高力军攻下了下辨（今甘肃成县）。他们捉住了张茂，逼他做大都督、大司马，又怕他跑了，干脆用车拉着他前行。

后赵的安西将军刘宁率军攻打高力军，但被高力军打得大败而回。高力军训练有素，个个力大无比，精于骑马射箭，能够以一当十。他们虽然没有铠甲，没有武器，但就地取材，把老百姓的大斧装在一丈多长的木棍上作为兵器，打仗时舞得呼呼生风，砍脑袋如砍瓜削菜一般。

梁犊率高力军一路攻城克县，杀死郡守县令，迅速东进，一路上不断有新兵加入，等到达长安的时候，已经聚集起了十万之众。

驻守长安的乐平王石苞尽发精锐之兵阻截梁犊，两军刚一交战，石苞军就迅速溃败，四散奔逃。梁犊率兵出潼关，向洛阳进发。

石虎任命司空李农为大都督，行大将军事，率领张贺度、张良、石闵等将领和十万步、骑兵，出兵讨伐高力军。他们和高力军在新安遭遇，李农军大败。两军又在洛阳大战，李农军又败，不得已退到成皋。高力军连战连胜，士气更加高涨，梁犊率军继续前进，攻打荥阳、陈留等郡。

石虎十分震惊，他调动精锐兵马，任命燕王石斌为大都督、都督中外诸军事，率领冠军大将军羌人首领姚弋仲、车骑将军氐人首领蒲洪等前去讨伐高力军，加上之前的李农、石闵等人，可以说石虎把能动用的猛将都用上了。

姚弋仲接到命令，率领精锐八千羌兵从滠头（今河北枣强县东北）抵达邺城。石虎任命姚弋仲为使持节、侍中、征西大将军，又赏赐给他一副铠甲和一匹骏马。姚弋仲说："你看我老羌能破贼不能！"说完，他披上盔甲，跨上战马，打马扬鞭，奔战场而去。

姚弋仲和石斌、蒲洪、石闵等人会师，对高力军发起攻击。面对数员猛将和精锐军队的攻击，高力军不敌大败，姚弋仲力斩梁犊后班师回京。后高力军的残余部队也被全部消灭。

石虎大喜，下诏特许姚弋仲可剑履上殿、入朝不趋，并封他为西平郡公。蒲洪被任命为车骑大将军、开府仪同三司、雍州刺史，兼都督雍州、秦州诸军事，封略阳郡公。

石遵篡位

永和五年（349）四月九日，石虎的病情不断加重，他开始安排后事：任命彭城王石遵为大将军，镇守关西；任命燕王石斌为丞相、录尚书事；任命戎昭将军张豺为镇卫大将军、领军将军、吏部尚书。石虎命他们接受遗诏，在自己死后辅佐新主。

石虎让石斌辅佐朝政，这让刘皇后如鲠在喉，她和张豺商议，假传旨意，处死了石斌。刘皇后再假传石虎诏令，任命张豺为太保、都督中外诸军事、录尚书事。

四月二十三日，石虎去世，年五十五岁，十一岁的太子石世随即登基，尊刘皇后为皇太后。因新皇年纪尚小，刘太后临朝听政。为了安抚宗亲，在张豺的建议下，刘太后任命彭城王石遵、义阳王石鉴为左右丞相。

司空李农忠心于石虎，与张豺关系紧张，张豺找太尉张举商量，想要杀害李农，但张举和李农私下关系要好，他派人秘密告诉李农赶快逃命，于是李农率领一百多个亲信骑兵逃离邺城，之后聚拢了并州的乞活军数万家退守上白（今河北威县南）。刘太后命张举率禁军包围了上白。张豺提议任命张离为镇军大将军、监中外诸军事、司隶校尉，作为自己的帮手，刘太后批准。

这时候邺城内开始出现动乱迹象，盗贼蜂起，到处抢掠财物。

彭城王石遵西行赴任，走到河内郡（今河南沁阳）的时候，得到了父亲石虎去世的消息。而正在这个时候，消灭高力军后回师的姚弋仲、蒲洪、刘宁以及征虏将军石闵、武卫将军王鸾等人和石遵在河内郡的李城不期而遇。

姚弋仲他们都认为石世年纪太小，难堪大任，于是一致劝石遵道："王爷年长，而且贤明能干，先帝本属意殿下为太子，但年迈犯了糊涂，才被张豺等人迷惑。如今奸臣当道，上白之围僵持不下，京师守卫空虚，如果殿下以清除张豺的名义兴兵讨伐，京城内的将士必会倒戈，大开城门迎接殿下！"

石遵一听，感觉他们说得有道理，自己一下子得到这么多猛将的支持，哪有不成功的道理？于是他也顾不上悲伤了，立即下令起草讨伐檄文，然后率军回师邺城。洛州刺史刘国率领部属前来会合。

当石遵的檄文传到邺城后，张豺吓得面无人色，急令包围上白的禁卫军回援京师。

五月十一日，石遵率众抵达荡阴（今河南汤阴县），邺城已经近在眼前，这时候石遵的队伍规模已经达到了九万人。石遵命猛将石闵打前锋，他用手拍了拍石闵的肩膀，说："好好干，事成之后封你为太子。"（石遵没有儿子。）石闵激动地回答道："我必肝脑涂地，不负王爷！"

得知石遵前来，邺城内的羯族老兵议论纷纷："彭城王前来奔丧，我们应该把他迎接进城，不能再给张豺卖命了！"他们纷纷跳墙而出，张豺挥刀砍倒几个，但也制止不住。

张离一看张豺大势已去，便率领龙腾卫士两千人打开了城门，迎接石遵。

这时候的刘太后紧张得浑身发抖，六神无主，她急召张豺进宫商议对策。刘太后神情哀伤，流着泪说："先帝尸骨未寒，祸乱却接二连三！新帝年幼，哀家只能依靠将军您了，将军可有什么良策？如果给石遵高官厚禄，能平息这场动乱吗？"张豺紧张的程度不亚于刘太后，他也没有什么好的主意，只能不住地点头："是……是……"于是朝廷下诏令，任命石遵为丞相、大司马、大都督、都督中外诸军事、录尚书事，加黄钺、九锡，并给他增加十个郡的封邑。

五月十四日，石遵率众抵达安阳亭，张豺出城迎接，石遵当即逮捕了他。

五月十五日，石遵身穿铠甲，脚蹬战靴，手拿兵器，耀武扬威地从凤阳门进入邺城。他登上太武前殿，然后顿足捶胸，号啕大哭，哭祭父亲石虎，后退至东厢房。他命人把张豺绑到平乐市场斩首示众，屠灭三族。

刘太后根据石遵的命令，下诏说："当年太子石世年幼，所以立了他做太子，这是先帝私情所致。皇家基业责任重大，石世承担不起，现让石遵继承帝业。"

石遵假意再三推辞，群臣再三进谏。这表演进行完之后，石遵在太武殿正式继位，大赦死刑以下囚犯，并下令即刻解除对上白的包围。

石遵封石世为谯王，食邑一万户，石世共在位三十三天；废黜刘太后为太妃。过了不久，石遵命人把他们母子全部杀死了。

李农从上白回邺城请罪，石遵让他官复原职。石遵尊奉母亲郑樱桃为皇太后，立王妃张氏为皇后。他忘了之前对石闵的承诺，立了石斌的儿子石衍为皇太子。石遵又任命兄长义阳王石鉴为侍中、太傅，沛王石冲为太保，乐平王石苞为大司马，汝阴王石琨为大将军。武兴公石闵被任命为都督中外诸军事、辅国大将军。

沛王石冲当时在蓟城镇守，他认为石遵擅自废立，于是起兵攻打石遵，石遵派石闵和李农率领精兵十万去抵抗石冲。双方军队在平棘（今河北赵县）遭遇，石冲军队不敌，大败。石冲逃到元氏县（今河北元氏县）被擒，石遵命他自杀，并活埋了石冲的将士三万多人。

石闵向石遵进言道："蒲洪是豪杰类人物，先帝命他镇守关中，但我恐怕他到了关中后，秦州、雍州之地就不再属于陛下了。如今陛下登基，应该撤回原来的任命。"石遵认同石闵的说法，免去蒲洪都督雍、秦二州诸军事之职，其他的官职不变。蒲洪正准备率队西去，得到诏令后十分愤怒，立即率军回到枋头（今河南浚县），派使者前去接洽晋廷，准备向晋投降。

杀胡令

做了皇帝后的石遵忘记了当初在李城起兵时对石闵的承诺。实事求是地说，石遵当初说事成后让石闵做太子，很可能也只是玩笑话，因为石闵虽然姓石，但他并不是正统的羯族石家血统，而是汉人的后代。

石闵的父亲叫冉良，是魏郡内黄（今河南内黄县）人，冉家的祖先在汉时曾任黎阳（今河南浚县）骑都督，之后，冉家世代都是牙门将。西晋八王之乱，民不聊生，冉良加入了陈午领导的乞活军。在一次和石勒的战斗中，陈午大败，但冉良表现得很勇敢，他力大枪沉，连连砍杀石勒数位士卒。当时冉良才十二岁，石勒很喜欢他，抓获冉良后便让自己的侄子石虎收养了他，并给他改名为石瞻。石瞻屡立战功，被任命为左积射将军、西华侯。后来，石瞻跟随石虎去攻打汉赵刘曜，兵败，石瞻被杀。

虎父无犬子，石闵也是天生神力，从小就表现得很勇敢，对事物具有较强的判断力，石虎像养亲孙子一样抚养他。成年后，石闵长得身高八尺，虎背熊腰，力能扛鼎，勇冠三军，历任北中郎将、游击将军等职。在和前燕的昌黎之战中，石虎大败，只有石闵率领的一支队伍完好无损，顺利退军，此后石闵的名字渐渐响亮起来，不久前他又率军和诸位将军配合，一举消灭了高力军，立下战功，声名更为显赫。

现在石遵忘了对石闵说过的话，封石衍为太子，但石闵没有忘，并对石遵的言而无信怀恨在心，他的内心开始发生变化——既然石遵不给我他所承诺的，那我就要用武力夺过来！

石闵开始着意拉拢金殿卫士，想要建立效忠自己的队伍。他向朝廷建议将金殿卫士们提拔为殿中员外将军，封关外侯，并赐给他们宫女做妻子。但建议名单递上去之后，石遵不予批准，他还对每个人的优缺点进行了点评。这样一来，这些卫士开始恨上了石遵，反而对石闵心存感激。

中书令孟准、左卫将军王鸾都劝石遵剥夺石闵的兵权，并处决石闵，石遵起了杀心。

永和五年（349）十一月，石遵召石鉴、石苞、石琨、石昭等人入宫，一起面见皇太后郑樱桃，研判当前形势。石遵说："石闵不臣之心已经显现，我建议处决他，请大家发表意见。"

石鉴首先发言，他说："我同意陛下的意见，应该处决石闵。"皇太后郑樱桃表示反对，她说："从李城回京师一路艰难，如果没有棘奴（石闵的小名），怎么会有我等的今天？即使他有点骄傲和放纵，也不能说杀就杀吧！"皇太后都这么说了，大家也就不再坚持杀石闵，会议无果而终。

散会后，令谁也没有想到的是，石鉴竟派宦官杨环骑快马把会议内容告知了石闵。这是为什么？他们两人是什么关系？这些问题我们不得而知，不过可以想见，在皇位的诱惑下，有希望上位的人都会心怀鬼胎，暗地里搞些小动作。

石闵得到杨环的通报后暴跳如雷——因为有了老子，才有了今天石遵的皇位，现在他们却想卸磨杀驴？老子不干了！石闵立即带人控制了司空李农和右卫将军王基，逼他们站队。

造反的主意已定，石闵立即派将军苏亥、周成率兵三千杀入皇宫。当时石遵正和一群美女在金雀台玩弹棋，面对突然出现的士兵，美女们吓得四散奔逃，石遵故作镇静，他问周成："谋反者是谁？"周成回答道："义阳王石鉴当立。"石遵呵呵冷笑几声："我都到了这种地步，你们立石鉴，又能维持多久呢？"

周成等不容石遵再说，把他带到琨华殿后杀死，石遵在位一百八十三天。周成等人又杀死了皇太后郑樱桃、张皇后、太子石衍及孟准、王鸾，石鉴随即继位。石鉴任命石闵为大将军、录尚书事，封武德王；任命李农为大司马，和石闵并任录尚书事；任命郎闿为司空，秦州刺史刘群为尚书左仆射，侍中卢谌为中书监。

石鉴不甘心被石闵控制，派乐平王石苞、中书令李松、殿中将军张才连夜带兵前去击杀住在琨华殿的石闵和李农。石闵等也早有防备，两支队伍展开厮杀，战斗异常惨烈，宫中众人受到惊扰，已经乱作一团，宫人四处躲藏。石苞等人一直无法攻进琨华殿，石鉴一看不能取胜，为了不让石闵知道这次刺杀是自己所为，他选择杀人灭口，派人杀死了石苞、李松、张才等人。

新兴王石祇是石遵的弟弟，这时候在襄国镇守，他联合姚弋仲、蒲洪等人传檄四方，号召起兵诛杀专权的石闵和李农。石闵、李农任命汝阴王石琨为大都督，和太尉张举及侍中呼延盛等率领七万人马，分兵讨伐石祇等人。

中领军石成、侍中石启、前河东太守石晖密谋诛杀石闵、李农，消息走漏，他们全部被杀死。

　　龙骧将军孙伏都、刘铢等也想杀掉石闵和李农，他们率领羯族武士三千人埋伏在宫中。这时石鉴正在铜雀台上，孙伏都想挟持石鉴，便命令拆除阁台。石鉴望见，询问原因，孙伏都说："李农等人谋反，已经攻到东掖门，我要带兵抵抗，特来禀告陛下。"石鉴大喜道："卿是功臣，好好为朝廷效力。我在台上看着，若赢，必有厚报！"孙伏都、刘铢进攻石闵、李农，但无法攻克，只好撤到凤阳门（邺城南面西门）驻扎。

　　石闵、李农率领数千士兵摧毁金明门（邺城西门），直入皇宫。石鉴害怕被杀，命人开门，接见了石闵和李农，并对他们说："孙伏都等人谋反，你们速速前去讨伐。"

　　得了命令，石闵、李农率兵名正言顺地杀死了孙伏都等人，从凤阳门到琨华殿，一路上可谓尸横遍野、血流成河。石闵下令道："内外六夷敢称兵仗者斩之！"意思就是胆敢拿起武器的，一律斩首！士兵们或攻破城门外逃，或直接跳墙而出，出逃者不计其数。

　　石闵派尚书王简、少府王郁把石鉴软禁在御龙观，看守极其严密，连吃喝都是用绳子吊上去的。之后石闵下令道："从今开始，凡与我同心者可以留下，不同心者可以自由选择。"他命人打开城门，方圆百里之内的汉族人纷纷进城，而匈奴人、羯人等则选择离开，城门口水泄不通。

　　石闵这时候明白了，胡人终究不能为己所用，他已经杀红了眼，又发布了一条命令："斩一胡首送至凤阳门者，文官进位三等，武职悉拜牙门。"

　　这道命令一出，一天之中，被斩首的胡人多达数万。石闵亲自上阵，率领汉人诛杀胡人，不论贵贱、男女、老幼，统统杀掉。现场一片混乱，有的汉人因为鼻子长得高一点，胡须生得多一点，也被杀死了。胡人被杀掉的有二十多万，尸体堆积到城外，任凭野狗豺狼吞食。

　　对于后赵境内其他地方的胡人，石闵也用书信告知汉人将帅，要他们当场诛杀。

石闵、李闵和冉闵

永和六年（350）正月，大将军石闵在邺城已拥有了众多的汉人支持者，他想自立为帝。他从下属那里得到的谶文中有一句"继赵李"，认为这是天意，也就是说，在赵、李二姓做过皇帝之后，他才能称帝。于是石闵更改了后赵的国号，把"赵"改为"卫"，他自己也由"石"姓改为"李"姓，名李闵，大赦天下。

原后赵的很多高官一看势头不妙，纷纷出逃。太宰赵庶、太尉张举、中军将军张春、光禄大夫石岳、抚军将军石宁、武卫将军张季，连同公侯、卿、校、龙腾卫士等一万多人，全都投奔了襄国。汝阴王石琨逃出后屯据冀州，抚军将军张沈屯据滏口，卫军将军张贺度屯据石渎，建义将军段勤屯据黎阳，宁南将军杨群屯据桑壁，镇南将军刘国屯据阳城，段龛屯据陈留，姚弋仲屯据滠头，蒲洪屯据枋头，各领兵数万，拒绝接受李闵号令，并随时准备进攻邺城，诛杀李闵。

将军麻秋接受李闵的号令，但在前往邺城的途中被蒲洪的儿子蒲雄拦截住了。蒲洪认为麻秋是个人才，任命他为军师将军。

石琨和张举等组成七万人的联军攻打邺城。城内有人建议列大队在城外迎敌，李闵不许，他认为这是展示自己勇猛、树立自己威信的好机会，于是率领一千人的精锐骑兵在城北列阵。

李闵威风凛凛，身穿锃亮的铠甲，手持双刃矛，催动坐骑直冲石琨阵营，所到之处敌人立即崩溃。李闵军奋勇斩杀三千多人，石琨一看这仗没法打了，赶紧率队狼狈而逃。

卧榻之侧岂容他人酣睡，张贺度所在的石渎据李闵只有几十里远，是他的心腹大患，加上张贺度本人也是员猛将，李闵不敢轻敌，和李农率精骑三万攻打石渎。

李闵、李农带兵出城，城内空虚，石鉴便派宦官秘密给张沈等送信，让他们趁机夺取邺城。但石鉴想得太简单了，这时候的宦官早已全部投向了李闵。宦官把石鉴的信件快马送给了李闵，李闵、李农立刻回军，到邺城后杀了石鉴，并把在城中的石氏族人不分老幼全部杀死，其中包括石虎的二十八个孙子。石鉴在位一百零三天，他被杀后，新兴王石祗（石虎第十子）在襄国即皇帝位，匈奴、鲜卑、羯、氐、羌、巴蛮等族纷纷响应。他任命汝阴王石琨为相国。

司徒申钟、司空郎闿等四十八人联名向李闵呈上皇帝尊号，建议李闵称帝。李闵不肯，执意要把皇帝位置让给李农，李农自然不肯接受，他对李闵说："您如果不接受，我现在就自刎！"

李闵对他们说："我们都是晋的臣子，现今晋室尚存，我想我们应该以刺史、郡长和公侯的名义，迎接晋天子还都洛阳。"尚书胡睦善于察言观色，道："陛下上应天意，下顺民心，应立即登基称帝。晋室衰微，远避江南，如何能够领导天下英雄一统中原呢？"这话正中李闵下怀，他不再推辞："胡尚书言之有理，可谓'识时务，知天命'。"

于是李闵恢复冉姓，名冉闵，登基为帝，改国号为"魏"，大赦天下。他尊母亲王氏为皇太后，立妻子董氏为皇后，立长子冉智为皇太子，封儿子冉胤、冉明、冉裕为王。史称冉闵建立的魏国为"冉魏"。

冉闵认为李农的存在对他是个巨大的威胁，于是不顾正是用人之际，突然发难，杀死了李农和他的三个儿子，尚书令王谟、侍中王衍、中常侍严震、赵升等人也同时被杀。

冉闵派使者持节，到张沈、蒲洪、姚弋仲等人驻地颁布大赦令，他们都拒绝接旨。

胡人势力强大，对邺城呈包围之势，冉闵感到势单力孤，便派使者过江向晋朝报告："逆胡乱中原，如今已被诛杀。如果您想出兵和我共同讨伐余孽，可以派遣部队北上。"晋室朝廷没有回应。

好在各胡人势力间并不团结，内部多有争斗。姚弋仲和蒲洪都准备夺取关中，因此都把对方视作劲敌。姚弋仲派大儿子姚襄率领五万精兵前去进攻蒲洪，但被打得大败，损失了三万多人。蒲洪于是自称大都督、大将军、大单于、三秦王。因为谶纬书上有"草付应王"的字句，所以蒲洪把自己的姓氏改为"苻"，从今以后就叫苻洪。

麻秋准备把苻洪的兵马据为己有。一天，他大摆宴席，提前在席上的酒杯中放了毒药，宴请苻洪等人。苻洪等人上当，饮下毒酒，回到家后毒发。苻洪感觉自己闯不过这道鬼门关了，就对世子苻健说："我之所以未入关，是认为中原指日可定。今天我被竖子所害，中原不是你们兄弟能够平定的。关中地势险要，我死后你们要立即西进。"说罢就去世了，年六十六岁。苻健立即杀了麻秋为父报仇。

氐人建秦

苻健，字建业，出生于建武元年（317），是苻洪的第三个儿子。当初他母亲姜氏怀他的时候，梦见了大罴（熊的一种），苻健长大后，也果然如母亲梦中一样身强体壮。他骑马射箭样样精通，还乐善好施，善于逢迎。为了免受两面夹攻，苻健去掉了"三秦王"的称号，改用晋之前任命给他的职务自称，并派他的叔叔苻安去建康报丧，请晋朝重新下达任命旨意。

这时候占据长安的是杜洪，他本是后赵车骑将军王朗的司马，王朗离开的时候留下他镇守。苻健没有忘记父亲的遗嘱，他有意西进，夺取长安，但又怕杜洪知道，于是就命人在枋头大修殿堂，督促手下播种麦子，做出要久留此地的样子。待准备就绪之后，苻健自称晋朝的征西大将军、都督关中诸军事、雍州刺史，率领本部人马向西挺进。他命鱼遵为前锋，逢山开路遇水搭桥，在盟津（今河南孟津东北）架起浮桥渡过了黄河。

苻健决定兵分两路夺取关中。他派弟弟辅国将军苻雄率领五千士兵入潼关（今陕西潼关县北）西上，派侄子扬武将军苻菁率领七千士兵从轵关西上。

过河之后，苻健命手下士兵烧毁浮桥，然后率领大部队随苻雄西上。杜洪得到消息，任命张琚的弟弟张先为征虏将军，率一万三千兵马在潼关北迎击苻健。两军交战，张先军不敌，大败而回。杜洪的弟弟杜郁劝他迎苻健入城，杜洪不听，杜郁便率领自己的部队投降了苻健。

苻健到赤水驻扎。他派苻雄夺取渭河以北城池，并抓获了张先。苻菁这一路也进展顺利，所到之处敌人望风而降，三秦地区的郡县全部投降。

这时候，氐族酋长毛受、羌族酋长白犊都拥有数万部众，他们杀死了杜洪派来的官员，投降了苻健，并把自己的儿子送过去作为人质。苻健率众抵达长安城下，杜洪的人马已经无心再战，纷纷出逃，杜洪无奈，弃城逃到了司竹（今陕西周至县司竹园）。

永和六年（350）十月，苻健进入长安。他是打着晋的旗号收复关中的，这时关中百姓人心思晋，给予了大力的支持，因此他才能如此顺利进军。也是因为这样，苻健进城后便派参军杜山伯到建康报捷，并送上了战俘和战利品，与桓温建立了良好关系。

秦州、雍州的夷人和汉人纷纷归附苻健，只有后赵的凉州刺史石宁占据上邽（今甘肃天水），不肯归降。苻雄率兵攻破上邽，杀死了石宁。

在众人的劝进下，永和七年（351）正月二十日，三十五岁的苻健登基，自称天王、大单于，定国号为"秦"，宣布大赦。他立妻子强氏为天王后，长子苻苌为太子，其他儿子也都封公爵。至此，五胡十六国之一的"秦"正式建国，为了区别其他秦国，后世称苻健建立的"秦"为"前秦"。

苻健任命弟弟苻雄为都督中外诸军事、丞相，兼车骑大将军、雍州牧，封东海公；任命侄子苻菁为卫大将军，封平昌公，负责保卫皇宫和太子宫；又任命雷弱儿为太尉，毛贵为司空，姜伯周（苻健的舅舅）为尚书令，梁楞为左仆射，王堕为右仆射，鱼遵为太子太师，强平（强王后的弟弟）为太傅，段纯为太保，吕婆楼（氐族酋长）为散骑常侍。

冉闵灭后赵

石祗派汝阴王石琨率领十万大军攻打冉魏，石琨的军队抵达邯郸，冉闵派卫将军王泰迎战，石琨大败，被斩杀一万多人。张驾度、段勤、刘国、靳豚等与石琨会师，然后与冉闵大战于苍亭（今山东阳谷县），联军大败，被杀死两万八千人，将军靳豚也在乱军中被杀。冉闵大军共三十多万人，大军出动时，铠甲耀眼，战鼓震天，旌旗招展绵延一百多里，威势甚至超过了当年的石虎。

冉闵决定亲自率领十万大军攻打盘踞在襄国的石祇。他任命二儿子太原王冉胤为大单于、骠骑大将军，把投降过来的一千多匈奴士兵拨付给他。

冉闵率军围攻襄国，石祇派兵死守，两军的攻防战进行得十分惨烈。冉魏士兵架云梯攻城，他们士气高昂，一拨倒下去，另一拨马上又冲上来，喊杀声震天。尽管襄国城池坚固，但经过冉魏连续攻打一百多天，后赵军也渐渐抵挡不住了，他们的士兵伤亡难以数计，滚木雷石马上要用尽，粮食也出现了短缺。

城破在即，石祇内心十分恐惧，他主动去掉皇帝的尊号，改称赵王，派太尉张举到前燕那里去请救兵，并向前燕许诺，解围后将送去传国玉玺，然后又派中军将军张春向羌帅姚弋仲求援。张举、张春两人在精兵的护卫下杀出一条血路，疾驰而去。

姚弋仲见到张春后，对儿子姚襄说："冉闵忘恩负义，屠杀石氏满门，石虎厚待于我，我应该给他报仇。但我已经七十一岁了，身体又有病，不能亲自挂帅出征了，你的才能胜冉闵十倍，这次如果不把他的首级取来，就不要回来见我！"他拨付给姚襄两万八千名精锐骑兵，驰援后赵。姚弋仲也替石祇向前燕请援，前燕派御难将军悦绾统领三万兵马与姚襄会师。

冉闵听说前燕要来救援后赵，就派大司马从事中郎常炜前去游说，前燕把常炜囚禁在龙城。

永和七年（351）三月，姚襄、石琨加上悦绾的兵马总计约十万人，一起前往襄国救援。姚襄、石琨先抵达，冉闵派车骑将军胡睦在长芦水（漳水支流，流经今河北新河县南）阻击姚襄，派将军孙威在黄丘（今河北辛集东南）阻击石琨，但这二人都大败而归，士兵也伤亡殆尽。

冉闵大怒，率军亲征，与姚襄、石琨厮杀在一处。这时悦绾也率军赶到。在离战场还有几里地的时候，他让一些骑兵在马尾巴上系上树枝，让马四面奔跑，卷起的尘土遮天蔽日。冉魏军从远处一看，不知道对方来了多少援军，心里顿生恐惧，士气大减。姚襄、石琨、悦绾三面夹击，石祗又从背后杀来，冉魏军抵挡不住，损兵折将，伤亡惨重。冉闵狼狈不堪，和十多个骑兵逃往邺城。

这时候冉魏的大后方邺城出现了巨变。投降来的匈奴小头领栗特康等人趁城内空虚发动兵变，杀死了车骑将军胡睦、尚书令徐机、司空石璞、中书监卢谌等冉魏重臣，然后展开大屠杀，邺城内十多万人被杀。栗特康挟持大单于冉胤及左仆射刘琦投奔襄国，石祗下令立即处死了他们。

城内局势十分混乱，冉闵身边卫兵的数量也有限，他只能悄悄潜回邺城。这时候邺城已经乱成一锅粥，大家纷纷传言冉闵已经战死，射声校尉张艾请冉闵出面安定人心，冉闵同意，于是人心稍稍安定。

趁着邺城混乱，石祗派将军刘显率军七万前来攻城，在距离邺城二三十里的明光宫扎营。冉闵抖擞精神，率兵出城应战。冉闵不愧是冉闵，他一出战就重创刘显军，刘显大败而逃，冉闵率军一路追杀到阳平郡（今河北馆陶县），杀死敌军三万多人。刘显对冉闵的战斗力感到恐惧，秘密派人向冉闵请求归降，怕冉闵不相信自己，他还保证回去后会杀掉石祗以示自己的忠心。冉闵接受了，回军邺城。

刘显没有食言，回到襄国后，他杀死了石祗及乐安王石炳、太宰赵庶等十几个人，把他们的首级送到了邺城。至此，五胡十六国里的后赵灭亡。后赵共立国三十三年，历经七位君王：石勒、石弘（石勒之子）、石虎（石勒侄子）、石世、石遵、石鉴、石祗。

冉闵命人在大街上烧毁石祗的首级，然后任命刘显为上大将军、大单于、冀州牧。但冉闵、刘显两人间的"友谊"没有维持很久。永和七年（351）七月，刘显反叛，进攻邺城，被打退；后又进攻常山郡，冉闵亲率八千骑兵前去救援，刘显的将军王宁献出枣强县投降。刘显逃到襄国，他手下的大将曹伏驹打开城门迎接冉闵进城，冉闵进城后杀死了包括刘显在内的一百多人，把襄国的宫殿付之一炬，把老百姓迁到邺城。

汝阴王石琨带着妻妾子女前往建康，准备投降晋，这可真是"天堂有路你不走，地狱无门自来投"，晋廷扣下石琨，命人把他押赴街市问斩。至此，石家的人全部被杀。

冉魏三年而亡

咸康八年（342）十月的时候，慕容皝把都城从棘城迁到龙城（今辽宁朝阳）。他亲统四万大军攻打高句丽①，高句丽大败，国王高钊单枪匹马逃走，高句丽首府丸都（今吉林集安）被摧毁。

慕容皝又对宇文部落酋长宇文逸豆归（南北朝枭雄宇文泰的先祖）发动攻击，宇文逸豆归远遁漠北。慕容翰在战斗中也被流箭击中，卧床静养了一段时间才渐渐能下床走路。为了活动筋骨，他在院落中试着骑马，有人借机向慕容皝诬告，说慕容翰在家里练习骑马是意图不轨。慕容皝信了，命慕容翰自尽。

永和四年（348），慕容皝一病不起，于九月去世，年五十二岁，在位十五年。他死后，世子慕容儁继位。慕容儁为慕容皝的次子，字宣英，出生于大兴二年（319）。当年他爷爷慕容廆看到刚出生的慕容儁后大喜，对人说："我孙儿骨相不凡，我家将要兴旺了！"

慕容儁对一个人非常嫉恨和忌惮，这个人就是他的三弟慕容霸。慕容霸这个霸气的名字是父亲慕容皝给起的，因为他力大威猛，又心有韬略。慕容皝很喜欢这个儿子，还一度要立他为世子，但文武百官纷纷反对，说应该立长，慕容皝这才作罢，但日后对慕容霸的赏赐、待遇等都超过了世子慕容儁。慕容儁继位后，碰巧，有一次慕容霸要驯服一匹烈马，不小心从马背上摔了下来，摔断了门牙，慕容儁得到消息哈哈大笑，想着终于有机会报复一下慕容霸了，就下令让慕容霸把名字改为慕容缺。但后来他发现谶书上说"缺"是个吉祥的字，于是又让这个

---

① 高句丽，古族名、古国名。相传公元前37年夫馀人朱蒙于其地建高句丽国。6世纪后渐衰，668年为新罗和唐联军所灭，旋并入新罗。

弟弟把名字改为慕容垂。

后赵内乱，时任平狄将军的慕容垂上书要求出兵讨伐，慕容儁觉得父亲去世才几个月，不宜动刀兵，因此不同意。慕容垂是个急脾气，他亲自到龙城，当面游说慕容儁。两个人经过一番辩论，慕容儁仍然下不了决心，只好征求大臣们的意见。

五材将军封奕、从事中郎黄泓、折冲将军慕舆根都表示赞同，慕容儁终于兵发中原。慕容儁任命弟弟慕容恪为辅国将军，叔叔慕容评为辅弼将军，左长史阳鹜为辅义将军，这三个人称为"三辅"；又任命慕容垂为前锋都督、建锋将军。之后他挑选精兵二十多万集中待命，加强训练，伺机出动，又派使者到凉州，邀请前凉一起出兵。

永和六年（350）二月，慕容儁命慕容垂率军出徒河（今辽宁锦州），慕舆根出居庸关（今北京昌平区境内），他自己则率军走中路出卢龙塞（今河北唐山喜峰口），三路并进，出兵伐后赵。慕容恪、鲜于亮为前锋，慕舆泥开凿山路。世子慕容晔留守龙城，大司农刘斌和典书令皇甫真共同辅佐。

慕容儁和慕容垂会师后，共同进攻蓟城（今北京），杀死守将。慕容儁把首府从龙城迁到了蓟城。

前燕军队势如破竹，幽州各郡县纷纷投降。这时候，冉闵已在邺城称帝。

慕容儁进入冀州领地，夺取了章武郡、河间郡。这时候他们遇到一个奇人，此人名叫贾坚，武艺高强，曾担任后赵的殿中督，冉闵掌控邺城后，他回到渤海郡的家中，后被慕容评生擒。慕容儁和慕容恪都爱惜他是一位人才，任命他为乐陵郡太守。这期间还有段小插曲。慕容恪听说贾坚射箭百发百中，百步穿杨，就命人牵了头牛拴到一百步之外，让贾坚射。这时候贾坚已经六十岁了，但依旧眼不花手不抖。他拉开满弓，连发两箭，一箭从牛背上拂过，一箭从牛腹部掠过，只见牛毛落地，不见牛受伤，而且上下两道箭痕都一模一样，众人拍手称奇。

慕容儁命慕容恪、慕容评夺取了冉魏的中山郡、常山郡、赵郡和辽西郡，冉魏上党郡太守乌桓部落酋长库傉官伟也开城投降了前燕。

永和八年（352）四月五日，慕容恪对冉魏发动大规模袭击。冉闵亲自率军出城迎敌，两军在魏昌县（今河北无极县东北）的廉台村遭遇。冉闵率军大战慕容恪军，冉闵一马当先，所向披靡，十战十胜，慕容恪大败。冉闵看到狼狈逃窜的前燕军，哈哈大笑道："慕容恪徒有虚名，不过如此！"

冉魏军多数是步兵，而前燕军多数是骑兵，冉闵认为在平原交战不利于己方，于是命令军队向附近树林集结。慕容恪一看着急了，他的参军高开献计道："将军应该火速派兵前去阻截，然后佯装败走，引诱他们到平坦地带。"慕容恪一听有道理，便派骑兵前去袭扰，冉闵果然中计，被引诱到平地。

慕容恪把部队分成三路，下令道："冉闵生性鲁莽，他知道自己兵力较少，一定会孤注一掷，冲击我们的中军，我们就在中军设重兵等待着他。开战以后，你们从两翼发起攻击，到时候定能擒获冉闵。"

慕容恪挑选五千名弓箭好手，用铁链把他们的马拴在一起，给马匹也披上了一层铠甲，只露出四只蹄子，然后列成方阵，放在队伍的最前面。这大概就是所谓的"连环马"。

冉闵骑的宝马名叫朱龙，日行千里，夜行八百，只见他左手持两刃大铁矛，右手执钩戟，双手挥舞，催动朱龙，如天神下凡一般冲入前燕军阵，接连斩杀三百多名鲜卑士兵。他远远地望见了慕容恪的元帅军旗，知道那就是中军所在，于是右手一挥双刃矛，率兵风驰电掣般猛冲过去，这正中慕容恪之计。

慕容恪指挥连环战马迎战冉闵，冉闵的攻势被挡下了。骑马的优势在于高度的机动灵活，慕容恪结起连环马，就是为了限制敌方的灵活性，增加己方防御功能，使中军不至于很快被冲垮。

就在冉闵苦苦冲击慕容恪中军的时候，慕容恪埋伏在两翼的骑兵杀出，把冉闵军团团围住。好汉难敌四手，在前燕军的优势兵力面前，冉闵军渐渐不敌。身边的将士一个接着一个倒下，冉闵只能选择突围。他大喊一声"撤"，便调转马头往回杀。冉闵不愧是冉闵，只见他左突右杀，把铁桶般的包围圈撕开了一个口子，打马往东而去。跑了大概有二十多里，朱龙马体力不支，突然倒地，口吐白沫而亡，冉闵被摔翻在地，铁矛和铁戟也脱手而出。前燕军看见，大喜，把冉闵包围后生擒。慕容恪命人把冉闵等人押送到蓟城，自己在中山郡镇守。

永和八年（352）四月二十日，冉闵被押送到蓟城，慕容儁命人把冉闵带到他的面前。他上下打量了一下传说中的冉闵，然后说：“你本是个奴仆，才能低劣，为何敢称天子？”冉闵双手被绑，成了阶下囚，但气势不减，他朗声回答道：“天下大乱，尔等夷狄，人面兽心，尚且称帝。我乃中土英雄，为什么不能称帝？！”

慕容儁大怒，命人重打冉闵三百皮鞭，冉闵忍痛一声不吭。打完后，慕容儁把冉闵送到了龙城。

平狄将军慕容垂率军抵达绎幕，原后赵将军段勤和他的弟弟段思聪献出城池投降。

四月二十五日，慕容儁派慕容评和中尉侯龛率精骑一万攻击邺城，慕容儁也亲自抵达邺城外。冉魏大将军蒋干和太子冉智据城抗敌，但城外的冉魏军纷纷投降前燕，遏制不住。

邺城被围，城中粮食严重短缺，人们饿急了眼，在大街上自相残杀，谁获胜了，输的一方就成了谁的腹中之食。后宫中，后赵时期从各地遴选来的美女，竟被饿急了的士兵烹食殆尽。

这样下去不是办法，蒋干派侍中缪嵩、詹事刘猗向驻守寿春的晋安西将军谢尚递交降书顺表，请求援军。

五月二日，慕容儁派慕容军、慕舆根和皇甫真等人率领两万部队协助慕容评攻打邺城。

五月三日，慕容儁命人在龙城遏陉山杀死了冉闵。这时候恰逢天旱，山周围七里的草全部枯萎，蝗虫四起，农作物被毁，一连几个月都不下雨。古人迷信，慕容儁见此情况心神不安，认为是冉闵的鬼魂在作怪，于是派人到山上祭祀冉闵，追封他为“武悼天王”[①]。

八月十三日，冉魏的长水校尉马愿等人打开邺城，投降了前燕。蒋干和都护戴施不愿降燕，从城墙上放下绳子爬了下去，逃奔到仓垣。

---

① 据《晋书》中记载，慕容儁追封冉闵为“武悼天王”，据《资治通鉴》则为“悼武天王”。

慕容评把冉魏的董皇后、太子冉智、太尉申钟、司空条攸以及御用车辆、衣服、珍宝等，统统送到了蓟城。冉魏尚书令王简、左仆射张乾、右仆射郎萧自杀。

为了显示自己是正统，慕容儁谎称董皇后呈献了传国印玺，封董皇后为奉玺君，封冉智为海宾侯，任命申钟为大将军右长史。之后，他命辅弼将军慕容评镇守邺城。

至此，冉魏国灭亡。这个政权只存在了三年，共有一位君主，就是冉闵。

十一月十三日，慕容儁正式称帝。

升平元年（357）十一月，慕容儁把前燕的首府从蓟城迁到了邺城，并命人整修铜雀台。

升平三年（359），慕容儁生病了，而且病情不断加重，他招来太原王慕容恪、司空阳骛、司徒慕容评、领军将军慕舆根等人，命他们接受遗诏辅佐朝政。

升平四年（360）正月二十一日，慕容儁去世。正月二十五日，太子慕容暐登基，尊可足浑皇后为皇太后，任命慕容恪为太宰，总领朝政；任命慕容评为太傅、阳骛为太保、慕舆根为太师，共同参政。

慕舆根性格比较倔，自恃是三朝元老，对皇帝让慕容恪总领朝政老大不服气，和慕容恪说话总是居高临下。皇太后可足浑不时干预朝政，慕舆根想作乱，便以此为借口挑拨慕容恪道："皇上年幼，太后干政，您应该多加防范，防止不测事件发生。兄亡弟及，古今都有例子，您应该登上大位，为大燕国谋求福祉。"

慕容恪闻听大惊道："你这是醉话吗？我们共同接受遗诏辅佐朝政，你怎么敢这么说话！"

慕舆根看无法说动慕容恪，表露出羞愧之色，连说自己是真醉了，叫他不要介意。但慕容恪觉得事关重大，把这件事告诉了慕容垂，慕容垂建议他除掉慕舆根，慕容恪觉得不妥，他不无忧虑地说："先帝刚刚故去，晋和秦蠢蠢欲动，我们此时自相残杀，就是有负先帝重托，还是先忍耐一下，静观其变吧。"秘书监皇甫真也建议尽早除掉慕舆根，慕容恪没有答应。

慕舆根又来可足浑太后这里煽风点火，他对可足浑太后说："太宰和太傅在一起密谋，意图不轨，请您允许我率领禁卫军去除掉他们。"

可足浑太后也觉得慕容恪和慕容评他们碍手碍脚，正要答应，慕容暐却不同意。别看这个小皇帝年龄不大，但比较有主意，因为他的反对，这个事就没成。

慕舆根两计不成，又生一计。他以思念故土为由，同时向可足浑皇太后和慕容恪上书说："而今天下萧条，外敌环视，国大忧深，我们不如返回龙城，图个清静。"慕舆根这样做，意图在内部制造混乱，好收渔翁之利。

慕容恪一看慕舆根贼心不死，终于下定决心要去除这个隐患。他去找太傅慕容评商议对策，定下主意后，秘密向皇帝慕容暐上表陈述慕舆根的罪行，并立即命右卫将军傅颜在内省杀死慕舆根，连同他的妻儿、同党亲信等一并诛杀。

事后，朝中一片肃杀之气，大臣们深感震惊，倒是慕容恪依旧举止淡定，神色如常。慕容恪每次出入宫廷都只带一个侍卫跟随，不少人劝他应该多带侍卫，保护自身安全，他对他们说："现在人心不稳，如果连我都表现得焦灼不安，还怎么让他们安定下来？"

慕容恪的沉着冷静安定了人心，朝中局势逐渐恢复平静。

桓温第一次北伐

后赵被冉闵灭亡，长安又被苻健占领，羌帅姚弋仲无处可去，于是归降了晋朝。姚弋仲去世后，他的儿子姚襄接掌了部众，率领手下六万户人家南下。司马聃下诏命他驻扎谯城。

偏安江左的东晋仁人志士，无不以北伐收复中原失地为己任，现在北方大乱，他们纷纷摩拳擦掌，准备大展身手。褚裒以皇太后褚蒜子父亲的身份占得先机，被任命为征讨大都督，出师北伐，结果被打得大败。褚裒急火攻心，一病不起，不久就去世了，年四十八岁。

桓温也向朝廷上书，要求北伐。这时候的桓温因为灭了成汉，在朝野上下有了巨大的声望，他所统领的八个州甚至可以不向朝廷缴纳赋税，税收全部由他自已支配。朝廷对桓温十分忌惮，还重用他的对头——名士殷浩来压制他，因此桓温多次上书要求北伐，朝廷均不允许。殷浩上书请求北伐，朝廷倒是批准了，但殷浩军事能力一般，又和已归附晋的姚襄起了冲突，被姚襄打得大败，殷浩因此被贬为庶人。

历史选择了桓温。这时候前燕已经消灭冉魏，夺取了中原，气势正盛，桓温认为应该避开前燕，决定先伐前秦，朝廷终于批准。

永和十年（354）二月十一日，征西大将军桓温统率四万兵马浩浩荡荡从江陵出发。水军经襄阳，穿均口，抵达南乡；步兵从淅川直奔武关。

桓温派兵攻打上洛，活捉了前秦荆州刺史郭敬，后又攻破青泥。同时命凉州刺史司马勋从子午谷出兵北上伐秦，司马勋攻取了前秦西部的土地。前凉也前来支援晋，派秦州刺史王擢攻打陈仓。

苻健早知桓温威名，听说桓温来攻，迅速准备防御。他首先命人收割了地里的麦子，坚壁清野，然后派太子苻苌、丞相苻雄、淮南王苻生、平昌王苻菁、北平王苻硕等率领五万大军在峣关集合，精锐尽出，去抵挡桓温大军。

四月二十日，桓温的主力部队到达蓝田，与前秦军展开厮杀。苻生力大无穷，单枪匹马冲入桓温军队，杀进杀出十几次。桓温部将应诞、刘泓尽被杀死，晋军损兵折将，损失惨重。但晋军不甘示弱，将士们奋勇拼杀，桓温也亲自带兵冲杀，前秦军终于不敌，被打得大败。

打仗亲兄弟，上阵父子兵。桓温取得胜利，他的弟弟桓冲在白鹿原也击败了前秦猛将苻雄。随后，桓温转战前进，于四月二十五日抵达霸上。

太子苻苌退守城南，苻健则和六千老弱残兵守卫长安小城。苻健把城内仅有的三万精锐兵士全数派出，交给大司马雷弱儿率领，让他与苻苌等合兵一处，共同抵抗晋军。

关中郡县迫于桓温威势，纷纷来降。桓温让他们不要慌张，说自己只是讨伐逆贼，和老百姓无关，让他们安心生产。老百姓们有的带酒，有的拿肉，纷纷出来迎接、慰劳桓温军队，有些老年人很久没有看到晋朝的军队了，他们老泪纵横，叹道："想不到我们有生之年还能再见到王师！"桓温看到这场面也很激动，不断向大家施礼道谢。

有一天，桓温正在大帐中对着地图研究进军方略，下人来报，说有人求见，桓温也是爱才之人，便命让那人进来。没一会儿有人进来，只见他身穿褐色服装，身材魁梧，相貌英俊，面对手握重兵的桓温也气定神闲，只是估计很久没有洗澡了，一身的馊味。来人自我介绍说，他叫王猛。

这是中国历史上一个响当当的人物。王猛，字景略，是北海郡人，住在魏郡，从小家庭贫苦，但他胸怀大志，十分刻苦，熟读兵书战策。他隐居于华山等待时机，这次听说桓温入关，觉得机会来了，便出山前来见他。

王猛见到桓温后，旁若无人，侃侃而谈，纵论天下时事，一边说，一边不时伸手捉住身上的虱子掐死。桓温听他一席话，又见他的举动，觉得他是个奇才，问他道："我奉天子之命，统率十万精兵，仗义讨逆，为百姓铲除残贼，但三秦的豪杰为什么不来归附呢？"王猛抖抖衣袖，呵呵一笑，道："明公不远数千里深入敌境，长安近在咫尺却不渡灞水，百姓不了解您的真正意图，所以豪杰之士不来。"此话正说中桓温的心思，他听了沉默不语，半晌后缓缓说："江东没人能和你相比！"于是暂时任王猛为军咨祭酒。

桓温与苻雄等在白鹿原交战，这次晋军失利，死亡一万多人。又逢军粮接济不上，于是在六月一日，桓温开始撤退，并强制关中三千多户人家随行。

桓温任命王猛为高官督护，想让他和自己一起回江东。王猛拿不定主意，回山去请教老师，老师对他说："你和桓温不能并存，在此地自可富贵，何必远行！"于是王猛留了下来，桓温也尊重他的选择，没有强行带他走。

苻苌率军尾随桓温，不时前来袭扰。桓温军士气低落，屡战屡败，等到抵达潼关的时候，已经又损失了将近万人。

但和桓温打这一仗，也让前秦损失惨重。永和十年（354）六月二十日，苻雄受伤去世，苻健为此哭得吐血，说："这是老天不让我平定四海吗？为何这么快把元才（苻雄的字）夺走？"他追封苻雄为魏王，给他举行了高规格的葬礼。苻雄的次子苻坚继承了爵位。

不久，前秦太子苻苌也被流箭射中，久治不愈，最终于本年十月去世。桓温北伐取得阶段性胜利，他率领大军返回襄阳，静待下一个机会。

桓温第二次北伐

前面说到，姚襄打败了殷浩率领的朝廷军队，经过解释，虽然晋廷原谅了他，但姚襄知道这个仇晋是一定要报的，于是他没有犹豫就投降了前燕，还顺势攻下了晋的许昌。

姚襄这么折腾，新仇旧恨加在一起，晋不能不管了。永和十二年（356）三月，晋廷下诏，任命桓温为征讨大都督，兼督司、冀二州诸军事，出师讨伐驻扎在许昌的姚襄。姚襄这时候正派兵攻打洛阳，洛阳守将为晋叛将周成，姚襄打了一个多月也没有攻下来。

桓温接到第二次北伐的命令十分高兴，立即整顿军队准备出发。他派督护高武驻守鲁阳，派辅国将军戴施在黄河岸边驻扎，自己亲率大军出江陵。

七月，桓温率众渡过淮河，进入泗水。他很激动，和众位将士登上楼船，眺望老祖宗的生活之地，感慨万千，说："使中原沦落于胡人之手，历史悠久的百年城池成为废墟，王夷甫（即王衍）等人难逃罪责啊！"

这时候，他身边的记室袁宏不长眼，说道："国运兴衰自有定数，岂是哪个人或者哪批人的过错。"桓温一听很不高兴，立马就变了脸色，严厉地说："三国时，刘景升（即刘表）有一头重达千斤的大牛，吃的草料是普通牛的十倍，但在拉东西走远路的时候还不如一头瘦弱的母牛。曹操夺取荆州后把它杀了犒劳将士，大家都拍手称快。"桓温是在把袁宏比作老牛，这使他身边的人大感吃惊，袁宏也吓得脸色大变。

桓温命袁宏写《北征赋》。桓温想，如果袁宏写得不好，我就治他的罪！不过袁宏出身于陈郡阳夏大姓家族，受过教育，颇有才华，洋洋洒洒，不大工夫就写成了。周围的人看了这篇文章都啧啧称赞，桓温看过后也称赞不已，他道："当世的人们不得不以这篇赋来推崇袁宏了。"袁宏算是将功抵过，长出了一口气。

部队继续前行，八月六日，桓温大军抵达伊水，就地扎营。

姚襄得知桓温前来，撤除了对洛阳的包围，转过头来抵抗桓温。他把精锐部队隐藏在伊水北岸的树林里，然后派使者去见桓温，送上了他的亲笔信。信中说："承蒙您亲率王师前来，如今我要动身到关中去，请您命令三军稍稍后撤，我当拜俯在路边，表示感谢。"

桓温"啪"的一声把信往桌上一拍，喝道："我来收复中原，祭拜皇陵，不关你的事！你想来见我就亲自来，离得这么近，何须派使者过来！"

姚襄在伊水北岸固守，等待桓温。桓温命令部队排开阵势，向姚襄发起攻击。桓温身披铠甲亲自上阵，率领弟弟桓冲等人奋力杀敌，姚襄军大败，数千人被杀。姚襄率领数千骑兵逃往邙山，之后又越过邙山一路向西，桓温派兵追击，没有追上。

有个叫杨亮的弘农郡人脱离了姚襄的队伍，来投降桓温，桓温向他打听姚襄为人，杨亮说："姚襄气度不凡，是孙策一类的人物，但在雄健威武方面胜过孙策。"

慑于桓温的威势，占据洛阳的周成率众出城投降，桓温把部队屯扎在城内原皇宫太极殿前，不久又移驻到金墉城。金墉城在西晋的八王之乱时期比较热闹，臭名昭著的皇后贾南风就被毒死在这里。

桓温挨个拜谒司马家皇陵，对被损坏的陵墓进行了修复，墓前树木被毁的也重新进行了栽植，又安排了专人打扫、看守陵墓，由朝廷给他们发工资。

安排停当以后，桓温上表朝廷，推荐镇西将军谢尚为都督司州诸军事，镇守洛阳。因为谢尚来到洛阳还需要一段时间，桓温留下颍川太守毛穆之、督护陈午、河南太守戴施，另外拨给他们两千兵力，让他们守卫洛阳，保护皇家陵墓。桓温把当地三千多户百姓强制迁徙到长江、汉水之间，然后押着反复无常的降将周成班师回朝。

收复旧都，晋穆帝司马聃感慨万千，派兼任司空的散骑常侍车灌等人持节，前往洛阳，整修司马家的陵墓，他自己则和群臣身穿孝衣，在建康的大殿里遥望洛阳，痛悼三天。

第五章　大帝苻坚

苻坚夺权

前秦太子苻苌死后，立新太子的问题摆在了苻健的面前。强王后想立晋王苻柳，但苻健以前看到过的谶文中有"三羊五眼"这句话，正常的三只羊应该六只眼，淮南王苻生正好少一只眼，苻健认为这是天意。加之苻生在和晋军的战斗中立下赫赫战功，而且他体格健壮，力举千钧，威武勇敢，徒手能击毙猛兽，在近身搏斗、骑马射箭等项目上均冠绝前秦，苻健很喜欢他，于是就立他为太子。

永和十一年（355）六月初六，苻健卧病在床，几天起不来身。六月初十，苻菁以为苻健已经死了，带兵攻入太子的东宫，想杀死苻生自立为帝，可是他东找西找也没有找到苻生，原来苻生正在西宫服侍老爹，苻菁于是离开东宫，率兵攻打东掖门。

苻健得知苻菁叛乱，强撑病体登上端门，列兵以待。苻菁的手下看见城楼上皇帝苻健还好好的，顿时惊慌失措，扔下武器就跑，苻菁成了个光杆司令，被生擒。苻健列举他的罪状后把他杀死，其余人等不予追究。

苻健自感时日无多，命人把太师鱼遵、丞相雷弱儿、太傅毛贵、司空王堕、尚书令梁楞、左仆射梁安、右仆射段纯、吏部尚书辛牢等八个人招来，命他们接受遗诏，辅佐朝政。他用仅剩的一口气嘱咐太子苻生说："六夷酋长和其他朝中大臣，有胆敢不服从你命令的，你可以逐渐铲除。"

六月十五日，苻健去世，年三十九岁。次日，苻生即皇帝位，大赦，改年号为"寿光"。

群臣上奏说："不等下一个年度就更改年号，不符合古礼的规定。"苻生暴怒，命令追查主谋，查到了右仆射段纯身上，虽然段纯是八个顾命大臣之一，但苻生也毫不客气，立刻斩了他。

苻生尊母亲强氏为皇太后，立梁氏为皇后（梁氏为左仆射梁安的女儿）；封卫大将军苻黄眉为广平王，前将军苻飞为新兴王，苻生对他们二人一直都比较欣赏。之后苻生征召大司马武都王苻安兼任太尉；晋王苻柳为征东大将军、并州牧，镇守蒲阪；魏王苻廋为镇东大将军、豫州牧，镇守陕城；吕婆楼为侍中、左大将军。然后又任命善于溜须拍马的赵韶为右仆射，填补段纯留下的空缺，任命太子舍人赵诲为中护军，著作郎董荣为尚书——赵韶、赵诲、董荣三人都是苻生的心腹亲信。

中书监胡文、中书令王鱼对苻生进言道："近来天象异常，不出三年必定国有大丧，还会有大臣被杀死，请陛下修德以避之！"苻生闻听后沉思了一下，说："皇后和朕共治天下，足以堵塞大丧之变；太傅毛贵、车骑将军梁楞、左仆射梁安接受遗诏辅政，可谓大臣。"九月，苻生以莫须有的罪名杀死了皇后梁氏以及毛贵、梁楞、梁安。毛贵是梁皇后的舅舅。

四个月内，八个辅政大臣就被杀掉四个，但这只是开始，苻生在残暴之路上将越走越远。

前秦丞相雷弱儿是南安羌族酋长，他性情耿直，看不惯苻生的宠臣赵韶、董荣等人。赵韶和董荣与雷弱儿结下仇怨，联合起来陷害他，向苻生报告说他意图谋反。苻生也对雷弱儿的耿直存有芥蒂，听到消息也不分辨，直接下令杀掉了雷弱儿及其九个儿子、二十七个孙子。族人被杀，这引起了各羌族部落的不满，他们对氐族建立的前秦政权开始有了叛离之心。

司空王堕疾恶如仇，也非常厌恶靠溜须拍马上位的右仆射董荣等人，结果被董荣陷害致死，王堕的外甥、时任洛州刺史的杜郁也被陷害致死。

苻生天生瞎一只眼睛，这造成了他极度自卑的心理，自卑压抑久了，渐渐竟变成了变态的残暴，动辄杀人，且刑罚残忍至极。左光禄大夫强平仗着自己是苻生的舅舅，劝谏苻生，苻生不听，用铁锤把强平的头颅敲碎，强太后因此忧愤而死。

此时，被桓温打败的姚襄还没有找到合适的安身立命之所，他听说长安城内怨气冲天，便准备进攻关中。升平元年（357）四月，姚襄进驻杏城（今陕西黄陵县），派堂兄辅国将军姚兰前去攻占敷城，派哥哥曜武将军姚益生、左将军王钦卢各自统兵前往各地做统战工作，同时招降羌、匈奴等各部族人马充实军队，羌人、匈奴人及汉人归附他的有五万多户。

苻生派苻飞攻击姚兰，姚兰不敌，被生擒。姚襄率主力部队进驻黄落，苻生派卫大将军广平王苻黄眉、北平将军苻道、龙骧将军东海王苻坚和建节将军邓羌等几员猛将，率领一万五千人前去抵抗。两军战在一处，姚襄不敌，命令退兵，可正在这时，他的坐骑鬐眉骝突然马失前蹄，将他摔倒在地。姚襄被活捉，后被苻坚杀死。姚襄一死，他的弟弟姚苌无心再战，率领部众投降了前秦。

苻黄眉等人立下战功，兴冲冲地返回长安，等着受封赏，但苻生记恨之前苻黄眉曾经替强平说情，不但对他不赏，反而当众羞辱他。苻黄眉受到这般羞辱，自然非常郁闷，就同人谋划要除掉苻生，只是不幸消息走漏，苻黄眉被杀，还牵连得一批王公贵戚都被杀死了。

苻生有天晚上做了个奇怪的梦，他梦见一条大鱼在吃蒲草，因为他的"苻"姓是由"蒲"姓而来的，大鱼吃蒲草，不就表示是在吃自己吗？于是他从睡梦中惊醒，出了一身冷汗。苻生认为梦中警示的是"鱼"要对自己不利，于是把任太师、录尚书事的广宁公鱼遵连同他的七个儿子、十个孙子统统杀死了。

苻生阴晴不定，大臣称颂他，会被杀；劝谏，也会被杀。面对这样一个皇帝，满朝文武战战兢兢，度日如年。每次上朝前他们都要先和家人告别一番，因为他们不能保证自己能活着回家。在这样的情况下，一些人把希望寄托在东海王苻坚身上。

苻坚，字永固，又名文玉，自小聪慧，乐善好施，博学多才，看起来是个明主的样子。有人私下劝苻坚夺取江山，苻坚去征求尚书吕婆楼的意见，吕婆楼说："我朝不保夕，难成大事，但我认识一位叫王猛的能人，他腹有韬略，定能帮王爷办成大事，我现在去请他来。"苻坚一听，非常高兴，赶忙说："快去请，快去请。"

过了几天，吕婆楼带着王猛前来拜访。苻坚亲自出门迎接，拉着王猛的手来到了厅堂，落座上茶后就开始谈论古往今来的天下大事。两个人对时局的看法高度吻合，越谈越投机，一谈就是大半天，末了，苻坚拉着王猛的手说："我遇到先生，如刘备遇到诸葛孔明啊！您就别走了，和我共图大事吧！"王猛道谢道：

"感谢王爷抬爱，愿效犬马之劳。"

有天晚上，苻生又喝得酩酊大醉，他嘴里含糊不清地对侍女说："苻法（苻坚哥哥）兄弟也不可靠，等天明就把他们除掉。"这名侍女早已被苻坚他们买通，她认为这是苻生酒后吐真言，趁着苻生熟睡的时候赶忙去向苻坚和苻坚的哥哥清河王苻法报信。苻坚兄弟一听，觉得时间不等人了，决定当晚就起事。

苻法和梁平老以及光禄大夫强汪率领数百个勇士暗中潜入云龙门，苻坚和吕婆楼则亲自率领三百个精锐士兵直接攻打皇宫。禁军一看是东海王来了，扔下武器就投降了——他们也期望暴君苻生早点下台，等这一天已经等很久了。

苻坚带兵闯入苻生的寝宫。苻生本在呼呼大睡，这时被外面的嘈杂声惊醒，睁开了自己仅有的一只眼睛。看到屋子里突然多出来了很多人，他紧张地问身边的侍卫道："这都是些什么人？怎么进来的？"侍卫嘲弄他道："是贼人！"苻生发怒道："让他们磕头跪拜！"苻坚的部下都忍不住哈哈大笑，苻生厉声道："你们为什么还不跪下？再不跪下的，斩首！"

闹剧演到这里该结束了，苻坚的士兵不由分说把苻生拖拽到偏房囚禁起来。苻坚废苻生为越王，过了不久就命人把他杀死了，死时年二十三岁。

暴君已除，现在的问题是皇位由谁来坐。苻坚让哥哥苻法登基，他说："哥哥比我年长，应该由他继位。"但苻法不接受，他对苻坚说："你是嫡子，我是庶出，应该你来继位。"两个人推来让去。

这时候苻坚的母亲苟氏出面了，她流着泪对群臣说："朝廷大事重如泰山，我坚儿知道自己承担不起，可是诸位一再推举，日后如果有什么差池，过错不在我儿，全在诸位身上。"群臣顿时全都跪倒，请求苻坚登基，苻坚不再推辞，他去掉"皇帝"的尊号，称自己为大秦天王。继位后，他立即命人把中书监董荣、左仆射赵韶等二十多个奸臣拖出去斩首示众。

苻坚追封父亲苻雄为文桓皇帝，尊母亲苟氏为皇太后，立妃苟氏为皇后，立世子苻宏为太子。任命清河王苻法为都督中外诸军事、丞相、录尚书事，封东海公，其他亲王也都降为公爵。任命右光禄大夫、永安公苻侯（苻洪的弟弟）为太尉；晋公苻柳（苻生的弟弟）为车骑大将军、尚书令；弟弟苻融为阳平公，苻双为河南公；儿子苻丕为长乐公，苻晖为平原公，苻熙为广平公，苻睿为钜鹿公。任命李威为左仆射，梁平老为右仆射，强汪为领军将军，吕婆楼为司隶校尉，王猛为中书侍郎。

苻坚勤于政务，选贤用能。有一次他到尚书省巡视，看见档案管理相当混乱，直接就免去了尚书左丞程卓的官职，让王猛顶替。他还奖励农耕，设立学校，鼓励善行，体恤贫困百姓，给年长生活不能自理者赏赐谷物布匹。前秦的百姓生活渐渐向好，个个欢喜雀跃。

苻坚任命邓羌为御史中丞，任命王猛为侍中、中书令兼领京兆尹。京畿之地不好管，因为这里尽是皇亲国戚。光禄大夫强德依仗自己是强太后的弟弟，狐假虎威，作威作福，蛮横不讲理，经常借酒闹事，抢夺百姓财物和良家女子，人们敢怒不敢言。王猛到任后体察民情，命人逮捕了强德，并写奏章罗列强德的罪行，要求把强德在闹市处决。他知道苻坚一定会赦免强德，于是在奏章发出后就斩强德于街市。苻坚见到奏章，果然派人快马加鞭赶来，要求赦免强德，但已经太迟了，来人只见到了强德的尸体。

邓羌也为人正直，疾恶如仇，王猛和他志同道合，两人一起铲除奸邪，纠正冤假错案，打击豪门，短短几十天时间被处死和罢免的权贵就达二十多人。此事一出震动朝廷，贪官污吏不得不暂时收敛，政风民风为之一新。苻坚赞叹道："我今天终于知道，依法处理事情是多么重要！"

不久，苻坚任命王猛为吏部尚书，后又任命他为太子詹事，接着又让他兼任辅国将军、司隶校尉，准许他在宫中留宿，王猛仆射、詹事、侍中、中书令以及兼任的其他职务依旧保留。对于如此厚待，王猛推辞不受，但苻坚不准。

王猛当时只有三十六岁，一年中连续升迁五次，备受瞩目。

东山再起

晋豫州刺史谢奕去世后，朝廷任命吴兴太守谢万为西中郎将，监司、豫、冀、并四州诸军事，兼豫州刺史。谢万是谢奕的弟弟，他们两人都出身于陈郡谢氏，是名士谢裒的儿子。谢裒一共六个儿子，分别是谢奕、谢据、谢安、谢万、谢石和谢铁。

朝廷命新任豫州刺史谢万率军驻扎下蔡（今安徽凤台县），北中郎将郗昙（郗鉴之子）率军驻扎高平，抗拒前燕。

谢万颇有才华，但为人自命清高，不知道安抚体恤下属，他哥哥谢安对此十分担心，于是就与他一同出征。谢安对谢万说："你作为主帅，应该多和诸位将领欢宴，和他们谈心交流，他们高兴了，顺心了，才会甘心效命。"

谢万倒也听话，招来众位将领聚餐。在宴席上他用如意指着在座的将领说："各位都是精壮的士兵。"众位将领听后更加恼怒。散席后，还是谢安亲自到众将帐中一一拜访，表示歉意。

谢万带兵去支援被前燕进攻的洛阳，郗昙因为生病，撤兵到彭城。那时候通信手段不发达，谢万以为郗昙是被前燕打败了，感到害怕，也命令撤兵，将士不知道到底发生了什么，以为敌人追上来了，四散奔逃。将士们想趁乱杀掉谢万，但念及谢安，还是放了谢万一马。穆帝司马聃闻知此事勃然大怒，下诏把谢万废为庶人，把郗昙降为建武将军。经此一战，许昌、颍川、谯、沛等地相继被前燕夺去。

谢安，字安石，出生于大兴三年（320）。他七八岁的时候，他哥哥谢奕做县令，遇到一个老人犯法，就罚他喝度数很高的酒，老人都喝醉了，谢奕还让他继续喝。谢安坐到哥哥谢奕膝旁，劝他说："哥哥，这个老翁很可怜，不要再这样了。"谢奕就放老者走了。

长大后的谢安气宇轩昂，样貌不凡，为人风趣幽默，遇事沉着冷静，当时京师中人都仰慕谢安的风采，喜欢模仿他的举止。谢安有鼻炎，所以声音很特别，人们为了能学得像他的声音，故意用手掩住鼻子说话。

有一次，一个同乡被罢官，向谢安辞别，谢安问他是否有回家的路费，这个老乡说："盘缠不多，只有五万把蒲葵扇。"谢安笑着说："这个交给我了，你就坐等收钱把。"他拿起一把扇子，在闹市中转了一圈，士人和百姓看到了，觉得谢安拿着蒲葵扇的样子很帅，很有风度，于是争相购买，蒲葵扇的价格疯涨了数倍，他的老乡就这样卖掉了手中的蒲扇，挣到了足够的路费。

谢安也很擅谈玄，他曾拜访名士殷浩，问殷浩道："我们用眼睛去观察万物，万物是否就进入眼睛了呢？"殷浩没有回答上来。

出身名门，自身又有名气，谢安自然是各路官家争抢的人物，但谢安并不愿意受官场约束，朝廷多次征召，他均不到任，后来干脆到会稽的东山（大概在今浙江绍兴上虞区）隐居，每日和王羲之、孙绰、许询及和尚支遁等人寄情山水，吟诗作赋，好不痛快。王羲之的《兰亭集序》中，对他们一行人集会于山野之间的事也有记载。

有一次，谢安和王羲之、孙绰等人出海游玩，船行驶了一会后，海面上突然风起浪涌，王羲之等人都惊恐不已，大喊快点调转船头回家去，谢安却神情淡定，吟诗长啸，船夫见他不惧怕，也就继续向前行驶。很快，风更急浪更大，众人都坐不住了，嚷嚷着要回家，谢安这才慢悠悠地说："再往前走，恐怕就回不去了。"船夫于是掉头。谢安这种处变不惊的性格特点，为他以后在和桓温的斗争及淝水之战中取得胜利，起到了至关重要的作用。

晋廷对谢安寄予厚望，希望他早日出山，甚至有士大夫说出"安石不出，当如苍生何"的话。总之，谢安在当时的名气非常大。

当初家族聚会，谢家兄弟中有几个都做了高官，在座上格外的耀眼，谢安的妻子刘氏半开玩笑半抱怨地对隐居中的谢安说："这才是大丈夫的样子。"谢安捏着鼻子，做了个鬼脸道："恐怕以后我免不了要像他们那样啊。"说是这样说，他一点也不着急，照常在东山喝酒吟诗，照常欣赏歌伎们美妙的歌声和舞蹈。

但现在弟弟谢万被免官，加之之前哥哥谢奕去世，谢家眼看要走向没落，谢安决定出山挽救家族，让谢家继续辉煌之路。这时候他已经四十一岁了，正好桓温征召他到府中任司马，加上谢家和桓家关系不错，桓温也和谢奕交情颇好，所以谢安干脆利落地答应了。他收拾行囊，要从新亭出发到桓温府中报到了，不少人前来送行。中丞高崧和谢安开玩笑道："卿多次违背朝廷旨意，高卧东山，大家都说'安石不出，将如苍生何'，苍生今亦将如卿何！"谢安微微一笑，并不答话。成语"东山再起"就出自谢安出山的故事。

谢安到了桓温府上后，受到桓温很高的礼遇。桓温给他安排了宽敞的办公房间和舒适的住宿房间，房间内铺上地毯，办公桌也是最新购置的，笔墨纸砚等办公用品都是采购市面最好的。

桓温和初到府上的谢安在一起兴致勃勃地交谈，两个人都是名士，一谈就谈了大半天。后来谢安告辞出门，桓温还意犹未尽地对左右的人说："你们曾经见过我有这样的客人吗？"

他们两人互相欣赏，相处融洽。有次桓温到谢安处，谢安正在梳头，他见桓温来了，急忙取来衣服和头巾，桓温说："不用如此麻烦，戴个帽子就行了。"还有次桓温生病，谢安前去探望，从东门入，桓温远远看见谢安的身影，赞叹道："我的门下很久没有如此人物了。"

不过谢安在桓温府上也遇到了一次小尴尬。一天，桓温和谢安、名士郝隆在一起闲谈，这时候有人送来了一束药草，桓温就问他们道："这种草药叫小草，又叫远志，为什么会有两种称呼？"谢安没有立即回答。郝隆说："这好解释，在山中的时候它叫远志，出了山就叫小草了。"谢安听出这是有点讽刺自己的意思，当即脸就红了。桓温哈哈一笑，打圆场道："郝参军真会开玩笑。"

郝隆博学多才，为人风趣幽默。那时候在七夕当天，读书人会把书籍拿出来晾晒，有钱人则会把绫罗绸缎拿出来晾晒，但郝隆在这一天却腆着个大肚子，在椅上悠闲地躺着晒太阳，有人问他这是为什么，他说："我这是在晒书。"众人听了哈哈大笑。

谢安只在桓温府上待了不到两年。弟弟谢万去世，他借口处理弟弟的丧事归家，后被朝廷任命为吴兴郡太守，又被征召为侍中。

升平五年（361）五月二十二日，穆帝司马聃突然生病去世，年十九岁。他没有留下子嗣，皇太后褚蒜子命二十一岁的琅琊王司马丕（司马衍的长子）继位，史称晋哀帝。

司马丕年纪轻轻便追求长生不老之术，不断吃一些乱七八糟的丹药，这类东西吃得多了，就渐渐中了毒。兴宁三年（365）二月，晋哀帝司马丕去世，年二十五岁。司马丕没有儿子，崇德太后褚蒜子临朝听政，命琅琊王司马奕继位。司马奕是司马丕的同母弟弟，此时二十四岁。

桓温第三次北伐

收复洛阳使晋廷一度十分欢欣，但攻城容易守城难，在慕容恪和慕容垂的联手攻击下，洛阳很快又失陷了。之后，慕容恪进一步攻取崤谷、渑池，前燕势力大增，关中震动。

太和二年（367）夏季，四十七岁的慕容恪生病了，长年的战争使他身体透支得厉害。慕容暐亲自来探视他的病情，咨询后事，慕容恪说："臣死之后，请陛下把国政委托给吴王（慕容垂），这样国家就可以保持安稳，如若不然，晋和秦将会窥视我国。"言毕，慕容恪溘然长逝。

慕容恪是一位杰出的将领，被后世誉为"十六国第一名将"，唐朝、宋朝的武庙均供奉有他牌位。

之前慕容恪病重时，因为顾虑慕容暐刚成年，还不能全部掌握权力，而太傅慕容评生性多疑，和慕容垂关系也比较不好，恐怕大司马一职落不到慕容垂头上，就对慕容暐的哥哥乐安王慕容臧说："大司马统管六军，是国家命脉，责任重大，这个岗位一定不能选错了人。我死之后，大司马一职可能让你或慕容冲（慕容暐的弟弟）担任，你们虽然才识敏捷，但是年龄尚轻，还没有经历过什么磨炼，吴王慕容垂才智出众，希望你们能推荐他接任大司马一职，到时候一定能统一天下。你们应该以国家为重，千万不能贪图权力而忘记国家安危。"慕容恪又把这些话对慕容评说了一次，应该说他考虑问题已经相当周到了，但问题是慕容评并没有听到心里去，在他的建议下，慕容暐任命中山王慕容冲为大司马，而慕容垂仅仅被任命为侍中、车骑大将军、开府仪同三司。

慕容恪去世对前燕来讲是坏事，却是桓温期待已久的机会。太和四年（369）三月，晋大司马桓温再度上书朝廷要求北伐，并建议徐州、兖州刺史郗愔带领京口兵、豫州刺史袁真带领豫州兵和他一同北伐，受他节制调度。桓温的荆州兵加上京口兵、豫州兵，这是晋的三大主力部队，桓温是打算倾全国之力出师北伐。如今晋廷是桓温说了算，他的提议自然得到批准。

郗家在京口（今江苏镇江）深耕几十年，京口兵是郗鉴当年把北方流民组织起来，加以严格训练，才逐渐形成的一支战斗力强、纪律严明的劲旅。桓温经常说："京口酒可饮，兵可用。"他对这支部队垂涎三尺，一直想据为己有，对郗愔久居京口非常不满。

但郗愔政治头脑稍差，他得到北伐命令后也是心潮澎湃，准备大展身手，还给桓温写了一封信，表示要与他共辅王室，收复中原。郗愔的儿子郗超当时在桓温府做参军，和桓温关系密切，很了解桓温的心思。他看到父亲写给桓温的信后，当即撕碎，又模仿父亲笔迹重新写了一封。"郗愔"在这封信中说自己年老多病，希望离职休养，并请桓温统领自己的部队。桓温见信后非常惊喜，当即建议朝廷调任郗愔为会稽内史——这是个肥差，桓温本人则亲自兼任徐、兖二州刺史，统领京口兵。

太和四年（369）四月一日是个好日子，桓温率领五万大军从姑孰出发，文武百官前来饯行，桓温威风凛凛，志得意满，准备要一举收复中原。

桓温从兖州走水路北上，郗超说："到临漳路途遥远，汴水较浅，水路运粮会有困难。"但桓温听不进去。

不久，桓温抵达了一个叫金城（今江苏句容北）的地方，他命大船停下，然后登陆上岸。他对这个地方太有感情了，当初他做琅琊内史的时候经常视察金城，还在河岸边种下了不少柳树，转眼三十多年过去，当年的小柳树苗已经长成参天大树，可达十围粗，而当年他只有二十岁左右，正是风华正茂的好年纪，如今他已经五十八岁了。岁月不饶人，桓温抚摸着裂痕斑斑的黑树皮慨然长叹："木犹如此，人何以堪！"不觉间已经泪流满面。这就是著名的"桓公叹柳"的故事。

桓温率军继续北上，六月抵达金乡（今山东金乡县北）。恰逢大旱，水路无法继续行军，桓温命冠军将军毛虎生在钜野（今山东巨野县）挖掘出三百里运河，使得济水和汶水相接，这条运河被称为"桓公渎"。桓温率军队由清河进入黄河，舰船相连，绵延数百里。

桓温派建威将军檀玄进攻湖陆，生擒前燕守将宁东将军慕容忠。

面对晋军的攻势，慕容㬵任命下邳王慕容厉为征讨大都督，率军两万迎战，但被晋军打得大败，慕容厉只身逃走，高平郡太守徐翻投降。晋前锋邓遐和朱序在林渚又击败了前燕将领傅颜。慕容㬵派乐安王慕容臧率军抵抗，又大败，他急忙派散骑常侍李凤前往前秦求救。

七月，桓温率军抵达枋头（今河南浚县东南），慕容㬵和太傅慕容评等人十分惊慌，他们一看桓温果然名不虚传，再顽抗下去可能会被活捉，便计划向北逃回旧都龙城去。

慕容垂不同意逃走，他说："请允许我带兵去攻打晋军，如果失败，再走也不迟。"慕容㬵和慕容评一听，也没有其他更好的办法了，只有让慕容垂一试，于是任命慕容垂为使持节、南讨大都督，另外任命慕容德为征南将军，率军五万，共同迎击桓温。慕容垂又请求让司徒左长史申胤、黄门侍郎封孚、尚书郎悉罗腾一同前往，得到批准。

为保证万无一失，慕容㬵同时派散骑侍郎乐嵩去前秦请求救援，承诺把虎牢关以西的土地割给前秦。在王猛的劝说下，八月，苻坚派将军苟池、洛州刺史邓羌率两万将士去救援，抵达颍川后驻扎，并派人告知前燕。

封孚问申胤道："桓温军容整齐，士气高涨，为什么他停驻在堤岸之下不出击？他有什么打算呢？"申胤回答道："如果仅从表面上看，桓温似乎会有所作为，但以我观察，桓温成功不了。这是为什么呢？因为司马氏衰微，桓温专权，一支独大，有吞并其他家族势力的趋势，这些世家大族必然会从中作梗，不让桓温的胜利继续下去。桓温性格多疑，不善于冒险突击，只求稳中求胜，时间一长，军粮运输就会出现问题，到时候他会一败涂地。"

桓温让降将段思做向导。前燕尚书郎悉罗腾与晋军交锋，活捉了段思，之后悉罗腾和虎贲中郎将染干津又杀死了桓温的部将李述，晋军士气受到影响。

当初，桓温命豫州刺史袁真攻打谯郡、梁国，开凿石门（今河南荥阳北），使睢水和黄河连通，用来运输军粮。临行前，桓温对袁真再三叮嘱开凿石门通道是大军的生命线所系，要袁真务必完成任务，袁真当即允诺。袁真率军奋力攻下了谯郡和梁国，但却无法凿开石门，水运受阻。

前燕也意识到了石门的重要性。九月，慕容德率骑兵一万、兰台侍御史刘当率骑兵五千赶赴石门，阻挡袁真的开凿工程，袁真部队受阻。与此同时，前燕豫州刺史李邦率领五千人截断了桓温的粮道。

慕容德派将军慕容宙率一千精骑做前锋，和晋军正面交锋。慕容宙设三处伏兵，然后让两百骑兵前去挑战晋军，晋军一到，燕军就被"吓得"逃走，晋军追击，中了埋伏，死伤惨重。

桓温屡屡失手，军粮也要吃尽，又得到前秦军队即将到来的消息，他觉得这仗是没法打下去了。

太和四年（369）九月十九日，桓温命令烧毁舟船，让士兵脱掉铠甲，抛弃辎重，从陆路轻装撤退。桓温从东燕郡（今河南延津县东北）到了仓垣，为了防止前燕在河里下毒，晋军自己开挖水井吃水，就这样一路狂奔了七百多里。

前燕的将军们要求派兵速速追击，慕容垂说："不急，桓温很谨慎，他退兵的时候一定会让精兵断后，我们马上追击讨不到便宜。等他们走了一段路后筋疲力尽了，又发现后面没有追兵，思想一定会松懈，到时候我们全力追击，一定会大获全胜。"于是慕容垂亲率八千精骑远远地跟着桓温的队伍前行。

过了几天，慕容垂下令道："全速进攻桓温！"前燕军催动战马狂奔，在襄邑（今河南睢县）追上了桓温的主力部队，这时候慕容德先期率领的精骑四千人已经埋伏在襄邑东的山涧中了。慕容垂与慕容德都是猛将，他们两面夹击，这时候桓温军已经走得筋疲力尽，加之士气低落，大败，被杀死三万多人。桓温率残兵到达谯郡，突然前秦的苟池、邓羌又杀将出来，桓温又损失万人。

十月二十二日，桓温率领仅剩的万余名残兵败将到达了山阳（今江苏淮安）。

桓温的这次北伐是他的第三次北伐，也是最后一次。这次败仗，史称"枋头之战"。

桓温遇到了生平从未有过的大败仗，非常愤怒，为了转移朝廷众臣的焦点，他把这次战败的责任归咎于石门的水运通道没有打通，于是上书朝廷，要求把袁真贬为平民。袁真自然不认账，也上书喊冤，认为这是桓温诬陷自己。朝廷自然是听桓温的。袁真一气之下在寿春反晋，投降了前燕，并请求前燕派兵援助。

秘书监孙盛写的《晋春秋》里，真实记载了桓温的枋头之败。桓温看到此书后暴怒，对孙盛的一个儿子说：“我在枋头确实失利了，但还不至于像你父亲说的那样，如果这部书流传出去，你要考虑你满门的安危！”

孙盛的儿子一听这可不得了，赶忙去找父亲孙盛，要他修改。当时孙盛年龄已经很大了，儿孙绕膝，但他有一身傲骨，当场拒绝了桓温的修改要求。孙盛的儿子们得到消息，全部跪倒在他面前，痛哭流涕，要求他以家族百余口的性命为重，修改对枋头之战的记录。孙盛被儿子们的行为气得胡子撅得老高，坚决不答应。儿子们没办法，就私下里对书进行了修改，但之前孙盛已经抄写了一部并送到境外。后来晋孝武帝收购天下奇书时，从辽东人手里购得此书，于是《晋春秋》就有了两种版本并存于世。

逼走慕容垂

慕容垂战胜桓温，挽救了前燕，兴高采烈地率军返回邺城。得胜回来，慕容垂为属下上表请功，还附上了立下军功的将士名单。

慕容评嫉妒慕容垂，他首先看到慕容垂的奏章，压着不往上递，慕容垂多次催促，他都置之不理，两个人甚至在朝堂上公开发生争执，彼此对对方都有了怨恨。我们前文讲过，可足浑皇太后一直讨厌慕容垂，此次，她也出言贬低慕容垂的战功。这些人在一起密谋，认为解决问题的最好办法是干掉慕容垂。

慕容恪的儿子慕容楷和慕容垂的舅舅兰建知道了慕容评和皇太后的阴谋，他们告诉了慕容垂，并建议说：“你应该先发制人。只要除掉慕容评和慕容臧，其他人就不足为患。”慕容垂不肯：“骨肉相残首先会使国家遭殃，我即使是死，也不忍那么做。”但他也觉察出了局势的凶险，准备逃往龙城。

太和四年（369）十一月，慕容垂请求外出打猎。他换上便装，携家眷随从一起出邺城，往龙城方向行去。到了邯郸后，出意外了：慕容垂的小儿子慕容麟素来不招慕容垂喜欢，他嫉恨父亲，竟快马跑回去告状。

慕容评得到慕容麟的消息后立即报告慕容暐，他们派西平公慕容强率精骑追赶，在范阳郡赶上了慕容垂一行。慕容垂让儿子慕容令断后，慕容强不敢逼近，双方一直僵持到日头西沉。

慕容令对慕容垂说："现在计划泄露，去龙城已经不现实了，前秦正在招揽俊杰，不如前去投靠。"慕容垂叹口气同意了。他让下属各奔前程，然后毁去行迹，沿着太行山又秘密返回邺城。一行人先是转道河阳（今河南孟州），被把守渡口的官员发觉了行踪，慕容垂杀死官吏，率领众人渡过黄河来到洛阳，然后继续向前秦方向前进。

得知慕容垂到来，苻坚万分高兴，亲自出城相迎。他拉着慕容垂的手说："像你我这样的天生俊杰，必须聚集在一起才能成就大事，这是天数。让我成就你的名声，岂不美哉！"慕容垂施礼致谢道："臣寄人篱下，能够免罪已是万幸，其他殊荣，实在不敢期望！"苻坚任命慕容垂为冠军将军，封宾徒侯，他也很欣赏慕容令和慕容楷的才能，重赏了他们。

王猛冷眼旁观，事后向苻坚进言道："慕容垂父子譬如龙虎，不是能够驯服得了的，如果来日风云变幻，他们将不受控制，应该尽早除掉。"苻坚一摆手，说："爱卿此言差矣，我招揽英雄平定四海，正是用人之际，怎么能杀掉他们？我已经诚心接纳了他们，老百姓尚讲信义，何况是朕呢！"

十二月，苻坚派王猛、梁成、邓羌率三万将士攻打洛阳。王猛对慕容垂始终不放心，这次出兵之前，他心生一计，准备借机除掉慕容垂父子。

王猛向苻坚请求道："慕容令熟悉燕地情况，我想请他做向导，请陛下批准。"苻坚同意，任命慕容令为参军事。

第二天就要出发了，当夜，王猛来到慕容垂府上拜会，向他请教进攻方略。慕容垂急忙出门迎接，让下人做了好菜，又上了好酒，两个人边喝边聊，言谈甚欢。快要起身告别了，王猛不紧不慢地对慕容垂说："明天我就要远征了，先生送我点什么呢？好让我睹物思人。"慕容垂一听很激动，就把随身佩戴的金刀解下来赠给王猛。

前秦的攻洛之行十分顺利，王猛给把守洛阳的前燕大将慕容筑写了封信，陈明利害，慕容筑竟然就乖乖献城投降了。进入洛阳城后，王猛用重金贿赂慕容垂的亲信金熙，让金熙拿着慕容垂的金刀，以慕容垂的口吻给慕容令传话："王猛和苻坚对我们并不信任，如果我们继续待在这里，实在是生死难料。我听说主上和皇后后悔让我们走，他们互相埋怨，所以我决定返回祖国。现在我命金熙传达我的口令，我已经出发，你也要伺机逃走。"

慕容令不好糊弄，对此将信将疑，但古代通信手段不发达，他又无法马上求证。犹豫半晌，慕容令把心一横，借口去郊外打猎，带领少数亲信骑兵出了城，之后一路逃奔到石门，投靠乐安王慕容臧。

王猛得报后大喜，立即向苻坚上表奏明此事。慕容垂也得到消息，赶紧携家眷逃到了蓝田，但被骑兵追到抓获。不过苻坚并没有治慕容垂的罪，反而安慰他道："人各有志，父子兄弟罪不相及，你不用过分害怕！"

慕容评对慕容令带来的消息感到怀疑，因为慕容垂还待在前秦，并受到前秦的善待。他认为也不能让慕容令再留在京师，于是把慕容令派到距离龙城六百里的沙城戍边。

慕容臧进军荥阳，被王猛打败逃走。王猛命邓羌镇守洛阳，任命辅国司马桓寅为弘农太守，然后班师回朝。苻坚升王猛为司徒、录尚书事，封平阳郡侯。

前秦灭前燕

太和五年（370）四月，苻坚命王猛率镇南将军杨安等十员大将、六万大军出兵伐前燕，决心将其一举消灭。慕容暐命慕容评作为主帅，统领全部将士共三十万人抗秦。

王猛分兵，派杨安攻打晋阳，他自己则带兵攻打壶关。

王猛顺利攻克壶关，活捉上党太守南安王慕容越，之后，他所经过的郡县全都望风而降，前燕举国震惊。另一边的晋阳兵多粮足，杨安久攻不下。王猛命屯骑校尉苟长守卫壶关，然后亲自带兵协助杨安攻城。王猛命人挖掘地道，直通晋阳城内，然后让虎牙将军张蚝率数百敢死队队员潜入晋阳城中，杀死守卫士兵，打开城门，迎接秦军入城。

九月十日，王猛进入晋阳城，活捉了前燕并州刺史东海王慕容庄。慕容评被王猛吓破了胆，到潞川后不敢继续前行。

十月十日，经过修整，王猛命将军毛当守卫晋阳，然后亲自率军抵达潞川，与前燕军对峙。

慕容评认为王猛孤军深入，粮草难继，就想和王猛打持久战，于是坚守不出。但他为人十分贪婪，大敌当前还想着做生意敛财。他命令人们不准进山砍柴，不准进山取水，然后让自己的手下卖菜卖水，从中渔利，获利颇丰。前燕的将士们因此怨声载道，丧失斗志。

王猛听到汇报后哈哈大笑："慕容评真奴才也！他就是有一亿人也不足虑，何况只有十万呢！"他派游击将军郭庆率领五千精骑兵，趁夜色掩护走小路袭击慕容评的后勤部队，烧毁辎重，火光冲天，在邺城都能望见。

慕容暐也得到了消息，对爷爷辈的慕容评十分恼怒，他派侍中兰伊训斥慕容评道："你是国家顶梁柱，应该为宗庙和国家担忧，怎么反而去干贩柴卖水的勾当呢！国库里的财宝银两，朕与你共享，这可以了吧？如果敌人占领我们的国家，你家里再多的财产不还是会成了别人家的？"慕容暐命令他把赚来的钱全部分发给士兵，鼓励士兵英勇战斗，还督促他出战。慕容评受到训斥也感到害怕，遂派人向王猛下战书，约定在十月二十三日开战。

王猛就等着这一天了，他向全体参战将士训话道："我王景略深受国家厚恩，身兼内外重任，今天和诸位深入贼境，当竭尽全力，誓死报效国家，共立大功！待我们得胜回朝后，就可接受封爵，在父母膝下承欢，那才是人生一大快事！"众将士一听，立即欢呼声雷动，士气高涨。

但前燕的军队是前秦的数倍，王猛也深感担忧，他对猛将邓羌说："今天能否破敌，全赖将军，您就竭尽全力吧！"可邓羌竟在这个时候向王猛提起了条件，他说："如果日后您能让我担任司隶校尉之职，就不愁不能破敌。"王猛回答道："司隶校尉我决定不了，不过我定会让你做安定太守，封万户侯。"邓羌摇摇头连说不行不行，然后就走了。

很快，双方战事开始，王猛派人召唤邓羌，邓羌装作没听见，不来。王猛急了，骑快马来到邓羌的营帐，对他喊道："好，就任命你为司隶校尉，快去杀敌！"邓羌一听哈哈大笑，大喊："拿酒来！"他咕咚咕咚痛饮几杯，然后跨上战马，挥动长矛，大喝一声："跟我来！"旋即率人冲入敌阵，如入无人之境，转眼间就杀伤数百人。

慕容评指挥无方，前燕军队节节败退，到中午时分，前燕军彻底失败，士兵们四散奔逃，被杀死的、被俘虏的有五万多人。前秦军随后追杀，前燕军又有十多万人被杀、被俘。

慕容评一看形势不好，抛下大军，掉转马头就跑，单枪匹马逃回了邺城。

王猛乘胜追击，穿过滏口陉，直扑邺城。苻坚想要亲眼见证攻取邺城的伟大时刻，于是命王猛暂停进攻。太和五年（370）十一月，苻坚让太子苻宏留守长安处理日常事务，命李威辅佐他，命阳平公苻融镇守洛阳，亲率十万精兵赶赴邺城。

七天后苻坚到达安阳，他大摆宴席，宴请父亲苻洪时代的故旧。王猛秘密来到安阳面见苻坚，苻坚看到王猛，吃了一惊，说："周亚夫不出门迎汉文帝[①]，而将军抛下军队来见我，这是为什么？"王猛微微一笑道："周亚夫为了求名，不迎接汉文帝，我不赞同。敌人垂死挣扎，如釜中抓鱼，不足为虑！但监国年幼（苻宏本年十五岁），陛下远行，万一京师发生不测，悔之晚矣！"虽然这样说，苻坚还是没有掉头回去。

苻坚派邓羌进攻信都。十一月六日，宜都王慕容桓率领五千鲜卑部众逃奔到龙城。七日，夫馀国人质夫馀蔚带领本国和高句丽等国的人质，在夜晚打开邺城

---

① 公元前158年，匈奴南下，周亚夫驻扎细柳营戒备。汉文帝刘恒前去劳军，周亚夫没有出营门迎接。

北门，迎接前秦军入城。邺城失守，慕容暐、慕容评、慕容臧、慕容渊、孟高、艾朗等也逃向龙城。十日，苻坚率军队进入邺城。

慕容暐刚逃出邺城的时候还有一千多个骑兵跟随，可很快他们就一哄而散了，只剩下十几个人。苻坚派游击将军郭庆率军追击，慕容暐等人一路躲避，艰难前行。因为衣服华丽，随身还携带着不少金银细软，他们吸引了盗匪的目光，在和强盗的搏斗中，孟高和艾朗被杀，慕容暐也狼狈不堪，马匹都被抢走了，只好步行走路。

郭庆紧赶慢赶，终于在高阳郡（今河北高阳县旧城村）捉住了慕容暐等人，慕容评逃脱。郭庆的部将巨武拿出绳子就要捆绑慕容暐，慕容暐厉声喝问道："你是什么人，敢绑天子？！"巨武哈哈大笑："你现在就是个贼寇，算什么狗屁天子！"巨武把慕容暐捆得结结实实，把他押到了苻坚面前。

苻坚见到慕容暐，上下打量这个亡国之君，质问他为什么不主动归降，而是选择逃跑。慕容暐苦笑一下，回答道："狐狸死了头也会向着自己出生的洞穴，我不过是想死在先人的坟墓旁罢了。"苻坚闻听，也感到一阵的悲凉，他下令释放了慕容暐，允许他回到皇宫，率文武百官出来投降。慕容暐向苻坚介绍了孟高、艾朗的忠心，苻坚命人厚葬他们，提拔他们的儿子为郎中。

至此，前燕灭亡，共立国三十四年，历任三位国君，分别为慕容皝、慕容儁和慕容暐。前燕各州州牧（刺史）、太守以及六夷首领全部向前秦投降，前秦共得到一百五十七郡，二百四十六万户，九百九十九万人。

慕容评成功逃到了龙城，可前秦的郭庆率军继续追击，一直追到龙城，慕容评只好又逃到高句丽。高句丽不想得罪强大的前秦，便逮捕了慕容评，然后把他送给了前秦。同样逃往龙城的宜都王慕容桓杀死了镇东将军渤海王慕容亮，收编了他的部队。后慕容桓被郭庆的部将朱嶷杀死。

灭燕后，苻坚颁布大赦令。他将慕容评原来的府邸包括金银财宝全部赏赐给王猛，并任命王猛为使持节、都督关东六州诸军事、车骑大将军、开府仪同三司、冀州牧，封清河郡侯，镇守邺城。其他有功将领也得到了封赏。

十二月，苻坚命人把慕容暐和众位王后、妃嫔、王公、文武百官和四万多户鲜卑人迁到长安。十四日，苻坚回到长安，封慕容暐为新兴侯，任命慕容评为给事中、慕容德为张掖太守，对其他前燕大臣也各有任命。

东晋的霍光

和苻坚一样，桓温同样曾对前燕志在必得，他本想灭了前燕、收复中原后就接受九锡，为自己取代司马氏奠定基础，但枋头之败让他名誉大大受损，这让他万分苦恼。他对袁真没有打通石门通道耿耿于怀，一直在寻找时机报复。

太和五年（370）二月二十八日，已投降前燕的袁真去世。陈郡太守朱辅让袁真的儿子袁瑾接任袁真的职位，守卫寿春。

袁真是有一定军事才能的，他在世时，桓温对他有所忌惮，不敢轻举妄动，如今袁真去世，桓温不再顾忌，亲率两万将士出兵讨伐袁瑾。八月十一日，桓温包围了寿春。当时的前燕派左卫将军孟高率兵救援寿春，但走到半路，听说前秦对前燕发动大战，只好又撤了回去。

桓温对寿春围而不打，一连几个月过去，寿春的军粮快要用尽，守城军士难以为继。太和六年（371）正月，前燕已经灭亡，袁瑾、朱辅又派人向前秦求救。苻坚派武卫将军王鉴、前将军张蚝率两万大军前去救援，但被桓温派出的淮南太守桓伊、南顿太守桓石虔（桓温的侄子）等在石桥打败，前秦军队只好后退至慎城（今安徽颍上县）。

正月十七日，桓温攻下寿春，抓获袁瑾及朱辅，把他们连同他们的宗族全部押送到建康诛杀，报了一"败"之仇。这时候有手下来报，部将朱绰把袁真的墓挖开后砍下了袁真尸身的头，桓温一听大怒，认为朱绰太过残忍，要把朱绰杀掉。朱绰的弟弟桓冲苦苦求情，桓温这才放了朱绰一条生路。

桓温久有异志，夺取寿春后，他忍不住问郗超："这下可以消除枋头之败带来的负面影响了吧？"郗超斩钉截铁地回答说："这个真不能。"

过了一段时间，郗超到桓温府中住宿，和桓温彻夜深谈。夜已深了，郗超问桓温："明公下一步有什么打算？"

桓温反问道："你想对我说什么？"

郗超回答："明公身居高位，重任在肩，而今却以六十岁的年纪兵败枋头，想再发动一次大规模战争挽回声誉几无可能，如果再不做非常之事，就难以提高在朝野的分量了。"

桓温急切地问："你有什么想法？"

郗超回答："您应该采取霍光那样的举动，废了皇帝，扶上一个新主。除此之外，我想不到您还能怎样在朝廷建立绝对权威。"

郗超的话正说到桓温的心坎上，桓温立即说："你说得非常对，但主上（司马奕）为人一向谦虚谨慎，小心行事，遇事不随便拿主意，没有什么把柄可抓。"

郗超呵呵一笑道："欲加之罪，何患无辞？他虽然这方面没有问题，但可以从另一方面下手。我们可以在外面放风说皇帝患有不举之症，他的三个儿子都是他宠信的相龙、计好、朱灵宝和田美人、孟美人生的，司马家的基业就要改姓了。"

桓温一听，竖起了大拇指，称赞道："还是你脑子转得快，这样一来我们就有了废黜他的理由，就这么办！"

郗超的爷爷郗鉴乃晋室渡江后的开国元勋，父亲郗愔也对晋室忠心耿耿，现在郗家却出了郗超这么一个篡国者，实在令人唏嘘！

很快，建康城中开始疯传一个消息：皇帝阳痿，现在的皇子们都不是他亲生的。好事不出门，坏事传千里，这种事情传播的速度比什么都快，不多久朝臣们就都知道了。

十一月十三日，桓温率军抵达京师建康。皇太后褚蒜子信佛，此时正在佛堂烧香，桓温过来拜见，要求她以谣言作为根据废黜司马奕，并建议由会稽王司马昱继承大位。桓温已经以皇太后褚蒜子的口气起草好了诏令，现在他把它递给了褚蒜子。

褚蒜子见证了晋室二十年来的风云变幻，已经是一个心智成熟的政客了，面对如今的情况，她知道如果不答应国家内部又要生乱。她走出佛堂，腿脚站立不稳，靠在门框上，随后接过奏章看了几眼，说："我也早就怀疑了。"她吩咐下人取来毛笔，在奏章末尾又写上几句话："未亡人遭受种种忧虑，感念死去的和活着的人，心如刀割。"然后把诏令还给桓温。

桓温其实心里也没有底，他并不知道皇太后是否会真的批准，如果不批，那他将会和皇室撕破脸皮，因此他站在那里，头上也冒出了汗。现在看到太后批准，他终于长出了一口气。

十一月十五日，桓温召集百官到朝堂议事，当众宣布了皇太后褚蒜子的诏令，文武百官顿时面面相觑，不知所措，继而议论纷纷，大殿内像炸开锅一样，因为晋从公元301年司马伦废黜惠帝司马衷以后，到现在从没有再发生过这样的事情。经历过当年那次废黜的人都死了，现在站在朝堂上的没有人知道下一步该怎么做。

尚书左仆射王彪之意识到现在是箭在弦上不能不发，对桓温说："前朝有例子，照着做就可以了，拿《汉书》来。"有人取来《汉书》，王彪之照着《霍光传》里所讲制定了议制，然后由他主持进行。于是，桓温废黜司马奕为东海王，让担任丞相、录尚书事的会稽王司马昱（当年五十二岁，司马睿最小的儿子）继承皇位，然后派人去王府迎接司马昱登基。司马昱含泪登上宝座，史称晋简文帝。

太宰武陵王司马晞（司马昱的四哥）对军事颇为在行，桓温对他很是忌惮，所以以勾结袁真的名义，让司马昱免了司马晞的职，司马昱不得不同意。

著作郎殷涓是殷浩的儿子。殷浩去世，桓温派人去悼念，因为殷浩是被桓温罢官的，殷涓不和来人说话，事后也不去向桓温当面表示感谢，反而和司马晞一起出去游玩，桓温因此怀恨在心。广州刺史庾蕴（庾冰之子，庾亮的侄子）也和桓温有冤仇。殷涓、庾蕴身后都是大家族，桓温决定把他们的家族也连根除掉。

想要除掉一个家族，理由很好找，就是告发他们密谋叛乱，殷家、庾家就这样被灭了族。只有庾蕴的哥哥庾友一家得以幸免，因为他的儿媳妇是桓温弟弟桓豁的女儿。

桓温又命人杀掉了被废为东海王的司马奕的三个儿子和他们的母亲，之后还想杀司马晞，但司马昱坚决不同意，他亲自写了一封信，语气婉转地说："如果晋的国祚还能够延长，请您听我的；如果大运已去，我愿意为贤者让路。"桓温收到信，见简文帝的态度很坚决，也就让了一步。随后，桓温谢绝简文帝司马昱的挽留，返回他的大本营姑孰。

十二月，桓温上奏，建议封司马奕为海西县侯，褚太后出面，改封司马奕为海西县公。

桓温之死

简文帝司马昱风度不凡仪表堂堂，言谈举止得体，喜欢读书，专心典籍，虽然为人通达，但无经世伟略。他现在虽然是坐在了皇帝的宝座上，但如坐针毡，忧心忡忡，因为这个位置随时可能被桓温夺走。

一天晚上，天上的星星有异动，司马昱看到后十分不高兴。这天正好是中书侍郎郗超值夜班，他是桓温跟前的大红人，司马昱就试探性地问他道："生命的长短我并不在乎，只是近日发生的事情会不会再发生？"郗超明白司马昱的意思，回答道："大司马桓温正在巩固社稷江山，准备再伐贼寇，收复失地。我用全家百余口的性命担保，非常之事不会再发生了。"司马昱听了，才感觉稍稍安定。

之后，郗超请假回家看望父亲郗愔，司马昱让他给郗愔带话："请转告令尊，家国之事，今天竟到了如此田地，我不能以法规制度来匡卫，我的羞愧、自责之心已经不能用言语来表达。"说着说着，司马昱吟诵起庾阐（庾亮的同族）的诗，道："壮士痛朝危，忠臣哀主辱。"吟诵完，司马昱泪湿衣襟。

因为郗超和桓温关系紧密，朝廷文武百官对他也是又敬又怕。侍中谢安曾经与左卫将军王坦之一起去拜访郗超，郗超故意冷落他们，太阳都落山了还是没有接见。王坦之不耐烦了，起身想走，谢安对他说："你不能为了保住性命再多待一会儿吗？"王坦之这才止步不走了。

咸安二年（372）三月二十五日，司马昱派王坦之到姑孰征召桓温入朝辅政，桓温拒绝前往。

七月二十三日，司马昱感觉身体非常不舒服，紧急征召桓温入京，诏书上说："我已经病入膏肓，请足下即刻入京，希望能见上一面，快来，快来！"一日一夜竟然连发四道诏书，但桓温依旧坚决推辞，不肯来京。他一生谨慎，感觉只有待在自己的地盘上才是最安全的。

当年简文帝司马昱还是会稽王的时候，王妃王氏生下了长子司马道生和司马俞生，但后来司马道生不学无术，粗暴无礼，母子皆被囚禁致死。司马昱的妻妾还给他生了三个儿子，但全都夭折了。接下来的十年，司马昱的各位王妃、姬妾都没有怀孕。司马昱相当着急，找来占卜师扈谦占卜。扈谦说徐贵人能生男孩，后来徐贵人果然给司马昱生下了一个孩子，但不是男孩，是个女孩，不过司马昱仍然很高兴，毕竟是生了。

后来，司马昱又找了个相面师来家里，将王宫里包括婢女在内的女人们集合在一处，给相面师傅过目。一个又一个美女从相面师面前走过，他一直摇头。一会儿，一个个子高高、皮肤黝黑的女子来到相面师面前，相面师顿时睁大眼睛，兴奋地说："就是她了！"司马昱不认识她，问身边人："这个丑女子叫什么名字？"有人告诉她，她叫李陵容，是纺织作坊的女工，被称作"昆仑"。

当天晚上，司马昱就召李陵容服侍。李陵容几次梦见有两条龙枕在自己膝上，还有日月投入怀中，她意识到这是吉兆，就说给司马昱听，司马昱非常高兴，对李陵容也更加宠爱。后来，李陵容果然给司马昱生下了两个儿子——司马曜及司马道子。

七月二十八日，预感自己时日无多的司马昱下诏，封司马曜为太子，司马道子为琅琊王，兼领会稽国。然后他又下遗诏，说："桓温应依据周公摄政的例子摄政。"并补充一句："少子可辅者辅之，如不可，君自取之。"

王坦之手捧诏书，在司马昱面前撕得粉碎。司马昱无奈："这个天下是我意外得到的，今天不过是还给桓温，你有什么不满意的？"王坦之气愤地说："天下是宣帝、元帝的天下，陛下怎么能自作主张拱手让给别人！"司马昱恍然大悟，立即命王坦之修改诏书，说："家国大事，要禀告大司马（桓温）后行事，像诸葛亮、王导辅政时一样。"

咸安二年（372）七月二十八日，简文帝司马昱驾崩，年五十三岁。

当时朝中很多大臣都是桓温同党，他们不接受司马昱立的继承人，要求让桓温来处理此事。尚书仆射王彪之声色俱厉地说："天子驾崩，太子当立，就算是大司马（桓温）也不会有异议！如果向他请示后再定夺，你们一定会受到他的责备。"就这样，年仅十一岁的司马曜得以继皇帝位，史称晋孝武帝。

司马曜登基后下诏："大司马（桓温）是江山社稷的依靠，先帝把家国托付给大司马，内外诸多事务都要由大司马定夺后施行。"他派谢安亲自前去征召桓温入朝辅政，并给桓温加前部羽葆①鼓吹（仪仗队）和虎贲卫士六十人，桓温拒不接受。司马曜又再三下诏，并派大臣过来征召，桓温再也不能置之不理了。

宁康元年（373）二月，桓温率军从姑孰动身前往京师建康面圣。二月二十四日，司马曜命谢安和王坦之前往新亭（建康城西）迎接。这时候，建康城内议论纷纷，人心浮动，大家谈论最多的，就是桓温要杀死和他作对的谢安和王坦之，夺取政权。王坦之对谣言信以为真，内心十分恐惧，但谢安神情从容淡定。他也看出王坦之的紧张，对他说："朝廷的存亡，就看我们此行了。"

桓温威风凛凛地率领大队人马而来，只见他的队伍旌旗招展，铠甲耀眼。部队行到建康城外，文武百官都被镇住了，纷纷叩拜迎接。桓温在城外设帐，并在大帐外部署重兵守卫，接见朝廷百官。面对如此阵势，这些见惯场面的要员们也诚惶诚恐，不敢多说一句话，生怕言语有失，性命不保。用"惊心动魄"来形容当时的场面也不过分。

王坦之这时候已经热汗直淌，湿透衣襟，他浑身抖若筛糠，上朝时拿的笏板都拿反了，十分失态，但谢安仍然四平八稳地站着——在之前与江中大风浪的搏斗中，就能看出他泰山崩于前而色不改的性格。

落座以后，谢安拱手施礼，对桓温说："谢安听说诸侯有道，派兵守卫四

---

① 羽葆，帝王仪仗中以鸟羽联缀为饰的华盖。

邻，防止外敌入侵，明公无须在幕后埋伏人马啊！"

桓温呵呵一笑，说："我是不得不这样做啊。"然后吩咐左右把埋伏在一旁的人马撤走。桓温本身比较欣赏谢安，两个人都是名士，善于清谈，口才都比较好，他们谈笑风生，聊了好一会儿。

此时郗超正应桓温的要求在隔帘后偷听，突然一阵风掀开了隔帘，谢安看到了隐藏着的郗超，哈哈一笑，说："景兴（郗超的字）先生可谓是入幕之宾啊。"成语"入幕之宾"的出处也就在此。

桓温本来抱负满怀，可来建康不久就生病了。他在建康停留了十四天，于三月七日返回姑孰，不想回到姑孰后病情更加严重。时间紧迫，桓温委婉地向朝廷提出应该给自己加九锡，并且多次派人追问进展。

谢安和王坦之得知桓温病重，心中暗喜，开始借故拖延下达加九锡的诏令。他们命袁宏起草给桓温加九锡的诏令，袁宏起草好后让王彪之过目，王彪之大加赞赏，但到了谢安那里，谢安吹毛求疵，删删改改，一连改了数稿，十几天过去了，袁宏的稿子还是没有过关。袁宏很是紧张，对自己的文采产生了怀疑，他去找王彪之商量，王彪之说："听说那个老家伙命不久矣，可以再拖一下。"

桓家人也开始谋划后路。桓温的弟弟江州刺史桓冲询问病榻上的桓温道："日后该怎么安排谢安和王坦之？"桓温苦笑一声，道："他们不会听由你来安排的。"

宁康元年（373）七月十四日，桓温病逝，终年六十二岁，朝廷依照当初安葬霍光的礼仪安葬了他，追赠他为丞相。桓温生前干了不少事，但他复杂的性格让后人对他的评价莫衷一是。

在桓温篡权的过程中，陈郡谢家（谢安的家族）、琅琊王家（王彪之的家族）、太原王家（王坦之的家族）等世家联起手来，为保卫国家，更是为保护自身家族的利益，明里暗里同桓温做斗争，终于取得了最后的胜利。

桓温弟兄共五个，除他之外分别为桓云、桓豁、桓秘、桓冲；他还有六个儿子，分别是桓熙、桓济、桓歆、桓祎、桓伟、桓玄。长子桓熙才干不足，桓温就让弟弟桓冲在自己百年以后接管部队。桓熙很不服气，就和叔叔桓秘谋划准备杀死桓冲，但计划失败，他们两人连同参与此事的桓济一起被贬到了长沙。桓冲让五岁的桓玄继承了桓温南郡公的爵位。

七月二十五日，朝廷任命荆州刺史桓豁为征西将军，兼督荆、扬、雍、交、广五州诸军事；桓冲任中军将军，兼都督扬、豫、江三州诸军事和扬、豫二州刺史，镇守姑孰；桓豁的儿子，时任竟陵太守的桓石秀则被任命为宁远将军、江州刺史，镇守寻阳。

桓冲为人忠厚，尽力辅佐晋室。有人劝他杀死谢安、王坦之等人，自己掌权，但桓冲没有听从。对于生杀大事，他都是先请示朝廷然后再执行。不过毕竟有前车之鉴，朝臣不敢完全信任他。谢安为了抗衡桓冲，提出因为天子年幼（年十二），由皇太后褚蒜子临朝听政，这项提议也赢得了绝大多数文武官员的支持。

八月，褚蒜子再次临朝听政。

前秦灭前凉

当初，在长安被匈奴刘曜攻破，晋愍帝司马邺被强制带走的时候，得知消息的凉州刺史张寔痛哭了三天。后来，在上圭的南阳王司马保也图谋称帝，张寔认为他没有司马睿的血缘正统[1]，因此没有拥护他，而是选择派牙门将蔡忠到建康劝进。只是路途遥遥，等蔡忠赶到建康，司马睿已经称帝了。

京兆郡（今陕西西安西北）人刘弘会些旁门左道，居住在天梯山（今甘肃武威城南）的第五山上。他在山洞中点灯，然后悬挂些镜子反光，弄得洞中大亮，不了解内情的老百姓以为他是神仙，纷纷膜拜。追随他的有一千多人，就连张寔的身边也有不少人是刘弘的弟子，帐下督阎涉、牙门将赵印和刘弘还是老乡，关系更是亲密。

---

[1] 司马保是司马懿弟弟司马旭的曾孙，而司马睿是司马懿的曾孙。

刘弘野心还挺大，有一次他对阎涉和赵印说："近日神灵指示，要我在凉州称王。"阎涉、赵印对此深信不疑，竟私下与张寔身边的十多人密谋，准备杀害张寔，遵刘弘为主公。

张寔的弟弟张茂生性安静好学，不把功名利禄看得太重，南阳王司马保曾经两次征召他，他都没有赴任。这次张茂得到密报，知道了刘弘他们的阴谋，再也淡泊不起来了，立即请求诛杀刘弘。张寔命令牙门将史初前去逮捕刘弘，不料史初他们刚走，阎涉等人就怀揣利刃走进大厅，张寔起身还击，不敌被杀。

刘弘也没得到便宜。史初见到刘弘，割下了他的舌头，将他用囚车押送到姑臧车裂，之后搜捕诛杀刘弘党羽数百人。

张寔已死，左司马阴元等人认为张寔的儿子张骏年龄小（年十四），难以支撑目前的局势，于是在太兴三年（320）六月推举张茂为凉州刺史、西平公。张茂在境内赦免罪犯，任命张骏为抚军将军，不久又指定张骏为世子，把他当作自己的继承人。

这时候的凉州已经不再归属晋朝，而是一个独立王国了。后世把张茂上位当作凉国建立的标志，为了区别于之后建立的其他凉国，人们称张茂建立的为"前凉"。

张茂去世后，张骏继位。张骏自小就卓尔不凡，十岁就能写出漂亮的文章。等后赵消灭了汉赵，张骏趁乱收复了河南一带的土地，把国土向东延伸到狄道（今甘肃临洮县），然后设立五屯，每屯设一个护军，以防备后赵。张骏勤于政务，处事公道，得到朝野上下的一致拥护，在他的领导下，前凉人民的生活逐渐富裕起来，军队也训练有素，颇具战斗力。

张骏派将军杨宣发兵西域，攻打龟兹（今新疆车库县）、鄯善（今新疆若羌县）等国。西域各国战败，纷纷到前凉都城姑臧（今甘肃武威）进贡，送来包括汗血宝马、野牛、孔雀、大象、火浣布在内的两百多种奇珍异宝。

永和元年（345）冬，张骏把全国划分为凉州、河州和沙州，其中凉州由武威郡等十一个郡组成，州府设在姑臧，世子张重华（张茂次子）任刺史；河州由兴晋郡（今甘肃临夏）等八个郡组成，宁戎校尉张瓘任刺史；沙州由敦煌郡等三个郡以及三个军屯组成，西胡校尉杨宣任刺史。

永和二年（346）五月二十三日，张骏去世，刚刚四十岁。二十岁的世子张重华继位。

永和九年（353）十一月，张重华去世，世子张曜灵继位，张重华的庶兄张祚辅政。后张祚和张重华之母马太后勾结，废黜了张曜灵，自己登上王位。

张祚之前就和马太后通奸，称王以后更是荒淫无度，加上他为人残暴，王位也得名不正，前凉顿时上下离心。

河州刺史张瓘手握重兵，张祚对他不放心，派兵袭击，结果兵败，张瓘和骁骑将军宋混及宋混的哥哥宋修奔向京师姑藏。张祚为绝后患，派人残忍地杀死了张曜灵。

张瓘和宋混率军进入姑藏，张祚在混战中被杀死。战后，宋混拥立张重华的幼子张玄靓为王。迫于前秦的强大压力，张瓘代表前凉向前秦称臣。

但张瓘也不是个好人，他为人凶狠，任人唯亲，而宋混性情耿直，在很多问题上和他分歧严重。渐渐地，他们两人之间产生了尖锐的矛盾，宋混起兵杀死了张瓘，自己辅政。升平五年（361）宋混去世，他的弟弟宋澄继承了哥哥的权力，成为辅政大臣。

五个月后，右司马张邕发兵杀死宋澄，并灭了宋澄三族。张玄靓任命张邕为中护军，任命叔叔张天锡为中领军，让他们共同辅政。不久张天锡又发动兵变，杀了张邕全族，自己专政。

兴宁元年（363）八月，张天锡发动政变，杀死侄儿张玄靓，自己称王。太和元年（366），张天锡拒绝再做前秦的附属国，派人告知前秦，要断绝两国关系。

前秦灭了前燕后，张天锡感觉到压力山大，因为前秦的下一个目标很可能就是前凉，于是他派人送信给晋朝，希望晋能派兵支援。

太元元年（376）七月，苻坚派使持节、武卫将军苟苌和左将军毛盛、中书令梁熙、步兵校尉姚苌等统率十三万人马，向前凉挺进。张天锡派龙骧将军马建率领两万兵马抵抗前秦。

八月，梁熙、姚苌等从清石津（今甘肃兰州西北）渡过黄河，攻打前凉河会城，守城的骁烈将军梁济出城投降。八月十七日，苟苌从石城津（今甘肃兰州北）渡河，与梁熙会师，夺取了缠缩城（今甘肃永登县境内）。前凉龙骧将军马建慑于前秦的强大攻势，退守清塞。

张天锡派征东将军常据率领三万兵马据守洪池，他自己则亲自统领仅剩的五万兵马驻扎金昌城。

苟苌命姚苌率领三千精兵作为前锋继续前进。八月二十三日，马建突然率领一万人马向苟苌投降，他手下的其余人也四散逃命。八月二十四日，苟苌与常据大战洪池，常据不敌，连战马都被乱箭射死，属下把自己的马让给他让他逃走，常据拒绝，选择了自刎。八月二十六日，前秦军进入清塞，张天锡派司兵赵充哲出战，不敌，凉军被俘、被杀三万八千人，赵充哲阵亡。张天锡看大事不妙，和数千骑兵逃回姑臧。八月二十七日，前秦的军队抵达姑臧城下。

眼看城池要被前秦攻破，与其如此，不如主动投降，说不定还能保住一命，于是张天锡命人绑上他的双手，乘坐白马拉的车子，拉上棺材出城投降。苟苌亲自为他松绑，并烧了棺材，只是把他押送回长安。前凉的各州郡县也全部投降了前秦。

至此，前凉正式灭亡，立国五十九年，是五胡十六国中立国时间最长的。不过需要言明的是，这是个汉人建立的政权，将它归入"五胡十六国"并不贴切，我们也只是沿用了这个习惯性的称呼。前凉共历七位国君，分别为张茂、张骏、张重华、张曜灵、张祚、张玄靓和张天锡。

九月，苻坚任命梁熙为凉州刺史，镇守姑臧，并命人将凉州的豪强世族共七千多户迁徙到了关中。

苻坚任命张天锡为北部尚书，封归义侯，对前凉的其他官员也都量才予以任用。当初军队出发的时候，苻坚就命人为张天锡修建府邸，这时候府邸也修好了，苻坚就让张天锡住在了那里。

晋朝的桓冲得到前秦攻打前凉的消息，派兖州刺史朱序、江州刺史桓石秀、荆州督护桓黑、豫州刺史桓伊、淮南太守刘波前去支援。听说前凉被灭后，桓冲下令立即撤兵，让他们各归各位。

前秦灭代国

当年，匈奴部落酋长刘虎投降了代王拓跋什翼犍。刘虎死后，他的儿子刘务桓继酋长位，拓跋什翼犍还把女儿嫁给他为妻。刘务桓去世后，他的弟弟刘阏头继酋长位。

刘阏头对人刻薄寡恩，领导无方，部下很多人都不服他，不断逃离。有一天趁着黄河结冰，刘阏头想向东转移，便率部族渡河，不想渡河渡到一半的时候冰开始融化，走在前面过了河的，跟随刘阏头投奔代国的首府盛乐（今内蒙古和林格尔县）而去，落在后面的就归降了刘务桓的儿子刘悉勿祈。刘悉勿祈去世后，他的弟弟刘卫辰杀掉了刘悉勿祈的儿子，自己继位为酋长，拓跋什翼犍把另一个女儿嫁给刘卫辰为妻。

升平四年（360），刘卫辰投降了前秦，后又背叛前秦投降代国。到了兴宁三年（365），他竟然又背叛了代国，拓跋什翼犍大怒，率兵把刘卫辰打跑了。刘卫辰第二次投降了前秦，前秦把他安置在朔方（今河套地区）。

慑于前秦的实力，太和元年（366），拓跋什翼犍也开始向前秦进贡。

咸安元年（371）春，代国将领拔拔斤意图谋反，找机会拿刀刺杀拓跋什翼犍。世子拓跋寔眼尖，挺身而出，用身体保护了父亲拓跋什翼犍，自己被刺中胸部。反应过来的卫士一拥而上，把拔拔斤团团围住，将他杀死。不久，拓跋寔伤重不治病逝。

拓跋寔的妻子为东部大人、贺兰部落酋长贺野干的女儿，拓跋寔去世的时候她已经怀有身孕。七月七日，贺氏生下一个男孩，拓跋什翼犍非常高兴，给孩子起名叫拓跋珪（字涉珪），并为此大赦囚犯。

前秦灭了前燕，国力愈发强盛，拓跋什翼犍再派使臣前去进贡。

宁康二年（374）冬，拓跋什翼犍派兵攻打刘卫辰，刘卫辰不敌，向南逃窜。刘卫辰派人向前秦求救，这正中苻坚下怀，他一直想要找机会消灭代国，一统北方。

太元元年（376）十月，符坚命幽州刺史行唐公符洛（符菁的弟弟）为北讨大都督，率领幽州、冀州的十万大军进攻代国；又命并州刺史俱难、镇军将军邓羌、尚书赵迁、李柔、前将军朱肜、前禁将军张蚝、右禁将军郭庆率领二十万大军，分别由和龙城和上郡（今陕西榆林）出发，与符洛会师，刘卫辰为向导。

前秦精锐尽出，拓跋什翼犍派出去的白部落、独孤部落和南部大人刘库仁等都大败而回，拓跋什翼犍气急患病，率领众人逃到阴山北。但在那里受到北方的丁零等部落的袭扰，拓跋什翼犍只好率众回到漠南。十二月，拓跋什翼犍又回到云中（今内蒙古托克托县）。

当年，拓跋孤谢绝众人的拥戴，坚决从后赵迎回哥哥拓跋什翼犍，让他继代王位，拓跋孤的儿子拓跋斤对此心怀不满，一直寻找机会想要叛乱。

拓跋什翼犍的世子拓跋寔因救他而死，世子之位空缺，而这个时候慕容王妃生的儿子拓跋阏婆、拓跋寿鸠、拓跋纥根、拓跋地干、拓跋力真、拓跋窟咄都已经长大。因为前秦军队还在不远处驻扎，他们都全副武装，在父亲营帐周围巡逻，保卫父亲。

拓跋斤觉得这是个可以利用的机会，就到拓跋什翼犍的庶长子拓跋寔君那里，对他说："君王准备立慕容王妃的儿子为世子，因为你年长，是个隐患，所以他们准备先杀掉你。现在他们戎装在身，就是在等待时机。"

拓跋寔君一听大怒道："与其这样，不如先下手为强！"于是率军杀死了慕容王妃生的所有儿子，后来干脆一咬牙，把拓跋什翼犍也杀死了，代国内部顿时大乱，百姓都四散奔逃，各奔前程。慕容王妃的儿媳和部属全跑去投降了前秦，世子妃贺氏则带着六岁的拓跋珪前去投奔弟弟贺讷所在的贺兰部落。

前秦的李柔、张蚝发兵夺取了云中，拓跋寔君和拓跋斤被抓，押到长安，符坚下令车裂了他们。符坚准备把拓跋珪接到长安，代国长史燕凤一再请求道："代王刚去世，部下四散奔逃，他的孙儿拓跋珪年幼，还没有领导能力，不足为惧。反倒是别部大人刘库仁勇猛且有智谋，铁弗部酋长刘卫辰狡猾多变，不能把原代国部属交给他们统领。最好的办法是把这些人一分二，让他们分别统领。这两个人素有仇怨，实力又旗鼓相当，谁也不敢先发兵攻击对方，一定能保持平衡。等到拓跋珪长大，再把部属交给他统领，他必感激陛下，永世称臣。这是安定边疆的良策。"

苻坚听了连连点头，认为燕凤说得对，果然把原代国的部属分为两部分，黄河以东交给刘库仁，黄河以西交给刘卫辰，授予他们官职，让他们分别统领。

贺兰部落将贺氏和拓跋珪送到独孤部落，后这对母子与南部大人长孙嵩、元佗等一起投靠了刘库仁。

前秦先后灭了前燕、前凉和代国，版图面积进一步扩张，国家实力空前强大。但前秦新扩张的这些国土是因为偶然因素拼凑起来的，不完全是靠强大的武力征服来的，它们与前秦朝廷之间只能算是不牢固的军事行政联合体，这种联合体一旦遇到危机，很快就会土崩瓦解。

北府兵

桓温去世后，晋廷任命谢安为尚书仆射，领吏部，加后将军，和王坦之共同辅佐朝政，后王坦之到地方上担任徐、兖二州刺史，镇守广陵，朝廷便下诏命谢安总管中书事。不久，朝廷晋升谢安为中书监、骠骑将军、录尚书事，谢安推辞军衔。

谢安尽心辅佐朝政，他为人性格温和，推行德政，任用文武大臣时从不吹毛求疵，而是看重此人的大义。朝臣们都将谢安和王导相提并论，并且认为谢安比王导更为文雅。

现在前秦统一了北方，下一个作战目标就是江南了，谢安看得很明白，下令让淮河以北的老百姓南移。

太元二年（377）八月，朝廷晋升谢安为司徒，谢安再次推辞，朝廷又任命谢安为侍中，兼都督扬、豫、徐、兖、青五州诸军事（此时王坦之已经去世）。

八月二十五日，征西大将军、荆州刺史桓豁去世。十月，朝廷任命桓冲为都督江、荆、梁、益、宁、交、广七州诸军事，兼荆州刺史，任命桓冲的儿子桓嗣为江州刺史。直到这时，重镇荆州还牢牢掌握在桓家人手里。

朝廷任命五兵尚书王蕴为都督江南诸军事，兼徐州刺史。王蕴是司马曜的皇后王法慧的父亲，为人性情平和，他认为自己是沾了皇亲国戚身份的光才受到重用的，因此推辞不接受徐州刺史的职务。谢安劝王蕴道："您是皇后的父亲，地位尊崇，不应妄自菲薄，辜负了皇帝的恩遇。"王蕴这才前去赴任。

朝廷又任命征西司马、南郡相谢玄为兖州刺史，兼广陵相，监长江以北诸军事。谢玄是我国历史上著名的军事将领，这里对他做一介绍。

谢玄，字幼度，是谢安大哥谢奕的儿子，出生于建元元年（343），他自幼聪明，很受叔父谢安的器重。谢玄有个著名的才女姐姐叫谢道韫，我们以后还要讲到她。少年时的谢玄喜欢佩戴紫萝香囊，谢安对此感到忧虑，担心谢玄会玩物丧志，但又不想直接让他取下来，因为这样有伤谢玄的自尊心，于是就和谢玄打赌，谢玄赌输了，谢安就把他的香囊取下来烧掉了。谢玄明白了叔叔的良苦用心，从此也就不再佩戴紫萝香囊。

这对叔侄间的趣闻不止一件。有一次，谢安和谢家的子侄们聊天，问道："为什么人们总希望自家的子弟比别人家的优秀？"大家都沉默不说话，只有谢玄回答道："这就譬如有一棵芝兰玉树，人们总会想让它生在自家的庭院里。"谢安闻听，称赞道："回答得好！"

某年夏日里的一个早上，谢玄还没有起床，谢安突然过来了，谢玄光着脚，顺手扯了一件衣服披在身上就迎了出去，到了屋里才穿上鞋，谢安瞧见哈哈大笑道："你这可谓是前倨而后恭。"

谢玄博览群书，尤其熟读兵法。长大后，他身怀治国良策，但任凭朝廷多次征召都没有去赴任。后来谢玄被桓温聘为掾，之后又任桓豁的司马。

前秦统一北方，兵强马壮，对晋构成巨大威胁，朝廷公开征召能够镇守北境的文武良将，谢安举贤不避亲，推荐了侄子谢玄。

当时这项任用受到了一些非议，因为此时的谢玄才三十出头，人们都担心他能否胜任，不过有眼光的人也不止谢安一个。

郗超和谢家素有仇怨，但听到这次的任命后，他也感慨地说："谢安推举谢玄是英明之举，谢玄必将不负所托，定能完成使命。"众人都问他为什么这么说，郗超答："我曾经与谢玄同在桓公（桓温）府上共事，见他处理事情井井有条，即使再小的事情也能处理得非常得当，从这些事可以看出，他一定能破敌建功。"

谢玄到任后立即贴出告示，招募勇士入伍。京口（今江苏镇江）是北方流民聚集之地，民风彪悍，不久就有刘牢之、何谦、诸葛侃、高衡、刘轨、田洛、孙无终等勇士前来应征。

刘牢之，字道坚，彭城（今江苏徐州）人士，他的曾祖刘羲精于射箭，曾经任北地郡、雁门郡太守，他的父亲刘建也有一定的军事才能，为晋征虏将军。刘牢之脸色异于常人，呈紫赤色，胡须和双目也长得和普通人不一样，让人一看就记忆深刻。他不但勇猛，而且沉着刚毅，足智多谋，这些优点集中到一个人身上，是十分难得的。

谢玄得到这些勇士后大喜，任命刘牢之为参军，之后刘牢之屡为先锋，战无不胜，攻无不克。谢玄组织起的这支军队被称为"北府兵"①。

一个半名士

太元三年（378）四月，苻坚命征南大将军、都督征讨诸军事、守尚书令、长乐公苻丕和武卫将军苟苌、尚书慕容暐一起，率领七万步、骑兵进犯襄阳——慕容暐过去是皇帝，现在却成了苻坚的马前卒，不过所谓胜王败寇，能保住命已经算很不错了，上前线自然也不是问题。然后苻坚命荆州刺史扬安为前锋；征虏将军石越率领一万精骑出鲁阳关南下；京兆尹慕容垂、扬武将军姚苌率军五万出南乡南下；领军将军苟池、右将军毛当、强弩将军王显率军四万出武当东下。这几路兵马会合后，将联手攻打襄阳。

---

① 京口在建康的北边，因此被称为北府。

苻坚如此大动干戈，是想要一举拿下襄阳，他传下命令："攻下襄阳后，一定要活捉习凿齿和道安，不能伤他们一根头发。"

习凿齿和道安都是当时的文化名人。习凿齿，字彦威，他家是荆楚豪族，颇为富裕。习凿齿本人博学多才，精通史学、玄学和佛学，撰写的《汉晋春秋》堪称史学名著。道安是高僧佛图澄的弟子，十二岁出家，凭着自己的聪慧逐步得到佛图澄的赏识。佛图澄讲法的时候会让道安复述，这使得道安在佛学理论方面打下了坚实的基础。佛图澄去世后不久，后赵石氏大乱，道安边避难边弘扬佛法，处境艰难。兴宁三年（365），习凿齿邀请道安去讲法，道安便率四百弟子南下到了襄阳。道安创立了佛教的新学派——本无宗，是我国在佛学上创立学派的第一批佛教学者中最重要的代表。在苻坚南进的这一年，习凿齿五十一岁，道安六十七岁。

前秦大军纷纷抵达沔水北，晋方镇守襄阳的是梁州刺史朱序，也是一员名将。朱序以为前秦军没有船，无法渡河，于是防守松懈，但很快石越就率领五千精骑渡过了沔水，朱序惊慌失措之下，只好先命人严守内城。石越顺利攻克外城，搜罗了一百多艘船只，把对岸的兵马全部接了过来。前秦军集结城下，苻丕开始猛攻襄阳的中城。

为鼓舞士气，加强防御，朱序的母亲韩氏亲自登上城墙巡视。当她走到西北角的时候，看到这里不够坚固，觉得会出问题，就率领婢女及城里的一百多名妇女，争分夺秒地在城墙里边又斜着修筑了一道长二十多丈的城墙。果不其然，刚一开打，前秦就猛攻西北城墙，城墙不堪重负倒塌，晋军将士们急忙跑到新筑的城墙内抗敌，这才抵挡住了前秦的进攻。当时的襄阳人称这道新筑的城墙为"夫人城"，这段城墙的遗迹现在还能看到。

襄阳军民拼命守城，可朱序的顶头上司车骑将军桓冲拥有七万兵马，却被前秦军吓破了胆，不敢派兵前去援救。不久，慕容垂攻下南阳，活捉南阳太守郑裔，与苻丕在襄阳会师，襄阳战事更紧。到了十二月，晋廷看到襄阳危急，诏令冠军将军、南郡相刘波率八千士兵支援襄阳，但刘波也被前秦军吓破了胆，停驻不前。

守城的朱序主动出战，几次打败前秦军，前秦军不得不后撤，他开始觉得前秦军不过如此，已经被自己打跑了，就放松了戒备。襄阳督护李伯护对目前的局势比较悲观，认为襄阳早晚都会被前秦夺走，与其到时候被俘，不如争取主动立功，于是他在太元四年（379）二月悄悄派儿子到前秦去投诚，表示愿意作为内应，在前秦军攻城的时候主动打开城门。苻丕大喜，急令各路军迅速攻城，李伯护和他儿子打开了城门迎接，襄阳就这样被攻破了，朱序被擒。朱序和李伯护被押送至长安，苻坚很欣赏朱序的忠贞，赦免了他，并且任命他为度支尚书，但他非常讨厌变节的李伯护，把他杀了。

苻坚任命中垒将军梁成为荆州刺史，给他配备一万名将士，让他镇守襄阳，然后在襄阳选拔本地干部，对那些名声好、有能力的人士都予以任用。

习凿齿和道安被带到长安见苻坚，苻坚大喜，亲自下殿迎接他们，拉着他们的手亲切交谈，三人言谈甚欢。苻坚赐给他们贵重礼物，又兴奋地给各地大员写信说："过去晋平了东吴，得到二陆（陆机、陆云），今天我们攻破襄阳，我得到了一个半名士！""一个"指的是道安，因为习凿齿脚部有病，严重影响行走，所以苻坚说他是"半个"。

道安后来一直生活在长安，在那里继续讲经译经，直到病逝。习凿齿则在不久后因为脚部有病，不适应长安的生活，告辞回了襄阳。

兵威初显

当初，苻丕等围攻襄阳的时候，前秦兖州刺史彭超向苻坚上书，要求攻打据守彭城的晋沛郡太守戴遁，彭超在奏书中说："请陛下派重兵进攻淮南的城池，以策应征南大将军苻丕，东西并进，不愁建康不灭。"

苻坚同意，任命彭超为都督东讨诸军事，率后将军俱难、右禁将军毛盛、洛州刺史邵保和七万兵马，进攻晋的淮阴、盱眙。

太元三年（378）八月，彭超开始向彭城发起攻击。晋帝司马曜下令，命右将军毛虎生带领五万士兵镇守姑孰，以备抵抗前秦。

兖州刺史谢玄也率领一万北府精兵前往彭城救援，到达泗口后驻扎。他准备先派人通知彭城城内的戴遁，告诉他北府兵已经赶来支援，让他不要惊慌，坚守城池。探子探得进城的陆上道路已经被前秦封锁，只有水路可走，于是谢玄对众位将士说："哪位将军愿意潜水进城送信？"只听帐下一人高声道："小将愿往！"谢玄一看是小将田泓，很高兴，对他说："田将军要注意安全。"

田泓水性很好，他潜水前行，眼看就要到达城墙下了，不想前方水路也已经被前秦士兵看死，他们发现了田泓，把他打捞上来后捆绑起来送到彭超面前。

彭超命人给田泓松绑，笑嘻嘻地对田泓说："田将军受惊了，请不要害怕，我是爱才之人，如果你能听从我的吩咐，我保证让你享受荣华富贵。"

田泓道："愿闻其详。"

彭超接着说："你去彭城城下大喊，说援军已经被击退，就可以了。"

田泓眼珠一转，说："可以。"

彭超大喜，送给田泓不少金银财宝，然后命人带田泓来到城下。田泓对着城楼上高喊道："谢玄将军率领的援军马上就要到了，谢将军派我先来告知你们！我已经被敌人俘虏，你们要坚守城池，等待援军！"

旁边的前秦士兵一听不对，这跟之前说的不一样，抽刀就把田泓杀死了。

军需辎重是军队命脉所系，而彭超的物资都留在了留成（今江苏沛县），于是谢玄心生一计，对外扬言说要派后军将军何谦进攻留成，何谦也配合地整军出发。彭超得到消息，迅速从彭城撤兵，回军留成。

彭城之围解除，戴遁率部众跟随何谦投奔了谢玄。彭超知道上当，又率军前来，这时候彭城已经成为一座空城了。彭超率队入城，留下治中徐褒镇守此地，自己则率军南下攻击盱眙。这时候襄阳的战事已经结束，前秦将领毛当、王显率两万士兵从襄阳出发，和彭超会合。俱难也攻下了淮阴，同样领兵来到盱眙。

太元四年（379）五月十四日，彭超和俱难攻陷盱眙，生擒晋高密内史毛璪之。

前秦的六万大军开始进攻幽州刺史田洛所在的三阿，把城池团团包围。三阿距离广陵只有一百多里，晋国朝野震惊，朝廷命加强防备，并派谢安的弟弟征虏将军谢石率水军防守涂中，谢玄则从广陵率大军前往三阿救援。

前线吃紧，战争支出也比较大，又遇上庄稼歉收，司马曜为表示支持，特别下诏，让皇室节省开支，文武百官的俸禄也暂时减半，国内的基础建设如非军用，统统暂停，节省下来的经费均供应前线。

五月二十五日，前秦军与晋军遭遇。此时晋国的北府兵在谢玄的训练下已经成了一支劲旅，军容严整，战斗力很强，彭超和俱难初遇北府兵，被打得丢盔弃甲，只好暂时退回了盱眙。

六月七日，谢玄率军进攻盱眙，彭超和俱难再败，撤退到了淮阴。

当时正遇潮水上涨，何谦趁机率领水军在夜间突袭前秦军，刘牢之率人放火烧毁了前秦搭建的浮桥及部分船只，谢玄自己也率军进攻，力斩前秦洛州刺史邵保。彭超和俱难三败，退守到淮河以北。

谢玄继续率军追击，彭超和俱难也想挽回点面子，于是两军在君川展开一场大战。北府兵将士个个如猛虎下山，锐不可当，彭超和俱难第四次战败。这次他们不再犹豫，向北疯狂逃窜，帽子也跑掉了，兵器也扔了，铠甲也卸了，整支军队狼狈不堪，唯恐逃之不及。

苻坚知道消息后大怒，命人用囚车把彭超和俱难押到长安。彭超恐惧之下自杀，俱难被贬为平民百姓。之后，苻坚任命毛当为徐州刺史，镇守彭城；毛盛为兖州刺史，镇守湖陆；王显为扬州刺史，镇守下邳。

谢玄率领的北府兵连连取得大捷，震动天下，从此，北府兵成为人们口中一支声名响亮的雄师劲旅。

谢玄率军返回广陵，司马曜大喜，下诏封谢玄为东兴县侯，并晋升他为冠军将军，兼领徐州刺史。

投鞭断流

前秦征北将军、幽州刺史行唐公苻洛是员猛将，他体格健壮，长得膀大腰圆，能拉得住一头正在奔跑的牛。作为攻灭代国的主帅，苻洛可谓是立下了大功劳，因此他主动向苻坚要求享受"开府仪同三司"的待遇，但被苻坚拒绝了。后来，苻坚任命苻洛为都督益宁西南夷诸军事、征南大将军、益州牧，苻洛却认为这是在放逐他，一怒之下就和哥哥北海公苻重起兵造反了。苻坚命左将军窦冲和吕光率军前去讨伐。

太元五年（380）五月，苻洛和苻重兵败，窦冲生擒苻洛，将其押送至长安，吕光也斩杀了苻重。苻坚饶恕了苻洛，把他贬到凉州西海郡。

氐族人口主要分布在关中，为了加强对关东各地的领导，苻坚经过深思熟虑，把关中氐族十五万户迁往关东居住，让他们在那里繁衍生息。被迁走的氐人虽不愿走，但迫于政令，也只好和亲人洒泪分别。有人认为这样大规模的迁徙氐族人口，会造成京师长安防卫空虚，而鲜卑人多居于长安，这样一来恐怕要出乱子，但苻坚不听。

太元七年（382）九月，鄯善王休密驮、车师前部王弥寘前来长安朝拜苻坚，大宛也献来了汗血宝马，肃慎献来楛木箭，天竺献来火浣布，康居、于阗及东海各国的六十二个王也都派遣使者前来进贡，奇珍异宝堆满了大殿。苻坚看见这么多遥远的小国前来朝拜，非常高兴，在金銮大殿隆重地接待了各国使者，还回赠了他们不少礼物。

休密驮、弥寘是第一次来长安，他们看到长安城车水马龙，人声鼎沸，一派繁荣景象，又看到这里的宫殿雄伟，甲士威武，顿时被震住了，请求每年都来进贡。苻坚念及西域路途太过遥远，风餐露宿太过辛苦，便让他们三年一进贡，九年一朝拜。

休密驮、弥寘还表示，西域有些小国的忠诚度不够，如果苻坚想要仿照汉朝制度，在那里设置都护府，他们愿意做向导。苻坚大为高兴，旋即任命骁骑将军吕光为都督西讨诸军事，持节，率领七万将士讨伐西域。临行前，苻坚特别叮嘱吕光道："听说西域有位高僧叫鸠摩罗什，你找到他之后，立即用快马把他送到长安。"

阳平公苻融认为这次出兵万里之遥，耗费巨大，而那里的土地即便夺来也没有多大用处，就向苻坚劝谏，让他不要出兵西域，苻坚不听。

太元七年（382）十月，苻坚在太极殿召集文武百官议事。苻坚对大臣们说："吾继承大业已经快三十年了，一直在东征西讨，现在四海略定，只有东南一隅还没有接受王化。我每每想到天下还没有统一，就食不甘味。今天，我想举全国之兵伐晋，一统天下，建立不朽之功业。我国的军队约有九十七万之众，我将亲自统率这支大军，踏平东南，各位爱卿意下如何？"

苻坚这段话一出口，大殿内顿时炸开了锅，大家七嘴八舌，议论纷纷。秘书监朱肜说："陛下应天顺时，替天行命，百万大军一出，晋主必定口衔玉璧，抬着棺材出城投降。陛下到时候可以命中原人士各归本土，恢复家园，然后您就能到泰山封禅，祭告天地，这真是千秋伟业啊！"

苻坚一听，捻须哈哈大笑："卿言之有理，这就是我的志向！"

尚书左仆射权翼发表了不同看法，他说："臣以为晋不可伐。晋室虽然衰微，但还有人，谢安、桓冲都是不可多得的人才，而且晋国上下还没有离心离德，君臣步调一致，比较和睦，我们贸然去攻，很难攻克。"

苻坚听了权翼的话，沉默了好一会儿，又说："大家都发表一下看法，集思广益。"

太子左卫率石越发言："晋有长江天险凭借，臣以为不可伐。"

苻坚反驳他："夫差、孙皓依靠江湖阻隔，不照样身死国灭？如今我们的部队人数之多，就是把马鞭投入长江也能使它断流，哪里来的天险呢！"成语"投鞭断流"的出处就在此。

石越辩驳道："夫差、孙皓荒淫无道，所以才灭国，这和晋的情况不一样。"

其他大臣也都各抒己见，大家叽叽喳喳议论了老半天，还是不能形成一致意见。苻坚听了很久，最后说："这就像在路边盖房子，征求路人的意见，大家说法不一，工期必定受阻。你们让我回去思考一下。"

苻坚命苻融留下，其他文武大臣出去。苻融是苻坚的亲弟弟，自小聪明，喜欢读书，颇有文采，有过目不忘的本事，但他长得却不像书生，反而体格健壮，力气很大，一个人可以对付一百个人，还擅长骑马射箭。苻融能文能武，所以苻坚对他信任有加。

苻坚对苻融说："古往今来，决定大事的从来都只是一两个人而已，所以如今，我和你来决定这个事情。"

苻融劝苻坚道："臣弟也认为不可伐，理由有三。星运不顺，此其一；晋主还算是个明君，此其二；我军征战频繁，将士厌战，此其三。请陛下采纳我的意见。"

苻坚闻听，脸色顿时变得难看起来，他说："我本来指望你支持我，可你却是这个意见！我军有百万之众，辎重堆积如山，我也并非昏庸之主，我们应该一鼓作气攻灭贼寇，而不是把贼人留给子孙，叫他们成为社稷的隐患！"

苻融一听苻坚心意已决，依然没有放弃，流着泪哭劝道："我还担忧，如今鲜卑人、羌人、羯人遍布京城，如果我们倾全国之兵征讨东南，留下太子和几万弱兵留守京城，到时候一旦发生不测，悔之晚矣。王猛的遗言，陛下怎么能忘记呢！"苻坚还是不听。

除了苻融，朝中文武大臣上表反对攻晋的还有很多，苻坚郁闷地说："我军攻晋，就像秋风扫落叶，朝中很多人却说仗不能打，这是为什么呢？"太子苻宏回答道："现今星象有利东南，司马曜又不是昏聩之主，如果我们作战不利，到时候恐怕不仅会名声扫地，财力也会消耗殆尽，大臣们疑虑的大概就是这个。"苻坚不认同这个说法："当年我们消灭燕国的时候，星象同样不利，不也取得了胜利？天道幽远，岂是我们能预测到的。还有秦灭六国的时候，难道六国的君主都是昏君吗？"

冠军将军、京兆尹慕容垂赞成进攻晋，他对苻坚说："陛下英明神武，威名震动天下，拥兵百万，还拥有像韩信、白起一样的良将数位，江东不过弹丸之地，岂能再把它留给子孙呢！陛下自己做决断就行，别人的想法听听也就罢了。司马炎当年出兵东吴的时候，朝中赞同的也就张华、杜预等两三人而已，如果他听从多数大臣所言，怎么会有平定天下的伟业？"这句话说到了苻坚的心坎上，他非常高兴，对慕容垂说："与我共定天下的，只有卿啊。"立即赏赐给慕容垂五百匹帛。

符坚一想到自己马上就要平定江东，建立不朽伟业，兴奋得连觉也睡不好了，常常在半夜醒来，然后就再也睡不着了，睁着眼直到天亮。

符融还在继续劝符坚："我们本是戎狄之人，并非正统，晋室是中华的正统，天意大概不会让他们灭绝。"符坚越听越生气，训斥符融道："朝代的更替岂有定数！难道刘禅不是汉刘氏的后裔吗，还不是照样被魏国所灭。你之所以不如我，就是因为你不知道灵活变通！"

符坚非常信任高僧道安，大臣们就找到道安，让他劝劝符坚。道安趁着和符坚游览花园的机会劝说他放弃攻打江南，符坚同样不接受。

符坚最宠爱的张夫人也劝他不要出兵，符坚说："军国大事，不是妇人应该干预的！"

符坚最喜欢的小儿子也劝符坚，符坚骂他道："天下大事，你个小孩子懂什么！"

总之，符坚不听众人之言，执意要攻打东晋，他是要一条道走到黑。

草木皆兵

前秦这边正在紧锣密鼓地准备大举进攻晋，晋这边，桓冲也在厉兵秣马，准备一雪襄阳丢失之耻。

太元八年（383）五月，车骑将军、荆州刺史桓冲率前将军刘波和他的侄子振威将军桓石民、冠军将军桓石虔等，领大军十万，向前秦发起进攻。桓冲决定先行收复襄阳，派刘波进攻沔水以北城池，辅国将军杨亮攻击巴蜀，鹰扬将军郭铨进攻武当。六月，桓冲夺取了万岁、筑阳。

符坚派符叡和慕容垂等将领率五万兵马支援襄阳，兖州刺史张崇支援武当，后将军张蚝、步兵校尉姚苌支援涪城。

七月，张崇在武当被郭铨和桓石虔击退。另一边，符叡命慕容垂为先锋，向沔水推进，慕容垂为了虚张声势，让每个士兵手里都拿十个火把，还将火把绑在树上，顿时周围火光通明，亮如白昼，在数十里外都能看到。桓冲远远瞧见敌人声势浩大，感到害怕，下令将部队撤到了上明。猛将张蚝从褒斜谷南下，晋将军杨亮恐惧之下也带兵撤走了。

桓冲向朝廷举荐桓石民任襄阳郡太守（这时襄阳在前秦手里），镇守夏口，自己兼任江州刺史，晋廷批准。

苻坚进行全国总动员，命全国每十个成年男性中就要有一个充军，前来应征的男子，年龄在二十岁以下，体格健壮，家世没有不良记录的，全部会被任命为羽林郎；然后他还下令，各州的马匹，不论是公家的还是私人的，统统征用。命令一下，有三万多人自带战马前来报到，苻坚任命秦州主簿赵盛之为这帮青年士兵的都统。

有了这样一支生力军，苻坚得意扬扬地说："现在我要任命司马曜为尚书左仆射，谢安为吏部尚书，桓冲为侍中。"

八月二日，苻坚派苻融督统张蚝、慕容垂等将领，率二十五万人马作为前锋，又任命姚苌为龙骧将军，兼督益、梁二州诸军事。苻坚对姚苌说："龙骧将军这个封号我从未赐给过别人，今天我把它赐给你，你要加倍努力啊！"

左将军窦冲忙说："君无戏言，您说这话可不吉利啊！"

苻坚顿时清醒了——当年他就是以龙骧将军的身份发动军事政变的！他非常后悔刚才对姚苌说了那样的话，但话一出口就不能收回了，此时他只能沉默不语。

就在苻坚踌躇满志的时候，前秦国内却是暗潮涌动。慕容楷和慕容绍对慕容垂说："自从王猛去世后，主上日渐骄傲，现在已经达到了顶点，叔父若要复兴燕国，就在此时了！"慕容垂点头道："孺子可教。你们要听我命令行事，少了你们，我也不能成功。"慕容楷和慕容绍兴奋地连连称是，说："全听叔父吩咐，我们必赴汤蹈火，在所不辞！"

太元八年（383）八月八日是个好日子，苻坚在这一天亲自登高向将士们喊话："众位将士们，我大秦的好儿郎，你们能否踏平江南，就在此一举！希望众位将士奋勇杀敌，得胜归来后，我给你们按照立功大小封官晋爵！"众将士山呼万岁。苻坚手一挥，说："出发！"

苻坚亲自率领步兵六十多万，骑兵二十七万，浩浩荡荡从长安出发，一路上旌旗招展，战鼓震天，尘土蔽日，整支队伍绵延近千里。这是中国古代史上出兵人数最多的一次军事行动。

九月，苻坚已经到达项城（今河南沈丘县）了，凉州的军队才刚到咸阳，巴蜀、汉中的军队正顺长江而下，幽州、冀州军队抵达了彭城，苻融率领的部队三十万人为先头部队，也已提前到达颍口。各路军队同时出发，水陆并进，光运粮船也有一万多艘，从黄河入石门，直达汝水、颍水。

面对强敌，晋廷也进行了全国总动员，任命尚书仆射谢石（谢安的弟弟）为征虏将军、征讨大都督，徐、兖二州刺史谢玄为前锋都督，与辅国将军谢琰（谢安的儿子）和西中郎将桓伊等将领率八万将士抵抗前秦，又命龙骧将军胡彬率五千水师支援寿阳（今安徽寿县）。这是晋能够动用军队人数的极限了。

面对百万敌军，晋全国震惊，建康城内也是人心惶惶。仗该怎么打，谢玄心里也没底，他向叔叔谢安寻求锦囊妙计。谢安一如平常地镇定，对谢玄说："我已经有另外的打算。"接着就不再说话了。谢玄也不敢多问，就告辞回去了，可他还是坐不住，又命张玄再去谢安处请求作战方略。

谢安照样到山间游玩，还召唤亲朋好友聚会。谢安让谢玄与自己下围棋，并用别墅作为赌注。谢玄的棋艺很高，谢安之前一直下不过他，此时大军压境，谢玄心内有事，无心下棋，开始走得不错，后边越走越乱，被谢安反超获胜。下完了棋，谢安又去登山游玩，总之是一副悠闲自得的样子。

桓冲很担心京师的守卫力量不够，要求派三千精锐士兵入城，保护京师安全，谢安没有同意，他说："朝廷已有应对办法，士兵和武器装备都够用，这些士兵应该留在原地，守卫国家西部边境。"

桓冲摇着头，对身边人叹息道："谢安石有宰相的度量，但最大的缺点是不会用兵打仗。如今大敌当前，他还游玩不止，清谈不休，然后派不经事的年轻人去抗击强敌。敌众我寡，胜负已在意料之中，夷族就要统治我们了！"

十月，苻融开始进攻寿阳，并于八天后占领了寿阳城，生擒了晋平虏将军徐元喜等人。苻融任命参军郭褒为淮南太守，镇守寿阳。同时，慕容垂也夺取了郧城。

晋廷派来救援寿阳的胡彬听说寿阳已经沦陷，撤兵回了硖石（今安徽淮南西）。苻融趁热打铁，命令进攻硖石。胡彬粮食用尽，坚持不住，被苻融生擒。

苻融连连胜利，心中大喜，派人骑快马向苻坚报信说："晋军兵少势微，很容易抓获，现在我担心的不是能不能打败他们，而是怕他们逃跑了。您应该速速派大军前来，擒拿他们的主帅。"

苻坚接报大喜，说："战事正如我所料，各位大臣们真是多虑了。"苻坚要亲眼看到自己的部队擒获谢石、谢玄等人，于是撇下大军，率领八千精骑兵，赶赴苻融处。苻坚传令："有胆敢说我外出者，拔掉他的舌头！"

前秦卫将军梁成率领五万士兵进驻洛涧（今安徽淮南东边的洛河），构筑工事，阻截晋的援军。谢石、谢玄在洛涧二十五里外安营扎寨。

苻坚派降将朱序前往谢石营寨，劝他率众投降。朱序见到谢石后宣称："两军强弱相差悬殊，你不如早早投降，免受刀兵之苦。"但之后，朱序却在私下里偷偷对谢石等人道："如果秦的百万大军全部到来，我们无论如何都抵挡不住。但他们的各路人马目前尚未集结完毕，我们应该趁此机会，快速出击，如果击败他们的前锋，就能挫伤他们的锐气，下一步就有可能把他们打败。"

十一月，谢玄命广陵相刘牢之从北府兵中精挑细选了五千人奔赴洛涧。在他们距离洛涧还有十里时，梁成已经得到了报告，他在洛涧两岸布阵，等待刘牢之等人入瓮。

刘牢之不愧为刘牢之，他没有被吓倒，而是率参军刘袭、诸葛求等人，带领五千精锐的北府兵，一路披荆斩棘，强行渡河。上岸后，北府士兵个个如猛虎一般冲入敌军阵中，狭路相逢勇者胜，梁成军不敌，大败，梁成和弟弟梁云、弋阳太守王咏被杀。刘牢之又派兵堵住前秦军北上逃跑的渡口，前秦军无路可逃，纷纷跳河求生，被淹死的、被杀死的多达一万五千人。刘牢之又生擒了前秦扬州刺史王显等人，缴获辎重粮草无数。

苻坚听说前秦兵败，大惊，他和苻融登上寿阳城头眺望战场，只见晋军军容整齐，将士们盔明甲亮，个个精神饱满，口号统一，进退有序。苻坚又向北望去，看到晋军所在的八公山（山的南麓在寿阳境内）上影影绰绰的，像是埋伏着漫山遍野的士兵。

苻坚转过头对苻融说："这是强敌啊，怎么说他们弱小呢！"他站在那里一动不动，闷闷不乐，脸上显露出了担忧的神色。

淝水之战

前秦的军队遭遇兵败，在淝水（今安徽寿县南的淝河）西岸摆开阵势，严防晋军，晋军无法渡河。

谢玄眉头一皱，计上心来，他派人对苻融说："您带军前来，深入我国国境，却临水布阵，这是想打持久战的架势，并不是要速战速决啊。可我不想等了，您让您的士兵向后撤退一下，让我军过河，然后两军一决雌雄，我与您勒马观看，不知可否？"

前秦很多将领都说不应该后撤："我众敌寡，只要我们守住河岸，等待后续部队来到，然后再发动攻击，就一定能取胜。这是万全之策。"苻坚却道："我们不妨后撤一点让他们渡河，等他们渡到一半，我们用铁骑上前掩杀，焉有不胜之理！"苻融表示认同苻坚的意见。他们两个都同意了，别人也不敢再说什么，于是苻融挥动指挥旗，命令部队后撤。

这一撤，就撤出了问题。因为前秦军在洛涧遭遇失败，很多将士心有余悸，特别是处在后面的部队，他们听到苻融命令后撤的消息，也不知道具体是怎么回事，以为是又打败仗了，于是慌忙开拔，刚开始还有点秩序，但很快，整支队伍就因紧张变得混乱起来。

正在这时候，假降的朱序在队伍中大喊一声："秦军败了！"这一声不要紧，可把大家的魂都吓出来了，所有人都撒开了腿拼命逃窜，唯恐自己逃得慢了——苻坚的这支伐晋队伍本身就是由各族拼凑出来的，大家心思不一，很多人并不是真正想为氐族卖命。

谢玄一看机会到了，下令火速过河。很快，谢玄、谢琰和桓伊等率领着八千精锐的士兵渡过了淝水，开始追击秦军。

苻融骑着马想制止士兵逃跑，可这怎么能制止得住？在如潮水般退去的队伍里，苻融马失前蹄，摔倒在地，被赶来的晋军砍掉脑袋。前秦军一看主帅被杀，更是丢盔弃甲，四散奔逃。

谢玄等人乘胜追击，一直追到青冈（今安徽寿县西），前秦士兵被杀的，或因自相践踏而死的不计其数。这些逃兵惊慌失措，听到风声和仙鹤的鸣叫声，都以为是晋军追杀的声音。他们不敢歇息，昼夜不停地跑，不少人鞋子都跑丢了，脚底磨出了水泡。这时候天气已经比较冷了，士兵们又冷又饿，一路上又死了十之七八。朱序和前凉王张天锡都趁机逃到了晋军那里。风声鹤唳的典故就出于此。

这一仗，晋军缴获了苻坚所乘坐的用云母装饰的车子，其他收缴的军需物资堆积如山，牛马骡子骆驼等有十几万头。之后，晋军又夺取了寿阳，生擒了前秦守将郭褒。

苻坚十分狼狈。他在乱军中身中流箭，差点落马丧命，幸亏汗血宝马跑得快，拖着他逃到了淮河之北。苻坚感到饥饿非常，正好有老百姓认识他，一老者给他送来了煲好的汤和猪腿肉，苻坚也顾不得形象了，用手抓起来就往嘴里送，老者乐了，说：“陛下不用紧张，追兵已经远去了。”苻坚道：“真好吃，我从来没有吃过这样的美食！”他吃完后用手擦了擦嘴，要赏赐给老者十匹布帛，十斤绵，但老者不肯要：“陛下就好像是臣的父亲，哪有儿子给父亲饭，还要求回报的呢！”说罢扭头就走了。

苻坚很是惭愧，对张夫人说：“如果当初我听了你和众臣的话，哪里会有今天呢？我还有什么面目再去统治天下！”说着说着眼泪就下来了。张夫人劝慰他道：“胜败乃兵家常事，陛下不必挂怀于心，留得青山在，不愁没柴烧。”

前秦军全线溃败，只有慕容垂统率的三万人完好无损，苻坚便率一千多名骑兵逃到了慕容垂那里。慕容垂的长子慕容宝说：“天赐良机，机不可失失不再来，大燕国复兴有望，父亲不要为了过去他的一点小恩惠而忘记复国大业！"慕容垂叹息道："你说得很对，但他一片诚心来投我，我怎么能够伤害他呢？如果老天要抛弃他，以后还有机会，不愁他不灭亡。先让他回去吧，这样我们既报答了他当年收留之恩，也用道义取信了天下，一举两得。"

慕容垂的弟弟慕容德说："弱肉强食，古往今来都是这样，秦强大的时候灭了燕，秦弱的时候，我们正好报仇雪耻，这算不上忘恩负义。希望哥哥借机推翻氐人的统治，光复大燕！这机会不应该失去！如果你把数万人的部队拱手送给对方，是错过了天时，会自取其害，哥哥你就不要再迟疑了。"

慕容垂说："我从前被慕容评所不容，逃难到了秦国，备受苻坚礼遇；后被王猛陷害，我无法争辩，秦王又原谅了我，这其中的恩情之深，我不能忘记！如果秦国运数已尽，我必定扫平关东，让那里的土地尽数归我，关西之地不是我们的，自有人取之。我们还是先观望一下。"

慕容垂的亲信部将绝大多数都劝他杀死苻坚，夺取领地，但慕容垂态度坚决，一概不听，还命令把三万部队交给苻坚指挥。

慕容晖在郧城驻守，得到苻坚失败的消息，吓得屁滚尿流，单人独骑跑到了荥阳。慕容德找到他，要求他复兴燕国，慕容晖胆小怕事，自然拒绝了。

打败前秦的捷报传到建康的时候，谢安正在和客人下围棋，他很淡定地拿起捷报看了看，顺手就把它放到了一边，并没有表现出兴奋之情，然后继续下围棋。客人问他怎么回事，他不慌不忙地说："小儿辈已经破敌了。"不过这不是说他不激动。下完围棋，送走客人，要返回屋内的时候，谢安竟然忘记了还有道门槛，兴奋得把木屐下面的屐齿都碰断了。

谢安因为指挥有功，被朝廷晋升为太保，其他有功之人也都得到升迁：谢石为尚书令，谢玄为假节、前将军，刘牢之为龙骧将军、彭城内史，朱序为琅琊内史，张天锡为散骑常侍。

慕容垂建后燕

苻坚以百万之众去进攻东晋，结果还没有怎么打就意外地全线溃败，他懊悔不已，但现在也没有别的办法，只能狼狈后撤。他一边逃，前秦逃兵一边不断地向他聚拢，等到洛阳的时候，他身边的将士已达十几万。

苻坚带队一路西行，不久到达渑池，再往前走就是长安了，这时候慕容垂对苻坚说："军队新败，北方很容易发生变乱，请您让我去镇抚他们，正好我也可以到邺城拜祭一下祖先的陵墓，我有些时日没有去过了。"

苻坚一听，觉得慕容垂说得有道理，便说："爱卿考虑得很周到，我同意了，你速去速回。"

苻坚派将军李蛮、闵亮、尹国率三千士兵"护送"慕容垂北上，又派骁骑将军石越率领三千精兵增强邺城的守卫力量，派骠骑将军张蚝率领五千羽林军守卫并州，派镇军将军毛当率领四千士兵守卫洛阳。

权翼决定除掉慕容垂，他派刺客埋伏在慕容垂的必经之路等待时机，准备刺杀。但慕容垂何等聪明，他早就疑心事情有变，化装成平民百姓，划竹筏走水路逃出生天。他还让属下程同化装成自己的样子走大路，刺客行刺，程同打马狂奔，也逃过一劫。

太元八年十二月（384），苻坚率队抵达长安城下。长安城还是那座城，但时移世易，已是物是人非了。苻坚想到了死去的弟弟苻融，想到了死去的无数将士，痛哭失声，随行的官员、将士也无不落泪。好一会儿，苻坚等人收起眼泪，进入城中。

慕容垂到达邺城后，镇守邺城的长乐公苻丕亲自出城迎接，把慕容垂一行安置到邺城西边的宾馆住宿。慕容垂要求进入邺城祭拜祖先，苻丕拒绝，慕容垂就乔装打扮，秘密入城，但被岗哨发现，阻止他入内，慕容垂暴怒，杀死守卫，火烧岗亭，然后退走。

石越对苻丕说："这是天赐良机，我们正好利用这个理由除掉慕容垂！"苻丕不同意，觉得这个理由还不够，他说："淮南之败，他忠心护主，这个功劳不能忘。"

当初，苻坚灭前燕后，从中原把丁零人迁到新安（今河南渑池县）生活。丁零又称敕勒、高车，最早生活在遥远北方的贝加尔湖湖畔，后来逐渐内迁至中原。苻坚兵败，丁零族酋长翟斌看到有机可乘，率先起兵反秦，准备攻打洛阳。

苻坚命慕容垂率军讨伐翟斌。接到命令的苻丕准备借翟斌的手除掉慕容垂。他只拨给慕容垂两千老弱残兵和一些旧武器，还派猛将苻飞龙率领一千氐人骑兵监视慕容垂。苻丕告诉苻飞龙说："你要找机会杀了慕容垂，好好干吧。"

慕容垂把慕容农、慕容楷、慕容绍留在邺城，他亲自率军南下。当他走到安阳城外的时候，闵亮、李毗从邺城赶来，把苻丕和苻飞龙的阴谋告诉了他。慕容垂把此事告诉了众位将士，大家义愤填膺，慕容垂大声说："我效忠苻家，而他们却一心想害死我们父子，是可忍孰不可忍！"于是他宣称兵力不足，停驻在河内郡招兵买马。来投靠的人源源不断，十来天时间，他的队伍已壮大到八千人。

守卫洛阳的苻晖派人催慕容垂，要他尽快前来。慕容垂认为此时必须先除掉身边的苻飞龙，便对苻飞龙说："我们距离贼人已经很近了，应该白天休息，养足精神，晚上突袭敌军，必能大获全胜。"苻飞龙同意。

十二月二十七日夜，慕容垂和儿子慕容宝、慕容隆趁苻飞龙不备发动突袭，把苻飞龙等人全部杀死。

十二月二十八日，慕容垂渡过黄河，留下可足浑谭在河内郡的沙城驻防。这时候他已经拥有三万将士。

十二月二十九日，慕容农、慕容楷、慕容绍逃出邺城。

投奔翟斌的前燕慕容凤、王腾、段延等人在洛阳城外杀死了前秦武平侯毛当，他们劝翟斌奉慕容垂为盟主，共击前秦，翟斌同意了。

慕容垂认为即使攻下洛阳也不好防守，想攻取老家邺城，于是就率兵东进，期间不断有人来投，渐渐地，部众已达二十多万。他从石门率众渡过黄河，兵锋直指邺城。

慕容农率众来到列人县（今河北邯郸肥乡区），说服乌桓人鲁利和张襄聚众起兵，乌桓人刘大和匈奴屠各部落的毕聪等也前来投靠，渐渐聚拢了数千人。慕容农暂命张襄为辅国将军，刘大为安远将军，鲁利为建威将军。

慕容农率军先后攻取了馆陶、顿丘，缴获了大量辎重粮草。这时候又有数量可观的将士过来投靠，慕容农的部众达到数万人，他为了稳住他们，代表父亲慕容垂进行封赏。慕容农军令严整，不扰民，得到老百姓的拥护。

苻丕命石越领兵一万攻打慕容农。太元九年（384）元月七日，石越带兵到达列人县，他命人构筑栅栏，不敢轻易发动攻击。慕容农命刘木为先锋，率领四百士兵冲入石越阵地，石越败退，慕容农率队随后掩杀，力斩石越，把人头送给了慕容垂。

毛当、石越都是前秦数得着的猛将，他们先后阵亡，前秦顿时惶恐不安，人心离散。

太元九年（384）元月二十六日，慕容垂和慕容农在邺城城外会师。慕容垂称自己为大将军、大都督、燕王，改年号为“燕王元年”。之后他封世子慕容宝为太子；任命弟弟慕容德为车骑大将军，封范阳王；侄子慕容楷为征西大将军，封太原王；其他人等也各有封赏。

至此，五胡十六国中的后燕建国了。

人人皆可为王

太元九年（384）三月，前秦北地郡长史慕容泓（慕容暐七弟）得到叔叔慕容垂围攻邺城的消息，寻机从北地郡出逃，逃往关东。之后他召集数千放牧的鲜卑人回到关西，据守华阴。

慕容泓率军打退了前来进攻的前秦将军强永，声威大震，他自封都督陕西诸军事、大将军、雍州牧、济北王，建立了自己的政权，史称西燕。因为西燕存在的时间较短，所以不在五胡十六国之列。

慕容氏接连背叛，自立为王，苻坚很懊恼，他问权翼道："当初没有听你的话，才使鲜卑人如此胡闹，关东我们是保不住了，也不再耗费军力和他们争，但关西之地是万万不能丢的，该怎么去对付慕容泓？"

权翼回答道："应速速消灭慕容泓，不能让他成了气候。慕容垂正在关东作乱，无暇顾及关西，慕容暐及其族人遍布京城，如果不能消灭慕容泓，慕容暐他们肯定会趁机作乱，到时候局面更加不好收拾。请您派大将讨伐他。"

苻坚任命广平公苻熙为雍州刺史，使持节，镇守蒲阪，把担任雍州牧的钜鹿公苻睿召回，任命他为都督中外诸军事、卫大将军、录尚书事，拨给他五万兵马，又任命左将军窦冲为长史，龙骧将军姚苌为司马，让他们出兵讨伐慕容泓。

这时候，平阳太守慕容冲（慕容暐的八弟）拥有两万兵马，他也起兵反秦，率军攻打蒲阪，苻坚派窦冲去迎击慕容冲。

太元九年（384）四月，慕容泓听说前秦派大将来攻，准备率部众逃往关东。苻睿是员猛将，他不把慕容泓放在眼里，准备派兵切断慕容泓的归路，把他们一举消灭。

龙骧将军姚苌劝苻睿道："鲜卑人想回到关东，我们就让他们走，最好不要强行阻截。即使抓住一只老鼠的尾巴，它还能回头啃你一口，何况是武装起来的鲜卑人？把他们逼急了，他们就会破釜沉舟，同我们决一死战，万一我们遭受挫折，到时候可没有后悔药吃。我们跟在他们后面擂鼓呐喊就可以了，他们必定会撒腿就跑，绝无恋战之心。"

苻睿哈哈一笑，道："他们是一帮亡命之徒，乌合之众，没什么好担心的，我会把他们全歼！"

两军在华泽遭遇，鲜卑人勇猛冲杀，前秦不敌，大败，苻睿被斩杀。

苻睿是苻坚之子，姚苌没有能保护好他，深感内疚，他派龙骧长史赵都、参军姜协前去向苻坚报告战况，同时请罪。苻坚听到儿子阵亡，一阵心痛，暴怒下命人把赵都和姜协推出去斩首。

姚苌得到赵都和姜协被斩的消息，十分震惊，他觉得苻坚肯定也不会宽恕自已，于是逃到了渭北的一个养马场藏身。这时候，关东羌族贵族尹纬、尹详、赵曜、庞演集结了五万多户羌人前来投靠，推举姚苌为盟主。姚苌有了实力，也不愿再屈居苻坚之下，便自称大将军、大单于、万年秦王，大赦，改年号为"白雀"。史称姚苌建立的秦国为后秦，也是五胡十六国之中的一国。

窦冲大败慕容冲，慕容冲率领仅剩的八千鲜卑骑兵投奔慕容泓。这时候慕容泓的部队已经有十几万之多，他派遣使者对苻坚说："吴王（慕容垂）已经平定关东，您应该准备大驾，把家兄（慕容㬚）送回来。我将率领部众，护送兄长返回邺城。到时候，两国将以虎牢关为界，永世友好，互不侵犯。"

苻坚闻听大怒，把慕容㬚叫来，命他写信给慕容垂、慕容泓和慕容冲，让他们就地解散部众，返回长安，这样他就会赦免他们的谋逆之罪。

慕容㬚表面顺从，却在暗地里秘密派人带信给慕容泓说："现今秦的气数已尽，距离灭亡已经不远。我是笼中之人，已无望回去了。当初我不能保住祖宗的宗庙社稷，是罪人，你们不用再顾及我的生死，江山事大，你们要以复国为己任，励精图治，建立大业。可以让吴王（慕容垂）任相国，中山王（慕容冲）任太宰兼大司马，你可以任大将军、司徒，承制，得到我死的消息后，即刻登上大位。"慕容泓看到慕容㬚的信后，兵发长安。

与此同时，后秦姚苌率军进攻北地郡，前秦华阴、北地、新平、安定等各郡的羌人、匈奴人纷纷前去投靠，又聚集起十几万人。苻坚亲自率军两万，和护军将军杨壁分兵多路，同时并进，同后秦展开厮杀。后秦节节败退，姚苌的弟弟姚尹买阵亡。

六月，慕容泓的谋臣高盖、宿勤崇等人认为慕容泓论德行、论人气均不如他的弟弟慕容冲，而且慕容泓执法太过严苛，动不动就杀人，让他们没有安全感，于是就合伙杀死了慕容泓，立慕容冲为皇太弟，承制，设置文武百官。慕容冲任命高盖为尚书令。

姚苌为了防止两面作战，送儿子姚嵩到慕容冲那里做人质，请求和慕容冲友好相处。

翟斌反后燕

慕容垂率军开始进攻邺城，准备收复前燕国的首府作为自己的国都。他顺利地攻下了外城，苻丕退守中城。这时候，关东各郡县大都送来人质，请求向后燕投降。

慕容垂任命慕容绍代理冀州刺史，到广阿驻守，他自己则亲率包括丁零人、乌桓人在内的二十多万将士架设云梯，奋力攻城。但氐人也不是吃干饭的，他们的弓箭手做好了准备，命令一下，箭如雨点般落在后燕军的阵营里，后燕士兵成排成排地倒下，那些侥幸到了城下的，也被滚木礌石砸死了。

慕容垂一看伤亡太大，下令停止攻城。慕容垂命人挖地道，准备从地下进城，但被发觉，又被杀死了不少兵士。这条计策还是不能奏效，慕容垂再次改变策略。他命人在邺城四周兴建围墙，困住城内敌人，然后派老弱的兵丁到魏郡、肥乡建设新兴城，用来存放辎重。

前燕旧部库傉官伟率领数万人前来投靠慕容垂，到达了邺城外。慕容垂大喜，封他为安定王。

慕容垂召集文武大员开会，研究如何攻破坚固的邺城，大家议论纷纷。右司马封衡站起来说："大王，我们不妨把漳河水引过来，灌入城中，到时候不怕苻丕不出来投降。"众人一听纷纷点头称是。慕容垂看大家意见一致，也同意了，开始着手准备挖开漳河水，让河水东流入城。

前秦也没有坐以待毙。一天，慕容垂到军营巡视后，在华林园喝酒，这时候前秦派出的刺客突然出现，他们在暗处搭弓放箭，顿时箭如流星般向慕容垂射来。慕容垂被箭雨包围，不能逃身，仰天长叹道："我命休矣！"千钧一发之际，只听有人大喊一声："父王不必惊慌，儿臣来也！"慕容垂定睛观看，原来是儿子慕容隆率领骑兵赶来。他们冲入箭雨，冒死把慕容垂救出。

战局就这样僵持着。后燕建义大将军河南王翟斌平日里自恃功高，此时眼看着邺城坚固难攻，内心便起了变化，认为慕容垂也不过如此，开始暗自谋划起下一步棋。

太子慕容宝听到了风声，请求除掉翟斌，慕容垂不同意，但从此对翟斌严加防范，但外表上仍对翟斌颇为礼遇，给他的赏赐比以往更多。翟斌认为慕容垂是畏惧自己，变得越发狂傲起来。

翟斌指示同党向慕容垂请示，让自己出任尚书令，慕容垂说："翟王之功应当位居上公，但是尚书台尚未建立，不能马上任命。此事待平定四方之后，再行商议吧。"

翟斌听后大怒，决定背叛后燕。他派人和苻丕秘密联系，商议如何对付慕容垂。

翟斌命令部下掘开之前修筑的河堤，准备把淹邺城的漳河水放走，但消息泄露，慕容垂立即下令，杀死了翟斌、翟檀和翟敏兄弟，其余人等一律赦免。

翟斌兄长之子翟真连夜带领属下逃向邯郸，但走着走着，他又命令部队掉头，准备和苻丕里应外合，夹击后燕军队。慕容宝和慕容隆击败了翟真，翟真又狼狈地往邯郸逃去。

太元九年（384）八月，翟真率队从邯郸向北逃窜，慕容垂派慕容楷、慕容农北上追击。三日后，两军首尾相接，慕容楷准备发起攻击，慕容农建议道："经过急行军，我们的部队既饿又疲惫，已经没有什么战斗力了，需要休整一下再战。我注意到，敌军队伍里都是老弱残兵，不见青壮年，他们肯定是有伏兵，我们需要就地扎营，静观其变。"

慕容楷认为慕容农多虑了，下令让部队进击，结果正中翟真埋伏，大败。翟真继续北上，往中山（今河北正定县）方向行进，到承营后扎营。

邺城被围已经八个月了，城中粮草已经用尽，苻丕命人用松木木屑喂马。

慕容垂对众位文武官员说："苻丕已经没有战斗力了，但他也绝不会投降，我们还是暂且退到新兴城，给他让开一条路，让他撤走，这样既报答了当年他父亲的恩情，同时也保存了我们的实力。丁零人是心腹大患，我们需要全力以赴对付他们。"大家都表示赞同。

八月十五日夜，慕容垂率军从邺城撤走，赶赴新兴城。在新兴城，慕容垂派慕容农颁布法令，按照贫富不同征收不等的税赋。后燕军军容严整，纪律严明，对老百姓秋毫无犯，得到老百姓的拥护，大家都自愿足额纳税。来交税的老百姓络绎不绝，排成了一个长队，慕容垂的军粮因此十分充足。

谢玄北伐

前秦在淝水吃了败仗，北方又陷入一片混乱，太元九年（384）八月，晋太保谢安向皇帝司马曜建议道："前秦正在土崩瓦解，我们应该抓住有利时机，出师北伐，收复中原失地，继而一统天下。"

司马曜一听很兴奋，当即同意，并任命谢安为都督扬、江、荆、司、豫、徐、兖、青、冀、幽、并、宁、益、雍、梁十五州诸军事，加黄钺，其他官职照旧。东晋当时一共控制着十七个州，谢安一个人就管着十五个州的军事，可以说司马曜是把全国的军队都交给谢安调度了，他对谢安是无比信任的。谢安上书请求辞掉自己的爵位和太保之职，司马曜不许。

之前二月份的时候桓冲去世，当时朝廷内就有声音说应该让谢玄任荆州和江州的刺史，但谢安不同意。他主要有两点顾虑，一是他和侄儿权力都太大的话，会引起朝中人的嫉妒，继而就会引祸入家门；二是经营荆州多年的桓家一旦失去荆州，可能会生乱。于是在谢安的建议下，朝廷任命桓石民（桓豁之子）为荆州刺史，桓石虔（桓豁之子）为豫州刺史，原豫州刺史桓伊为江州刺史。

现在谢安掌管全国军事大权，任命谢玄为前锋都督，率豫州刺史桓石虔北伐。前秦的徐州刺史赵迁听说谢玄率军来伐，不战而逃，谢玄顺利进入彭城。

九月，谢玄命手下大将彭城内史刘牢之率军攻打前秦兖州刺史张崇守卫的鄄城。九月十一日，张崇弃城而逃，前去投奔后燕慕容垂，刘牢之进入鄄城。听闻消息，黄河以南的各城池、坞堡纷纷投降东晋。

谢玄又派阴陵太守高素率军攻打前秦青州刺史苻朗据守的广固城。高素的军队刚抵达琅琊郡，距离广固还有一段距离的时候，慑于晋军的声威，苻朗就已经赶过来投降了。

后燕军刚走，晋军又到，苻丕派人到晋阳征召骠骑将军张蚝、并州刺史王腾来增援自己，但张蚝、王腾因为自身部队人数不多，没有派兵。

苻丕上天无路入地无门，赶紧召集幕僚商议对策。他麾下的司马杨膺说："为今之计，投降晋是为上策。"苻丕不同意，连连说："再想别的对策，再想别的对策。"

正在这时候，苻丕得到了谢玄派刘牢之占据碻磝，派郭满占据滑台，派将军颜肱、刘袭进驻河北的消息，便派桑据进驻黎阳，抵抗晋军。刘袭夜袭桑据，桑据败逃，刘袭进驻黎阳。

苻丕军已经筋疲力尽，无力再战了。面对步步紧逼的晋军，苻丕感到十分害怕，就写了一封信，派堂弟苻就和参军焦逵给谢玄送过去，信中说："我欲向你借道求粮，西赴国难，等你们的军队到达，我就把邺城让给你们。如果西路不通，长安陷没，请您率军保卫邺城。"

焦逵和另一个参军姜让秘密对杨膺说："如今我们身处困境，长安音讯皆无，存亡与否无人得知，现在就算我们卑躬屈膝，也不知道能不能得到粮食，但王爷不肯低头，仍然以平等的口气给晋写信，此行肯定不会成功。我们应该把信改为奏章，以臣属的口气许诺，说等晋军到达，我们将一同随他们回到南方，到时候如果王爷不答应，我们就发动兵变，把他捆绑起来交给晋军。"杨膺是苻丕的大舅子，自认为以自己的实力能制服苻丕，于是就依此计，把书信修改后送了出去。

谢玄派晋陵郡太守滕恬之北上守卫黎阳。这时候，兖、青、司、豫四州已经平定，晋廷任命谢玄为都督徐、兖、青、司、冀、幽、并七州诸军事。

之前慕容垂撤军，是想让苻丕主动撤走回长安去，但他看苻丕仍然不走，就又率军包围了邺城，不过还是留出了西边的道路，想要放苻丕一条生路。

焦逵前来拜见谢玄，送出了修改后的苻丕的信件。谢玄见信后将信将疑，不放心，要求苻丕把儿子送来做人质，然后才会发兵。焦逵一再向谢玄表明苻丕的诚心，后来又和盘托出了自己和杨膺等人的打算，谢玄这才相信，派刘牢之、滕恬之等率两万人马前去支援邺城，会战慕容垂。同时，谢玄还命人通过水路和陆路给邺城送去了两千斛粮食。

刘牢之率军到达枋头，这也是桓温北伐前燕时到的地方，距离邺城只有两百多里路程，两地之间一马平川。但这时候杨膺、姜让的计划泄露，苻丕大怒，把他们逮捕后处决了。刘牢之得到消息犹豫不决，停驻不前。

刘牢之攻打后燕将军刘抚据守的孙就栅（位于黎阳西北），慕容垂得知后，留下慕容农继续包围邺城，亲自率军去解救刘抚。刘牢之和慕容垂都是勇将，他们俩相遇，真是棋逢对手，将遇良才，两军互有伤亡，谁都没有占到便宜。最终刘牢之退回黎阳，慕容垂退回了邺城。

太元十年（385）四月，刘牢之率军往邺城前进，到达邺城城外后，和慕容垂再次交锋，慕容垂战败，撤退到了新兴城。四月八日，慕容垂放弃新兴城北逃，刘牢之追击，苻丕也派军尾随。

四月十三日，刘牢之在董唐渊这个地方追上了慕容垂。慕容垂看到避无可避，就激励众将士道："秦和晋现在暂时苟合在了一起，但他们联合的基础非常脆弱，并非真正团结。他们一方获胜，双方都扬扬得意；若一方失败，则双方必争相逃窜。现在两军一前一后，还没有形成合力，我们应该孤注一掷，全力进攻晋军。"

慕容垂命令部队放弃辎重，以此吸引晋军，然后趁机攻击。刘牢之带领部队强行军二百里，到达了五桥泽，这时候士兵们又饥又渴，急需休整，他看到慕容垂的辎重丢弃得到处都是，便下令说："慕容垂空有虚名，看到我军就狼狈而逃，我们收拾完这些辎重，再就地休息。"

可就在刘牢之的部队收捡辎重的时候，慕容垂率军突然杀来，晋军猝不及防，被杀死数千人，刘牢之单人独骑逃走，幸好遇到了从后面赶来的前秦军，才幸免于难。

邺城城中发生严重饥荒，苻丕率队到枋头接收晋援助的粮食，刘牢之则进入邺城稍做休息。这时候不断有逃出战场的散兵前来报到，晋军的士气稍微振作了一点，但因为之前刘牢之大败，晋廷将他招回去了。

后燕、前秦在邺城已经打了一年多的仗，幽州、冀州民不聊生，食物严重缺乏，甚至出现了人吃人的现象。后燕的士兵也有很多饿死的，慕容垂甚至用桑葚充作军粮。

一年后，晋廷认为北伐大军征战时间过久，人民负担过重，命令谢玄率军回淮阴，谢玄的北伐宣告结束。

大帝苻坚之死

长安城内，慕容晖密谋设计杀死苻坚，但消息走漏，反被苻坚所杀，年三十五岁。苻坚又处死了长安城内仅有的一千多鲜卑人。慕容垂的小儿子慕容柔被宦官宋牙收为义子，所以逃过一劫，他和慕容宝的儿子慕容盛瞅准机会，逃出了长安城，投奔慕容冲而去。

慕容冲击败了防守骊山的前秦抚军大将军苻方，苻方被杀。又击败了前秦平原公苻晖率领的五万大军，苻晖自尽。慕容冲命令向长安城发起进攻。

太元十年（385）五月，慕容冲命令部队向长安发动攻击，这是生死存亡之战，苻坚亲自登上城楼督战，激励士兵斗志。慕容冲命令向城楼放箭，掩护攻城部队，一时间只见万箭齐发，苻坚躲闪不及，被乱箭射得遍体鳞伤，鲜血直流。

前秦杨定与西燕军在长安城西大战，不敌被生擒。杨定是长安城内最后的一员猛将，苻坚得到他被生擒的消息后，终于感到了恐惧。他想到谶书上有云，"帝出五将久长得"，而五将山（今陕西西安西北）就在长安西北不远处，便要上五将山祭拜。

苻坚留下太子苻宏监国，坚守长安。苻坚率领数百骑兵，携带妻子张夫人、儿子苻诜及女儿苻宝、苻锦奔向五将山。顺便说一句，也就在当年（385），高僧道安去世，年七十四岁。

苻坚走后，苻宏根本抵挡不住慕容冲的攻击，不得不放弃长安。他领着数千骑兵，携带他的老娘、妻儿和一众苻氏皇族投奔下辨（今甘肃成县）而去。

慕容冲率军进入长安，他放纵部下烧杀抢掠，长安城内哭喊连天。

后秦姚苌亲率大军进攻新平郡（今陕西彬县）。

新平太守苟辅和城中官员、百姓加固城池，准备迎击后秦军。后秦军开始攻城，但死亡了一万多人，城池依旧没有攻下。

正在这时候，苟辅派人来找姚苌，说准备投降。姚苌大喜，认为是城内坚持不住了，就接受了投降的请求。城门大开，姚苌率军准备入城，突然感觉气氛不对，意识到上当了，急忙调转马头往回跑，苟辅埋伏在四周的士兵瞬间杀出，姚苌侥幸逃出一命，后秦军又被杀死一万多人。

姚苌见这里久攻不下，便留下部队继续攻城，自己则调转矛头，率军去攻打安定郡，防守安定郡的前秦安西将军渤海公苻珍被擒。见姚苌兵锋锐利，前秦岭北各城纷纷投降了后秦。

新平城已经被围几个月了，外援不来，城内也弹尽粮绝，眼看支撑不下去了。姚苌派人劝苟辅道："我要以道义取天下，不会伤害像你们这样的忠义之人！我给你们留出一条路来，你们出来只管走，我要的是这座城池。"苟辅信以为真，率领五千人出城，结果被姚苌派军包围，全部被活埋。

得知苻坚一行抵达五将山，姚苌大喜，派骁骑将军吴忠率军把苻坚等人包围在山上。这时候前秦军看到苻坚已经英雄末路，也都纷纷逃散，只剩了数十个亲兵护卫在苻坚身边。

苻坚知道这次无论如何也逃不出去了，他神情很自然，并没有慌乱，就坐在那里一动不动，眼睁睁看着后秦军队慢慢逼近。他突然感到一阵饥饿，召唤身边人送来吃的，有条不紊地吃着，等到吃完后还抹了抹嘴巴。这时候，吴忠的军队也包抄上来了。吴忠见到了苻坚，大喜，心想自己这下可是立了大功！他下令把苻坚等人拿下，然后将他们送到了新平郡。姚苌命令给苻坚等人设置专门的牢房，用重兵把守，务必盯死看牢。

苻宏逃到了下辨，南秦州刺史杨壁拒绝让他进城。杨壁的妻子是苻坚的女儿顺阳公主，可任凭顺阳公主苦苦哀求，杨壁也不为所动，最后顺阳公主离家出走，和苻宏一起投奔武都，又辗转到了晋的领土之上。晋帝司马曜命人把苻宏安置在江州。

姚苌派人向苻坚索要传国印玺，还对苻坚说："天道循环，现在轮到我姚苌了，你应该把传国玉玺交给我。"苻坚一听，怒目圆睁，呵斥来人道："小羌竟敢冒犯天子！我怎么可能把传国玉玺给你？是图谶和纬书上有什么根据，还是上天降下了什么符兆？五胡按次序排下来，都数不着羌族的名字。违背天命，是为不祥，难道你的位置能够坐得长久吗？传国印玺我已经派人送到了晋国，你们是得不到了！"

需要说明的是，我们所谓的"五胡"，其实就是匈奴、羯族、鲜卑、氐族、羌族，苻坚说的"数不着羌族"，指的是谶文的内容。姚苌自称承继天命，所以苻坚就以谶文来回答他。

姚苌不死心，又派右司马严纬游说苻坚，要苻坚把位置禅让给姚苌。苻坚又斥责道："禅让，是圣贤和圣贤之间的事，姚苌只是个叛贼，怎么敢与古代圣贤相比！"

苻坚与尹纬交谈了一阵，然后问尹纬道："你在朕的朝廷里担任什么职务？"

尹纬回答道："尚书令史。"尚书令史，在当时只是个八品官。

苻坚叹了一口气，道："通过和你谈话，我发现你是王猛一类的人才，可以胜任宰相之职，然朕之前却不识得你，看来我的国家不灭亡是不行了。"

苻坚认为自己平时待姚苌很好，过去还饶恕过他的性命，现在姚苌却忘恩负义，恩将仇报，他越想越气，对姚苌不停大骂，只求速死。苻坚对张夫人说："不能让羌奴侮辱了我的女儿。"于是忍痛杀死了苻宝和苻锦两个女儿。

太元十年（385）八月二十六日，姚苌派人把苻坚带到了新平郡的一座寺庙中，笃信佛教的苻坚高诵佛号，被缢死在佛寺之中，年四十八岁。张夫人和苻诜自杀身亡。

姚苌想掩盖自己的弑君恶名，定苻坚谥号为"壮烈天王"。

苻丕知道邺城已经守不住了，但并不知道长安已经失守，苻坚也已身死，还准备赶赴长安。占据壶关的幽州刺史王永邀请苻丕前去，苻丕带领邺城中的男女六万多人西行到了潞川，这时候骠骑将军张蚝、并州刺史王腾也派人前来迎接苻丕一行，苻丕随即到了晋阳。苻丕到晋阳后，得到了长安失陷、苻坚被杀的消息，痛哭一场，然后登基称帝。

第六章　鲜卑崛起

乞伏鲜卑

乞伏鲜卑，也称陇西鲜卑，是住在陇山以西的一支鲜卑人。陇山在六盘山（今宁夏西南部和甘肃东部）南部，泰始（265—274）初年，一部分鲜卑族人，如如弗、斯引、出连、叱卢等，自漠北南出阴山，落居于陇山以西。

如弗是乞伏的音转。后来乞伏部落出了个人物叫乞伏纥干，十岁的时候就骁勇善战，双臂能拉开五百斤力气才能拉开的弓，其他几个部落都折服于他的武力，推举他为统主。

乞伏纥干有个儿子叫乞伏祐邻，他率领部落人马和鹿结部落在高平川（今宁夏固原南清水河）大战，大获全胜，吞并了鹿结部落的七万多帐篷，在高平川定居下来。

祐邻去世后，他的儿子结权接管了他的部众，并带人迁到了牵屯（今六盘山东麓）。结权去世后，他的儿子利那掌权。利那攻击乌树山的吐赖部落，又在大非川讨伐尉迟渴权，吞并了三万多帐篷。

利那去世后，他的弟弟祈泥接管部众。祈泥去世后，利那的儿子述延接管了部众。述延在苑川（今甘肃榆中县）大胜鲜卑莫侯部，吞并了莫侯部两万多帐篷。因苑川土地肥沃，水草丰美，他们就在苑川定居了下来。

述延死了，他的儿子傉大寒继任首领。当时恰逢石勒消灭了刘曜，傉大寒畏惧，率领部众迁到了麦田（今甘肃靖远县）的无孤山，在后赵和前凉的夹缝中求生存。傉大寒去世后，他的儿子司繁率众迁到了度坚山（位于今甘肃靖远县）。

咸安元年（371），前秦派益州刺史王统进攻乞伏司繁的部落，乞伏司繁率三万骑兵在苑川抗拒前秦军。王统偷袭度坚山，司繁部落五万多帐篷中的妇女老幼投降。乞伏司繁悲叹道："我的才智不足以抗敌，我的德行不能安抚众人，两军还未交兵，老家就已经丢了。以后大家各奔前程吧。"

乞伏司繁投降了前秦，苻坚很高兴，封他为南单于，把他留在了长安，然后命司繁的叔叔吐雷为勇士护军，统领他们部落的人马驻扎在勇士川（位于苑川东）。

宁康元年（373）的时候，鲜卑勃寒部落侵犯陇西，苻坚命司繁为都督讨西胡诸军事、镇西将军、使持节，讨伐勃寒。勃寒不敌，请降。之后，苻坚让司繁镇守勇士川。

太元元年（376），司繁去世后，他的儿子国仁继承父职，仍旧镇守勇士川。

苻坚发动淝水之战时，征调乞伏国仁为前将军，领先锋骑。正在这个时候，国仁的叔叔步颓在陇西反叛，苻坚命国仁回军讨伐。步颓得知侄儿国仁回军的消息后大喜，亲自到路边迎接国仁——原来这是他们叔侄俩演的一出戏！

乞伏国仁大摆宴席，兴奋之情溢于言表，他挽起袖子，大喊道："苻氏当年趁着石赵内乱，窃据名号，穷兵黩武，占据了八个州，骚扰百姓，疲弊中国，已经天怒人怨。据我观察，他此战必败，我将与诸位成就一番伟业！"

苻坚淝水战败以后，乞伏国仁强迫各部落臣服，有不听话的就率兵讨伐兼并，一时间手下部众达到了十多万人。苻坚被姚苌杀死的消息传来后，乞伏国仁对属下说："苻氏拥有超世的能力，却被一帮乌合之众打败，真乃天意啊！如果走寻常路，迷信运数，会被先达所耻，见机行事才是英豪之举。我虽然德行浅薄，但凭借祖先留下的基业，岂能看着时运到来而无所作为？"

太元十年（385）九月，乞伏国仁自称大都督、大将军、单于，兼秦、河二州牧，改年号为"建义"。他任命乙旃童泥为左相，屋引出支为右相，独孤匹蹄为左辅，武群勇士为右辅，弟弟乞伏乾归为上将军。

乞伏国仁把他所控制的地区划分为十二个郡，修建了勇士城（今甘肃榆中县）作为都城，不过目前还没有定下国号，之后才定国号为"秦"。为做区分，史称乞伏国仁建立的秦为西秦，为五胡十六国之一。

拓跋珪建北魏

当年，前秦灭了代国之后，苻坚把原代国一分为二，东部交由鲜卑人刘库仁领导，同时负责照看幼主拓跋珪，西部则交由匈奴铁弗部的刘卫辰领导。

刘库仁领导有方，远近都对他非常满意，苻坚便任命他为广武将军，赏赐给他特用车辆、旌旗等。这引起了刘卫辰的嫉妒，他一怒之下，杀死了前秦的五原郡太守，起兵反叛。刘库仁率军前往讨伐，大破刘卫辰，狂追到阴山北一千多里处，抓获了刘卫辰的妻儿。后来，苻坚为了安抚刘卫辰，任命他为西区单于，驻守代来城（今内蒙古准格尔旗及达拉特旗界内）。

后燕进攻幽州的时候，刺史王永向刘库仁请求援兵，刘库仁派大舅子公孙希率三千铁骑前去支援，打败了后燕的宁朔将军平规。刘库仁没有就此停手，而是继续南下，占据了唐县，他是准备去援救被困在邺城的苻丕的，可正在这个时候，前燕旧属慕舆文、慕舆常造反，杀死了他，然后投奔了后燕。刘库仁的弟弟刘头眷接管了部众，公孙希投奔了丁零人翟真。

刘头眷在善无打败了贺兰部落，又在意亲山打败了柔然别部头领肺渥，缴获牛羊几十万头。刘头眷的二儿子刘罗辰性格机敏，对刘头眷说："近来我们的征伐所向披靡，这固然是好事，但我们的心腹大患并没有消除，请您早做打算。"这话把刘头眷说糊涂了，他问道："谁是心腹之患？"刘罗辰回答道："堂兄刘显（刘库仁的儿子）为人残忍，日后必会作乱。"刘头眷摇了摇头，没有听取儿子的意见。

过了不多久，刘显真的借机杀死了刘头眷，接管了部众。刘显又准备杀死拓跋珪，幸好他弟弟刘亢泥的妻子是拓跋珪的姑姑，刘亢泥把这消息告诉了妻子，他妻子立即告诉了拓跋珪的母亲贺氏。

刘显的谋士梁六眷是原代王拓跋什翼犍的外甥，他也派下属穆崇、奚牧把消息秘密报给了拓跋珪。梁六眷还把妻子、骏马托付给穆崇说："你带上她们快走，日后如有不测，就用她们替我证明清白。"

贺氏得知消息，心生一计。她当天夜里请刘显到家中饮酒，借机把他灌醉，然后命拓跋什翼犍的心腹旧臣长孙犍、元他、罗结带上拓跋珪，着轻装骑快马逃走。

凌晨时分，贺氏命人惊扰马厩中的马匹，群马嘶鸣，刘显被惊醒了，准备起身到马厩中查看。这时贺氏突然大哭，边哭边说："我儿子昨天晚上还好好的，现在他和他的随从都找不到了，是不是被人暗害了？"刘显一听暗喜，以为手下已经得手，就安慰了贺氏几句，然后回去了。

拓跋珪和随从马不停蹄，逃往阴山北部，投奔自己舅舅所在的贺兰部落。他的舅舅贺讷见到拓跋珪等人，一阵惊喜，说："等你复国以后，希望还能惦记着我这个舅舅！"

拓跋珪一听，笑道："事情如果成功，绝不敢忘记舅舅！"

刘显终于发现拓跋珪没有死的事情了，他很怀疑是梁六眷把秘密泄露了，要把他抓起来。这时候，外逃的穆崇对外宣布说："梁六眷这个小人卖主求荣，和刘显狼狈为奸，我抢走了他的妻子和骏马，以泄心头之恨。"刘显听到后，以为自己冤枉了梁六眷，就放了他。

贺氏的堂弟、外朝大人贺悦带领他部落的族人前去投靠拓跋珪，刘显恼羞成怒，准备借机杀掉贺氏，贺氏逃到刘亢泥家，在放置神像的车子里藏了三天，士兵不敢搜查，加上有刘亢泥全家人不断替她说情，贺氏才逃过一死。

原南部大人长孙嵩率领部众七百多家背叛刘显，投奔了拓跋珪。又过些时日，刘显内部生乱，原中部大人庾和辰带上贺氏也投奔拓跋珪而去。

贺讷的弟弟贺染干看到拓跋珪受到拥戴，很得人心，对这个外甥嫉妒得要命，命亲信侯引七突找机会杀死拓跋珪。尉古真效忠拓跋珪，得到消息后告诉了拓跋珪。拓跋珪加强防范，侯引七突不敢下手。

贺染干怀疑是尉古真泄密，便把尉古真抓起来严刑拷打，尉古真不肯承认，贺染干命人用两个车轴夹住尉古真的头转动，尉古真眼睛都爆裂了出来，但他真是条硬汉子，始终不说，贺染干无奈，只能释放了他。

但贺染干不死心，亲自带兵包围了拓跋珪的住所，这时候，贺氏站出来对贺染干说："哥哥为什么这么对待我们母子？"面对妹妹，贺染干感到羞愧，撤走了。

拓跋珪的曾叔祖拓跋纥罗看到慕容氏、姚氏和乞伏氏纷纷建国，他和弟弟拓跋建以及各部大人便也联名上书，请求贺讷尊拓跋珪为头领。

太元十一年（386）正月六日，十六岁的拓跋珪在牛川（今内蒙古兴和县西）召开部落大会，正式即代王位，改年号为"登国"，宣告代国正式复立。

拓跋珪任命长孙嵩为南部大人，叔孙普洛为北部大人，张衮为左长史，许谦为右司马，王建、和跋、叔孙建、庾岳（庾和辰的弟弟）为外朝大人，奚牧为治民长，长孙道生、贺毗为左右侍卫，然后他把都城定到定襄郡（今内蒙古和林格尔县）的盛乐城，这是原代国的国都。

四月，拓跋珪改称魏王，他建立的国家改称魏国，这就是中国历史上赫赫有名的北魏。北魏虽然是鲜卑人建立的国家，但国祚长达一百多年，不在五胡十六国之列。

慕容鲜卑内乱

已入主长安的西燕皇帝慕容冲派尚书令高盖率五万兵马进攻后秦，双方在新平郡大战，高盖不敌，大败。他觉得没脸回去见慕容冲了，干脆投降了后秦。

慕容冲害怕慕容垂的强大，不敢回关东，而且他本人又非常喜欢长安城，就想把都城定在长安。他命人耕田养牛，修缮宫殿，一副准备长期居留这里的样子，但大多数鲜卑将士并不愿意，他们希望回归故里，寻找亲人，渐渐对慕容冲心生不满。左将军韩延顺势起兵，杀死了慕容冲，拥立将军段随为王，不想仆射慕容恒和尚书慕容永随后又杀死了段随，立宜都王慕容桓的儿子慕容觊为帝，然后他们率领鲜卑部众共四十多万人离开长安，一路东下。

慕容恒的弟弟护军将军慕容韬把慕容觊骗到临晋（今陕西大荔县）后杀死了。慕容恒大怒，和慕容韬分道扬镳。后来慕容永（慕容廆弟弟慕容运的孙子）和武卫将军刁云率兵攻打慕容韬，慕容韬不敌，又去投奔慕容恒。

慕容恒立慕容冲之子慕容瑶为帝，但众人不服，纷纷离开去投奔慕容永。慕容永起兵发动政变，杀死了慕容瑶，立慕容泓（慕容晞七弟）之子慕容忠为帝。慕容忠任命慕容永为太尉、守尚书令，封河东公。慕容永用人公正，执法宽严相济，众人心服口服。

慕容永率队到达闻喜县后，听说慕容垂已经建立了燕国，便怕了，不敢再前进，下令在闻喜修筑燕熙城以供居住。

这时候刁云等又突然发动兵变，杀死了慕容忠，拥戴慕容永为使持节、都督中外诸军事、大将军、大单于、录尚书事、河东王，兼雍、秦、梁、凉四州牧。慕容永派人求见在平阳的苻丕，想要借道东归，但苻丕不准，于是两军在襄陵大战，前秦军队大败，前秦左丞相王永、卫大将军俱石子全都战死。

苻丕兵败，害怕被拥有三千嫡系强兵的东海王苻纂谋害，便率领数千骑兵逃向了东垣，准备攻打洛阳。晋扬威将军冯该从陕县出兵截击，力斩苻丕（33岁）。还抓获了太子苻宁、长乐王苻寿，并把他们押送回了建康。晋帝司马曜免去这些人的死罪，把他们交给了在江州的苻宏（苻坚的太子，后投降东晋）收留。

苻纂和他的弟弟——任前秦尚书、永平侯的苻师奴率数万部众放弃晋阳，逃到了杏城（今陕西黄陵县），其他的前秦王公、百官都被慕容永擒获。

太元十一年（386）十月，慕容永率军进入长子（今山西长子县），宣布即皇帝位。

慕容垂最小的儿子慕容柔、孙子慕容盛和慕容会等人都在长子，于是他们瞅准机会，一起逃回了后燕。

一年之后，慕容永把在留长子的慕容僔和慕容垂的子孙斩尽杀绝。

吕光建后凉

当年，苻坚任命骁骑将军吕光为使持节、都督西域征讨诸军事，和将军姜飞、彭晃、杜进、康盛等人率领十万步兵、五千骑兵，以鄯善王休密驮等为向导，出兵讨伐西域。

吕光克服重重困难，率军穿越三百多里的沙漠，深入西域，焉耆等各国望风而降，唯有龟兹国（今新疆库车县）国王帛纯坚守城池，顽强抵抗。吕光围城半年多，虽然没有攻下龟兹的首府屈茨，但帛纯也已经弹尽粮绝了。帛纯派人给狁胡王送去厚礼，请求他出兵救援，狁胡王派他的弟弟呐龙率领二十多万骑兵，同时联合温宿、尉须等各王国军队共计七十多万人马，驰援龟兹。

吕光不愧为万人敌，他面对强兵毫无惧色，率军和他们在城西大战。吕光一马当先，连挑对方数员战将，联军大败，帛纯也弃城逃跑。这一仗，投降来的王国、侯国有三十多个。

吕光率军进入龟兹首府屈茨城，进城以后他大吃一惊，因为这里竟然繁华如长安，宫殿雄伟壮观，街市车水马龙。吕光安抚远近归降的西域各国，这些国家的使臣献上了汉朝时期的符节，吕光为他们更换为前秦的符节，然后立帛纯的弟弟帛震为新的龟兹王。

吕光按照之前苻坚的吩咐，在龟兹国找到了高僧鸠摩罗什。吕光看到龟兹比较富裕，有了留下来称王的想法，但鸠摩罗什对他说："这里是凶地，不可久留，您率军东返的途中自会遇到福地，到时候可以居留。"

吕光听从，命人用两万多头骆驼驮上从西域得来的奇珍异宝，连同一万多匹骏马，一起东返。

前秦凉州刺史梁熙派军截击吕光，吕光打败了梁熙的军队，杀死梁熙，然后进入了姑臧（今甘肃武威）。姑臧是前凉当年的都城，建设得有一定规模，吕光在这里自任凉州刺史。

这时候，吕光得知苻坚已被姚苌杀死，痛哭三天，命令士兵全部穿上孝衣，以此哀悼旧主。

太元十一年（386）十月，吕光在境内大赦，改年号为"太安"，改国号为"凉"。一个新的国家诞生了，史称后凉，为五胡十六国之一。

后燕定都

当时，慕容垂久攻邺城不下，于是就率军北上，到达中山（今河北定州）。他决定以中山作为后燕的都城，在这里正式改称皇帝，设置了文武百官，设立祭庙。他任命范阳王慕容德为尚书令，太原王慕容楷为左仆射，乐浪王慕容温为司隶校尉。

慕容垂派慕容楷、慕容麟、慕容绍、慕容宙攻打前秦冀州牧苻定、冀州都督苻绍、幽州牧苻谟和幽、平二州都督苻亮。慕容楷决定先礼后兵，他分别写信给苻定等人，分析当前形势，对他们说，投降才为上策。苻定等人很识时务，看过信后全都投降。慕容垂将苻定等人全部封为侯，说："我是以此来报答秦主（苻坚）的恩德。"

慕容垂命太子慕容宝镇守京师中山，任命赵王慕容麟为尚书右仆射，主管政府事务，然后让高阳王慕容隆向东进攻平原郡，他自己则亲率慕容德等人南下夺取土地。

慕容垂攻击宦官吴深所在的清河郡，顺利攻下，吴深逃走，慕容垂进驻逢关陂。他和慕容隆合兵一处，派镇北将军兰汗、护军将军平幼在碻磝西四十里处渡过黄河南下攻晋，慕容隆在河北岸摇旗呐喊，为他们助威。晋守将温攀、温楷叔侄二人被吓破了胆，直接放弃碻磝，奔向温详（温楷的父亲）驻守的东阿城。平幼率军追击，两军交战，晋军不敌，温详连夜带着妻儿奔向彭城，手下的三万部队全都投降了平幼。战后，慕容垂任命慕容楷为兖州刺史，镇守东阿城。

慕容垂派慕容德、慕容绍、龙骧将军张崇率领两万兵马，和慕容隆会师后，一起攻打泰山郡太守张愿。两军在瓮口与张愿军展开混战，张愿军不敌，被杀死七千八百多人，张愿本人逃往三布口（今山东肥城）。后燕军队进入历城（今山东济南），青州、兖州、徐州各郡县及一些民间坞堡纷纷投降。慕容垂任命慕容绍为青州刺史，镇守历城，命慕容德班师回朝，他自己也返回中山。

这时候从西燕首府长子逃回来的儿子慕容柔、孙子慕容盛、慕容会也赶到了，慕容垂非常高兴，宣布大赦。

慕容垂问孙子慕容盛道："长子的人心里是怎么想的，那座城池容易攻下吗？"慕容盛回答道："长子人心骚动，都想东归，陛下推行仁政，假以时日，我军兵临城下的时候，他们必会放下武器，主动归降。"慕容垂大喜。

丁零部落酋长翟真被司马鲜于乞杀害，翟真的堂兄翟辽逃走，鲜于乞又被众丁零人杀死，翟真的堂弟翟成在族人的拥戴下成为酋长。

翟辽投奔了晋黎阳郡太守滕恬之，滕恬之对他很信任，但翟辽却在暗中笼络人心，伺机夺城。后滕恬之率军出城攻打鹿鸣，翟辽趁机关闭城门。滕恬之回不了城，准备投奔鄄城而去，翟辽率军追击，生擒滕恬之，从此据守黎阳。

太元十二年（387）五月，慕容垂命章武王慕容宙监中外诸军事，辅佐太子慕容宝，留守京师，他亲自率军南下攻打翟辽。翟辽部属多是前燕子民，听说慕容垂前来，纷纷投降，翟辽一看仗没法打了，也就投降了慕容垂。慕容垂任命他为徐州牧，封河南公。

正在这时，丁零部落的另一酋长翟遥率领五千人马夜袭中山，攻陷了外城，情况十分危险。慕容宙绕到了翟遥后背，和慕容宝内外夹攻，大败翟遥，翟遥落荒而逃。

一年后，慕容垂任命太子慕容宝为录尚书事，把政务交给儿子处理，自己当起了太上皇，只有遇到大事时才亲自处理。

司马道子乱政

淝水之战大胜后，谢安获得了空前高的声誉，但这引起了司马家对他的忌惮和部分官员对他的嫉妒。正在这个时候，谢安的女婿王国宝跳了出来，在皇帝司马曜面前搬弄起谢安的是非来。

王国宝是王坦之的第三个儿子，娶了谢安之女为妻。按说王国宝出身世家大族，应该会走正道，但他没有很好地遗传父亲的基因，品行不端，善于谄媚，谢安很讨厌他，所以不重用他，只任命他为尚书郎。但王国宝自认出身豪门，想到可以决定官员前途的吏部任职，谢安不准，王国宝从此对谢安心生怨恨。

司马曜的同母弟弟琅琊王司马道子的王妃是王国宝的堂妹，王国宝敏锐地察觉到司马家想压制谢安，于是便投靠在司马道子门下，并在皇帝司马曜的面前极力诋毁谢安。再加上之前一些对谢安不满的政客搬弄是非，司马曜对谢安的印象大不如前，渐渐疏远了他。

谢安非常喜欢音乐，和音乐高手、《梅花三弄》的作者桓伊关系要好。桓伊因为淝水之战有功，被提拔为右军将军，封永修县侯。司马曜召集宴会，谢安和桓伊都在座，席间司马曜命桓伊演奏，桓伊请求让人和他合奏，得到批准，便弹着筝唱《怨诗》道："为君既不易，为臣良独难。忠信事不显，乃有见疑患。周旦佐文武，《金縢》功不刊，推心辅王政，二叔反流言。"歌词委婉凄凉，表达出曹植受到皇帝猜忌、无法排解忧伤的无限愤懑之情，这与谢安此时的处境非常相似。谢安感慨万千，不禁泪湿衣襟，司马曜也面露愧色。

谢安正在思索怎么避祸，碰巧这时候受到西燕攻击的苻坚发来求救信，于是就请求带兵前去救援，司马曜同意了。谢安要出发，司马曜亲自到西池送行，并饮酒赋诗，表面上依旧给足谢安面子。谢安率军进驻广陵郡的步丘，兴建了一座新城后居留在此。谢安一直怀有隐居东山之志，不经意间在言语中就会流露出来，这次他到新城，是携全家男女老少一起来的，他准备带他们一起过世外桃源的生活，远离朝廷纷争，过太平日子。他还命人打造出海工具，准备在局势安定下来以后，就从水路东归隐居。

但天不遂人愿，不久谢安患病，请求返回京都，司马曜批准。太元十年（385）八月，谢安到达建康。八月二十二日，谢安去世，年六十六岁。司马曜亲自三次给谢安吊丧，赐下棺材、衣服、钱等，追赠太傅，赐谥号"文靖"，改封庐陵郡公。

八月二十五日，司马曜任命二十二岁的司徒琅邪王司马道子兼领扬州刺史、录尚书事、都督中外诸军事，司马道子从此大权独揽。

司马曜沉溺于美酒与美色之中，不理朝政，把朝廷事务全部交给弟弟司马道子处理。司马道子也好酒，兄弟两个经常在莺歌燕舞中喝得酩酊大醉。司马曜还崇信佛教，身边亲近的人很多都是和尚尼姑。在这样的风气之下，司马曜身边的侍从结党营私，互相说情、吃请，卖官鬻爵的价码几乎公开化。

司马道子凭借自己的特殊身份，奢侈无度，傲慢无礼，越来越不像话，有时候喝多了，还和司马曜称兄道弟，忘记了君臣的界限，司马曜对他越来越不满意。

司马曜准备选拔一些有名望的人到州里任刺史或者镇将，培养节制司马道子的潜在力量。他问太子左卫率王雅道："朕准备重用王恭、殷仲堪，你觉得他们怎么样？"

王雅回答道："王恭风度优雅，端正严肃；殷仲堪谨小慎微，以文学著称。但他们都心胸狭隘，自以为是，做事不够深谋远虑。如果让他们做封疆大吏，天下太平时，还能恪尽职守，如果天下有事，他们会成为祸端！"

司马曜不听。太元十五年（390）二月二日，司马曜任命中书令王恭为都督青、兖、幽、并、冀五州诸军事，兼兖、青二州刺史，镇守京口；任命侍中王国宝为中书令，兼中领军。

苻登战姚苌

西燕东归之后，长安成了一座空城，卢水胡（少数民族的一种）的酋长郝奴趁机进驻。后秦姚苌率军讨伐，郝奴自知不敌，投了降。姚苌进入长安，正式登基称帝，封蛇氏为皇后，立长子姚兴为太子。

姚苌宴请群臣。酒至半酣，他问群臣道："当年我们一起向苻坚称臣，同为大臣，如今却成了君臣关系，你们不感到羞辱吗？"大臣赵迁回答道："老天不以陛下作为儿子为耻，我们做您的臣下又有什么可感到羞耻的呢！"姚苌一听，开怀大笑。

不久，姚苌的弟弟姚硕德率领族人前来报到，恰逢前秦秦州刺史王统投降，于是姚苌任命姚硕德为使持节、都督陇右诸军事、秦州刺史，镇守上邽。

前秦的征西大将军、南安王苻登是一员猛将，他也是苻丕的堂侄子。那年头，饥荒随时会发生，苻登对属下说："你们要英勇杀敌，我保证你们早上战斗，晚上吃肉，不用担心受饿。"每场战役打下来，苻登的军队吃饭都是"吃熟食"，就是把杀死的敌人煮熟了吃，吃饱了的士兵更加英勇能战。

苻登带兵攻打南安，顺利攻克，胡、汉百姓前来归降的有三万多户。苻登继续进军，攻击秦州的姚硕德，秦州告急，姚苌亲自带兵来解救。苻登率军英勇冲杀，大败后秦军，杀死了两万多人。符登麾下的将军啖青一箭射中姚苌，姚苌翻身落马，受了重伤，被抢救回上邽，姚硕德接管后秦部队。

符丕的死讯传来后，符登命令全军披麻戴孝。符登准备立符丕的儿子符懿为帝，但众人都说符懿年幼，不能担当大任，共推符登即位，于是符登设立祭坛，登基为帝。

后秦和前秦不共戴天，符登立誓要为符坚报仇。他把符坚的牌位放置到一辆专用的大车上，用帷幔围住，车盖是青色的，车前立有黄旗，还安排三百名虎贲将士守卫在车的四周。每遇大事，他就先向符坚牌位报告，然后才去行动。

符登率军五万攻击后秦。他命人在每个将士的头盔和铠甲上都刻上"死休"两个字，以激励士气，并训练士兵持短剑长矛，叫他们列成圆阵，哪缺补哪，这样一来人人都能独立战斗，又能形成合力，因此他的军队战斗力非常强大。

中垒将军徐嵩、屯骑校尉胡空各自带领五千兵众据寨自保，之前他们不得已投降了姚苌，现在听说符登到来，又转投了符登。当初姚苌把符坚的尸体埋藏在他们两个营寨之间，这次他们把符坚的尸体挖了出来，按天子礼仪举行隆重的安葬仪式。

符登继续进军，部队到达胡空堡。

后秦姚方成率军攻克徐嵩的寨垒，抓住徐嵩后将其斩首，把他的士兵全部活埋。姚苌命人把符坚的尸体挖了出来，用皮鞭抽打数下，剥下衣服，再用荆棘包裹起来埋掉。

太元十三年（388）二月，符登进驻朝那（今宁夏彭阳县），姚苌进驻武都（今甘肃成县）。

前秦和后秦从春天打到秋天，数次交锋，互有胜负，眼看着短时间内谁都不能取得压倒性的胜利，就都暂时罢兵返回了。

十月，姚苌到达安定，符登心生一计，命一万多士兵在安定周围放声大哭，借以扰乱后秦军心。姚苌也别出心裁，命令自己的士兵同样大哭作为反击，符登看到此招无效，就退回去了。

太元十四年（389）八月，姚苌趁夜率领三万骑兵偷袭符登的后方基地，杀死了毛皇后和苻登之子苻尚，抓获前秦战将几十人，俘虏民众五万多，大胜而回。毛皇后不但人长得非常漂亮，而且善于骑马射箭，后秦军攻来的时候，她率领几百名士兵奋勇抗击，但寡不敌众，终于被俘。姚苌本准备把她收入自己的后宫，但毛皇后宁死不从，被杀。

苻登败退胡空堡。十月，苻登与前秦雍州牧窦冲、秦梁二州牧杨定、并州刺史杨政、冀州刺史杨楷约定日期，在长安城下会师。太元十六年（391）三月，苻登从雍城率军攻克后秦安东将军金荣所在的范氏堡，又率军渡过渭水，进攻后秦京兆太守韦范所在的段氏堡。但这是块硬骨头，无法攻克，苻登遂进驻曲牢（今陕西西安东南）。

郑县民众头领苟曜拥有一万多部众，他派人秘密通知苻登前来，承诺自己会作为内应，苻登于是从曲牢向繁川进发，进驻马头原。

太元十六年（391）五月，姚苌率军来战，被苻登击退，后秦右将军吴忠在此战中被斩杀。姚苌命令集结部队再战，姚硕德问道："陛下平时非常谨慎，为什么今天一反常态？"姚苌回答道："从今天的情形看，定是苟曜和苻登勾结，我们应该赶在他们会师前打破他们的计划！"于是姚苌再次进攻苻登，苻登不敌，退守郿县。

苻登进攻新平郡，姚苌率军驰援，苻登撤走。苻登接着进攻安定，姚苌率军迎击。临行前他交代太子姚兴道："苟曜听说我出军，一定会来见你，你要借机把他杀死。"姚苌走后，苟曜果然到长安来见姚兴，姚兴听从父亲的话，把他杀死了。姚苌在安定城东击退了苻登，苻登退守路承堡。

姚苌之前受过重伤，加之常年征战，现在终于支持不住，得了重病。苻登听说后大喜，率大军进逼安定，在距城九十多里处扎营。姚苌趁着病情稍有好转，率军进攻苻登，大胜。苻登对天长叹道："既生登，何生苌！"

无奈，苻登只得退守雍县，姚苌撤回安定。

前秦右丞相窦冲自认为是个人才，请求苻登封他为天水王，苻登拒绝，他便起兵造反了。苻登率军进攻窦冲所在的野人堡，窦冲向后秦求救，姚苌命太子姚兴带兵进攻胡空堡，苻登只好回军解救。

太元十八年（393）十月，姚苌病重，返回长安。

十二月某日，姚苌把太尉姚旻、仆射尹纬、姚晃、将军姚大目、尚书狄伯支等人召进宫，命他们接受遗诏辅佐太子，说罢，姚苌气绝身亡，年六十四岁。太子姚兴秘不发丧，命叔叔姚绪去镇守安定，另一个叔叔姚硕德去镇守阴密。

苻登终于耗死了姚苌！

慕容垂的胜利

太元十二年（387）十月，刚刚投降后燕五个月的丁零酋长翟辽又叛变了，他派军在清河郡、平原郡之间烧杀抢掠，无恶不作。结果过了三个月，翟辽又派人向慕容垂认错，请求降职归降。慕容垂对这个反复无常的小人也是受够了，一怒之下斩了来使。

太元十三年（388）二月，翟辽在黎阳自封魏天王，改年号为"建光"，设置百官。史称丁零人翟辽建立的魏国为翟魏，非五胡十六国之一。

五月，翟辽迁都滑台（今河南滑县），然后第二年向东晋发起挑衅，生擒晋荥阳郡太守张卓。

翟辽派部下故堤到后燕的冀州刺史乐浪王慕容温那里假装投降，慕容温相信并收留了故堤。故堤却找机会刺死了慕容温和长史司马驱，率领两百多户人家前去投靠西燕。后燕辽西王慕容农得到消息率军截击，除故堤逃脱外，其余人全部被抓获。

翟辽去世后，他的儿子翟钊继位。太元十七年（392）三月，慕容垂亲自率军南下，攻打翟钊，翟钊自知不敌，向西燕求救。

六月，慕容垂率军抵达黎阳黄河北，翟钊严阵以待。六月十六日，慕容垂抵达距黎阳四十里的西津。他命人制造了一百多艘牛皮筏，筏上面假装装满武器和士兵，然后逆流而上。翟钊得到消息后，率军赴西津阻截。这是慕容垂的疑兵之计，翟钊一出门，埋伏起来的桂林王慕容镇便趁夜强行渡河，构筑营寨。翟辽得到消息，急行回军攻击慕容镇，但慕容镇拒不出战。这时候，慕容农已经从西津口渡河，他和慕容镇左右夹击，翟钊不敌，手下部队溃不成军。他携带妻儿率众逃入白鹿山（今河南辉县西五十里），占据有利地形，分兵把守，后燕军无法入内。

慕容农故意撤走，翟钊看慕容农领兵撤走，果然率军出山，结果被慕容农包围个正着。翟钊单人独骑逃脱，部下全部被俘，翟魏灭亡。

翟钊逃入长子，慕容永收留了他，任命他为车骑大将军、兖州牧，封东郡王。一年后，翟钊又图谋反叛西燕，被慕容永斩杀。

太元十八年（393）十月，慕容垂召集文武大臣，只为讨论一个议题——讨伐西燕。很多大臣都说："慕容永跟我们井水不犯河水，我们连年征战，已经人困马乏，不宜再发动战争。"慕容德不同意，他说："慕容永只是先帝血脉里很远的一支，现在他却登上了帝位，我们就应该把他消灭，以正视听。尽管士兵需要休养，但我们非这样做不可。"

慕容垂赞赏道："范阳王（慕容德）的意见和我的一致，尽管我已经年迈，但即使用口袋里剩余的一片废纸上的谋略，也足以平定慕容永了。我们不能把这个麻烦留给子孙。"

十一月，慕容垂调动京师的七万兵马，派镇西将军丹杨王慕容瓒和龙骧将军张崇等从井陉出发，攻击西燕武乡公慕容友（慕容永的弟弟）所在的晋阳；又派征东将军平规攻击西燕镇东将军段平所在的沙亭。西燕慕容永得到战报，派尚书令刁云和车骑将军慕容钟率领五万大军进驻潞川以作防守。

十二月，慕容垂到达邺城。第二年二月，他命清河公慕容会镇守邺城，然后征调司、冀、青、兖四州兵力，派慕容楷率一路从滏口进攻，派慕容农率一路从壶关进攻，慕容垂亲率大军从沙亭进攻，各军同时进发。

慕容永得到慕容垂倾全国之力来攻的消息，分派了几路兵马把守要道，然后命军队把辎重粮草集中存放在台壁（今山西黎城县西南），派自己的侄儿征东将军慕容逸豆归（小逸豆归）、镇东将军王次多、右将军勒马驹等率一万精兵过去守卫。

慕容垂来势汹汹，但进驻邺城西南已经一个多月了，却没有动静，不派兵出来挑战，也不向前推进，这让慕容永很怀疑慕容垂是另有企图。他觉得太行陉（即太行道，今河南沁阳）历来是著名的"兵要首地"，道路也较为平坦宽阔，就断定慕容垂的大军会从太行陉杀过来，于是把主力部队都派到太行陉和轵关驻防，封锁道路，只留下少量部队镇守台壁。

太元十九年（394）四月二十日，慕容垂突然率大军出滏口陉（今河北邯郸），直入天井关（太行山的最南部），攻击西燕的后勤重地台壁。

五月一日，后燕的军队到达台壁。慕容永得到消息，立即派堂兄太尉慕容逸豆归（大逸豆归）率五万兵马前来支援，但这支援军被后燕宁朔将军平规击退。

西燕征东将军慕容逸豆归（小逸豆归）出兵叫阵，被慕容农打得落荒而逃。慕容农还力斩勒马驹，生擒王次多，包围了台壁。

慕容永这会儿才明白过来——原来慕容垂要进攻的是台壁！他十万火急地把驻守在太行陉的部队调回，还凑齐了五万精兵，自己亲自率领，在河曲凭借黄河天险列阵。但这时候，防守潞川的西燕尚书令刁云和车骑将军慕容钟已经被后燕的气势吓破了胆，他们感到慕容永时日无多，明智地选择了投降后燕。慕容永得到他们投降的消息，暴跳如雷，把他们的妻儿全部杀死。

五月十五日，慕容垂在台壁南列阵，并派骁骑将军慕容国率一千多精锐骑兵到山涧中埋伏。十六日，慕容永主动叫阵，慕容垂率军出击，同为鲜卑慕容的两军展开生死决战。打着打着，后燕军渐渐不敌，鸣金收兵，慕容垂率军逃走。见此，慕容永哈哈大笑道："看来慕容垂名过其实，不过如此！看你往哪里逃，明年的今日就是你的祭日！"

慕容永率军在后追赶，跑了几里路后，慕容国突然从山涧中率精骑杀出，切断了慕容永的退路。这时候，慕容楷、慕容农也率军赶来，慕容垂也迅速回军，几支部队联合夹击西燕军。西燕军哪里能架得住这么围攻，大败，被杀死八千多人，慕容永率残兵逃回长子。西燕的武乡公慕容友留守晋阳，得到慕容永大败的消息便弃城逃走了，后燕丹阳王慕容瓒占领了晋阳。

慕容垂挥师包围长子，慕容永看到城池难保，准备投降后秦。这时，侍中兰英给他鼓劲道："当年石虎以优势兵力包围了龙城，太祖（慕容皝）率军死守，不言放弃，终于战胜了石虎，奠定基业。如今，慕容垂已垂垂老矣（年六十九），不会长期围城不走。我们要坚守城池，以拖待变。"慕容永一听兰英说得有道理，就不逃了，命人加强巡逻，严防死守。

慕容永派儿子常山公慕容弘等携带一颗玉玺作为信物，前往东晋雍州刺史郗恢处，请求他发兵来救。郗恢上奏朝廷，晋帝司马曜派青、兖二州刺史王恭和豫州刺史庾楷率兵救援慕容永。

慕容永为表诚意，派儿子慕容亮去东晋做人质。可是慕容亮走到半路，就被后燕平规抓获。慕容永又向北魏求救，魏王拓跋珪命陈留公拓跋虔和将军庾岳率领五万兵马前去营救。

东晋和北魏援兵还在路上的时候，慕容逸豆归（大逸豆归）却已经丧失信心了，他打开城门，迎接后燕军进了长子。后燕军顺利地抓获了慕容永，把他送到慕容垂面前，慕容垂命令将他推出去斩首，然后又处死了刁云、慕容逸豆归（大逸豆归）等三十多位西燕重臣。

后燕接收了西燕的八个郡和七万多户百姓，收缴的珠宝、美女、乐器等数不胜数。立国十一年的西燕就此亡国。

前秦帝国的倒塌

西秦国王乞伏国仁要开疆拓土，率领三万兵马攻打鲜卑酋长密贵、裕苟、提伦等驻守的六泉（今宁夏固原境内），前秦安定都尉没奕干、平凉太守金熙瞅准时机，半路袭击西秦军队。两军在渴浑川展开大战，没奕干、金熙不敌大败，被杀死三千多人。没奕干、金熙逃走，鲜卑的三个部落全部归降西秦。

乞伏国仁又击败了鲜卑部落酋长越质叱黎，抓获了他的儿子越质诘归及部落五千多人。

太元十三年（388）年六月，乞伏国仁去世，共在位四年。因乞伏国仁的儿子乞伏公府年幼，文武官员拥戴乞伏乾归为大都督、大将军、大单于、河南王。

乞伏乾归登位，下令大赦，立边氏为王后，立长子乞伏炽磐为太子。乞伏炽磐天生勇猛，处事果断，应变能力强，谋略过人。同时，他任命出连乞都为丞相，镇南将军、南梁州刺史悌眷为御史大夫，其他人等也各有任用。九月，乞伏乾归把国都由勇士城迁到金城（今甘肃兰州）。

乞伏乾归攻击侯年部落，大胜，秦州、凉州的鲜卑人、羌人、匈奴人纷纷来降，乞伏乾归按照他们的才能，都加以任用。居于枹罕（今甘肃临夏县附近）的羌人酋长彭奚念投降乞伏乾归，乞伏乾归任命他为北河州刺史。休官部落酋长权千成受到前秦的压力，也向乞伏乾归投降，乞伏乾归任命他为东秦州刺史、休官大都统，封显亲公。

太元十五年（390）年底，越质诘归反叛，乞伏乾归出兵把他打服，越质诘归再度归降。乞伏乾归把皇族中的一个女儿嫁给了越质诘归，想使他死心塌地给自己效命，不再反叛。

太元十九年（394）正月，前秦皇帝苻登得到仇人姚苌已经去世的消息，大喜，对群臣说："姚兴这个乳臭未干的小子，我即使是拿一根树枝子都能打败他。"他从首府南安率军东进，命司徒安成王苻广镇守雍城，太子苻崇镇守胡空堡。

四月，苻登率军攻打废桥，后秦始平郡太守姚详和姚兴派来的仆射尹纬顽强抵抗，两军展开激烈战斗，前秦军不敌，败退回大营。就在当天夜里，前秦军突然发生了夜惊，士兵四散奔逃，苻登制止不住，只得骑快马逃向雍县。防守雍县的苻广和防守胡空堡的苻崇听说苻登战败，吓得放弃城池而逃。苻登没有办法，只得又逃往平凉。这时候，残兵败将不断聚拢过来，苻登率领他们进入马毛山（今宁夏固原县南）。

苻登派儿子汝阴王苻宗到西秦做人质，并把自己的妹妹许配给乞伏乾归，请求他派兵支援。乞伏乾归派前军将军乞伏益州率两万精骑前去救援。

太元十九年（394）七月，苻登率军出山去迎接乞伏益州的援军，但这个消息被后秦皇帝姚兴获知，他率军从安定直扑泾阳，与苻登的军队在马毛山南遭遇，展开激战。前秦军不敌，大败，苻登也被生擒。姚兴对苻登恨之入骨，命人立即推他出去斩首。苻登死时五十二岁，在位九年。

姚兴就地解除了符登部队的武装，让他们回乡务农，然后把阴密的三万户人家迁到长安，把符登的李皇后赏赐给了仆射姚晃。

前秦太子符崇逃奔到湟中（今青海西宁湟中县），在那里登基称帝。

乞伏益州走到半路，听说符登已经被杀的消息，便带军回去了。

十月，乞伏乾归驱赶符崇，符崇无奈投奔了上邽的陇西王，即符坚的女婿杨定。杨定命司马邵疆留守秦州，亲自率领二万大军，和符崇联合讨伐乞伏乾归，乞伏乾归派凉州牧乞伏轲弹、秦州牧乞伏益州、立义将军越质诘归等大将率三万骑兵迎战。

乞伏益州和杨定在平川一带遭遇，展开大战，乞伏益州大败。乞伏轲弹和越质诘归感到畏惧，带军后撤。

乞伏轲弹的司马翟瑀看到部队这么窝囊，很恼火，他拔出佩剑，大喊道："主上英明神武，开创基业，所向披靡，声威震撼秦、蜀。将军是乞伏宗室，又是主帅，应该誓死报效国家。秦州军虽然失败，但我们两支大军得到保全，怎么可以一见形势不利就一走了之呢？这样你们又有什么面目去见主上呢？翟瑀尽管不才，也敢在情急之下诛杀大将！"

乞伏轲弹听了翟瑀一席话，也深感惭愧，连忙道歉道："我终于了解到了大家的心思。如果大家都像您一样，我又岂会顾惜生命！"

乞伏轲弹率军再赴战场，乞伏益州和越质诘归也率军紧跟。两军再战，前秦军大败，杨定和符崇被杀，士兵被杀死一万七千多人。经此一役，西秦占领了全部的陇西郡。

至此，五胡十六国中的前秦宣告灭亡，立国四十四年，历任六任国君：符健、符生、符坚、符丕、符登和符崇。

参合陂之战

后燕皇帝慕容垂灭了西燕后，又命辽西王慕容农率军东渡黄河，和安南将军尹国合兵一处，攻打东晋的青州、兖州地区。慕容农攻克了廪丘，尹国攻克了阳城，晋东平太守韦简战死，高平、泰山、琅琊等郡太守弃城逃跑。慕容农乘胜进军到东海，任命了太守、县令后回师。慕容垂取得了空前的胜利，亲自到龙城祭告祖庙，向祖先报告胜利的消息。

太元二十年（395）五月，北魏拓跋珪派兵侵犯后燕边境，进行掠夺。北魏敢在太岁头上动土，这让慕容垂很愤怒，他决定给拓跋珪一个教训，让他长长记性。

五月，慕容垂命太子慕容宝、辽西王慕容农和赵王慕容麟等统率八万大军挺进五原（今内蒙古包头），又派范阳王慕容德和陈留王慕容绍率领一万八千人作为后援。

慕容宝，字道祐，是慕容垂的第四个儿子，年轻的时候喜欢听奉承话，等到做了太子后，他也开始注意加强个人修养，读了不少儒家经典著作。他的文章写得漂亮，口才也好，又比较注重打点慕容垂的近臣，这些人便不断地在慕容垂那里说慕容宝的好话。慕容垂对慕容宝比较满意，认为他能光大祖宗事业。

拓跋珪得到后燕大军前来的消息，召集群臣议事。长史张衮说："近来，慕容垂先后灭了丁零和慕容永，正陶醉在胜利之中，骄傲自满。现在我们应该示弱，这样一来，他们会更加得意忘形，到时我们再伺机而动，把他们一举歼灭。"拓跋珪表示赞同。他下令把军队和牛羊等家畜向一千里外的地方转移，又派右司马许谦向后秦求援。

慕容宝雄赳赳气昂昂率大军抵达五原，当时就有三万多户过来投降。他命令收割粮食，收了有一百多万斛，又命人修筑黑城作为据点，同时建造大小船只，为渡河做准备。

时间一晃到了八月，拓跋珪也命令部队向黄河南集结。九月，拓跋珪的部队开到了黄河边。

慕容宝下令准备渡河。当后燕军队已经陆续登上战船的时候，突然刮起了一阵大风，把装载有三百多名士兵的几十艘战船吹到了对岸，全成了北魏的俘虏。拓跋珪要和慕容宝打心理战，就命令把这些俘虏全数释放。

慕容宝率军从中山出发的时候，已经七十岁的慕容垂正卧病在床。拓跋珪派数人埋伏在中山和五原之间的必经之路上，专门守候信差，经过一个抓一个，慕容宝和首府中山的通信就这样断绝了。如今，慕容宝已经几个月没有中山那边的消息了，他对父亲慕容垂的病情也不了解。

拓跋珪威胁抓获的信差，命他按照自己说的做。信差来到河边，冲慕容宝大喊道："你父已经病故，请速速返回！"听到慕容垂去世，后燕军中顿时炸开了锅，虽然将信将疑，但慕容宝和众将领也开始焦虑不安。

拓跋珪命陈留公拓跋虔率五万骑兵驻扎河东，东平公拓跋仪率十万骑兵驻扎河北，略阳公拓跋遵率七万骑兵沿河巡逻，防止后燕军南渡。这时，后秦姚兴得到求救信，命杨佛嵩率军前来支援拓跋珪。

后燕军中的术士靳安对慕容宝说："天时不利我方，应该迅速撤退，避免全军覆没。"慕容宝不理他。靳安出来后，叹息道："我们都将抛尸荒野，回不了家了。"

两军在两岸对峙了二十多天，赵王慕容麟的部将慕舆嵩等人认为慕容垂是真死了，便在一起密谋，准备杀死慕容宝，拥戴慕容麟为帝，但消息被慕容宝获知，慕舆嵩等人全被抓起来处决了。人是死了，但这件事的发生，也让慕容宝与慕容麟的关系出现了裂痕。

天气越来越冷，慕容宝认为这仗没法再打下去了，于是在太元二十年（395）十月底，他命烧毁战船，准备趁着夜色掩护，悄悄回师。当时河边上只有浮冰，还没有完全结冻，慕容宝认为北魏军无法在短时间内渡河，所以也就没有安排掩护部队。哪承想，十一月三日突然刮起了一阵大风，气温骤降，河面在一夜之间被冰封。拓跋珪大喜道："天助我也！"他优中选优，挑选了两万精骑兵由他亲自率领，一队人轻装过河北上，追击后燕军。

后燕军撤退到参合陂（今山西阳高县东北）的时候，突然狂风大作，一道黑气袭来，笼罩全军。高僧支昙猛对慕容宝说："这团云气来得迅猛，看来是魏军将要来到，请您派部队在后面埋伏。"但慕容宝不以为然，只是笑了笑，没有答话。支昙猛还是不停地请求，慕容麟在旁生气地说："殿下英明神武，我军强盛，就是借给索头（拓跋）胆子，他们也不敢来！支昙猛惑乱军心，应该斩首。"支昙猛还不死心，他流着泪说："苻氏当年雄兵百万，照样在淮南遭受失败，这是轻敌所致啊！"慕容德也劝慕容宝应该听支昙猛的建议，慕容宝无奈，只好命慕容麟率三万精骑殿后。

慕容宝谁也不选，偏偏选中了和他已经有了嫌隙的慕容麟，真是天意。慕容麟命令部队边行军边打猎，并不做警戒。慕容宝又派斥候去探听北魏军的动向，但这些人走了十几里就不再走，下马睡觉去了。

拓跋珪率军昼夜不停地急行军，在十一月九日抵达参合陂西。这时，后燕军在参合陂东的蟠羊山南河旁扎营，他们竟然没有发觉魏军的到来。

拓跋珪连夜分兵派将，为防止出声惊扰到后燕军，他命令士兵口中衔枚，还把战马的嘴捆上，悄悄地向后燕军营地靠近。十一月十日，天刚微微亮，北魏军登上了山头。

天亮了，后燕士兵也陆续起床，准备拔营继续行军，他们中有人突然抬头，看见了北魏的军队，顿时被惊得"啊"的一声。大家循声观看，见到漫山遍野的北魏骑兵，立即撒腿就跑，惊慌失措地乱作一团，场面极度混乱，慕容宝根本制止不住。

拓跋珪马鞭一指，大声下令道："攻！"北魏千军万马俯冲下去。背后是山，前面是河，后燕士兵无路可逃，纷纷往河里跳，被杀死的、被淹死的数以万计。

拓跋遵率军切断后燕军的退路，后燕军四五万人眼看上天无路入地无门，纷纷放下武器投降，逃走的不过数千人。慕容宝的马跑得快，侥幸逃走。

这一次，后燕的右仆射陈留悼王慕容绍在乱军中被杀，鲁阳王慕容倭奴、桂林王慕容道成、济阴公慕容尹国等数千文武官员被擒。北魏缴获的粮草辎重等数不胜数。

拓跋珪从俘虏中选拔了贾闰、贾彝、晁崇等人据为己用，剩下的则发给他们衣服粮饷，让他们回国。拓跋珪这么做在于收揽人心，做长远打算。

后拓跋珪听取了中部大人王建的建议，为了消灭后燕的有生力量，把俘虏的四五万后燕将士统统活埋。这是继白起坑杀四十万赵军、项羽坑杀二十万秦军之后，中国历史上又一次大规模坑杀降卒事件。

慕容垂去世

慕容宝率领残兵败将回到首都中山，走的时候是八万，回来却只剩万把人，中山城笼罩在一片悲痛之中。慕容垂在病床上气得差点吐血，狠狠地训斥了慕容宝一通，但人死不能复生，除了接受现实，慕容垂也没有别的办法。

慕容宝认为是自己轻敌，受到埋伏，这才造成大败，如果是正面接触，他一定会把北魏军打得落花流水。他感到屈辱、愤懑，多次向老爹慕容垂请求再伐北魏，但慕容垂不答应。倒是慕容德对慕容垂说："魏军在参合陂取得胜利，现在一定很轻视太子，陛下应该趁机出兵讨伐，把他们打服，否则定会养虎为患。"慕容垂想了想，同意了。

慕容垂任命自己欣赏的皇孙慕容会为录留台事，兼幽州刺史，接替高阳王慕容隆镇守龙城；任命阳城王慕容兰汗为北中郎将，接替长乐公慕容盛镇守蓟县；又让慕容隆、慕容盛率领全部精锐部队，回到首都中山。他是准备在来年对北魏发动灭国大战。

慕容垂命征东将军平规征发冀州百姓充军，平规竟然造反了，慕容垂亲征，平规逃跑。

太元二十一年（396）三月二十六日，慕容垂强撑病体，命弟弟慕容德镇守首府中山，自己则亲率大军秘密出发。他兵行险着，率军翻过青岭（今河北易县五回山），穿越陡峭的天门（五回山南），万分艰难地开凿山路，疏通道路，直赴云中。

慕容垂到达猎岭，命慕容农、慕容隆攻打由拓跋虔镇守的平城（今山西大同）。平城疏于防备，慕容隆带来的龙城精锐又十分勇猛，拓跋虔仓促出城迎战，不敌被杀，后燕军俘虏了拓跋虔统领下的三万多户人家。

拓跋虔是员猛将，天生神力，武力惊人，连他都被杀了，拓跋珪听说后，吓得半晌说不出话来。他首先想到的是逃跑，准备放弃首府盛乐，远逃北方。部下众将得到消息后也都惶恐不安，准备逃亡。

慕容垂率军经过参合陂，看到之前被歼灭的众将士尸体堆积如山，白骨累累，便命人摆下香案，下马俯身祭奠，老泪纵横。面对如此凄惨的景象，将士们再也强撑不住，放声痛哭。几万人的部队一起哭，哭得是天昏地暗，山谷上的树枝都在颤动。

慕容垂又悲又愧又怒又急，突然一口鲜血喷将出来，晕倒在地。众大臣赶紧把他抬上担架，放上马车，送到平城西北三十里的地方静养。慕容宝得到消息，率军从前方撤回。随军大夫紧张抢救，但十天过去了，慕容垂的病情仍不见减轻，反而更加严重。仗没法再打下去了，后燕在平城西北修筑了燕昌城后班师回朝。

四月十日，行进到上谷郡沮阳县（今河北怀来县小南辛堡镇大古城村）的时候，慕容垂病逝，年七十一岁，在位十三年。

慕容宝秘不发丧，大军继续前进。四月二十三日，大军回到了后燕京师中山。四月二十五日，慕容宝对外发布慕容垂死讯，境内哀悼。四月二十九日，慕容宝继位称帝。

五月九日，慕容宝任命慕容德为都督冀、兖、青、徐、荆、豫六州诸军事，兼车骑大将军、冀州牧，镇守邺城；任命慕容农为都督并、雍、益、梁、秦、凉六州诸军事，兼并州牧，镇守晋阳；任命库傉官伟为太师，慕容蔚为太傅。

司马曜之死

慕容家的帝王因战事而生，因战事而亡，司马家的帝王却一直沉沦后宫，不能自拔。

司马曜的后宫中数张贵人最为得宠，她比司马曜小五六岁，十四岁就被挑选进入宫中。张贵人不但人长得美，而且善于攀附，深得当时受宠的淑媛陈归女的欣赏，陈归女把她推荐给皇帝司马曜，司马曜一见就神魂颠倒，当晚临幸了她。

张贵人有个"优点"，她酒量很大，可以说是千杯不醉，司马曜每次喝酒，必定会让张贵人作陪，两个人夫唱妇随，好不痛快。

太元二十一年（396）九月二十日傍晚，司马曜如往常一样在后宫大摆宴席，音乐响起，舞池里舞女们扭动水蛇腰，步态轻盈，煞是迷人。司马曜和张贵人等频频举杯，酒至半酣，司马曜突然对着年近三十岁的张贵人开玩笑道："以你的年龄，该退居二线了，我更喜欢年轻的。"司马曜说完，继续豪饮，没当回事，可是张贵人却咽不下这口气。女人最怕有人说自己老，这还是在大庭广众之下，张贵人也没心情喝酒了，坐着生闷气。

酒宴散去之后，司马曜已经酩酊大醉，不省人事，被宦官们抬着进了张贵人的寝宫过夜。张贵人这时候也已经酒精上头，但她酒量大，还保持了几分清醒，就是越想司马曜说她老的话就越气，越想就越想不开，她突然萌生了一个可怕的念头，这个念头刚出现的时候她自己也被吓了一跳，但又一想，与其等着被废黜，在凄凉中死去，不如先下手为强，说不定还能峰回路转。

张贵人主意拿定，便把御酒赏赐给宦官们，让他们今晚尽情喝酒，不用再值班，宦官们乐呵呵地拿着酒退出去了。张贵人命亲信婢女拿被子把司马曜的头蒙上，司马曜醉着，也无力反抗，哼哼了几声，腿蹬了几下，就断气了，年三十五岁。

事后，张贵人用重金打点后宫众人，让他们众口一词，对外面宣称是"皇帝睡觉的时候梦见鬼了，在惊叫中驾崩"。张贵人真是个不简单的女人，胆大心细，把事情做得滴水不漏。主政会稽王司马道子非常昏庸，只顾喝酒弄权，对司马曜的死因也不去深究，事情就这么过去了。后司马曜被安葬在隆平陵，史称晋孝武帝。此后，史书上再找不到张贵人的资料，估计是善终了。

九月二十一日，十五岁的太子司马德宗登基，大赦天下。

司马德宗是孝武帝司马曜的长子，母亲为陈归女，生于太元七年（382）。司马德宗是中国历史上另一个著名的"傻"皇帝，比晋惠帝司马衷更加不堪，甚至傻到分不清春夏秋冬，穿也不知道冷热，吃也不知道饥饱，吃喝拉撒都需要人照顾，他的亲弟弟琅琊王司马德文（年十一）总是从旁尽心照顾他。

身兼兖、青二州刺史的王恭出身于太原王家，是名门之后，他为人严正，讨厌溜须拍马之徒，经常当面劝谏，朝中包括司马道子在内的很多人都对他相当忌惮。王恭回朝参加孝武帝司马曜的葬礼，退朝后他叹息道："房屋和梁虽然都是崭新的，但我却有今不如昔的感觉！"

司马道子有意要结交王恭，化解矛盾，但几次谈话过后，他感觉王恭不可能和自己同心，因此暗下决心，谋划除掉王恭。

秃发乌孤建南凉

当年，匈奴冒顿单于击破东胡，东胡分裂，鲜卑秃发部的首领匹孤率领部族到了今天的甘肃中西部及内蒙古西部一带，自称河西（黄河之西）鲜卑。匹孤死后，他儿子寿阗继承了他的位置。因为寿阗的母亲睡觉的时候在被子上生了他，鲜卑称被子为"秃发"，所以后来这个部族就用"秃发"作为姓氏了。

西晋泰始六年（270）的时候，秃发部首领秃发树机能起兵反晋，先后杀死了西晋的三位凉州刺史，搅得西晋乱了十年，终于被名将马隆给扑灭，秃发树机能也被杀死。后树机能的堂弟务丸统领了部众，务丸死后，其孙推斤继位，推斤死后，其子思复鞬继位。思复鞬是个有作为的酋长，在他统治期间，秃发部落的人马逐渐强盛起来。思复鞬去世后，他的儿子乌孤继位。秃发乌孤非常勇猛，心怀大志，他鼓励农耕养蚕，大力招揽人才，注重军队训练，和近邻修好，部落蒸蒸日上。

吕光准备把秃发乌孤的部落收编了，派使者传令，任命秃发乌孤为冠军大将军、河西鲜卑大都督、广武县侯。秃发乌孤召集部下商量，他问道："吕氏从大老远派人过来授予我官职，我应该接受吗？"部下众口一词道："我们兵强马壮，为什么要依附别人，听别人差遣？"

秃发乌孤一听，正待点头，往座下观瞧，却见部将石真若留若有所思，没有附和大家的发言，便问他道："你在担心什么，是不是害怕吕光？"

石真若留回答道："目前我们根基未稳，和吕光军队的差距相当大，且吕光治国有方，国内一片祥和，识时务者为俊杰，您应该接受吕光的官职，韬光养晦，以待时日。如果拒不接受，吕光派军来攻打我们，到时候恐怕后悔也来不及了。"

秃发乌孤听得真切，感觉石真若留说得句句在理，就接受了吕光授予的官职。

秃发乌孤派兵讨伐不听话的乙弗、折掘两个部落，大胜。他命部将石亦干建造了廉川堡（今青海海东市民和回族土族自治县川口镇西北史纳村），把他们全部安置在那里居住。

秃发乌孤登上廉川的大山，俯瞰脚下大地，默默无语，流下了眼泪。石亦干揣摩主君的心思，说："大王暗自伤神，是因为吕光吗？吕光已经老了，在走下坡路，我们现在逐渐强大，占据有大川，将士们可以以一顶百，还害怕个什么吕光！"

秃发乌孤说："祖宗当年用恩德召唤四方，即使卢陵、契汗也从万里之遥前来归附，但到了我继承祖业，各部不断背叛，近邻安抚不住，远方的更没有依附我们的理由，这是我流泪的原因。"

部将苻浑说："大王应该整饬军队，讨伐他们。"

秃发乌孤同意，派军一一讨伐，把各部打得大败。吕光得知，封秃发乌孤为广武郡公。之后，秃发乌孤又征服了意云鲜卑。

吕光登上天王宝座后，又派使者任命秃发乌孤为征南大将军、益州牧，封左贤王。

秃发乌孤对使者说："吕王当年靠着武力占有了凉州，但他不能以德服人，以仁义对待百姓，他的儿子们皆是贪得无厌之辈，三个外甥又肆意施暴，百姓充满怨恨，我怎么能违背百姓心意，去接受不义的爵位？帝王之道，有德则昌，无德则亡，我将顺天应人，做天下之主。"他留下乐队和仪仗，把使者打发走了。

隆安元年（397）正月，秃发乌孤自称大都督、大将军、大单于、西平王，颁布大赦。史称秃发乌孤建立的国家为南凉，为五胡十六国之一。

秃发乌孤在广武（今甘肃永登县）集结兵马，攻克后凉的金城。吕光派将军窦苟率军讨伐，两军在街亭大战，后凉不敌，大败。

北魏围中山

慕容垂比较喜欢孙子慕容会，临去世的时候还叮嘱慕容宝立慕容会为太子，但慕容宝更喜欢儿子慕容策，就没管老爹的嘱咐，立了慕容策为太子，这引起了慕容会的严重不满，给日后埋下隐患。

太元二十一年（396）八月二十八日，拓跋珪派遣四十多万铁骑南下，攻打后燕的并州，军队声势浩大，绵延两千余里，战鼓声震天。

北魏军攻打晋阳城（并州州城，今山西省太原），后燕守将慕容农不敌，他的妻子儿女全被俘虏，他自己则只带了三个骑兵狼狈逃回了中山。

拓跋珪派遣冠军将军于栗磾、宁朔将军公孙兰率两万人修复韩信当年灭赵时使用的井陉口，大军穿过井陉口，直扑中山，又顺利夺取了常山郡，后燕的各郡县纷纷投降，只剩下中山、邺城、信都三座孤城。

隆安元年（397）正月二十二日，拓跋珪亲自率军向信都（今河北衡水冀州区）发起进攻，城内的后燕宜都王慕容凤跳墙逃往中山，天亮后，信都守军向拓跋珪投降。

面对生死存亡之战，慕容宝也豁出去了。他用宫中全部金银珠宝和宫女作为酬劳招募勇士，把他们组成敢死队，抵挡北魏军。慕容宝动员了全部的十二万步兵、三万七千骑兵在滹沱河（发源于今山西繁峙县泰戏山孤山村一带）北岸列阵阻截。

二月九日，北魏军到达滹沱河南岸。慕容宝派敢死队一万多人趁夜强行渡河，借风势对北魏大营发起火攻。拓跋珪在梦中被惊醒，来不及穿鞋，光着双脚逃了出去。后燕将军乞特真率一百多敢死队队员杀到拓跋珪大营，只发现了拓跋珪的衣服和鞋子。后燕新招募的勇士缺乏训练和磨合，这时候他们不知道为什么突然之间就互相砍杀起来，恰好拓跋珪又率军杀回，后燕军败退。

又打了几仗，后燕士气不振，屡战屡败，慕容宝害怕了，丢下大部队率两万骑兵率先逃走，大军彻底丧失斗志，跟着他逃跑了。这时候北方的天气正冷，逃跑路上，后燕士兵被冻死的不计其数。为了提高速度，慕容宝命令部队丢弃兵器，轻装逃跑，被丢弃的铠甲、武器多达几十万件。

北魏乘胜追击，投降的、被俘的后燕士兵不可胜数。拓跋珪在安抚这些人的时候，才发现这是多么困难——当年的参合陂之役给这些士兵留下了太多的阴影。拓跋珪开始为自己的杀俘行为感到后悔，找了并州刺史拓跋素延作为替罪羊，免了他的职。

二月十一日夜，后燕尚书郎慕舆皓准备刺杀慕容宝，立赵王慕容麟，但计划失败，慕舆皓奋力砍开城门冲了出去，向北魏投降。慕容麟虽还留在城中，但也是惴惴不安。

当初听说中山被围，在龙城的清河王慕容会率领征南将军库傉官伟、建威将军馀崇来救援，但他们磨磨蹭蹭，直到三月才到达蓟城。

北魏军围困中山数日，后燕征北大将军慕容隆多次请求出战，但都被慕容宝拒绝了。

三月十三日晚，慕容麟控制了左卫将军慕容精，要他率禁卫军去刺杀慕容宝，但被拒绝，慕容麟杀死慕容精后逃走。

慕容宝和众位大臣都感觉中山是保不住了，留得青山在不愁没柴烧，他们准备退守龙城。三月十四日夜，慕容宝和太子慕容策、辽西王慕容农、高阳王慕容隆、长乐王慕容盛等率领一万多骑兵，投奔慕容会的大营而去。开封公慕容详没逃，城中军民拥戴他为首领，继续关闭城门，顽强抵抗。拓跋珪命令军队连攻数日，竟然无法攻克。

三月十六日，慕容宝等人抵达蓟城，慕容会率领两万人出城迎接。慕容宝把慕容会的一部分兵力分出来，交给慕容农和慕容隆率领，然后派库傉官骥率三千士兵去支援中山。

四月六日，慕容宝率军抵达广都（今辽宁建昌县）境内，夜晚露天扎营。慕容会决定发动政变，他派心腹仇尼归、吴提染干率二十多人，分头去刺杀慕容农和慕容隆。这一次，慕容隆被杀死，慕容农身受重伤，在搏斗中抓住了仇尼归，逃进了深山。慕容会知道事情无法隐瞒，连夜求见慕容宝说："慕容农和慕容隆密谋叛变，我已经把他们诛杀了。"慕容宝的应变能力很强，他也装模作样地说："杀得太好了，我也怀疑他们很久了。"

第二天清晨，一行人继续前行。慕容农从山里跑了回来，慕容宝假装生气，命令武士把他拿下。走了十多里路后，到了午饭时间，慕容宝召集大臣们在帐中一同用餐，并让大家讨论如何给慕容农量刑。慕容会也在座，慕容宝冲卫军将军慕舆腾使了个眼色，这都是提前说好的，慕舆腾立即拔剑刺向慕容会，慕容会一个躲闪，剑只伤到了他的头部。他起身逃跑，然后率军来攻打慕容宝，慕容宝不敌，率数百骑兵狂奔二百里，到了龙城。

四月八日，慕容会派仇尼归率军攻打龙城，慕容宝把他击退。九日，慕容会亲自率军到达龙城，慕容宝上到城楼，父子两个人遥遥地互相指责。夜晚，侍御郎高云率一百多名敢死队队员冲入慕容会的军营，慕容会被杀得溃不成军，他带着十几名骑兵逃向中山，进城后被慕容详杀死。慕容宝也杀死了慕容会的母亲和他的三个儿子。

四月十日，劫后余生的慕容宝发布大赦，赦免了慕容会的同党，并论功行赏，晋升为将军、封为侯爵的有几百人。辽西王慕容农身负重伤，头骨被击碎，几乎能看见脑髓，仅仅是保住了性命，慕容宝亲手为他包扎伤口。慕容宝任命慕容农为左仆射，不久又升他为司空、领尚书令。

高云立下大功，慕容宝任命他为建威将军，封夕阳公，并把他收为养子。高云是高句丽皇族的旁支，当年慕容皝降服高句丽的时候，把一些皇族强制迁徙到青山（今辽宁义县），高云的先祖就是那时候迁来的。高云不爱说话，平时沉默寡言，看起来比较木讷，没有人对他过分留意和看重，但有一个人却觉得高云了不起，是个人才，他就是中卫将军冯跋。冯跋诚心结交高云，两个人遂成为好朋友。冯跋的父亲叫冯和，冯和曾经是西燕的将军，西燕被后燕消灭后，冯和被安置在了龙城。

北凉建国

居住在张掖郡（今甘肃张掖）的卢水匈奴部落酋长沮渠罗仇，他的祖先是匈奴的左沮渠，所以就以官名作为姓氏。卢水，一说在今天的甘肃省黑河，一说在今天的石羊河，这两条河是河西走廊上的两大水系。

先前，后凉王吕光任命沮渠罗仇为尚书。沮渠罗仇和弟弟三河郡太守沮渠麹粥率军随吕光一起讨伐西秦乞伏乾归，但战事不顺，吕光的弟弟吕延战死。

沮渠麹粥对沮渠罗仇说："主上年老昏庸，放纵子弟，亲近小人，听信谗言。这次军事行动失利，亲信大将战死，主上肯定要找替罪羊，我们兄弟必定会受到猜忌。与其被杀，不如率领本部人马进攻西平郡，闯过苕藋（今甘肃永昌县），到时我们振臂高呼，不愁凉州不能平定。"

但沮渠罗仇拒绝出走，他说："你说得不错，但是我们家世代都以忠孝闻名一方，宁可人负我，不能我负人。"

果不其然，吕光听信小人的谗言，把军事失败归结于沮渠罗仇和沮渠麹粥兄弟，把他们斩首了。

沮渠罗仇的弟弟沮渠法弘曾任前秦苻坚的中田护军，他的儿子沮渠蒙逊博览史书，对天文学非常有研究，具有雄才伟略，统领了父亲留下的部众。他护送沮渠罗仇和沮渠麹粥的灵柩返回张掖郡，宗族内来参加葬礼的有一万多人。

沮渠蒙逊一把鼻涕一把泪地对众人说："当年汉室衰微，我们祖先辅佐窦融（东汉名臣），使河西一带得到安宁，人民安居乐业。如今吕光老迈昏庸，荒淫无道，滥杀无辜，我准备为两位伯父报仇，恢复祖宗大业，你们意下如何？"这话一出，众人纷纷举双手表示赞同，大呼万岁。他们杀死了后凉的中田护军马邃和临松县令井祥，进行盟誓，然后用十来天的时间，聚集起了近万人的队伍。

隆安元年（397）四月，沮渠蒙逊领兵攻克了临松郡。吕光派遣太原公吕纂带兵攻打沮渠蒙逊，沮渠蒙逊不敌，逃进大山之中。

沮渠蒙逊的堂兄沮渠男成这时候正担任后凉的将军，他得到沮渠蒙逊起兵的消息，也举兵反了后凉，聚集了几千人进驻乐涫（今甘肃酒泉）。酒泉太守垒澄带兵去讨伐他，结果兵败被杀。

沮渠男成率军进攻建康郡（今甘肃酒泉东南）。他派使者去游说建康太守段业（汉人）："吕氏势微，当权官员专横跋扈，拿法律当儿戏，随心所欲，人民怨声载道，仅仅是在凉州的地面上，百姓拿起武器反抗的事就接连不断，后凉土崩瓦解已经是在所难免了。人民饥饿困苦，无所依靠，您身负奇才，为什么非要效忠一个濒临灭亡的政权？我们倡导大义，准备委屈阁下出面领导本州，使人民能够得到喘息机会，恢复生产，请问您是否答应？"

段业想到造反可是灭九族的重罪，就坚决不同意，把来使打发走了。沮渠男成也不再周旋，率军直接攻城。双方的战斗进行了二十来天，城内渐渐不敌，可这时候援兵又不到，城池很快就要被攻下了，段业等人急得团团转。本郡人高逵、史惠劝段业接受沮渠男成的提议，段业见眼下没有别的好办法，而且自己历来也与后凉侍中房晷、仆射王详关系不好，经常为此焦虑不安，于是就听从劝谏，接受了沮渠男成的提议。

隆安元年（397）五月，沮渠男成等人推举段业为大都督、龙骧大将军、凉州牧、建康公，更改年号为"神玺"。段业任命沮渠男成为辅国将军，将军政大权统统交给他掌管。史称沮渠男成建立的政权为北凉，为五胡十六国之一。

沮渠蒙逊得到消息，率众来投，段业任命沮渠蒙逊为镇西将军。

吕光命令太原公吕纂带领部队讨伐段业，但不能取胜。

慕容德建南燕

后燕帝慕容宝逃到了龙城，但拓跋珪还在围困中山，这时候拓跋珪军中开始缺粮，他命东平公拓跋仪撤除对邺城的围困，军队转移到钜鹿郡，把所有粮食全部收集起来，集中到杨城存放。防守中山的后燕开封公慕容详趁机派出六千将士，袭击北魏的基地，但被北魏击退，被杀五千多人，生擒七百人。拓跋珪要争取人心，把这七百俘虏全数放回。

慕容宝派来的西河公库傉官骥带领三千援兵进入中山，但他和慕容详脾气不对付，两个人势同水火，后来竟然到了互相派兵攻击的地步。慕容详占优势，怒斩库傉官骥，并灭了库傉官全族，然后他又杀死了中山尹苻谟（苻坚的堂弟），灭了苻谟全族。

隆安元年（397）五月七日，拓跋珪命令解除对中山的包围，亲率军到河间郡征粮，强令各郡交纳军粮。

慕容详认为是他的聪明才智使北魏退兵的，觉得自己建立了大功，于是登基自称皇帝，改年号，设置百官，任命新平公可足浑谭为车骑大将军、尚书令。慕容详又听了大臣高霸和程同的话，下令处死了被软禁在中山的拓跋觚。拓跋觚是拓跋珪的弟弟，此时已经被软禁了七年。

这时候在邺城的官员得知慕容详称帝的消息，也劝范阳王慕容德称帝。慕容德正在犹豫的时候，碰巧有一个人从龙城赶来，经询问得知慕容宝还活着，他便打消了想法。

七月，慕容详竟然又杀死了车骑大将军可足浑谭，自损一员大将。慕容详迷恋酒色，整日里花天酒地，不知道体恤下属和百姓，动不动就罚，动不动就杀，被他杀死的大臣就有五百多人，朝野上下跟他离心离德。

这时候中山城中也开始缺粮，慕容详怕被北魏军偷袭，不许百姓到城外挖野菜摘山果，被饿死的不计其数，老百姓怨声载道，希望早点变天。

慕容详派辅国将军张骧率五千多人前往常山郡督粮，因政变失败逃入山中的慕容麟趁机率丁零部落袭击张骧，张骧不敌，部队被慕容麟夺取。慕容麟向中山城发起攻击，有人打开了城门迎接慕容麟入内，慕容麟没费劲就抓住了慕容详，立刻砍了他。慕容麟自称皇帝，他比慕容详聪明，允许老百姓出城找吃的，老百姓解了一时之困，满心欢喜。

八月一日，拓跋珪把大本营迁到常山郡的九门县。因为北魏的将士们都是从大北方过来的，在这里水土不服，军中出现了瘟疫。瘟疫迅速蔓延，人和牲畜受到感染后，很多都死去了，将士们都期盼能早点回家。

拓跋珪询问手下瘟疫的情况，有人回答道："活着的只有十之四五了。"拓跋珪说："这是天意，我们无力抗拒，四海之内都可以建立国家，就看我如何统治他们了，不愁没有人。"文武大臣不敢再多说话。拓跋珪又派抚军大将军略阳公拓跋遵进攻中山，但他无功而返。

城外可以吃的都被老百姓吃完了，中山城内又开始饥荒起来，而且越来越严重，慕容麟率领两万多人出城进驻中山城南边的新市。

九月二十九日是甲子日，拓跋珪准备攻击慕容麟，这时候太史令晁崇劝他说："纣王是在甲子日被消灭的，所以这天被称为疾日，行军打仗都比较忌讳这一天。"拓跋珪满脸的不高兴，说："甲子日是纣王灭亡的日子，难道就不是周武王兴起的日子吗？"晁崇无法对答。

十月十日，拓跋珪的军队与慕容麟的军队在新市西南的义台遭遇，双方展开激战，慕容麟军不敌，大败，有九千多人被杀，慕容麟和几十个骑兵好不容易才把妻儿救了出来，逃入太行山中，后又逃向邺城。

十月二十日，拓跋珪率军攻陷中山，后燕皇族、大臣、普通士兵等投降的有两万多人，缴获的后燕御玺、图书典籍、奇珍异宝等也数以万计。拓跋珪追封弟弟拓跋觚为秦王，又命人挖开慕容详的墓，把他的尸体拖出来砍下头颅，还抓住了高霸和程同，连同他们的五族全部剁成肉泥。

守卫邺城的慕容德向慕容宝上奏，请求慕容宝南下收复失地，慕容宝同意了。他下令挑选精兵强将和良马，准备收复中原，并派鸿胪鲁邃前去任命慕容德为丞相、冀州牧，承制。

十二月，选拔的部队集结完毕，慕容宝命将军启仑率人作为先遣队，侦察敌情。

十二月十二日，慕容麟一行到达邺城，他明智地放弃帝号，恢复了赵王的称号。他建议慕容德道："拓跋珪已经攻克了中山，肯定会乘胜来攻打邺城。邺城虽然城池坚固，有一些粮食储备，但城池过大，恐怕很难守住。目前首府被攻破，人心不稳，邺城也势必会被攻破，您不如率军南下到滑台（今河南滑县），然后以黄河（古黄河）为屏障，阻止魏军南下，等候时机，再收复河北。"不得不说，慕容麟是有脑子的。这时候守卫滑台的是鲁阳王慕容和，他是慕容德的侄子，正巧也派人来迎接慕容德，于是慕容德就顺势南下了。

隆安二年（398）正月，慕容德率领四万户人家、两万七千乘车从邺城出发，到了黄河边。这时候突然刮起了大风，前来接应的船只被大风吹沉了，北魏卫王拓跋仪率军将要来到，大家恐惧万分，商量着应该先退到黎阳（今河南浚县）。幸好到了晚上温度急剧下降，河面上的浮冰冻在了一起，把河面封得严严实实的，慕容德得以率队渡过黄河。

第二天早上，拓跋仪来到河边，发现河面已经解冻，无法通过。慕容德认为是有神仙帮忙，于是把黎阳津（今河南浚县黎阳镇角场营村）改名为天桥津。

慕容麟带领文武官员向慕容德奉上皇帝尊号。慕容德当年已经六十三岁了，他征战疆场大半生，预感余生不多，也想过过皇帝瘾，于是就仿效哥哥慕容垂的做法，先称为燕王，改年号，设立百官。他任命慕容麟为司空、尚书令，慕容法为中军将军，慕舆拔为尚左仆射，丁通为右仆射。史称慕容德建立的燕国为南燕，为五胡十六国之一。

不安分的慕容麟准备再次谋反，杀死慕容德，自己称帝，但慕容德早有防备，把慕容麟擒住，斩首示众。

慕容盛登基

隆安二年（398）正月七日，拓跋珪从中山南下，来到高邑（今河北柏乡县），得到了王猛的孙子王宪。拓跋珪高兴地对王宪说："你真是王猛的孙子啊！"拓跋珪任命王宪为青州中正，兼选曹事，主持门下事务。拓跋珪又来到邺城，命龙骧将军日南公和跋、左丞贾彝率五千兵马镇守这里。

拓跋珪命卫王拓跋仪镇守中山，然后征调一万青壮劳力，开凿了五百里的便捷山路，率军北返，同时把十余万人强迫迁徙到代郡。

慕容宝派遣的启仑又回到了龙城，他报告说中山已经被北魏攻占，慕容农建议道："目前再和北魏开战已经不现实，不如向北攻击库莫奚部落，夺取他们的辎重和牲口补充我军，明年再议和北魏开战之事。"慕容宝同意了。他命儿子慕容盛留守龙城，命慕舆腾为前锋，慕容农为中军，慕容宝殿后，每军相距三十里，军队绵延一百多里，浩浩荡荡杀向库莫奚部落。

隆安二年（398）二月二十日，慕容宝军到达乙连，禁军小头领段速骨、宋赤眉叛变，杀死了乐浪王慕容宙、中牟熙公段谊及一些皇室亲王。这时候，后燕士兵已经厌战，纷纷趁乱逃走，慕容宝和慕容农等狼狈逃回龙城。

后燕尚书顿丘王兰汗与段速骨等人勾结，带兵在龙城东扎营。三月二日，段速骨等人到达城下，这时候，一向勇敢忠贞的慕容农竟然投降了段速骨。段速骨带着慕容农绕着龙城晃了一圈，因为慕容农在后燕有巨大的影响力和号召力，众位将士一看他都投降了，也都放下武器，四散奔逃。慕容宝、慕容盛和慕舆腾、徐崇、张真、李旱、赵恩等人侥幸得逃，向南飞奔。

慕容农被段速骨软禁起来，之后被段速骨的手下杀死了，叱咤风云的慕容农得了个如此下场。段速骨又立即诛杀了杀死慕容农的手下，安抚人心。

三月八日，兰汗率军袭击段速骨，把段速骨和他的党羽全部杀死。兰汗派人去接慕容宝等人，但慕容宝对他信不过，向南去投慕容德。

慕容宝到达黎阳，隐藏在黄河西岸，派宦官赵思前去向慕容德报告，让他出来迎接圣驾。赵思还在路上，这时候慕容宝听过路的樵夫说慕容德已经称帝，立即又率人向北逃走。赵思被慕容德斩首。

慕容宝派扶风公慕舆腾和长乐王慕容盛一起到冀州招揽旧部，因为慕舆腾向来专横残暴，不得人心，慕容盛就把他杀了。

慕容宝听说兰汗还在祭祀慕容家宗庙，认为他忠于自己，就准备返回龙城。慕容盛劝慕容宝观察观察再说，慕容宝就派遣冗从仆射李旱去见兰汗。这时候，兰汗派来迎接慕容宝的左将军苏超赶到，慕容宝也觉得兰汗到底是自己的舅老爷，又是慕容盛的岳父，不会对自己有威胁，就和苏超启程了。慕容盛流泪跪下劝阻，慕容宝不听。慕容宝看慕容盛不想跟自己回龙城，也不勉强，把慕容盛和将军张真留了下来。

四月二十六日，慕容宝一行来到距龙城四十里的地方，兰汗派弟弟兰加难率五百名骑兵出城迎接，同时又让哥哥兰堤关闭城门，禁止出入。兰加难接上慕容宝等人向城中走去，颍阴公馀崇悄悄对慕容宝说："我观察兰加难的神色不对，我们应该三思后行。"走了几里路后，兰加难斩了馀崇，把慕容宝带入龙城郊外的官邸杀死。慕容宝年四十四岁，在位三年。兰汗又杀死了太子慕容策及其他的王公大臣共一百多人，自称大都督、大将军、大单于、昌黎王，改年号为"青龙"。兰汗任命兰堤为太尉，兰加难为车骑将军，河间王慕容熙为辽东公。

慕容盛准备去奔丧，张真劝阻，慕容盛说："兰汗是我岳父，他肯定会念及翁婿之情，不忍心加害我，只要给我十天半月的时间，我就能实现愿望。"慕容盛到了龙城，求见兰汗，兰汗的妻子乙氏和女儿兰氏都哭着向兰汗求情，兰妃又向叔叔大爷们磕头求情，兰汗便没有杀慕容盛，还任命他为侍中、左光禄大夫。兰堤和兰加难多次要求杀了慕容盛，都被兰汗拒绝。兰堤为人专横凶暴，依仗他是哥哥，对兰汗也多有不恭，慕容盛又从中挑拨，兰汗兄弟之间有了芥蒂。

太原王慕容奇是慕容恪的孙子，也是兰汗的外孙，兰汗任命他为征南将军。慕容奇见到慕容盛，慕容盛劝他去外面招兵买马，作为内应，恢复祖宗大业，慕容奇同意了。慕容奇找准机会到了建安，召集数千人起兵反抗兰汗。兰汗准备派兰堤率军讨伐慕容奇，慕容盛建议道："慕容奇还是个孩子，怎么会有这么大的胆子，估计他还有内应，太尉兰堤向来骄横，不应该给他兵权，以免不测。"兰汗觉得慕容盛说得有理，就罢免了兰堤的军权，另派抚军将军仇尼慕率军前去讨伐。

时间进入夏季，直到七月了，龙城还不曾落下一滴雨，兰汗认为这是慕容宝等人的冤魂显灵，于是每天都去慕容宝的牌位前祭拜，还把罪行推到兰加难身上。兰堤和兰加难听说后非常愤怒，怕会成为替罪羊，就在七月十五日先下手为强，联合起来突然向仇尼慕发动袭击，仇尼慕大败。兰汗非常害怕，派遣太子兰穆带兵去讨伐。

李旱、卫双、刘忠、张豪、张真等是兰穆的心腹，平常都得到慕容盛的厚待，他们和慕容盛秘密谋划夺权。七月十七日，兰穆大胜兰堤和兰加难。七月二十日，兰汗大摆宴席犒劳将士，兰汗、兰穆都喝得烂醉，慕容盛趁机半夜跳墙进入东宫，与李旱等人一起杀死了兰穆。慕容盛深得军心，大家都过来投靠他，接受他的领导，一起杀死了兰汗。慕容盛又派李旱、张真去斩杀了兰汗的儿子鲁公兰和、陈公兰扬，兰堤、兰加难藏了起来，但还是被搜到斩首了。至此，龙城得到平定。之前出走的慕容农的部将宇文拔也率几百人前来投靠，慕容盛任命他为大宗正。

七月二十一日，慕容盛到宗庙祭拜，大赦，改年号为"建平"。但他不敢称帝，只是以长乐王的身份总理朝政，其他王爷因此都降为"公"。他任命东阳公慕容根为尚书左仆射，卫伦、阳璆、鲁恭、王滕为尚书，悦真为侍中，阳哲为中书监，张通为中领军，其他文武官员都官复原职。

慕容盛召慕容奇回京，但慕容奇听取了谋士丁零人严生和乌桓人王龙的进言，拒绝接受命令。七月二十四日，慕容奇率领三万人马到达距离龙城仅十里的横沟。慕容盛率军出城迎击，慕容奇等人被生擒。慕容盛让慕容奇自杀，之后杀死了他的同党一百多人。

慕容盛任命河间公慕容熙为侍中、骠骑大将军、中领军、司隶校尉，城阳公慕容元为卫将军；又任命刘忠为左将军，张豪为后将军，并赐他们姓慕容；任命李旱为中常侍、辅国将军，卫双为前将军，张顺为镇西将军、昌黎尹，张真为右将军，并封给他们公爵。

八月十五日，后步兵校尉马勤谋反不成，被杀，死前他供出了骠骑将军高阳公慕容崇是主谋，慕容盛便命慕容崇和他弟弟慕容澄自杀。

十月十七日，慕容盛正式登基称帝。慕容盛想杀死兰妃（兰汗的女儿），但兰妃平时对慕容盛的生母丁后伺候得比较周到，丁后就劝慕容盛念及兰妃对他们有救命之恩，放她一条生路。慕容盛同意了，但下令命她终身不能做皇后。

第七章 时代之子刘裕

王恭兵变

东晋左仆射、后将军、丹阳尹王国宝和建威将军王绪攀附着司马道子，狐假虎威，大肆收受贿赂，为人奢侈，吃穿用度直逼皇宫。王恭和殷仲堪的存在对他们是个威胁，他们总感觉如芒在背，因此多次劝司马道子罢免此二人的兵权。

王恭和殷仲堪也在商量着怎么对付王国宝等人，他们经过谋划，列举王国宝的种种恶行，拉起清君侧的大旗起兵。司马道子收到奏章后惊慌失措，心想只能舍车保帅了，于是把罪过统统推到王国宝一个人身上，派人把王国宝抓住，交付廷尉治罪。

隆安元年（397）四月十七日，朝廷下诏，命王国宝自尽，并把王绪绑赴街市问斩。司马道子还派人向王恭道歉，王恭也不好继续深究，便率军撤回了京口。

司马道子的长子司马元显在朝中担任侍中一职，年十六岁，才智过人，处事果断，他对父亲司马道子说，王恭和殷仲堪终不会善罢甘休，要早做准备。司马道子任命司马元显为征虏将军，拨给他官员和部队，让他私下准备。

司马道子任命自己的司马王愉为江州刺史、都督江州及豫州四郡诸军事。豫州刺史庾楷被司马道子割去了四个郡归江州刺史王愉管辖，他老大不高兴，上书朝廷说："江州处于内地，豫州与贼寇接壤，不应该把这四个郡划给王愉。"司马道子不加理睬。

庾楷大怒，游说王恭起兵讨伐司马道子，王恭本来忌惮庾楷，这次庾楷主动提议，王恭欣然同意。王恭又告知殷仲堪及南郡公桓玄，他们都表示愿意起兵，并共同推举王恭为盟主，约好日期，举兵杀向京师。王恭的司马猛将刘牢之劝他应该适可而止，此时不宜再发兵，但王恭不听。

殷仲堪听说王恭已经起事，也准备发兵，不过他不懂军事，就把指挥权交给南郡太守杨佺期兄弟。他派遣杨佺期率五千水兵作为先锋，桓玄为第二队，自己亲率两万部队作为第三队，从荆州顺长江东下。

杨佺期出身名门，是东汉太尉杨震的后人，他家一直到他父亲杨亮，九代都以德才著称。杨佺期认为自己家本应是东晋的第一家族，只是因为渡江时间较晚，就不能被列为势族，也不能和当时的名门通婚，自己更是仕途不顺，因此和哥哥杨广、弟弟杨思平、堂弟杨孜敬都愤愤不平，憋了一口气，希望朝廷有变化，好让他们一展抱负。因此他们热烈拥护殷仲堪的计划。

隆安二年（398）八月，杨佺期等率军出现在溢口，江州刺史王愉猝不及防，被生擒。

九月十日，司马尚之在牛渚大败庾楷，庾楷的部下全军覆没，他自己单枪匹马去投奔桓玄。司马道子任命司马尚之为豫州刺史，司马恢之（司马尚之的弟弟）为骠骑司马、丹阳尹，司马允之为吴国内史，司马休之为襄城太守。

九月十六日，桓玄在白石大败朝廷军队，和杨佺期推进到了横江，司马尚之退走，司马恢之全军被歼。司马道子命司马元显驻防石头城，又命王珣防守建康北郊，谢琰（谢安次子）守卫宣阳门。

王恭向来自负，目前更是威风凛凛。他军事能力有限，全靠司马刘牢之出谋划策，但他并不尊敬刘牢之，只把他当作一个普通下级看待，呼来喝去的。刘牢之是何等人物，这让他深感屈辱。司马元显得知刘牢之的处境，就派庐江太守高素去游说。高素把司马道子的亲笔信交给刘牢之，给他分析时局，许诺如果他反叛王恭，日后就把王恭的位置给他。王恭的参军何澹之不知道从哪里知道了刘牢之的打算，禀告了王恭，但何澹之一直和刘牢之有矛盾，这王恭是知道的，所以他不相信何澹之的话。不过他也觉得之前怠慢刘牢之了，于是设宴宴请刘牢之，并当众拜刘牢之为义兄，又把精锐部队和精良武器配备给他，命他率领帐下督颜延为前锋。

刘牢之率军到了竹里，斩杀了颜延，宣布投降朝廷，并派儿子刘敬宣和女婿东莞太守高雅之回军进攻王恭。王恭此时正在城外阅兵示威，刘敬宣驱使骑兵拦腰截断他的队伍，王恭的军队溃败。

王恭逃向曲阿，曲阿人殷确是王恭旧属，他划船拉上王恭准备去投靠桓玄，但被人发现，押赴建康后斩首。临死前王恭还从容不迫，神色如常，他梳完头发，理过胡须，说："我轻信别人，才造成今天的结果。我是忠于朝廷的，百世之后，希望有人记得我。"他的子弟、同党全被处死。朝廷任命刘牢之为都督兖、青、冀、幽、并、徐及扬州、晋陵诸军事，兼兖、青二州刺史。

不久，杨佺期和桓玄到达石头城，殷仲堪也到达芜湖。司马元显征调数万百姓和士人防守石头城。刘牢之率北府兵急行到建康西扎营，杨佺期和桓玄畏惧刘牢之，撤退到蔡州。

左卫将军桓修（桓冲的儿子）建议用官位引诱桓玄和杨佺期，让他们反叛殷仲堪，司马道子同意，任命桓玄为江州刺史。之后他召雍州刺史郗恢回朝任尚书，让杨佺期替代郗恢任都督梁、雍、秦三州诸军事兼雍州刺史；贬殷仲堪为广州刺史；任命桓修为荆州刺史，令刘牢之派一千人护送桓修上任，又派殷仲堪的叔叔太常殷茂到殷仲堪军营宣读诏书。

殷仲堪接到诏书，暴怒，命桓玄和杨佺期迅速进军，桓玄和杨佺期却对朝廷的任命感兴趣，犹豫不定，不肯进发。殷仲堪了解后，知道仗没法打下去了，赶忙撤退，生怕走得晚就走不了了。他临走时对荆州众将士说，如果你们还不走，我回去后就杀光你们的家眷，将士们一听纷纷撤退，桓玄和杨佺期也不得不跟着撤走。

桓玄和杨佺期全力追赶殷仲堪，到寻阳终于追上。他们三人觉得彼此离不开对方，就互相把自己儿子、兄弟作为人质交给对方，换取信任。隆安二年（398）十月二十三日，他们正式举行结盟仪式，推荐在荆州基础深厚的桓玄为盟主，决定联合抵抗朝廷。司马道子害怕了，又恢复了殷仲堪荆州刺史的职务，把桓修罢免了。这时候，御史中丞江绩弹劾桓修等人为了个人利益使朝廷蒙羞，司马道子干脆下令免去桓修所有职务。

但桓玄、殷仲堪和杨佺期之间也是矛盾重重。桓玄家在荆州基础牢固，加之他本人骄横，做了盟主后更是专横跋扈，对杨佺期看不上眼，处处压制。杨佺期兄弟并非等闲之辈，他们预谋除掉桓玄，桓玄也计划想要铲除杨佺期兄弟。

司马道子不赦免庾楷，桓玄便任命庾楷为武昌太守。

孙恩反晋

当初，钱塘人杜炅奉行五斗米教，会一些法术，还能为人解除些许病痛，古代人迷信，有一些人就被蛊惑了，当时东晋上层士人和普通百姓都把他奉若神灵。

琅琊郡人孙泰是杜炅的学生，很得真传，杜炅死了以后，孙泰就成了教主，当时一些上层士人和百姓也都信奉他。左仆射王珣很厌恶孙泰，把他发配到了广州，但广州刺史王雅却是五斗米教的信徒，很迷信孙泰，又把孙泰介绍给了司马曜，说他会法术，能使人延年益寿，甚至长生不老。司马曜当然很高兴，就把孙泰召回建康，后来又任命孙泰做了新安郡（今浙江淳安县）太守。

孙泰有改朝换代的野心，他借讨伐王恭的名义，召集民众进行训练，组建了武装，让信徒贡献大量金银财宝作为军资，意图不轨。当时三吴地区很多人都听他的，竟真的让他聚集起了不小的力量。

会稽内史谢輶向朝廷检举揭发孙泰的阴谋，朝廷大为震怒。隆安二年十二月二十二日（399），司马道子让和孙泰关系较好的司马元显把他骗到京师，然后就地诛杀，同时被杀死的还有孙泰的六个儿子。孙泰的侄子孙恩逃到东海的海岛上，当时有些信徒认为孙泰并没有死，而是成仙了，还把对孙泰的迷信转移到了孙恩的身上，给他送吃送喝。孙恩纠集了一百多个亡命之徒，准备伺机复仇。

司马道子整天喝得醉醺醺的，时间长了，就把身体喝垮了，他儿子司马元显知道朝臣们已经对司马道子失去信心，借机让朝廷免去了司马道子的司徒、扬州刺史职务。隆安三年（399）四月十日，朝廷任命司马元显为扬州刺史。

司马元显满打满算，这年也才十八岁，他知道自己资历还不够，就让琅琊王、安帝的弟弟司马德文担任司徒。司马元显为人刻薄寡恩，生杀予夺随心所欲，他命人把东方各郡一些有罪之人带入京师，作为自己的嫡系部队，还把庐江太守张法顺等人引为心腹，这些人任人唯亲，结成朋党，一时间朝野上下议论纷纷，大家都深感不安。

孙恩虽然人在海岛上，但对朝廷的事情是一清二楚，他觉得有机可乘，就率部从海岛上岸，杀死了上虞（今浙江绍兴上虞区）县令，对会稽郡（今浙江绍兴）首府发起攻击。这时候的会稽内史是王凝之，他是大书法家王羲之的次子。

王凝之家世代信奉天师道，面对强敌，王凝之既不动员军队，也不加强防守，只是成天到道观里叩头祈祷，口中念念有词，希望有天兵天将相助。属下请求迎击孙恩，王凝之说："不急，我已经向神仙借了数万鬼兵把守各个要道，贼寇不愁不灭。"等到孙恩的人马越来越近的时候，他才发现所谓的"鬼兵"并不灵验，这才发兵前去抵挡，但为时已晚，孙恩的兵马已经到达城下。

十一月二日，孙恩攻陷了会稽城，抓住了王凝之和他的儿子，将他们一同斩首。听说贼寇攻入城中，王凝之的妻子谢道韫镇定自若，她拔出配刀，亲手杀死了几个贼人，但还是被生擒。这时候她的丈夫和儿子都被杀了，孙恩又想杀死她的外孙孙涛，谢道韫凄然说："城池失陷，责任全在王家，和其他家族又有什么关系？如果你们一定要杀死我的外孙，就先把我杀了吧！"孙恩也久慕谢道韫大名，就放过了他们。后来谢道韫一直居住在会稽郡，直到去世。

吴国内史桓谦、临海太守新蔡王司马崇、义兴太守魏隐等人都弃城逃走。会稽人谢针、吴郡人陆瑰、吴兴人丘尫、义兴人许允之、临海人周胄、永嘉人张永以及东阳、新安等共八个郡的民众杀死了郡里的官员反叛，十天之内，竟然聚集了数十万人。

吴兴太守谢邈（谢安弟弟谢铁的儿子）、永嘉太守司马逸、嘉兴公顾胤、南康公谢明慧、黄门郎谢冲（谢铁的儿子）、张琨、中书郎孔道等人都被孙恩的叛兵杀死。三吴地区已经很久没有战争了，郡县官员不知道该如何应付叛军，手足无措，纷纷逃跑。

孙恩占领了会稽郡，自称征东将军，逼迫士人做他的下属。他称手下为"长生人"，有胆敢不服从他命令的，就全家处斩。他还把一些县令杀死。孙恩军队烧杀抢掠无恶不作，所经之地生灵涂炭。

孙恩还向司马德宗上表,公布司马道子和司马元显父子的罪状,说如果朝廷处死他们,自己就会罢兵。

司马德宗继位以来并不掌权,只是个摆设,司马道子也不专心政事,地方大员趁机扩张势力,石头城以南的地区被荆州刺史殷仲堪、江州刺史桓玄割据,以西地区被豫州刺史司马尚之割据,京口地区和长江以北被兖、青二州刺史刘牢之和广陵相高雅之割据,朝廷政令所达,只是三吴地区而已,如今孙恩又占了三吴地区的八个郡,顿时惹得人心惶惶。

孙恩派人潜入京师,伺机作乱,朝廷宣布全国戒严。司马德宗让司马道子假黄钺,任命司马元显为中军将军,徐州刺史谢琰兼督吴兴、义兴等郡军事,讨伐孙恩,刘牢之也出动军队讨伐孙恩。

刘裕登场

徐州刺史谢琰(谢安次子)杀死了叛民头目许允之,把太守魏隐迎接回义兴郡,再攻击吴兴郡叛民头目丘尪,大胜。然后他和刘牢之合兵一处,一路所向披靡,贼寇望风而逃。谢琰驻扎到乌程,派遣司马高素前去协助刘牢之,逼近钱塘江。朝廷下诏,任命刘牢之为前将军,兼任都督吴郡诸军事。

刘牢之能取得这一连串的胜利,还有赖军中一员猛将,他叫刘裕。刘裕是我们接下来要讲的重点人物,这里对他做一简要介绍。

刘裕,字德兴,小名寄奴,祖籍彭城县(今江苏徐州)绥舆里,出生于晋哀帝(司马丕)兴宁元年三月壬寅日,即公元363年4月16日。和许多史书里描写的帝王出生时有异象一样,传说刘裕出生的时候是个发光体,把满屋照得通明,他出生当晚还降下了甘露。

刘裕是汉楚王刘交(刘邦的弟弟)的二十二世孙。当年中原丧乱,他曾祖父刘混率领家族渡过长江,在晋陵郡丹徒县的京口里(今江苏镇江)定居。他父亲刘翘为郡功曹,薪酬不高,家里日子过得紧紧巴巴。刘裕出生时,他的母亲因为难产去世，年仅二十一岁，这使得家里雪上加霜。刘翘请不起奶妈，准备把刘裕扔了，刘裕的姨妈这时候生下儿子刘怀敬还不到一年，得到消息后，就把刘裕从刘翘手里要了过去，亲自用自己的奶水喂养刘裕，奶水不够两个孩子吃的时候，因她儿子刘怀敬年长一岁，她就断了自己儿子的奶。刘裕在姨妈的怀抱中慢慢长大，后来又回到自己家中。长大后的刘裕身高七尺六寸，约合一米八六，气质很奇特，让人过目不忘。

刘翘后来又娶了萧文寿为妻，萧文寿为刘翘生下了两个儿子，刘道怜和刘道规。刘道规出生不久，刘翘便去世了，家庭的经济支柱倒塌，萧文寿拉扯着刘裕、刘道怜和刘道规三个孩子艰难度日。生活终究还得过下去，萧文寿是个勤快的女人，她白天带着年长的刘裕进山砍柴，到大街上去叫卖，用换来的钱买米买盐，晚上还要加班加点编织草鞋，等到天亮到集市上卖钱。但这样的收入很有限，他们一家常常吃不饱，穿不暖。刘裕对继母萧文寿非常孝顺，得到乡里乡亲的称赞。但因为生活窘迫，刘裕没读过多少书，大字不识几个。

一次，刘裕进山砍柴的时候手臂被刮伤了，鲜血直流，手足无措间突然看见大树荫下有一种绿色植物，上面开满白花，散发着香气，他抱着试试看的心理扯了一大把敷到伤口上，过了一会儿，竟然真的止住血了，也不痛了。后来这种植物就被命名为"刘寄奴"，是一种中药材。刘裕做了军官以后，命令大规模种植这种植物，士兵们行军打仗被刀枪伤到的时候，就用它止血，功效立显。

刘裕砍柴后每每到集市上去叫卖。有一次卖完柴后，他见天色还早，就到赌坊看人家赌钱玩。俗话说，不怕你不赌，就怕你看赌。看得多了，刘裕的心就痒痒了，也加入了赌博队伍，但总是输得多赢得少。给不起钱的时候可以记账赊钱，刘裕不觉间已经欠了这家赌坊三万钱。这家赌坊的主人叫刁逵，是东晋初年尚书令刁协的孙子，等到了刁逵这一辈，他和弟弟刁杨、刁弘不注重名节，只要有利可图，什么生意都做，用赚来的钱置田万顷，奴婢多达千人。

这天刁逵到赌坊巡视，碰巧看到刘裕又过来赌，因为是常客，刁逵也认识刘裕了，便问道："你小子什么时候还钱？"刘裕回答道："等有钱了就还上。"刁逵怒道："你小子什么时候才能有这么多钱？今天不给个说法，你就不能回去了！"刘裕也较上劲了，说："你看我的命值不值这个钱？"刁逵一听，心想，这小子嘴还挺硬，就命打手把刘裕绑到拴马桩上，噼里啪啦一顿揍，刘裕顿时皮开肉绽。

正在这时，路上过来了几匹高头大马，中间端坐一人，相貌不凡，威风凛凛，有人认得他，说他是王导的孙子王谧，当时在朝中担任要职。王谧命住手，下马询问原因，有人就告诉了他前因后果。王谧听了，说："怎么能因为一点钱就要把人往死里打呢！这个钱我替他还上。"王谧命人拿出钱财交给刁逵，刁逵就把刘裕放了。

王谧看了看魁梧的刘裕，说："你相貌堂堂，一定会成为一个英雄，不能自甘堕落。"不得不说，琅琊王家也是因为广结善缘，与人为善，才能成为中国历史上数一数二的大家族，王谧这次救刘裕就是个例子。

刘裕受到王谧的鼓励，像打了鸡血似的，他也认为大丈夫不能这样浑浑噩噩度过一生，想要扬名立万。但在当时九品中正制的选官制度下，寒族想跻身上层比登天还难，不过仍然还是有一个比较快的升官捷径，那就是立军功。刘裕有把子力气，投身军旅是他最好的选择，他想到了自己儿时的玩伴何无忌。何无忌的舅舅是北府兵的首领刘牢之，在何无忌的介绍下，刘裕加入了北府兵。因为是外甥的亲密伙伴，刘牢之也视刘裕为心腹，让他做了冠军将军孙无终的司马。刘裕的起点一开始就不低，恰逢孙恩造反，刘牢之又招刘裕过来担任他的参谋军事。

刘牢之讨伐孙恩，怕沿途有埋伏，派刘裕等几十个人为斥候，去侦察敌情。他们正在行进中，突然迎面过来了几千个贼寇，这伙人把他们团团围住，刘裕等浴血拼杀，但终于寡不敌众，跟他一起来的数十人全部战死，只剩下他一个人。

刘裕毫不胆怯，挥舞手中大刀，连连砍杀、砍伤对方多人，但好汉架不住人多，眼看招架不住，刘裕紧跑几步，纵身跳入河中。敌兵面面相觑，想不到刘裕会来这一手，他们中有几个人也准备跳下去捉拿刘裕，可就在这时，只见刘裕又纵身一跃，飞身上岸，举起大刀，砍瓜切菜一般，把迎面而来的几个敌人的脑袋砍了下来。刘裕满身都是血，大吼道："快来受死！"俗话说，横的怕愣的，愣的怕不要命的，敌人被浑身鲜血的刘裕给镇住了，有一个人开始往回跑。有了一个起头的，大家也都跟着跑，刘裕挥舞大刀大吼着追了过去，有跑得慢的又被砍掉了脑袋。

刘敬宣（刘牢之的儿子）等了好一会儿还不见刘裕回来，就带兵过来找他，正好目睹了刘裕一个人挥舞着大刀追赶数千敌兵的场面，啧啧称奇。他领着人冲了上去，杀死及俘虏了一千多人。刘裕一战成名。

当初，孙恩听说八个郡都有人起兵响应自己，兴奋地对属下说："再不会有什么大的战事了，我与诸位将会直入建康！"但过了不久，他得到了刘牢之率北府兵到了钱塘江边的消息，野心就减少了几分，说："我即使能割据钱塘江之东，仍可做越王勾践。"

隆安三年十二月二十六日（400），刘牢之率军渡过钱塘江，孙恩这下彻底泄气了，他叹息道："逃走也没有什么可羞耻的。"于是强制命令二十多万百姓随他东去。为了拖延刘牢之的追兵，他下令沿途丢下很多金银财宝和妇女儿童，追兵见到后争相抢夺，速度减缓，孙恩得以退回海岛。刘牢之的部将高素杀死了孙恩任命的吴郡太守陆瑰、吴兴郡太守丘尪、余姚县令沈穆夫等人。

朝廷任命谢琰为会稽太守、都督五郡军事，统率他从徐州带来的官员士兵在东海一带布防。

李暠建西凉

隆安二年（398）四月，北凉王段业命镇西将军沮渠蒙逊攻击后凉，生擒了后凉的西郡太守、吕光的侄儿吕纯。后凉的敦煌郡太守孟敏献出城池，投降了北凉，段业任命他为沙州（州府在敦煌）刺史，任命李暠为效谷县县令（今甘肃瓜州县西）。

李暠，字玄盛，小字长生，出生于永和七年（351），陇西郡陇西成纪（今甘肃天水秦安县）人。李暠年少时非常勤奋好学，长大后性情沉静，聪明谦和，有度量。他博览经史，擅长文辞，熟读《孙子兵法》，精通武艺。他自称是西汉名将李广的十六世孙，广泛结交社会贤达，这些社会知名人士都对他赞誉有加。

李暠曾经和郭黁及异父同母弟弟宋繇在一个院子里生活。郭黁也是当时的名士，又擅长看相算命。有一次郭黁对宋繇说："你将来一定会做大官，位极人臣，但你的哥哥李暠更了不起，他会成为一国之主。当母马生下额头上有白毛的小马的时候，就是应验的时候。"

李暠性情温和宽厚，施政手段宽松，县内百姓安居乐业，深得上级的称赞和县内百姓的拥戴。孟敏在沙州刺史任上去世，敦煌护军郭谦和沙州治中索仙联名向段业推荐李暠为敦煌太守。李暠正在犯难，恰好在北凉朝廷任中散常侍的宋繇从京师张掖回家探亲，他对李暠说："段王谋略不足，注定要失败，兄长难道忘了郭黁说过的话了吗？白额小马已经出生了！"李暠思考了一下，接受了弟弟宋繇的话，派人请求段业下达任命。

段业也早就听说李暠的名声，准备任命他为敦煌太守，右卫将军索嗣是敦煌郡人，和李暠关系要好，深知李暠胸怀大志，因此劝段业道："李暠在敦煌的号召力很强，不能让他在这个地方久待，要防止他强大。"段业于是改任索嗣为敦煌太守，给他拨付五百名骑兵护送他上任。

索嗣距离敦煌还有二十里的时候，派人通知李暠前来迎接。李暠尽管顾虑重重，但仍然准备前去迎接，这时候效谷县令张邈和宋繇劝阻他道："段王昏庸无能，后凉也已经在走下坡路，这正是我们施展抱负的时候，现在你可以据敦煌而自立，为什么要将此地拱手送人呢？索嗣自认为是本郡人，老乡肯定会支持他，因此一定不会设防，这时候我们如果对他发动突击，定能把他连同他的部众全部歼灭。"

李暠牙关一咬，决定听从他们的建议。他派宋繇先去拜见索嗣，宋繇见到索嗣后，用恭敬的语言麻痹他，表示他们会完全服从索嗣的领导，李暠随后就会前来迎接。索嗣哈哈大笑，完全放松了警惕。不久，李暠派遣张邈、宋繇以及他的两个儿子李歆、李让率兵袭击索嗣，索嗣还以为是李暠来迎接自己呢，等他明白过来的时候已经晚了。两军开战，索嗣大败，逃回了张掖。

李暠没想到会被好友索嗣出卖，非常恼怒，向段业上书，请求处死索嗣。辅国将军沮渠男成也很厌恶索嗣，这时候也劝段业除掉索嗣，沮渠男成说话分量很重，段业不得不听，只好命人把索嗣斩首。段业又派人向李暠致歉，提拔他为都督凉兴以西诸军事、镇西将军。

隆安四年（400）十一月，晋昌郡太守唐瑶背叛北凉，向六郡发出檄文，推举镇西将军李暠为冠军大将军、沙州刺史、凉公，兼敦煌太守。李暠大赦，改年号为"庚子"。史称李暠建立的凉国为西凉，属五胡十六国之一。

李暠任命唐瑶为征东将军，郭谦为军咨祭酒，索仙为左长史，张邈为右长史，尹建兴为左司马，张体顺为右司马，宋繇为从事中郎、折冲将军。然后派宋繇向东进攻凉兴郡，并攻打玉门关以西诸城池，宋繇把这些城池全部攻克。李暠命人在玉门关、阳关等地屯田，扩大耕地面积，积聚粮草，作为战略物资储备。

刘裕战孙恩

会稽郡内史谢琰是谢安的次子，谢安一共两个儿子，长子谢瑶早逝，因此他很看重这个二儿子。会稽郡内史的位置是个肥差，能坐上这个位置，并不是因为谢琰才能出众，而是因为他的出身门第。大敌当前，谢琰既不会动员人民，又不懂整饬军队，他手下有将领就劝他道："贼寇就在不远的海边，他们不断加强对我们的监视，我们应该采取怀柔政策，让他们弃恶从善。"谢琰满脸不屑，说："苻坚当年有百万之众，还不是惨败淮南？孙恩只是个小毛贼而已，当初败逃海岛，怎么还可能再杀回来呢？即便他真过来了，老天爷也会要他的命。"

不久，孙恩带兵攻破上虞，进军到了邢浦。谢琰派遣参军刘宣之迎战，把孙恩打得大败。谢琰哈哈大笑道："我所言非虚，毛贼不堪一击！"可是几天之后，孙恩又来攻打邢浦，这次谢琰军失利，孙恩乘胜前进。

隆安四年（400）五月三十日，孙恩率军抵达会稽郡，谢琰正准备吃饭，听闻消息便放下碗筷，说："等我顷刻间消灭了这贼人，然后再来吃饭。"他跨上战马出城应战，但被打得惨败。这时候帐下都督张猛又临阵倒戈，用刀砍伤了谢琰的战马，谢琰跌落马下被杀死了，他的两个儿子谢肇和谢峻也同时遇害。

吴兴郡太守庾桓害怕城中百姓响应孙恩，命人杀死数千百姓。孙恩率军进攻临海郡，朝廷得到战报，十分震惊，派冠军将军桓不才、辅国将军孙无终、宁朔将军高雅之率军讨伐孙恩。

十一月，高雅之和孙恩在余姚遭遇，两军交战，高雅之不敌，属下被杀死十之七八。朝廷见状况不对，赶紧下诏，任命刘牢之为都督会稽等五郡诸军事，率军讨伐孙恩。老将出马果然不同，孙恩不敌，再度逃回舟山群岛。刘牢之到上虞驻扎，派刘裕率军守卫句章（今浙江宁波江北区慈城镇），吴国（今江苏苏州）内史袁崧修筑沪渎垒（竹栅），加强防护。

隆安五年（401）三月，孙恩又从海岛攻上大陆，向北逼近海盐，刘裕紧追不舍，在海盐原来的城池上再构筑城池以作防守，但他的部队过少，时间一长还是会守不住。刘裕心生一计，他命人在夜间把军旗扯下，把精锐部队埋伏起来，唱起了空城计。第二天一早，城门大开，城楼上只看见数个老弱残兵，孙恩手下喊话，问刘裕他们哪里去了，楼上答话，说他昨天夜里已经偷偷溜走了。孙恩得到报告，命令部队即刻进城，他的手下都想抢占先机获取金银珠宝，于是都争先恐后往里冲，这时候，刘裕埋伏起来的部队杀出，孙恩大败。孙恩转向去进攻沪渎，刘裕又紧追而去。

海盐县令鲍陋派儿子鲍嗣之率一千多人去做刘裕的前锋，刘裕质疑这支部队的战斗力，令鲍嗣之殿后，鲍嗣之不愿。刘裕又布下疑兵之计，孙恩以为自己中了埋伏，赶紧撤退，这时候鲍嗣之追击，不敌孙恩军队，战死，孙恩又乘胜杀了回来，刘裕不敌，部队伤亡殆尽。刘裕一看退无可退，命令士兵不要慌乱，让他们蹲下去脱掉战死的士兵身上的衣服。孙恩又被刘裕这招给弄晕了，愣了半天，犹豫着开始后撤，这时刘裕大呼一声，率军追击，孙恩败走，刘裕目的达到，率军返回。

孙恩攻陷沪渎，杀死了包括太守袁崧在内的四千多人。六月一日，他又率领十多万部队，乘坐一千多艘战舰，突然进攻丹徒（今江苏镇江）。孙恩兵临建康北大门，晋廷震惊，司马元显下令戒严，文武大臣在省内昼夜办公，都不回家了，紧急商议对策。司马元显命冠军将军高素率军守卫石头城，辅国将军刘袭率军截断秦淮河注入长江的入口处，丹阳尹司马恢之率军守卫长江南岸，冠军将军桓谦率军守卫白石，左卫将军王嘏守卫朝廷，又召豫州刺史谯王司马尚之进建康协同守卫。

刘牢之从山阴率军而来，准备截击孙恩，但孙恩抢先一步逃走，刘牢之扑了个空，只好急令靠北的刘裕从海盐驰援京师。当时刘裕部众不足一千人，他接到命令后星夜兼程，一刻也不敢休息，终于和孙恩的部队同时到达丹徒。刘裕和众将士已经十分疲惫，但他们知道如果他们失败了，建康就将不保，于是又抖擞精神，投入战斗，喊杀声震天。孙恩部下的兵卒内心已经充满了对刘裕的恐惧，两军一接触，孙恩军不敌溃散，掉入河中淹死的士兵不计其数。孙恩放弃了建康，从水路继续北上，攻击郁州（今江苏连云港东云台山一带），宁朔将军高雅之被擒，然后孙恩的部将又攻陷了广陵，杀死三千人。

荆州刺史桓玄厉兵秣马，密切关注时局变化，他要求驰援京师，但司马元显对他很忌惮，见这时候孙恩也已经退走了，就命令桓玄原地待命。

朝廷下诏，任命刘裕为下邳太守，给他调派人马，让他率军讨伐占据郁州的孙恩。刘裕连战连胜，孙恩又从水路南下，刘裕率军继续紧追。刘裕和孙恩在沪渎、海盐等地交战，孙恩军被俘虏、斩杀数万人，孙恩再度退回舟山群岛。

孙恩就像是给刘裕练手用的，数战下来，刘裕屡战屡胜，孙恩屡战屡败，是孙恩成就了刘裕。

后孙恩又纠集部众，去攻击临海郡，被太守辛景击退，死伤无数。孙恩这下彻底绝望了，投海自尽。他的残余势力当时还有几千人，共同推举孙恩的妹夫、多才多艺的卢循为头领，据守海岛。

慕容熙登基

同患难容易，同富贵难，后燕皇帝慕容盛以叛变为名，杀死了为自己立下汗马功劳的幽州刺史慕容豪（张豪）和昌黎尹张顺，尚书左仆射张通也一同被杀。很蹊跷的是，接任昌黎尹之职的留忠又被告发谋反，也被处死了，这件事还牵连到了尚书令东阳公慕容根和尚书段成，这两个人也一同被杀。慕容盛派中卫将军卫双杀死了留忠的弟弟幽州刺史留志，然后任命自己的弟弟即卫将军平原公慕容元为司徒、尚书令。紧接着，右将军张真、城门校尉和翰、散骑常侍徐超、左将军高和也因为被控谋反而被杀。

慕容盛虽然只有二十七岁，但其为人之残忍、手段之毒辣、诛杀功臣之迅速，都实属罕见，朝廷内外为此人心惶惶。

辽西郡（今河北卢龙县）太守李朗，担任郡太守已经长达十年，他为人严整，威信较高，辽西郡在他的治理下一派欣欣向荣，敌人不敢来犯。

慕容盛很忌惮李朗，多次召他回京，李朗怕被害，都拒绝了。但李朗的家眷在龙城，所以他也不敢公开和朝廷叫板，于是心生一计，秘密引北魏军队入境，然后派使者进京，向朝廷说明，他需要剿灭敌人，因此才不能进京。

但这没能骗过慕容盛，他说："这其中必有奸诈。"于是对使者严刑拷打，使者道出了实情，慕容盛大怒，处死了李朗留在龙城的全部家眷。

隆安三年（399）八月十四日，慕容盛命辅国将军李旱率军前去平灭李朗。李旱率军南下，可是走到建安（今河北迁安北）时，慕容盛又派人急令李旱回军，朝廷文武百官都很纳闷。原来这是慕容盛的疑兵之计，在残酷政治斗争中成长起来的他，军事才能也得到了锤炼。九月十八日，慕容盛又命李旱进军。

李朗得到家眷被杀的消息，又听说李旱率军前来，便带领三千多户人家据城固守。但当他听说李旱又回军的消息后，错误地以为是朝廷内部有了变故，这才着急让李旱回去，所以放松了警惕，认为李旱一时半会儿也过不来了，便留下儿子李养据守令支，自己带人前去迎接北魏兵马。这时候，李旱突然又率兵前来攻击令支，令支守军防备不足，被打得大败。李旱派广威将军孟广平率军去追赶李朗，到无终（今天津蓟州区）终于追上了，两军开打，李朗不敌被杀。

得到李朗被杀的消息，慕容盛很高兴，召集文武百官到大殿。他对众大臣说："之前我为什么命李旱回军呢？是因为李朗刚叛变，一定会害怕我们派大军去征剿，他们一定会挟持人员逃入深山之中，到时候，我们想一下子抓住他就十分困难了。我布下疑兵之计，就是要迷惑他，使他放松警惕，这时候我们再突然进军，定能把他擒获。"众大臣这才恍然大悟，都跪倒叩头，齐声道："陛下英明，胜过我们万倍！"慕容盛哈哈大笑道："众位爱卿快快平身！"

十月，中卫将军卫双也被赐死了，李旱和卫双、张豪、张真等过去都是慕容盛的心腹爱将，现在李旱回朝得到卫双也被杀的消息，十分害怕，认为下一个被杀的就是自己，于是单枪匹马出逃。但被冷风一吹，他头脑又冷静下来了，回头向慕容盛认罪。慕容盛感念他过去服侍慕容宝和自己的功劳，赦免了他，爵位照旧。

慕容盛任命河间公慕容熙为都督中外诸军事、骠骑大将军、尚书左仆射，兼中领军。慕容熙，字道文，是慕容垂的小儿子。

看到后燕日渐衰落，臣服于后燕的高句丽国王高安也变得越来越不听话，慕容盛决定教训他一下。隆安四年（400）二月十五日，慕容盛亲率三万大军讨伐高句丽，任命慕容熙为前锋。慕容熙非常勇猛，带领前锋部队顺利拿下了新城和南苏两座城池，深入高句丽七百余里，掠夺五千多户百姓后班师。慕容盛很高兴，夸赞慕容熙道："叔叔勇猛果敢，有世祖（慕容垂）遗风，只是在大的谋略方面逊色一些！"

慕容盛命设立燕台（即单于台），统管各夷族。

慕容盛猜忌心很强，他一旦对某人产生了怀疑，不由分说，就会立即诛杀，即使是功臣元老也不例外，这使得文武大臣人人自危。

隆安五年（401）八月十五日，左将军慕容国和殿上将军秦舆、段赞在一起密谋，准备率领禁军袭杀慕容盛，但消息泄漏，慕容盛大怒，处死了他们及同党五百多人。八月二十日深夜，前将军段玑和秦兴（秦舆的儿子）、段泰（段赞的儿子）等人秘密潜入宫中，他们擂鼓助威，杀至慕容盛寝殿。慕容盛这时候也已经得知外面发生的事情了，率领左右护卫杀了出去，段玑等人不敌，四散奔逃。段玑被刺中受了伤，躲藏到一间偏僻的房间内。

慕容盛看到大局已定，放松下来，指挥卫兵清点战场，搜寻残余，就在这个时候，突然一个黑影从暗处飞快地跑来，持兵刃以迅雷不及掩耳之势刺向慕容盛，慕容盛躲闪不及，被刺中要害，身受重伤。慕容盛久经大风大浪，这时候也仍然表现得很镇定，他坐上轿子，登上大殿，安排部署禁卫军，让他们各安其位，不得擅动，并命令关闭城门，禁止可疑人员出入，然后又命人速速前去召唤慕容熙前来交代后事。等安排停当之后，慕容盛一口鲜血喷出，气绝身亡，年二十九岁，在位三年。

太子慕容定年幼，中垒将军慕容拔、冗从仆射郭仲向皇太后丁氏建议，目前国家强敌环伺，面临内忧外患，应该立年长者为帝。大臣们比较看好慕容盛的弟弟，即担任司徒、尚书令的平原公慕容元，但丁太后和慕容熙有奸情，她把慕容熙偷偷招进宫来，准备立他为帝。

第二天一早，丁太后召集文武大臣议事，宣布立慕容熙为帝，大臣们都不敢反对，纷纷表示赞成。慕容熙假意推辞，要把帝位给慕容元，慕容元哪里敢接受。

隆安五年（401）八月二十一日，慕容熙登基。他做了皇帝后，第一件事就是加派人手抓住了段玑等人，把他们统统诛灭三族。

不几日，有人告发慕容元阴谋"叛变"，慕容熙赐他自尽。

趁着给慕容盛出殡的机会，中领军慕容提和步军校尉张佛等在城中起事，准备拥立慕容定为帝，但很快就被扑灭，他们都被诛杀。慕容熙又赐慕容定自杀。

姚兴征伐

后秦姚兴勤于政事，尊崇儒学，兴办学校，当时著名的学者如姜龛、淳于岐、郭高等都云集后秦的首府长安，他们在长安城讲学授徒，各有弟子门生数百人，慕名而来的求学者多达万人。

姚兴尊重人才，虚心纳谏，杜瑾、吉默、周宝等人都因为直言国事得到了很好的职位，给事黄门侍郎古成诜、中书侍郎王尚、尚书郎马岱等人也因为文采出众得到了参与政府机要事务的机会。

姚兴派齐公姚崇、镇东将军杨佛嵩进攻东晋的洛阳，洛阳城中的河南郡太守辛恭靖坚守一百多天后不敌，洛阳失陷，辛恭靖被生擒。姚兴命人把辛恭靖关押起来，后来他见机逃回了东晋。

姚兴派征西大将军陇西公姚硕德率领五千精兵前去攻打西秦，西秦乞伏乾归率军抵抗，在陇西郡扎营。乞伏乾归派武卫将军慕兀袭击后秦的补给线，后秦后勤供应断绝，姚硕德眼看就支持不住了。

姚兴亲自率军前去援救，乞伏乾归得到消息，亲率骑兵数千人，前往查探姚兴大营的虚实。可天公不作美，突然间起了一阵风暴，飞沙走石，雾气笼罩，第二天天一亮，他们竟迎头和后秦军遭遇了。乞伏乾归不敌，逃回苑川，他带来的三万六千部众全数投降了后秦。

乞伏乾归从苑川到达金城（今甘肃兰州），他垂头丧气，对各位酋长说："我才不配位，造成了今天的局面。我准备去往允吾（今甘肃永靖县），你们带领各自的人马，就地归降后秦吧。"众酋长纷纷表态道："愿誓死追随大王！"乞伏乾归流着泪说："自古无不亡之国，兴废乃命也，如果上天不亡我，复兴有期。你们多保重，咱们就此别过。"

乞伏乾归投降了南凉，但受到猜忌。为了保全家族，他留下儿子乞伏炽磐作为人质，偷偷跑去长安投降。姚兴见到乞伏乾归来降，大喜，任命乞伏乾归为都督河南诸军事、河州刺史，封归义侯。

西秦到此告一段落，不过几年后，它又复国了。

不久，姚兴命乞伏乾归返回故都苑川据守，把之前投降来的他的部下全部拨付给了他。乞伏乾归回到苑川后，任命边芮为长史，王松寿为司马，原来的公卿和将帅等统统降格。

姚兴又派姚硕德征讨南凉、后凉、西凉和北凉，取得一系列胜利，这几个国家都纷纷派使节向姚兴进贡。

元兴元年（402）二月，姚兴立长子姚泓为太子。姚泓，字元子，年十五岁，性情温顺，为人谦和，博学多才，喜欢清谈咏诗，但他性格懦弱，优柔寡断，身体多病。姚兴一直想立他为太子，只是做不了决定，这次，他终于下定了决心。

姚兴又打起了北魏的主意。六月，他命尚书令姚晃辅佐太子留守长安，然后命义阳公姚平、右仆射狄伯支率四万大军，对北魏发起攻击，他亲自率军作为后援。姚平率军对乾壁发动进攻，经过六十多天的苦战，终于攻克。

拓跋珪得到后秦进攻的消息，大为震怒，派毗陵王拓跋顺和豫州刺史长孙肥率领六万骑兵作为前锋，然后亲率大军殿后，迎击后秦军。

拓跋珪率军抵达永安（今山西霍州），姚平派猛将带领两百精骑前去窥探虚实，结果被长孙肥发现，两军直接开打，后秦两百多人全部被俘。姚平恐惧，率军撤退，拓跋珪率军紧追。八月九日，姚平逃入柴壁，北魏军把城池包围得水泄不通。姚兴亲自率领四万七千人的大军前去救援姚平，准备占据汾水西的天渡，往柴壁运粮。拓跋珪命令修筑一道长墙，既能防止姚平突围，又能防止姚兴进攻。广武将军安同建议在汾水上搭建浮桥，运送大部队到西岸，在那里修筑围墙，抵抗后秦，拓跋珪同意了。

姚兴抵达蒲阪，但他惧怕北魏军，犹豫了很长一段时间才决定继续前进。八月二十八日，拓跋珪和姚兴遭遇，姚兴军不敌，被杀死一千多人，姚兴率军后撤四十多里。之后率军渡过汾水，在西岸驻扎。他命人砍伐树木，然后投入水中，希望能借助水流的力量，用树木冲断北魏的浮桥，但这些树木都被北魏士兵打捞了上来，被他们用来劈柴做饭了。

十月，柴壁城内弹尽粮绝，入夜，姚平率军向城西南突围，姚兴也列阵呐喊助威，虚张声势。但北魏军的包围很牢固，姚平一看无法冲出包围圈，第一个跳入了汾水自杀，很多部下也跟着纷纷跳河。拓跋珪派会水的士兵把他们打捞上岸，生擒了狄伯支、越骑校尉唐小方等四十多名将领。留在岸上的两万多人看跳水也不行，便束手就擒了。

姚兴尝到了失败的滋味，只能眼睁睁看着自己的部队覆灭，不由得痛哭失声，将士们也跟着哭了起来，一时间哭声震天。姚兴几次派人向拓跋珪求和，拓跋珪不同意。碰巧柔然进攻北魏，拓跋珪于是撤军。

后秦灭后凉

隆安三年十二月（400），已经六十四岁的后凉天王吕光卧病在床，经过医治病情仍然不见好转，且越来越重。他预感自己时日无多，便命太子吕绍接任天王之职，自己号称太上皇，又任命太原公吕纂（吕光的庶长子）为太尉，常山公吕弘（吕绍的兄长）为司徒。当天，吕光去世。

吕弘秘密派尚书姜纪劝吕纂道："哥哥威名远播，应该多考虑一下社稷百姓，不可拘泥小节。"此话正投吕纂心意，他点头同意。就在当天夜里，吕纂带领几百名精壮士兵翻越姑臧北城，进攻皇城的广夏门。吕弘也带人用斧头砍开了皇城的洪范门，左卫将军齐从拔出佩剑对着吕纂迎面就砍，吕纂前额受伤，但随即齐从就被生擒。吕纂欣赏他的忠诚，说："真是忠义的好汉，不要杀他！"

吕绍派遣虎贲中郎将吕开率领禁卫军在端门迎战，吕超也率两千士兵赶到。慑于吕纂的声威，禁卫军和吕超的人马不战自溃，吕纂遂进入城中，登上了谦光殿。吕绍自杀，吕超逃奔广武。

吕纂登上了天王位，文武百官没人敢质疑，纷纷表示拥护。吕纂任命吕弘为大都督、督中外诸军事、大司马、车骑大将军、司隶校尉、录尚书事，改封番禾郡公。

吕纂的叔叔征东将军吕方当时镇守广武，吕纂派人对他说："吕超忠勇，值得赞扬，请他以大局为重，如果他能回心转意，我们将冰释前嫌。"吕方把吕纂的意思传达给了吕超，吕超向吕纂表达歉意，吕纂恢复了他的爵位。

不久吕纂和吕弘也反目了，吕弘率军攻打吕纂，但被击退。吕弘准备投奔南凉，正好路过广武，就去看望叔叔吕方。吕方知道如果放走吕弘，自己全家就得被灭，他哭着对吕弘说："天下之大，你却偏偏到了我这里。"他命人把吕弘押到监牢，派人给吕纂送信，吕纂派勇士康龙前来。康龙到广武后，把吕弘的胸骨打碎，用残酷的方式处死了他。

吕纂立妃子杨氏为皇后，任命岳父杨桓为尚书左仆射、凉都尹。

隆安四年（400）三月，吕纂率军进攻南凉。前一年，南凉武威王秃发乌孤因为醉酒跌落马下，摔伤了肋骨，不治去世，他的弟弟秃发利鹿孤继位，把首府迁到了西平（今青海西宁）。秃发利鹿孤派弟弟秃发傉檀率军抵抗吕纂，秃发傉檀是员猛将，把后凉军打得大败，杀死后凉军两千多人。

吕纂又准备进攻北凉，尚书姜纪劝他道："如果秃发利鹿孤趁机进攻我们的京师，那该怎么办？"吕纂不听，还是率军包围了张掖。秃发傉檀得到消息，果然率一万骑兵袭击姑臧，吕纂的弟弟陇西公吕纬坚守城池，秃发傉檀无法攻破，抢夺八千多户人家后离去。吕纂得到姑臧被围的消息，回师救援。

吕方担心自身的安全，出广武城，投降后秦而去。

吕纂嗜酒，喜欢打猎，太常杨颖经常劝他，虽然吕纂也表示羞愧，但始终不能改正。

隆安五年（401）二月，吕超擅自攻打鲜卑酋长思盘，思盘派弟弟乞珍向吕纂告状，吕纂想调节他们之间的矛盾，就命他们同到京师来。吕超害怕遭遇不测，到了姑臧之后，用大量金银财宝贿赂殿中监杜尚，让他帮助自己，杜尚见到财宝眉开眼笑，当即应承下来。

吕纂招吕超来喝酒，酒醉后想要回宫时，吕超突然拔出剑刺杀吕纂。吕纂的酒被吓醒了一半，他赤手空拳和吕超搏斗，不敌，胸口被吕超刺穿，左右卫士上来护驾，也被吕超杀死。吕纂的杨皇后得到消息急忙赶来，命令禁卫军杀死吕超，但殿中监杜尚不允许他们出手，这帮禁卫军就真的在一旁袖手旁观起来。这时候，将军魏益多从外面进来，顺手砍下吕纂的人头。

吕纂的叔叔吕佗、弟弟吕纬此时都在北城，吕佗准备起兵攻打吕超，他夫人梁氏劝他，说吕超和吕纬都是侄子，应该不偏不向，你自己也一把年纪了，别站错了队伍。吕佗于是便持中立态度，不再想为吕纂报仇了。吕超的弟弟吕邈和吕纬亲近，他把吕纬骗进皇城，吕纬当即就被吕超处死。

吕超把位置让给了哥哥吕隆，于是吕隆登上了天王宝座，任命吕超为都督中外诸军事、辅国大将军、录尚书事，封安定公。杨皇后貌美如花，吕超准备把她据为己有，杨皇后选择了自杀。杨皇后的父亲杨桓投奔南凉，秃发利鹿孤任命他为左司马。

吕隆之前名声并不响亮，现在突然登上宝座，怕人心不服，就大肆屠杀豪门，想要重塑朝廷，建立自己执政的班底。姚硕德看到有机可乘，在征得姚兴同意后，率领六万兵马，向后凉发起攻击，归义侯乞伏乾归也率七千人同行。

隆安五年（401）七月，姚硕德率军渡过黄河，抵达姑臧城外，吕隆派吕超和吕邈迎敌。两军交战，后凉大败，吕邈被活捉，后凉损失万名将士。吕隆登上城楼，为官兵鼓劲打气，可这时候，吕佗却率领自己属下的两万五千多人投降了后秦。尚书姜纪也来投降后秦，姚硕德配给他两千兵士，让他防守晏然。

姚硕德包围姑臧两个多月，城内人心思变，魏益多密谋杀死吕隆和吕超，但消息泄露，他及同党三百多人被诛灭。

吕超看到姑臧硬撑不了几天了，就对吕隆说："就目前的形势来看，即使张良、陈平在世，也挽救不了败局。权宜之计，我们不如暂时屈服，向后秦投降，以图来日。"吕隆一想，确实也没有别的好办法，便同意了吕超的意见。

九月，吕隆派使者到姚硕德大营投降，姚硕德推荐吕隆任镇西大将军、凉州刺史，封建康公。吕隆又把自己的侄儿和元老慕容筑、杨颖等五十多家送到长安作为人质。姚硕德班师回朝。

姚硕德一走，吕超就率军进攻晏然，但无法攻克。吕超又去进攻叛将焦朗占据的魏安，焦朗派侄儿焦嵩到南凉做人质，请求援兵，秃发利鹿孤遂派车骑将军秃发傉檀救援魏安，吕超退走，秃发傉檀在胡阮安营扎寨。

吕超派中垒将军王集率两千精壮士兵趁夜袭击秃发傉檀的大营，不想正中埋伏，包括王集在内的三百多人被杀。吕隆假装和解，秃发傉檀派秃发俱延作为代表入城谈判，吕超突然发动袭击，秃发俱延拼死逃出。秃发傉檀暴怒，攻打后凉昌松郡太守孟祎驻守的显美，顺利攻克，抓获了孟祎。秃发傉檀劝他归降，孟祎誓死不降，秃发傉檀就释放了他，然后裹挟两千多户人家班师。

姑臧严重缺粮，一斗米竟然卖到了五千钱，就这样还买不到。城中开始出现了人吃人的情况，被饿死的有十几万人。吕隆命令紧闭城门，防止敌人进攻，有的百姓实在饿得受不了了，就请求出城去给人做牛做马，换口饭吃，吕隆认为他们有损国体，竟命人把他们活埋了。

元兴元年（402）二月，北凉王沮渠蒙逊率军攻打姑臧。前一年四月，北凉王段业杀死了辅国将军沮渠男成，沮渠男成的弟弟沮渠蒙逊力斩段业，登上了王位。

吕隆派人向南凉王秃发利鹿孤求援，秃发利鹿孤派秃发傉檀率一万精骑前去，但人马还在路上的时候，沮渠蒙逊就已经被吕隆给打败了。沮渠蒙逊和吕隆结盟，留下一万多斛粮食后回去了。秃发傉檀走到半路，想想不能白来这一趟，于是就掳掠了后凉五百多户人家，然后才返回。

三月，秃发利鹿孤因病去世，他弟弟秃发傉檀继位，迁都乐都（今青海海东乐都区）。几个月后，秃发傉檀对姑臧发动大规模进攻。

吕隆寝食难安，刚走了沮渠蒙逊，又来了秃发傉檀，他实在支撑不下去了，决定投降后秦，请后秦派军队过来接自己。姚兴得到报告，大喜过望，派尚书左仆射齐难、镇西将军姚诘、左贤王乞伏乾归和镇远将军赵曜等率四万大军，前往河西走廊迎接吕隆。秃发傉檀慑于后秦的威力，让出了一条道路，让后秦军队通过。

元兴二年（403）八月，齐难等人到达姑臧。吕隆乘坐白马驾驶的简易车辆，率领文武百官，早早在路旁等候。齐难下了马，拉着吕隆的手安慰了一番，然后进城。齐难命他的司马王尚代为凉州刺史，配给他三千兵马，让他镇守姑臧，然后把吕隆的整个家族、官员及部分豪族共一万多户统统迁到了长安。姚兴任命吕隆为散骑常侍，吕超为安定郡太守，其他后凉官员也各有任用。

至此，五胡十六国中的后凉灭亡，共立国十八年，历任四位国君，是为吕光、吕绍、吕纂和吕隆。

桓玄篡位

当初，荆州刺史殷仲堪、江州刺史桓玄和雍州刺史杨佺期虽然缔结了盟约，但彼此间的关系十分脆弱，各怀心事。殷仲堪和杨佺期结成亲家，联合制约桓玄。朝廷为了分化他们，加任桓玄为都督荆州四郡军事，又让桓玄的哥哥桓伟顶替了杨佺期的哥哥杨广的位置，做了南蛮校尉。杨佺期压不住火，要起兵攻打桓玄，被殷仲堪制止了。

不久，荆州发大水，殷仲堪为人宅心仁厚，命令打开官仓，赈济灾民，这本是好意，但造成了仓库的空虚。桓玄得到消息，对殷仲堪发起大规模进攻，殷仲堪不敌，向杨佺期求救，杨佺期率军前来救援，结果被桓玄打败，杨佺期和杨广被杀。殷仲堪恐惧，准备逃往后秦，但被桓玄的人马追上，被逼自杀。

桓玄消灭了殷仲堪和杨佺期后声威大震，他向朝廷上书，要求统管江州和荆州，朝廷任命桓玄为都督荆、司、雍、秦、梁、益、宁七州诸军事，兼荆州刺史，任命中护军桓修为江州刺史。桓玄坚持要管理江州，朝廷又加任桓玄为都督江州及扬州、豫州等八郡诸军事，兼江州刺史。桓玄建议任命哥哥桓伟为雍州刺史，朝廷批准。桓玄又任命侄儿桓振为淮南太守。桓玄统管了东晋近三分之二的地盘，他野心勃勃，不把朝廷放在眼里。

司马元显接受谋士张法顺的建议，准备趁桓玄在荆州立足未稳时讨伐他。元兴元年（402）正月一日，东晋朝廷下诏，公布桓玄的种种罪状，任命尚书令司马元显为骠骑大将军、征讨大都督、都督十八州诸军事、假黄钺，镇北将军兼兖、青二州刺史刘牢之为前锋都督，前将军谯王司马尚之为后卫，共同讨伐桓玄。

桓玄针锋相对，也公布了司马元显的各种罪名，顺长江东下，起兵讨伐司马元显。司马元显害怕桓玄，迟迟不肯出发。

二月二十八日，桓玄率军抵达姑孰（今安徽当涂县），武都郡太守杨秋临阵投降桓玄，谯王司马尚之大败，被生擒。

前锋刘牢之这时候思想上斗争激烈，他素来讨厌司马元显专横，怕消灭了桓玄后，司马元显更加不可一世，同时又怕消灭桓玄后，自己功高被嫉恨。他还准备借桓玄之手铲除朝中权臣，然后自己再起兵消灭桓玄，掌握朝中大权，所以他对讨伐桓玄一事并不尽心。

刘牢之率军到溧州驻扎，参军刘裕请命，要求进攻桓玄，刘牢之不准。桓玄派刘牢之的堂舅何穆游说刘牢之道："兔死狗烹，越国的文种、秦国的白起、汉朝的韩信都没有落下好下场。如果您能改变心意，支持桓玄将军，他可以确保您的荣华富贵。"刘牢之听从了何穆的劝告，与桓玄之间建立了联系。刘牢之的儿子刘敬宣、外甥何无忌和刘裕一起劝他讨伐桓玄，刘牢之不听，说："你们说的道理我都知道，消灭桓玄也易如反掌，问题是消灭了他之后，我怎么对付司马元显？"刘牢之派刘敬宣去投降桓玄，桓玄任命刘敬宣为咨议参军。

司马元显已经登上战船准备出发了，听说桓玄的军队已经到达新亭，便立即弃船，到宣阳门列阵。这时候，桓玄的先头敢死队已经到了城外，他们高声喊喝："放下武器，饶尔等不死！"司马元显的属下本来就被吓破了胆。桓玄是谁？那可是桓温的儿子，老子英雄儿好汉！他们惧怕桓玄的名头，无心恋战，纷纷丢下武器逃窜。司马元显成了孤家寡人，骑马找他父亲司马道子去了，他的谋士张法顺还不错，没有抛弃他，在后面紧跟着。司马道子这时候也是六神无主，父子两人抱头痛哭。

桓玄生擒了这对父子，派毛泰把司马元显押到新亭，把他绑到船头，指着他数落个没完，司马元显这时候还想找替罪羊，坚持说自己是被属下迷惑了。

三月四日，桓玄进入京师建康，朝廷任命他为都督中外诸军事、丞相、录尚书事、扬州牧，兼任徐、荆、江三州刺史，假黄钺——反正这时候朝廷也是桓玄的了，他随便想当什么就当什么吧，没人反对。桓玄任命桓伟为荆州刺史，桓谦为尚书左仆射，桓修为徐、兖二州刺史，桓石生为江州刺史，卞范之（桓玄手下的重要谋士）为丹阳尹，王谧（王导的孙子，曾经救过刘裕的命）为中书令。

司马道子已经严重酒精中毒，几乎成了一个废人，桓玄放他一条生路，把他贬到安成郡，但斩了司马元显和他的儿子司马彦璋，以及庾楷、张法顺、毛泰等人。

桓玄任命刘牢之为征东将军、会稽太守，这其实是把刘牢之调离了大本营。刘牢之叹息道："这才刚刚开始，就要夺取我的兵马，看来大祸就要临头了。"刘敬宣从京师回到京口，劝刘牢之起兵攻打桓玄，刘牢之犹豫不决，只是把部队前移到了班渎。

刘牢之问刘裕道："我想和驻守广陵的高雅之合兵一处，起兵讨伐桓玄，你认为怎么样？"刘裕皱皱眉，回答道："将军当时拥有几万精兵，却投靠了桓玄，如今桓玄有天子在手，我们又怎么能成功？我要恢复百姓身份，回京口去了，将军保重。"

何无忌问刘裕道："我该怎么办？"刘裕回答道："你舅舅在劫难逃，你随我回京口去吧，我们回头再想办法对付桓玄。"

刘牢之召集将军、幕僚开会，宣布让大家准备进攻桓玄。参军刘袭说："您反王恭，反司马元显，又反桓玄，谁还敢相信您，跟随您呢？"说完后就大步流星走了出去，其他人也大都走出了大门。

刘牢之让刘敬宣去京口接家眷，但刘敬宣不知道怎么就耽搁了，到了约定日期刘敬宣还没有到，刘牢之以为事情已经泄露，家眷已经被杀，就带领数人向北逃走。到了新洲后，刘牢之思来想去，精神恍惚想不开，找了个地方上吊自杀了。不多久，刘敬宣带着家眷赶到，见父亲不在，也不敢停留，投奔广陵而去。刘牢之的部属把他的尸首装殓起来，送回老家丹徒。桓玄得到消息，下令劈开棺木，把刘牢之的人头砍下，把尸体扔到大街上，任由百姓参观。一代名将竟落得如此下场！

桓玄改任太尉、都督中外诸军事、扬州牧、豫州刺史，总领百官。四月，桓玄学起了他的父亲桓温，出京师到姑孰驻扎，但朝中大事还是要向他请示以后才能施行，小事则由尚书令桓谦和丹阳尹卞范之商量决定。

桓玄又杀死了吴兴太守高素、将军竺谦之以及竺谦之的堂兄竺朗之、刘袭和刘袭的弟弟刘季武，这些人过去都是北府军的将领，是刘牢之的部将。刘袭的哥哥冀州刺史刘轨邀请司马休之、刘敬宣、高雅之等人讨伐桓玄，但屡次战败，刘轨、司马休之、刘敬宣等人投降了南燕，袁虔之、刘寿、高长庆、郭恭等人投降了后秦。

桓玄派御史杜林到安成郡毒死了司马道子（年三十九）。

桓玄命堂兄桓修以抚军将军的身份镇守丹徒，任命刘裕为抚军中兵参军。这时候，孙恩的妹夫卢循又带人来攻打东阳郡，刘裕率军迎击，卢循败退永嘉郡。

元兴二年（403）二月，朝廷任命桓玄为大司马。桓玄越发跋扈，又斩冀州刺史孙无终——孙无终也为刘牢之手下大将，北府军的昔日将领。荆州刺史桓伟去世，桓玄任命桓石康（桓温三弟桓豁的儿子）为荆州刺史。

侍中殷仲文和散骑常侍卞范之秘密撰写了加九锡和禅让的诏书，劝桓玄早登大位，桓玄同意了。九月十六日，司马德宗下诏，任命桓玄为相国，总领文武百官，封楚王，采邑十个郡，加九锡。

桓谦问刘裕道："楚王功高盖世，朝廷应该举行禅让大典，你怎么看？"刘裕想让他们自己作死，就说："楚王是南郡公的儿子，民心所向，没什么不行的。"桓谦大喜道："你说行，那就行。"

因为民间有"湖水干枯天下乱，湖水满盈天下平"的说法，桓玄的人就造谣说钱塘临平湖满盈了，又说江州降下了甘露，其实是在为桓玄的篡位制造声势。因为之前改朝换代大都有隐士出现，桓玄也不想例外，就命人在境内遍寻高士，终于找到了西晋时期的隐士皇甫谧（前文讲过的针灸鼻祖）的第六世孙皇甫希之。桓玄给他重金，让他隐居到山中，然后再让朝廷派人去请。皇甫希之故作推辞，被反复请了几次，终于出山，朝廷就下诏称皇甫希之为"高士"。

十一月二十一日，司马德宗命人宣读禅让诏书，派太保兼司徒王谧把传国玉玺进献给了楚王桓玄。司马德宗生活都不能自理，自然安排不来这些事，这都是桓玄背后的指使。司马德宗搬出皇宫，到永安宫居住。

十二月一日，桓玄命人在姑孰南边的九井山修筑高台，工程进度很快，三日高台建成，桓玄登上高台，正式登基称帝，完成了他父亲桓温想干但没有干成的事。他尊父亲桓温为宣武皇帝，尊他母亲司马兴男为宣皇后，封刘氏为皇后，然后封司马德宗为平固王，司马德文为石阳县公。

十二月九日，文武百官簇拥着桓玄进入建康。登上了皇帝宝座，桓玄非常高兴，不自觉地用力往宝座上一坐，座位竟然陷了下去。文武百官顿时大惊失色，还是殷仲文反应快，他朗声道："陛下德行深厚，连大地都难以承载！"桓玄一听，大喜，这个插曲就这么化解过去了。

十二月二十二日，桓玄把司马德宗迁到了寻阳。

刘裕灭桓玄

刘裕随徐、兖二州刺史安成王桓修入朝拜见桓玄，桓玄对刘裕优待有加，多次招待刘裕，还赐给他很多金银财宝。刘皇后见到了刘裕，劝桓玄道："刘裕龙行虎步，双目炯炯有神，不会久居人下，恐怕会成为祸患，不如尽早把他除掉。"桓玄摇摇头，说："皇后此言差矣，我正要利用刘裕帮我平定中原，怎么能现在就把他杀了呢？等到中原平定，再议此事。"

桓玄任命桓弘为青州刺史，镇守广陵；刁逵为豫州刺史，镇守历阳。这个刁逵就是那个差点把刘裕打死的人，因为他是士族出身，现在也被桓玄重用了。

刘裕和刘牢之的外甥何无忌同船返回京口，在船上他们就开始谋划推翻桓玄了。咨议参军刘迈的弟弟刘毅住在京口，他和何无忌相识多年，也胸怀大志，跟他商量怎么讨伐桓玄。何无忌问道："桓家势大，我们该怎么办？"刘毅说："事物的强弱是不断变化的，只要我们找到强有力的领导者，就能成事！"何无忌说："草莽之中隐藏着无数英雄豪杰。"刘毅说："我看只有刘裕行。"两个人相视哈哈大笑。何无忌回去把这个消息告诉了刘裕，三个人于是结成同盟，然后又秘密联络了数人。

元兴三年（404）二月，刘裕、刘毅、何无忌、王元德、王仲德、孟昶、刘道规（刘裕的弟弟）、魏咏之、檀凭之、诸葛长民、辛扈兴、童厚之秘密联络，准备一同起兵攻打桓玄。刘道规是青州刺史桓弘的中兵参军，刘裕便安排他和刘毅、孟昶袭杀桓弘，占据广陵；诸葛长民是刁逵的参军，刘裕命他袭杀刁逵，占据历阳；王元德、辛扈兴和童厚之在建康，刘裕命他们作为内应，见机行事。他们约定好日期，一起行动。

孟昶的妻子周氏是富家之女，她捐出全部家产，亲手缝制战袍支持丈夫。何无忌的母亲刘氏也不断鼓励儿子，让他满怀信心。

二月二十八日，刘裕和何无忌袭杀桓修，砍下他的人头示众。桓修的司马刁弘带人前来，情势顿时紧张起来。刘裕谎称接到江州刺史郭昶之的传话，皇帝司马德宗命他诛杀叛徒，刁弘相信了，带人离开。

刘裕问何无忌道："我们现在急需一个主簿（文字秘书），从哪里找？"何无忌回答道："最佳人选就是刘穆之。"

刘穆之，字道和，小字道民，家里世代都在京口居住。他饱读诗书，博闻强识，但家庭贫苦，不修边幅，好吃好喝。后来刘穆之娶了京口大族江家的女儿，便经常到大舅哥家混吃混喝，常遭人白眼，但他满不在乎。他老婆江氏觉得丢人，多次提醒他不要再去，但他依旧我行我素。有一次，江家大宴宾客，江氏特别嘱咐他不让他去，但刘穆之还是去了，酒足饭饱之后还要求吃槟榔，江家兄弟嘲笑他道："槟榔是消食用的，你经常吃不饱，还吃这个做什么？"刘穆之感觉受到了侮辱，他这次是真生气了，从此再也不去江家。刘穆之发达以后记起这个事，便大摆宴席宴请江家兄弟，吃过饭后，专门安排后厨用金盘子端上来一斛的槟榔给他们吃，这是后话。

何无忌提到了刘穆之，刘裕说："我认识他。"便立即命人带信去请。当时大街上人声嘈杂，刘穆之到大街上想看看发生了什么，正好遇到送信的人。他见信后，呆立良久，然后转身回家，把家里的破布撕了，绑到腿上来见刘裕。刘裕问刘穆之道："我们刚刚起事，需要一位主簿，您看谁合适？"刘穆之回答道："没有比我更合适的了。"刘裕哈哈大笑，说："那就委屈您了。"

刘裕派周安穆去争取刘迈，刘迈举棋不定，周安穆怕事情有变，提前溜了。刘迈最后选择了去报告桓玄，桓玄大怒，杀死了王元德、辛扈兴、童厚之，并把刘迈也一起杀了。

众人公推刘裕为盟主，让他总督徐州事务。刘裕以孟昶为长史镇守京口，以檀凭之为司马、朱龄石为参军，然后命刘钟统领彭城来投军的人。

二月二十九日，刘裕率领一千七百人进驻竹里。桓玄命扬州刺史新野王桓谦为征讨都督，派吴甫之、皇甫敷向京口进军。三月一日，刘裕率军和吴甫之的部队在江乘开战，刘裕一马当先，手舞大刀，大声呐喊，冲向吴甫之。吴甫之也是一员猛将，但在刘裕面前没走几个回合就被斩于马下，楚军大败。刘裕率军前进，到达罗落桥。

楚将皇甫敷威猛，他率领数千人迎战刘裕，刘裕军渐渐不敌，檀凭之战死。皇甫敷把刘裕逼到一棵大树下，刘裕背靠大树，力劈数人，但好汉难敌四手，楚军围上来的人越来越多。皇甫敷用大戟指着刘裕大声问道："你想要个什么样的死法？"刘裕怒目圆睁，大呼道："小子，你过来试试！"皇甫敷被震住了，不敢上前。正在这时，刘裕的援军赶到，他们急忙搭弓放箭。箭似流星，皇甫敷前额中箭，跌落马下，刘裕一个箭步扑到他面前，举刀要砍。皇甫敷说："老天助你，我今把子孙托付给你了。"刘裕并不搭话，手起刀落，皇甫敷人头落地，他的部众也纷纷逃散。刘裕后来对皇甫敷的后代照顾有加。此战过后，刘裕把檀凭之的部队交给他的侄子檀祗率领。

桓玄得到己方两位悍将被杀的消息，顿时魂飞魄散，六神无主，他问群臣道："难道朕要失败了吗？"群臣也无法回答。桓玄派桓谦及游击将军何澹之防守东陵，派卞范之防守覆舟山西，合计两万人。

三月二日，刘裕让军队饱餐一顿后，下令把粮食抛弃，想吃饭就进城吃。刘裕率军向东陵发起攻击，他身先士卒，挥舞大刀冲锋在前，将士们紧随其后。他们喊杀声震天，个个以一当百，楚军不敌，桓谦大败。

桓玄之前已经准备好了退路。他命殷仲文暗中备好船只，待前线战败的消息传来，他便带着儿子桓昇、侄子桓浚找到殷仲文，一起登上船只，逆流南下。

刘裕率军进入建康，命刘钟接掌东府。三月三日，刘裕移驻石头城，派尚书王嘏率文武官员到寻阳去接司马德宗。三月五日，司徒王谧率众推举刘裕为都督扬、徐、兖、豫、青、冀、幽、并八州诸军事，兼徐州刺史，使持节。跟随刘裕起兵的刘毅为青州刺史，何无忌为琅琊内史（太守），孟昶为丹阳尹，刘道规为义昌郡太守。刘裕把日常事务都交给刘穆之处理，刘穆之处理得井井有条，大家都非常满意。众臣认为王谧之前亲自解下司马德宗身上的玉佩交给桓玄，应该处死，但当年王谧救过刘裕的命，刘裕力保王谧，让他继续做司徒。

刘裕派诸葛长民去袭杀豫州刺史刁逵，诸葛长民失手被擒，刁逵把他押上囚车送往建康，桓玄出逃后，押车的士兵把诸葛长民放走了。刁逵弃城逃走，被部下生擒，押往建康，送到了刘裕面前，刘裕下令把刁逵全族处斩，只放过了他最小的弟弟刁聘。刁逵的儿子刁雍被他的部下藏了起来，躲过了一劫，后被送往后秦。刘裕灭了刁逵，报了当年的一箭之仇。

桓玄逃到了寻阳，郭昶之给他补充了兵卒和军需物资。桓玄挟持着司马德宗往西跑，刘毅率何无忌和刘道规追赶。四月三日，桓玄一行到达江陵，荆州刺史桓石康过来迎接，桓玄重新任命文武百官。

何无忌和刘道规率军打败了寻阳守将何澹之，占领城池，在这里休整之后继续西上。

桓家在荆州根深蒂固，桓玄短时间内聚拢了数万人，又重拾了信心，挟持司马德宗东征，准备收复建康。两军在峥嵘洲（位于今湖北鄂州）相遇。刘道规不畏强敌，率先冲锋，刘毅等紧随其后，他们斗志昂扬，奋力拼杀，桓玄不敌，带着司马德宗乘船逃走。到达江陵后，桓玄已经众叛亲离，这时候益州刺史毛璩派人送信给桓玄，引诱他到巴蜀，桓玄果然撇下司马德宗，往巴蜀逃去。

桓玄走到枚回洲（今湖北荆州市荆州区故江陵县城西长江中）的时候，恰好遇到了毛璩的侄孙毛祐之和参军费恬，他们立即命人向桓玄的船只放箭，桓玄的人马纷纷中箭倒下，益州督护冯迁跳上桓玄船只，力斩桓玄。桓玄死时三十六岁，做皇帝不到一年。他们把桓玄的人头和桓玄的儿子桓昇送到建康，桓昇被绑到闹市斩首，桓玄的人头则被挂在朱雀桥上示众。后刘毅又率军消灭了桓玄的残余势力。

元兴四年（405）三月十三日，刘毅护送司马德宗到达建康。朝廷下诏，任命司马德文为大司马，刘裕为侍中、车骑将军、都督中外诸军事，兼徐、兖二州刺史；刘毅为左将军；何无忌为右将军、豫州刺史，兼督豫州、扬州五郡诸军事；刘道规为辅国将军、督淮北诸军事、并州刺史。

刘裕坚决拒绝了朝廷的封赏，要求返回京口。朝廷再三挽留，但刘裕去意已决，没办法，朝廷改任刘裕为都督荆、司等十六州诸军事，兼兖州刺史，镇守京口。

慕容超登基

　　南燕慕容德的母亲公孙氏和哥哥慕容纳之前都在长安居留，慕容德派人前去寻找，但没有找到。元兴二年（403）四月，慕容德昔日的部下赵融从长安过来投靠，告诉了慕容德他的母亲公孙氏和哥哥慕容纳已经去世的消息。慕容德痛哭流涕，难过得一口鲜血喷出，病倒在床。

　　当年，慕容德跟随慕容恪投降了前秦，慕容德被任命为张掖郡太守，他的母亲公孙氏和他的哥哥慕容纳也跟随他住在张掖。之后，慕容德跟随苻坚参加淝水之战，慕容德知道这一去不知道什么时候才能回来，因此留下一把金刀作为信物，然后和母亲、哥哥挥泪分别。淝水之战后，慕容垂和慕容德反后秦，建立了后燕，这时候的张掖郡太守苻昌就把慕容纳和慕容德的所有儿子都抓起来杀了。公孙氏因为年纪太大，免于处死，改为羁押监牢。慕容纳的妻子段氏当时怀有身孕，也被羁押起来，待她生下孩子后再予处斩。

　　也是他们命不该绝，看守监狱的呼延平是慕容德的老部下，当年他犯了死罪，是慕容德宽赦了他，这时候他觉得报恩的机会来了，于是买通其他看守，把公孙氏和段氏救出监狱，逃到了西部羌人的地方，段氏在那里生下了儿子慕容超。慕容超长到十岁的时候，公孙氏年老生病，预感自己将不久于人世，就把他叫到床前，拉着他的手嘱咐道："我现在把这把金刀交给你，日后你有一天回到东方，这就是你和叔叔相认的信物。"

　　慕容超含泪接下。不久，公孙氏去世，呼延平又带着慕容超娘俩去投靠后凉。后凉被后秦所灭，慕容超他们跟着后凉百姓一起被强制迁到了长安。之后，呼延平去世，段氏就为儿子慕容超迎娶了呼延平的女儿为妻。

　　成人后的慕容超身高八尺，腰带九围，神采奕奕，他在后秦唯恐自己的身份泄露，成为人质，于是装疯卖傻，天天穿得破破烂烂，衣不蔽体，在长安沿街乞讨。后秦的官员见到他都躲得远远的，只有东平公姚绍看到他后，觉得这个乞丐不一样。他对姚兴说："慕容超这小子看起来体格健壮，腰板结实，怕他是装疯吧？请陛下赐给他一个小官职，让他有事做，本分地待在长安。"于是姚兴特意召见了慕容超，和他交谈，测试他，慕容超故意回答得牛头不对马嘴，错误百出，姚兴不耐烦了，把他打发了出去。

慕容德后来没有再生下儿子，如今他已经年迈，皇位的继承问题摆在了他的面前，他又派出多人到长安，打听是否还有自己的亲人在世。功夫不负有心人，有从长安回来的人说，慕容纳的儿子慕容超目前还在人世。慕容德大喜，派吴辨前去迎接。吴辨有个老乡叫宗正谦，在长安走街串巷，以替人占卜算卦为生，吴辨不方便亲自露面，便通过宗正谦和慕容超取得了联系。

事关重大，慕容超也没敢回家告辞，就跟宗正谦逃回了南燕。到达兖州时，兖州刺史慕容法对慕容超的身份存疑，对慕容超多有怠慢，从此慕容超就把这笔账记下了。慕容德得到回禀，说慕容超已经进入后燕境内，十分兴奋，派三百名骑兵前去迎接。慕容超终于到了广固，他叩拜叔叔，把金刀呈给了慕容德。慕容德一看这把刀正是自己当年留下的，已经七十岁的他抚今追昔，百感交集，老泪纵横，一把将慕容超抱在了怀中，失声痛哭。慕容德任命慕容超为侍中、骠骑大将军、司隶校尉、开府，封北海王，并选择当朝的能人辅佐慕容超，把他作为接班人培养。

义熙元年（405）九月的一天，慕容德在东阳大殿召见文武百官，讨论立慕容超为太子的事情，正在这时突然发生了地震，大殿出现了摇动，大臣们惊慌失措，四散奔逃，慕容德也被护送出大殿。当天夜里，慕容德病重，他双目紧闭，嘴里喘着气，段皇后来到了他的身边，趴在他耳朵边大声问道："我马上命中书省起草诏书，立慕容超为太子，行吗？"慕容德的眼皮抬了抬，微微点点头。段皇后遂招来中书令，命他书写诏书，立慕容超为太子。不一会儿，慕容德便去世了，年七十岁，在位六年。按照慕容德生前的遗嘱，就在这天深夜，多人抬着十多口棺材从广固的各个城门出城，把棺材埋在了山谷之中，没人知道究竟哪一口棺材里躺的是慕容德，抬棺之人后来也被杀死。

慕容超继位登基，尊段后为皇太后。他任命北地王慕容钟为都督中外诸军事、录尚书事；慕容法为征南大将军，兼都督徐、兖、扬、南兖四州诸军事；加封慕容镇为开府仪同三司。另外，任命封孚为太尉，鞠仲为司空，封嵩为尚书左仆射。

公孙五楼是慕容超从长安带过来的亲信，他放眼朝廷，觉得只有公孙五楼最值得信任，因此依旧把他当作心腹，其他重臣反而受到排斥。北地王慕容钟、段宏等人为此感到失落和不安，想避避风头，便请求到外地任职，慕容超也嫌他们碍手碍脚，于是顺势任命慕容钟为青州牧，段宏为徐州刺史，然后他又任命公孙五楼为武卫将军，领屯骑校尉。

后燕灭亡

苻谟死于后燕内乱，他留下了两个女儿，分别叫苻娀娥和苻训英。苻氏姐妹花容月貌，身材高挑，皮肤洁白，能歌善舞，远近闻名。隆安六年（402），后燕皇帝慕容熙把苻氏姐妹纳入后宫，封姐姐苻娀娥为贵人，妹妹苻训英为贵嫔。贵嫔仅次于皇后，比贵人位高，从这里就可以看到妹妹苻训英更受宠。慕容熙喜欢她们喜欢得不得了，和她们夜夜笙歌。苻氏姐妹喜欢奢华生活，慕容熙对她们的要求也是无不满足。

这样一来，慕容熙就冷落了他的情妇——帮他登上帝位的丁太后，丁太后对此怀恨在心，对自己当年的决定懊悔不已，于是她和侄子七兵尚书丁信一起密谋，准备废掉慕容熙，另立章武公慕容渊为帝。但消息走漏，慕容熙闻听暴怒，命人携带鸩酒，逼丁太后喝下。丁太后死后，慕容熙感念旧情，仍然用皇后的礼仪安葬了她。慕容熙还处死了慕容渊和丁信。

苻氏姐妹喜欢郊游打猎，慕容熙经常陪她们出城。隆安六年（402）十一月六日，慕容熙又陪苻氏姐妹出城打猎，在京城的石城县令高和与尚方兵在京师叛变，他们杀死了司隶校尉张显，打开军械库，将武器发给士兵，强迫他们关闭城门，不许慕容熙回城。

得到京城政变的消息，慕容熙带领部队急速杀回。慕容熙当年勇冠三军，守城的士兵一看他回来了，纷纷扔下武器，打开城门迎接他。慕容熙打马扬鞭进入龙城，下令把参与政变的核心人员统统抓起来，屠灭三族，只有高和侥幸逃脱。

为了讨好符氏姐妹，慕容熙修建龙腾苑。这座宫苑方圆十余里，为修宫殿征发的劳工多达两万人。慕容熙又在龙腾苑里修建了一座假山，叫景云山，地基广五百多步，高十七丈，还开凿了人工湖，命名曲光海。有苑有山有水，自然也得有房子，他又建造了数百间的房子，取名逍遥宫。慕容熙命士兵监工，限定工期，劳工不堪重负，中暑死亡的多达万人。

慕容熙进一步加封符训英为皇后。元兴三年（404）七月，符娀娥生病去世了，慕容熙越发珍重起符训英来，为讨她的欢心，带她无休止地出去郊游打猎，北登白鹿山，东越青岭，南达海阳城，然后返京。一路下来，护驾的卫队士兵被冻死的、被豺狼虎豹叼走的有五千多人。

义熙元年（405）正月，高句丽攻打后燕的燕郡，杀死、抢走共一百多人。慕容熙得到报告后大怒，当即决定亲征高句丽，并让皇后符训英随行。正月二十六日，后燕军攻打高句丽的辽东郡，将士们奋勇攻城，高句丽军不敌，城墙被攻破一个大豁口。就在后燕军要冲进去的时候，慕容熙下令："你们不要抢先进城，等城墙铲平之后，让朕和皇后乘坐辇车一同入内。"将士们接到命令，不敢进城了。就在这当头，高句丽军又加固了城池，增加了守备力量，慕容熙和符训英的辇车到了，可是后燕军却攻不下城池了。正好天降大雪，天寒地冻，士兵们被冻死多人，后燕军士气低落，仗没法打下去了，慕容熙命班师回京。

没有攻下高句丽的城池，慕容熙觉得在皇后符训英面前丢了脸，准备再做点什么挽回面子。义熙二年（406）正月，他带上符训英，率军向北攻打契丹部落。

契丹部落之前属于东胡，东胡被匈奴击败的时候分裂成许多部落，契丹就是其中之一。契丹部落就在今天的内蒙古西辽河上游一带生活。慕容熙率大军抵达陉北，他看到契丹部落人强马壮，将士众多，心里畏惧，准备撤军，但这时候皇后符训英却不干了，她坚持要打一仗再走。慕容熙没办法，思来想去还是觉得高句丽好欺负些，就命令士兵丢弃辎重，轻装快速行军三千多里到高句丽去。天气寒冷，人困马乏，不断有士兵、马匹被冻死。慕容熙命攻打高句丽的木底城，可是久攻不下，眼看弹尽粮绝，只得命令撤军，苻训英嘴巴撅得老高，慕容熙一路赔笑。在这次战斗中，夕阳公慕容云身中流箭，他感觉慕容熙这么折腾下去非出事不可，于是就以需要治疗箭伤为由，辞官回家歇息去了。

慕容熙命人为皇后苻训英兴建承华殿，而且要求要比承光殿高一倍。宫殿建材选用优质土石方，这些土石方从远方运来，囤积到龙城北门，运土的费用和买等量的粮食价格相当。典军杜静带棺死谏，慕容熙大怒，把他处死。

苻训英无论有什么要求，慕容熙必竭力满足，如果做不到，他就迁怒于下人。举个例子，苻训英夏天想吃冻鱼，冬天要吃生地黄，在古代这些都做不到，慕容熙就命人把主管官员拖出去斩首。

自古红颜多薄命，无论慕容熙多么疼爱、骄纵苻训英，在义熙三年（407）四月，苻训英还是走到了生命的尽头。对着苻训英的尸体，慕容熙像发疯了一样，顿足捶胸，哭天抢地，一度哭晕了过去，御医赶紧前来抢救，好大一会儿他才苏醒过来。

慕容熙竟亲自为苻训英披麻戴孝，不吃荤腥，只喝稀粥。他命令文武百官也哭吊苻训英，还派人监督，对只干号不掉眼泪的当即问罪。有的官员实在没有办法，就把辛辣的东西含在嘴里，需要哭的时候就咬碎它刺激泪腺，这样才能掉下几颗眼泪。慕容熙命自己的嫂子高阳王妃张氏殉葬，在拆开她新缝制的丧鞋的时候发现了旧毛毡，慕容熙又命她立即自杀。反正早晚都是死，张氏也就一死了之了。慕容熙命人为苻训英修建了大型陵墓，方圆数里，把府库的库藏都用光了。

七月二十六日，苻训英要下葬了，慕容熙失魂落魄。他披头散发，光着两只脚，一路哭号紧随灵车。但灵车太过高大，出不了城门，慕容熙命人拆掉了龙城的北门，灵车方才出去。

之前，中卫将军冯跋和弟弟侍御郎冯素弗都被慕容熙治罪，慕容熙准备处死他们，冯跋等人逃到深山躲藏了起来。慕容熙大搞建设，苛捐杂税不断加重，民怨沸腾，冯跋、冯素弗就和堂弟冯万泥一起密谋准备起事。他们藏在一辆车里，让一个妇女驾驶，骗过守城士兵，躲在北部司马孙护之家里等待时机。

慕容熙率文武百官出城安葬苻训英，冯跋等二十二人认为机会到了，就歃血为盟，推选和自己关系密切的高句丽皇族慕容云（高云）为盟主，准备起事。慕容云开始不肯，冯跋说："慕容熙已经天怒人怨，您出身高门，为什么要姓别人的姓呢？"连拉带扯，总算把慕容云带到众人面前。他们攻陷了监牢，释放了五千多名囚徒作为帮手。冯跋的弟弟冯乳陈率军攻打弘光门，士兵们挥舞兵器，大声喊喝，禁卫军恐惧，四散奔逃，他们得以顺利进宫，打开军械库，取出盔甲武器，严守城门。

中黄门赵洛生飞奔出城，向慕容熙报告城中剧变，慕容熙听后不以为然，说："这些个鼠辈成不了气候，我现在就回城去除掉他们！"他命人把苻训英的灵柩放置在南花园，然后绑上头发，穿上盔甲，手提兵刃，率军回来攻城。但慕容熙对形势过于乐观了，城池久攻不下，他只好到龙腾苑扎营歇息。

义熙三年（407）七月二十八日，慕容云称天王，大赦，改年号为"正始"，五胡十六国中的北燕政权正式建立了。

尚方兵褚头瞅准机会翻越城墙，前来向慕容熙禀报，说城中禁卫兵依然效忠他，请他再来攻城，他们自然会作为内应。慕容熙听到禀告后不但不兴奋，反而一反常态。他脱下龙袍，换上平民服装落荒而逃，连他的将领们都找不到他。中领军慕容拔认为先攻下城池再寻找皇帝不迟，于是率两千士兵奋力攻城，然而慕容熙一直不露面，军心动摇，怎么可能打得赢？慕容拔被斩了。

七月二十九日，躲在树林中、穿着平民衣服的慕容熙被人认出来了，他们把慕容熙押送到龙城，交给慕容云处置。慕容云历数慕容熙的罪行后，将他斩首示众。慕容熙死的时候二十三岁，在位七年。慕容熙的儿子们同时被杀。慕容云把慕容熙和苻训英葬在了一起。

至此，五胡十六国中的后燕灭亡，共立国二十四年，历任共四位国君，分别为慕容垂、慕容宝、慕容盛和慕容熙。

慕容云放弃了"慕容"这个姓氏，恢复了"高"姓，我们以后就叫他高云。

刘勃勃建胡夏

十几年前，匈奴铁弗部落的酋长刘卫辰带兵骚扰北魏，结果事情闹大了，北魏拓跋珪亲自带兵消灭了刘卫辰的部落，刘卫辰被自己的部下杀死，拓跋珪又下令把刘卫辰部落中的五千多人杀死，尸体扔进黄河。刘卫辰的几个儿子侥幸逃脱，幼子刘勃勃被叱干部落救走，后叱干部落把他送给了后秦高平公没弈干。后来，没弈干把女儿嫁给了他。

刘勃勃身材魁梧，虎背熊腰，身高八尺五寸，腰带十围，长得一表人才，聪明机警，富有韬略。有一次姚兴见到了他，一下子就被他的外貌给惊住了，认为他是个奇才。姚兴和刘勃勃讨论天下大事，刘勃勃无不对答如流，姚兴对他非常器重，任命他为骁骑将军、奉车都尉，让他参与军国大事。

姚兴的弟弟济南公姚邕劝姚兴道："刘勃勃生性残暴，要严密防范，让他远离朝政。"姚兴说："刘勃勃有济世救民的才能，人才难得，我也正在用人之际，我还准备利用他平定天下呢，你就不要做无谓的猜忌了。"

姚兴准备任用刘勃勃为安远将军，让他和没弈干一起镇守高平，还准备把三城、朔方的夷族部落和他部落中的三万户全部交给刘勃勃统领，让他抵御北魏。姚邕拼命劝阻，坚决反对这项任命。姚兴看他态度这么坚决，也有点犯犹豫了，他问姚邕道："你怎么这么了解刘勃勃呢？"姚邕回答道："刘勃勃对上级非常傲慢，对部众非常残忍，翻脸无情，如果对他过分恩遇，恐怕祸患就在眼前。"姚兴听姚邕说得在理，就中止了这项任命，但刘勃勃的才能又让他心动，于是不久，他又任命刘勃勃为安北将军、五原公、持节，把三交地区五个部落共两万户鲜卑人交给他统领，命他镇守朔方。

义熙三年（407）五月，拓跋珪把五年前在柴壁之战中俘虏的后秦将军唐小方送还给后秦，姚兴也投桃报李，把扣留的北魏使节贺狄干送还，并附送了一千匹骏马，请求拓跋珪把被俘虏的另一名将军狄伯支赎回，拓跋珪痛快地答应了。

后秦和北魏关系转暖，这深深刺痛了和北魏有杀父之仇、灭族之恨的刘勃勃，他恨姚兴不顾忌自己的感受，也怕姚兴把自己交给北魏，就准备背叛后秦。这时候，柔然可汗向后秦进贡八千匹良马，他们渡过黄河，走到了大城。刘勃勃一看机会来了，寻思着这批马正好可以据为己用，就把这八千匹马全部扣留，然后集合他的部众共三万人向高平川进发，对外说是要到高平川打猎。

到了高平川后，刘勃勃趁高平公没弈干不备，杀死了这个对他恩重如山的岳父，吞并了他的人马。刘勃勃之心狠手辣、忘恩负义，实在令人惧怕。

义熙三年（407）六月，刘勃勃认为自己是夏朝的后代，便自称为大夏天王、大单于，大赦，改年号为"龙升"，设置文武百官。刘勃勃任命他的大哥刘右地代为丞相，封代公；二哥刘力俟提为大将军，封魏公；刘叱干阿利为御史大夫，封梁公；刘阿利罗引为司隶校尉；刘若门为尚书令；刘叱以鞬为征西将军、尚书左仆射；刘乙斗为征北将军、尚书右仆射。史称刘勃勃建立的大夏政权为"胡夏"，是五胡十六国之一。

刘勃勃雄心勃勃，派兵进攻鲜卑部落酋长薛干等，俘获了数万部众。他又率军进攻后秦，斩后秦大将杨丕和姚石生等人。他的属下劝他夺取关中，刘勃勃说："姚兴也是当世的英雄，深得军心民心，关中我们还拿不到手，但我们可以利用骑兵，采用游击战术，使他们疲于奔命。等姚兴死后，我们再取关中。"

刘勃勃也在寻求盟友，他向南凉秃发傉檀提出要结为亲家，但秃发傉檀对反复无常的刘勃勃非常厌恶，回绝了他的提亲要求。刘勃勃勃然大怒，率领两万精骑攻击南凉，杀死南凉一万多人，掳掠了两万七千多人口和数十万头牲口。

秃发傉檀得到消息，率军追击刘勃勃，两军首尾相接，大战一场，南凉军不敌，被杀死一万多人，大将损失十有六七。秃发傉檀狼狈不堪，差点被生擒，在几个亲信骑兵的拼死保护下才得以脱逃。

刘勃勃命令把南凉军的尸首堆到一起，用泥土简单地撒在上面，命名为"骷髅台"。

姚兴派大将齐难讨伐刘勃勃，刘勃勃得到消息，率主力后撤。齐难以为刘勃勃害怕自己才逃走，就放松了警惕，纵容士兵四处抢劫。正在他们疯狂抢劫的时候，刘勃勃率军杀来，齐难军被杀死七千多人，被俘虏一万三千多人，齐难也被生擒。

刘勃勃威名渐盛，岭北的夷人、汉人纷纷投降，刘勃勃任命了太守、县令（长）来管理他们。

冯跋篡北燕

高云只是个傀儡，北燕的大权掌握在冯跋兄弟手中。冯跋，字文起，小字乞直伐，长乐信都（今河北衡水冀州区）人，是毕万之后。毕万曾随晋献公消灭耿、霍、魏三国，晋献公为奖励毕万作战英勇，便将魏地赐给他，并任命他为大夫。毕万死后，毕万的子孙便以其封地为氏，自称魏氏，成为战国七雄之一魏国的先祖。后来，毕万的子孙中有得到冯乡作为食邑的，便以冯为姓。西晋永嘉之乱时，冯跋的祖父冯和率家族到上党（今陕西长子县）安家。冯跋的父亲冯安作战非常勇敢，为人也比较有器量，在西燕慕容永那里任将军。后燕灭西燕，冯安举家东迁到了和龙（今辽宁朝阳）。

冯跋从小就表现得比一般小孩成熟稳重，不喜欢多说话。他为人度量大，酒量也大，仗义疏财，名声很好，后燕慕容宝曾经任命他为中卫将军。慕容熙继位后，冯跋和弟弟冯素弗因故得罪了他，被治了罪，之后的事情我们在前面已经讲过了。

高云属于高句丽皇族，因此高句丽和北燕互派使者，友好往来。

义熙四年（408）五月，高云任命冯万泥为幽、冀二州牧，镇守肥如（今河北迁安）；任命中军将军冯乳陈（冯跋的侄子）为并州牧，镇守白狼；任命冯素弗为司隶校尉，原司隶校尉务银提被任命为尚书令。

冯氏兄弟掌握内外大权，让高云在王位上时常感觉如坐针毡，他也注意培养自己的势力，让亲信离班和桃仁负责宫廷保卫工作。想要人为自己卖命，就得给他好处，高云对他们二人的赏赐不计其数。他们的官邸修建得富丽堂皇，他们自己更是穿金戴银，穷奢极欲，但二人贪得无厌，并不知足，还不时有怨言。

冯跋扶高云登上王位只是权宜之计，他也在寻找机会除掉高云，离班和桃仁的贪婪让冯跋找到了机会。冯跋命人送厚礼给离班和桃仁，许诺只要杀死高云，就给他们高官厚禄。他二人见钱眼开，对高官厚禄也望眼欲穿，当即满口答应。

义熙五年（409）十月十三日，高云前去东堂，离班和桃仁怀揣利刃，手拿纸张，声称有事禀报。高云让他们靠近说话，等二人到得高云近前的时候，离班突然抽出佩剑，刺向高云，高云惊得"啊"地大叫一声，慌忙抄起茶几去挡，正在这时，桃仁也抽出宝剑，对准高云的胸口刺去，高云当即被杀死。

这一切尽在冯跋的掌握之中，他这时候正在宫城的洪光门密切注视着宫中的变化，只见离班和桃仁手提血淋淋的宝剑从东堂出来，帐下督张泰、李桑对冯跋说："是时候了，让我们二人去把这两个小子给宰了！"冯跋说："二位将军要小心。"二人道谢后，纵身跳下洪光门。

离班和桃仁看到张泰和李桑走过来，以为是要带他们找冯跋领赏，哪知道这二人抽出宝剑照他们就刺，他们急忙逃避，但为时已晚。张泰把桃仁砍杀在中庭，离班跑得快，但也只是跑到西门就被李桑一剑刺死了。

尘埃落定之后，冯跋对外宣称离班和桃仁狼子野心，杀死了皇帝高云，二人已经伏诛。国内无主，大家纷纷推举冯跋登上帝位，冯跋假意推辞，让弟弟冯素弗继位，冯素弗坚决不同意，于是冯跋登基。

冯跋对文武群臣说："当年田氏代姜，不改齐国国号，我们的国家也仍然叫作燕国。"群臣高呼："陛下圣明！"

冯跋尊母亲张氏为皇太后，立孙氏为王后，立长子冯永为太子。任命冯素弗为车骑大将军、录尚书事，孙护为尚书令，张兴为左仆射，冯弘为右仆射，冯万泥为幽、平二州牧，冯乳陈为并、青二州牧。

拓跋嗣登基

北魏帝拓跋珪把都城由盛乐迁到了平城（今山西大同）。他设立八部帅管辖全国各地，还派人到各地巡察，遇有徇私枉法的，就亲自过问定罪。拓跋珪尊崇儒学，命设置五经博士，扩充太学学生的员额，太学生达到了三千人。

拓跋珪问博士李先道："天下什么物品最珍贵，可以增加人的智慧和才能？"李先回答道："自然是书籍了。"拓跋珪又问道："天下一共有多少书籍，怎么才能搜集起来？"李先又回答："自文字产生以来，书籍的种类每年都在增加，到现在已经多得无法计算。陛下如果喜欢，不愁搜集不到。"于是拓跋珪命各郡县太守、县令广泛搜集书籍，然后由专人护送到平城。

拓跋珪派使臣贺狄干带了一千匹骏马到后秦求婚，请求姚兴把女儿嫁给自己，姚兴刚开始也挺高兴，但当他得知拓跋珪已经册立了皇后慕容氏以后，大为恼火——他姚兴的女儿怎么能做别人的小老婆呢！姚兴把贺狄干扣留了下来，两国关系也宣告破裂。

柔然和后秦这时候关系比较融洽，柔然可汗郁久闾社仑出兵帮助后秦。北魏和柔然大战，柔然大败，郁久闾社仑率领部落人马一路北逃，到大漠以北，赶跑了高车族人，在他们的地盘上居住下来。高车族斛律部落的酋长斛律倍侯利（南北朝名将斛律金的曾祖父）率军偷袭郁久闾社仑军，但被打得大败，斛律倍侯利便率领部落人马投降了北魏。郁久闾社仑又率军吞并了一些小部落，从此成为大草原上的霸主。

拓跋珪迷信人能长生不老，仪曹郎董谧投其所好，给他送上了一部书，叫《服饵仙经》，讲的是怎么炼丹服药成仙，拓跋珪视若珍宝，对董谧大加赏赐。他还设置了仙人博士，建造了仙坊，命术士在里面炼丹。为了炼丹，他封了西山，砍伐大树作为柴火。丹药炼成之后，他让死刑犯先试药，结果绝大多数服药的死刑犯都被毒死了，但拓跋珪并不死心，命人四处找寻药材，继续炼丹。

长期服药的拓跋珪身心受到极大摧残，脑子也开始出现问题，变得暴躁易怒，常常会自言自语，疑神疑鬼，动不动就摔东西，甚至杀人。有人给他打小报告，说司空庾岳一举一动都在模仿他，他大怒，命人把庾岳杀死。高邑公莫题二十年前和拓跋珪开了个玩笑，取笑拓跋珪年幼不堪重任，拓跋珪一直记着，这次也顺便把莫题也杀死了。

拓跋珪变得越来越神经质。文武大臣给他汇报工作的时候，他就回想这个人过去有没有让自己不高兴过，如果有，就当场命人杀死。大臣中他看谁的脸色不对，走路姿势不对，甚至是他听着谁的呼吸有问题，都会把这人杀死。文武百官人人自危，无心处理公务，致使首府平城盗匪横行，人们平时没事都不肯出门，在家里还安全些，大街上车流、人流变得稀少。

但也有例外，拓跋珪特别欣赏吏部尚书崔宏和他的儿子著作郎崔浩。崔宏出身关东名门清河崔氏，自小就有神童之称，年少时就博览群书，博古通今。当年拓跋珪攻打后燕的时候，专门派人找来了崔宏，让他参与处理国家大事。崔浩更胜父亲一筹，他更有才华，不但博览经史，而且对玄象阴阳、百家之言也无不精通。拓跋珪喜欢人才，所以他们父子二人一直备受礼遇。

义熙五年（409）十月，拓跋珪立长子拓跋嗣为太子。拓跋嗣年十八岁，母亲为刘贵人。拓跋族从部落时代起就有规定，被立为世子者，其母亲必须被赐死，这样可以防止后宫和外戚干政，到了拓跋嗣这里自然也不例外。拓跋珪赐死了刘贵人，然后把儿子拓跋嗣找来，向他解释这样做的原因："当年汉武帝立刘弗陵，杀了钩弋夫人，就是防止钩弋夫人和她的家族乱政。你日后要继承大统，我仿效古人，这样做也是为了使国家长治久安。"

可拓跋嗣是个孝子，听到母亲被杀，立即号啕大哭，哭得身体抽搐，非常哀痛。拓跋珪一看就生气了，心想，你这小子怎么这么没出息，竟然是这等女人心肠，一点都不像我的儿子！拓跋珪打发拓跋嗣回太子宫，拓跋嗣还是不停地哭，哭了几天几夜。有人就把这事报告给了拓跋珪，拓跋珪大怒，派人召拓跋嗣进宫，准备要好好训斥儿子一番。

拓跋嗣要进宫去见父亲，他的下属对他说："陛下正在气头上，殿下进得宫去，后果难以预料，不如您暂时到外面避避风头，等陛下气消了，再进宫面圣也不晚。"拓跋嗣一听有道理，就带了心腹亲信车路头和王洛儿两个人，偷偷地溜出了京师。

拓跋珪得到禀报，说太子拓跋嗣出逃了，顿时暴怒，把桌子都掀翻了。正在这时，贺夫人走了进来。贺夫人是拓跋珪母亲的亲妹妹。当年拓跋珪有一次到舅舅家，见到了美若天仙的贺夫人，立即被迷得神魂颠倒，就向母亲请求纳贺夫人为妾。贺太后不同意，说："太美的东西往往藏着祸水，而且她已经嫁为人妇，你怎么能强夺呢？"拓跋珪不死心，秘密派人刺死了贺夫人的丈夫，然后强行把她纳入后宫。后来贺夫人给拓跋珪生了个儿子，也就是拓跋珪的次子，名叫拓跋绍。长大后的拓跋绍被封为清河王，他为人残暴，不但光天化日之下以抢劫为乐，而且还要剥光人家的衣服。拓跋珪得到禀报，大怒，命人把拓跋绍头朝下吊在水井里。拓跋绍惨叫连连，直到后来没声了，拓跋珪才让人把他提了上来，拓跋绍好长时间之后才苏醒。

贺夫人也得到了拓跋嗣出逃的消息，就赶来见拓跋珪，劝他立拓跋绍为太子。拓跋绍自然不是拓跋珪中意的太子人选，就不答应。贺夫人苦劝，拓跋珪听得火冒三丈，厉声大骂贺夫人，命人把她推出去斩首。贺夫人大声呼救，拓跋珪心又软了，只命令把她关押起来。贺夫人买通看守人员，让他们通知拓跋绍来救自己。拓跋绍听说母亲被关押，很快要被处死，大怒，和手下人商议。手下人都认为，为今之计，只有杀死了拓跋珪才能救得了贺夫人。拓跋绍也已经十六岁了，听闻此言，心一横，就带人翻墙入宫，直奔天安殿。拓跋绍砍倒几个卫士，直冲拓跋珪的帷帐而去。值守的宦官惊叫道："贼人闯进来了！"拓跋珪被惊醒，一个鲤鱼打挺就站了起来，他四处找武器，但没有找到，正在这时，拓跋绍手提宝剑就冲了进来，拓跋珪指着他大叫道："逆子！"拓跋绍的手下不由分说，把拓跋珪当场刺死。拓跋珪死时三十九岁，一代雄主就这样退出了历史舞台！

第二天（十月十四日），都到中午时分了，皇宫大门依旧没有打开，文武百官在门外等得很着急，不知道里面发生了什么。拓跋绍命人传旨，让群臣到南边的端门外等候，百官从命。这时候拓跋绍从门缝里对群臣说："我有叔叔，也有兄长，你们打算听谁的？"这话把百官都给听愣了，不知道拓跋绍说这话是什么意思，就都沉默不作声，气氛变得紧张起来。南平公长孙嵩首先明白过味来了，说："自然是拥护大王。"长孙嵩的一句话惊醒了众臣，他们立即明白拓跋珪已经驾崩了，但究竟发生了什么，他们并不知道，如今形势不明朗，这帮官场老手面面相觑，都不敢出声。拓跋珪的堂兄阴平公拓跋烈放声痛哭，离开了。朝臣们议论纷纷，各部落也蠢蠢欲动，拓跋绍为了安抚众人，从国库中拿出大量的绫罗绸缎赏赐下去，除了崔宏，别人都收下了。

拓跋嗣逃亡在外，是拓跋绍的心腹大患，他贴出悬赏告示，说能捉拿到拓跋嗣的重重有赏。叔孙俊和拓跋磨浑都心向拓跋嗣，他们对拓跋绍说自己知道拓跋嗣在哪里，要出城捉拿，拓跋绍大喜，就拨给他们勇士两人，让他们一同前去捉拿拓跋嗣。叔孙俊和拓跋磨浑出城后，立即用计把那两位勇士捆绑了起来。他们求见拓跋嗣，为了证明自己的忠心，还砍下了两位勇士的人头。

拓跋嗣的心腹王洛儿乔装打扮，冒死前往京师平城，联络朝中大臣。大臣们平时就对拓跋绍的所作所为颇有微词，如今又对他的弑父之举痛恨之至，纷纷表示要作为内应，迎接拓跋嗣入城登基。王洛儿又联系了安远将军安同，安同深受拓跋珪重用，对拓跋珪感恩戴德，也答应做内应，王洛儿另外还秘密联络了不少人。安排停当之后，拓跋嗣等人到了西城门，卫士们抓获拓跋绍，把他五花大绑带到拓跋嗣面前，拓跋嗣随即入城，立即诛杀了拓跋绍和他母亲贺夫人，又抓获了拓跋绍的同党，被处决的有十多人。第一个挥刀刺向拓跋珪的人被文武百官剁成了肉酱。

义熙五年（409）十月十七日，拓跋嗣登基为帝，下令大赦，让长孙嵩、安同、奚斤、崔宏、拓跋屈（拓跋磨浑的父亲）等八人共同处理朝廷大事，大臣称他们为"八公"。拓跋嗣又让燕凤和封懿入宫讲解经书，出宫参与政务，然后任命王洛儿、车路头为散骑常侍，叔孙俊为卫将军，拓跋磨浑为尚书。以上人员统统被封为郡公或县公。

刘裕灭南燕

慕容超做了皇帝后变得残暴不仁，疑神疑鬼，亲近拍马屁的小人，沉溺于歌舞宴饮和打猎游玩之中不能自拔。

兖州刺史慕容法曾经怠慢过慕容超，慕容超怀恨在心，准备报复慕容法。慕容法也得到了消息，干脆和慕容钟等人造反了。慕容超派兵讨伐，慕容法投奔了北魏，慕容钟投奔了后秦。

慕容超的母亲段氏和妻子呼延氏还被姚兴扣押在长安，慕容超便派御史中丞封恺作为使臣出使长安，向后秦称臣，请求接回自己的母亲和妻子。姚兴提出来用乐师交换，于是，慕容超把自己一百二十人的乐队给了后秦，换回了母亲和妻子。

古人对音乐非常重视，儒家六经其中一经就叫《乐经》，是专门讲音乐的。慕容超没有乐队了，因为晋人对音乐的悟性高，慕容超准备侵犯东晋，掳掠人口补充乐队。慕容超派大将慕容兴宗、斛谷提、公孙归等人率精骑进攻东晋的宿豫（今江苏宿迁），将其攻克，抓获了东晋阳平太守刘千载和济阴太守徐阮。他们命令部队大肆强掠一番，俘虏了大量人口后回师。

慕容超这下算是捅了马蜂窝了，因为东晋这时候当权的人是刘裕。刘裕灭了桓玄，在朝野立威，正在寻求下一个作战目标，南燕主动送上门来了。

刘裕准备率师北伐，这时候有人向他推荐了一个人，这个人名叫王镇恶，是王猛的孙子。王镇恶出生于宁康元年（373）五月初五，根据古代风俗，这个日子属于不吉利的日子，王镇恶父母准备把他送人，这时候王猛过来了，他看到这个孩子，十分惊喜，说："他日后肯定会不同凡响！"并给孩子起名叫"镇恶"。前秦被灭的时候，王镇恶辗转投靠了东晋，朝廷任命他为临澧县令。王镇恶受家庭熏陶，从小熟读兵书战策，擅长排兵布阵，富有韬略，刘裕和他交谈一番后，对他非常欣赏，任命他为中军参军，让他跟随自己北伐南燕。

义熙五年（409）四月十一日，刘裕亲率大军北伐南燕，大军浩浩荡荡从京师建康出发，由淮河入泗水。五月，大军抵达下邳，刘裕命将士下船，走陆路去往琅琊。刘裕步步为营，每经过一处，都要命人修筑防御工事，留下士兵把守。

慕容超得到刘裕率大军前来的消息，召集文武百官商议对策，有人建议严守大岘山（今山东临朐县东南），收割庄稼，坚壁清野。慕容超不同意，他说："我们拥有数万铁骑！我们不能先收割庄稼，再躲进城池，这会让敌人耻笑我们。先放他们进入大岘山，再派精骑对他们发起冲击，他们多是步兵，我们不愁不胜！"

太尉桂林王慕容镇也劝慕容超不能让刘裕大军过了大岘山，慕容超拒绝接受。退朝后，慕容镇说了几句牢骚话，慕容超大怒，把慕容镇关进了监牢。

刘裕率大军无障碍地通过了大岘山，在六月十二日抵达东莞县。慕容超派公孙五楼、慕容贺赖卢和段晖等将领率五万人驻防临朐（今山东潍坊临朐县），他自己亲率四万大军增援。晋前锋将军孟龙符和公孙五楼遭遇，两军展开激战，都想给己方争个首战告捷。南燕军渐渐不是对手，公孙五楼败退。

为了对付南燕军的铁骑，刘裕专门发明了一种阵法，后人称之为"却月阵"。刘裕出动四千辆军车，让它们两两相连，护住左右两翼，中间为主力军，然后缓慢前行，车辆打开帷幔，站立的军士都手持长槊，专刺敌军马匹，这种阵法能有效抵御骑兵。双方展开血战，打得难解难分，南燕骑兵发动数次冲锋，都被击退。但"却月阵"偏重防守，进攻不足，两军呈胶着状态，从早上打到了中午，难分胜负。

参军胡藩对刘裕说："燕军倾巢而出，临朐防守力量肯定薄弱，我愿率一支人马去夺临朐。"刘裕同意，派胡藩和咨议参军檀韶、建威将军向弥率军绕过南燕军主力，向临朐发起了进攻。向弥十分勇猛，他身披铠甲，由兵卒掩护，第一个登上了城楼。他抽出宝剑，砍倒了几个守城军，守军惊骇，纷纷后撤，其他将士也趁机登上城楼，临朐就这样被夺了。在城中的慕容超惊慌失措，他骑上快马，飞奔出城。刘裕得到捷报，下令全力冲锋，南燕军大败，段晖等十几员大将被斩。

慕容超狼狈逃回广固，他的玉玺、御车等全被晋军缴获。刘裕率军抵达广固城下，六月十九日，晋军攻陷了广固的外城，南燕军死守内城。刘裕命修建三丈高的长围墙防守，又挖了三道地沟，围住广固。这时候，附近的汉人、夷人纷纷前来投靠。

慕容超派尚书郎张纲向后秦请求派兵支援，又赦免了桂林王慕容镇，任命他为录尚书、都督中外诸军事。

广固城内人心浮动，南燕的尚书垣尊和他的弟弟京兆太守垣苗都是慕容超的心腹，但这时候他们也生出了二心。他们跳墙出城，向晋军投降，刘裕任命他们为行参军。

有人告诉刘裕道："张纲是位能工巧匠，应该抓住他，让他给我们制造攻城武器，这样一来广固必能攻克。"张纲这时候正从长安回来向慕容超复命，正好被晋泰山郡太守申宣抓获，带给了刘裕。

刘裕逼张纲登上巢车，向城内喊话道："姚兴已经被刘勃勃打得大败，无法派出援兵来解救我们了。"这句话让城内炸开了锅，南燕军士气瞬间变得低落。慕容超向刘裕提出割让大岘山以南的土地，并说自己愿意称臣，请求罢兵，刘裕拒绝了。

姚兴这时候也正和刘勃勃交锋，而且处于下风，自身难保，确实无力援救南燕，但他派出了使者。使者见到刘裕，咋呼地说："慕容氏是我们的友好邻邦，现今我们已经派出精兵十万驻扎洛阳，希望你们快快撤兵，否则我们就要直接杀过来了。"刘裕一听，哈哈大笑，对使者说："回去告诉姚兴，我灭燕之后，休整三年，就回去取关中。如果你们今天就过来，我求之不得！"

张纲给刘裕设计好了攻城的武器，件件精巧，都是攻城利器。慕容超看到战场上的这些武器后暴怒，命人把张纲的母亲倒挂在城墙上，残忍地肢解了。广固城内缺粮严重，大多数人患了软脚病，浑身无力。

义熙六年（410）二月五日，刘裕决定对广固城发动最后一击，命令全部兵马从四面同时攻城。尚书悦寿看到大势已去，主动打开了城门，迎接晋军入城。慕容超没逃多远，就被晋军抓获了。刘裕训斥慕容超，责问他为什么不早日出城投降，慕容超神色如常，一言不发。

刘裕处死了南燕皇室和公卿等三千多人，收押家属一万多人。刘裕命人把慕容超押回建康，在大街上斩首示众。慕容超死的时候二十六岁，共在位六年，至此，五胡十六国中的南燕灭亡，共立国十三年，历两任国君，慕容德和慕容超。

卢循叛乱

当初，孙恩造反，数次被刘裕击败，被迫投河自尽，他的妹夫卢循接掌了他的部众，继续反抗东晋。卢循又多次败给刘裕，但他没有选择自尽，而是率军南下，攻打力量相对薄弱的广州，生擒刺史吴隐之，占据了那里。当时晋室朝廷刚经历了桓玄之乱，也没有能力讨伐卢循，就任命他为广州刺史，任命他的姐夫徐道覆为始兴郡太守，希望能把他们招安。

卢循得知刘裕率师北伐、建康空虚的消息，准备偷袭建康。卢循和徐道覆攻打长沙郡、南康郡、庐陵郡、豫章郡，顺利攻下，这些郡的太守、县令（长）纷纷弃城逃跑，晋廷大惊，急召刘裕回援京师。

刘裕这个时候已经攻破了广固，正准备乘胜攻打后秦，收复司州、雍州，现下突然得到了告急诏书，这个闹心啊，但京师不能不救，他任命韩范为都督青州八郡诸军事，兼燕郡太守，任命封融为渤海郡太守，檀韶为琅琊郡太守，然后率大军回援建康。

义熙六年（410）三月二十日，江州刺史安成公何无忌从寻阳顺赣江南下讨伐叛贼，但被乱箭射中身亡。

刘裕得到何无忌被杀的消息，命令将士脱掉铠甲，轻装急行，日夜兼程，于四月二日到达建康。

豫州刺史刘毅要和刘裕争功，不听刘裕劝告，亲率两万人马从姑孰西上，迎击叛军。这时候，卢循已经和徐道覆合兵一处了。刘毅军和卢循军遭遇，两军大战，刘毅军不敌，刘毅仅带领数名随从逃入山林。叛军连克江州、豫州，声威大震，部众达十多万人，部队水上、陆上连绵近百里。

刘毅战败的消息传到京城，朝廷再一次大乱。因为刘裕的北伐军减员严重，生存下来的不是负伤就是染病，已经无力再战。左仆射孟昶便建议刘裕带着皇帝司马德宗向北躲避，刘裕坚决不同意。孟昶认为是自己当年坚决支持刘裕北伐，才造成了今天京师面临崩溃的境地，竟然服毒自尽了。刘裕发出悬赏告示，招募兵马，同时征调民夫，加固石头城。

五月十四日，卢循大军抵达淮口。刘裕对属下说："如果叛军从新亭向京师进攻，双方胜负难料；如果叛军驻扎到西岸，他们必败无疑。"

徐道覆建议从新亭登陆，进攻建康，但卢循求稳，坚决不同意，于是叛军驻扎到了蔡州。徐道覆仰天长叹。

五月十五日，刘毅终于回到建康，此时他的随从已死亡殆尽，刘裕对他劝慰一番。

刘裕命参军沈林子、徐赤特驻守长江南，切断通往石头城的道路，命令他们只能防守，不能出战。但徐赤特不听沈林子的劝告，率军攻击叛军，被打得大败，幸亏朱龄石率军赶到，叛军才稍稍后撤。刘裕斩了违背命令的徐赤特。

这时候，叛军的粮食供应不上了。军中缺粮，又抢不到什么粮食，卢循期望的建康城中发生的巨变也没有发生，他便对徐道覆说："我军已经困乏，不妨回到寻阳，然后再夺取荆州，这样，三分之二的领土将掌握在我们手中。我们可以日后再和刘裕比拼。"七月十日，他率军出发回寻阳，留下大将范崇民率五千人驻守南陵。

七月十四日，刘裕派王仲德、刘钟、蒯恩、孟怀玉等追击卢循，然后命孙处、沈田子（沈林子的哥哥）率水师三千人从海上南下，攻击番禺，使叛军无家可归。十月十四日，刘裕率刘藩、檀韶、刘敬宣讨伐卢循。他命刘毅留守京城，处理朝中日常事务。

荆州刺史刘道规命咨议参军刘遵攻打徐道覆，刘遵以少胜多，徐道覆大败，乘小船逃回了溢口。

十一月二日，孙处率水军突然出现在广州，叛军疏于防护，孙处当天即攻下城池，杀死了卢循的同党。他命沈田子继续进攻岭南郡县。

十二月二日，卢循、徐道覆集结了数万人马顺长江而下，要直取建康。他们声势浩大，水面上舰船绵延数里，一眼望不到边，于是刘裕想到了火攻之计。他命人在长江西岸准备燃料，然后在东岸用巨型弓箭向叛军放箭，使舰船不敢前进，这时候突然刮起了西风，叛军舰船被逼向西岸，西岸这边朝廷军队赶紧把事先准备好的燃料投向叛军舰船，舰船瞬间起火，火借风势，浓烟冲天，叛军纷纷跳河求生，全线溃败。卢循率残兵败将退守左里，在那里修筑防御工事，负隅顽抗。

十二月十八日，刘裕率军抵达左里，向叛军发起冲锋，但不能攻克。刘裕急得挥舞指挥旗，命令部队进攻，但他用力过猛，加上风势过大，指挥旗的旗杆突然折断，旗子掉落水中，周围人大惊，认为这是不祥之兆，只有刘裕不慌不忙，他笑着对大家说："当年讨伐桓玄的时候，指挥旗也曾折断，但桓玄还是被消灭了，今天这一幕重现，是吉兆。"刘裕下令全力进攻，朝廷军受鼓舞，个个奋勇争先，如猛虎下山，叛军不敌，阵地被攻陷，被杀死、淹死一万多人。卢循乘坐轻便小船逃向了广州，徐道覆逃向始兴郡（今广东韶关），刘裕派刘藩、孟怀玉追击。

徐道覆回到始兴郡，这时候他手下只剩下一两千人，并且都已经疲惫不堪。孟怀玉率军抵达始兴城下，徐道覆勉强支撑了数日。义熙七年（411）二月五日，孟怀玉率军攻破城池，徐道覆被晋军团团包围，最终被乱刃刺死。

卢循边撤退边收拢残兵败将，又聚集了数万人，向番禺发起了进攻，准备收回番禺。孙处坚守城池，攻防战连续进行了二十多天。沈田子率军前来救援，和孙处内外夹击，卢循大败，被杀死一万多人。

卢循率残军逃奔交州，于四月二十四日抵达交州州府龙编（今越南河内东）南的一个渡口。交州刺史杜慧度坐镇城中，把家里的金银财宝发给将士，鼓励他们英勇杀敌。杜慧度也采用了火攻之计，卢循战船顿时火光四起，士兵死伤无数。卢循知道自己已经是穷途末路，便杀死妻妾，然后跳河自尽了。杜慧度命人把卢循的尸体打捞起来，砍下他的人头，然后又杀死了卢循的父亲和儿子，把人头装入木匣，送往建康。卢循、徐道覆之乱终于被扑灭。

刘裕除刘毅

义熙八年（412）四月，荆州刺史刘道规身染重病，请求离职归养，朝廷批准，任命刘毅为卫将军，都督荆、宁、秦、雍四州诸军事，兼荆州刺史。

刘毅少有大志，认为自己当年一起和刘裕起兵诛灭桓玄，恢复了晋室江山，功劳不次于刘裕，因此对自己身居刘裕之下很不开心。他私下说："我恨不能遇到刘邦和项羽，和他们一起争夺中原。"

刘毅饱读诗书，是个文化人，而刘裕斗大的字不识一筐，是个粗人，所以朝中大臣也大多对刘毅更有好感。刘毅和尚书仆射谢混、丹阳尹郗僧施关系密切，谢混和郗僧施都出身大家族，他们结成了铁三角，在朝中互相支援。

因为荆州历来是军事重地，地处建康上游，刘毅镇守荆州之后越发膨胀。他认为荆州编户不足十万，实在不配他的功劳，于是又请求兼任交州和广州刺史，朝廷批准。刘毅请求任命郗僧施为南蛮校尉兼后军司马、毛脩之为南郡太守，朝廷又批准。朝廷又任命刘穆之为丹阳尹，填补郗僧施的空缺。

刘毅要去荆州报到了，到京口拜祭祖庙，刘裕前往送行。宁远将军劝刘裕道："刘毅不会甘心做你的下属，不如趁机把他除掉。"刘裕说："刘毅还没有公开反叛，我不能搞窝里斗。"

刘毅到达荆州的州府江陵后，大规模更换太守、县令（长），让自己的亲信接任，又征调豫州、江州的部属一万多人随自己到了荆州。正在这时，刘毅生病了，他便趁机请求让堂弟兖州刺史刘藩来荆州做自己的副职。刘裕对他不断任用亲信已经忍无可忍，心中暗暗谋划，假装同意了刘毅的要求。

刘藩来建康向皇帝谢恩，这正中刘裕的圈套。九月十二日，刘裕以皇帝司马德宗的名义发布诏书，公布刘毅的罪行，说他结党营私，图谋朝廷，派人逮捕了刘藩和谢混，强迫他们自尽。

九月十五日，刘裕亲率大军从建康出发，去讨伐刘毅。参军王镇恶自告奋勇，请求担任先锋，并向刘裕要了一百艘船只。九月二十九日，刘裕大军到达姑孰，他命王镇恶和蒯恩为前锋，并交代他们道："能打则打，不能打就借机焚烧他们的船只，然后到岸上等待大军。"王镇恶等率军逆流而上，星夜兼程，于十月二十二日抵达豫章口，这里距离江陵只有二十里之遥。

他们弃船登陆，蒯恩率军在前，王镇恶率军紧跟。他们在每艘船上留下一两个人，然后在岸上插上六七面大旗，战旗下面摆上战鼓。王镇恶对留守士兵说："我们抵达江陵后，你们就立即擂响战鼓，假装有很多援军。"然后又派士兵去江陵东南的江津口，放火焚烧那里的船只。

王镇恶率军直奔江陵，他交代士兵，如果荆州兵问询，就说我们是兖州刘藩的部队，这招很好使，他们顺利进军，再有五六里地就能到达江陵城了。可正在这时，刘毅的大将朱显之率兵前往江津，有人向他报告说刘藩的部队到了，他问道："刘藩在哪里？"士兵们说："就在后面。"朱显之来到部队后面，看到了手拿兵器的士兵，又见远处江津那边火光冲天，听到阵阵战鼓声，立即反应过来。他催动战马，飞奔去报告刘毅，王镇恶在后面紧追不舍。朱显之跑进城，大喊关闭城门，可是已经晚了，王镇恶也率军进城了。卫军长史谢纯刚从刘毅的府中出来不久，卫士准备用快马把他送回家。他听到大街上的喊杀声，说："我是刘毅的手下，怎么能逃跑呢？"说罢往州府赶去。

王镇恶率军和刘毅的部队展开血战，从中午十二时打到了下午四时，刘毅军不敌。王镇恶命人把朝廷的诏书、赦免书和刘裕的亲笔书信统统交给刘毅，刘毅看都不看就放到火上烧了。刘毅的部队一听说这次是刘裕亲征，都吓破了胆，跑了一大半，王镇恶又力斩刘毅的猛将赵蔡，刘毅军的士气愈发衰落。深夜，刘毅率三百名亲兵冲出了北门，谢纯拒绝逃走，被杀。

刘毅无处可去，暂且投奔了城北的牛牧佛寺。他深夜叩响了寺门，请求入内，僧人拒绝开门，说："当年桓蔚来投奔，家师收留了他，却被刘毅杀死，今天我们不敢再接纳外人。"刘毅猛然想起来了。七年前，他率军攻打桓家的时候，追桓蔚追到了牛牧佛寺，和尚释昌收留了桓蔚，刘毅大怒，把释昌杀了。听到和尚的话，刘毅仰天长叹："我为法自弊，才落得如此田地！"说罢找了棵树，上吊自杀了。

第二天上午，有人上山发现了刘毅的尸体，报告给王镇恶，王镇恶命人把刘毅的尸体拖到江陵大街上，然后砍下人头，同时把刘毅的儿子、侄子也全部杀死了。

刘裕得到刘毅被杀的消息后大喜。十一月十三日，他率军到达江陵，将郗僧施斩首。

王镇恶帮刘裕除掉了最大的政敌，刘裕代表皇帝，封他为汉寿子。

豫州刺史诸葛长民在讨伐桓玄和卢循之乱中立下了战功，但他为人品行不端，中饱私囊，贪赃枉法，老百姓对他非常不满，他也有自知之明，生怕刘裕惩治自己，等刘毅被灭后就更加担心，寝食难安。诸葛长民找到了刘裕的智囊丹阳尹刘穆之，向他求计。刘穆之担心他趁刘裕还没有回军的时候发动叛乱，为了稳住他，就对他说，刘裕根本没有动他的想法，诸葛长民这才放心。

刘裕回到京师建康后，诸葛长民前来求见。在大厅中，刘裕命卫士当场诛杀了诸葛长民。

统万城

一个新生的政权往往朝气蓬勃，胡夏也不例外。刘勃勃之前对战后秦，俘虏了后秦的大将齐难，现在又率领精骑两万袭扰后秦，俘虏平凉的胡人七千多户后，挺进依力川。

姚兴对刘勃勃的不断侵扰忍无可忍，下令召集兵马到贰城（今陕西黄陵县）集合，讨伐刘勃勃。没有等到各路大军集合完毕，姚兴就率军到达了贰城。他派安远将军姚详、镇军将军彭白狼等人去督运粮草。

刘勃勃得到禀告说贰城空虚，便率大军突然出现在贰城城下，对城池发动猛烈攻击。经过激烈战斗，城内渐渐抵挡不住攻势，姚兴恐惧，准备前去投奔姚详，右仆射韦华劝他道："陛下是全城的主心骨，如果陛下走了，我军就会不战自溃，刘勃勃必然会拼命追赶，到时候我们也不一定能够到达姚详的大营。"

姚兴一听有道理，就亲自出城应战刘勃勃，但胡夏军战斗力非常强，后秦军实在不敌，将军姚榆生被刘勃勃生擒。刘勃勃直冲姚兴而来，要活捉他，是后秦左将军姚文崇拼死保卫，姚兴这才逃了出来，狼狈地回到了长安。刘勃勃乘胜攻下了后秦的敕奇堡、黄石固、我罗城等地，强制把七千多户人家迁徙到大城，然后让丞相刘右地兼幽州牧，在这里镇守。

刘勃勃派尚书胡金纂进攻后秦的平凉，战斗非常激烈，姚兴又亲自率军前来支援。这次后秦获得了胜利，胡金纂不敌被杀。

刘勃勃又派遣侄儿左将军刘罗提攻陷了定阳，把四千多名后秦俘虏全部活埋。后秦的将军曹炽、曹云、王肆佛都被吓破了胆，率领几千户人家内迁，躲避胡夏的锋芒，姚兴把他们安置在湟山和陈仓一带。

刘勃勃又率军攻打略阳郡，太守姚寿都弃城而逃，刘勃勃把一万六千多户人家强制迁徙到了大城。

后秦的镇北参军王买德前来投奔刘勃勃，经过交谈，刘勃勃很欣赏他，对他说："朕是大禹的后代（据说匈奴是夏后裔），世代居住在幽朔之地，祖宗相继创建伟业，经常和汉魏为敌，中世不兴，受制于人，今我将应运而兴，光复大业，你以为如何？"

王买德回答道："秦德虽衰，藩镇犹固，愿且蓄力以待之。"

刘勃勃听后非常高兴，任命王买德为军师中郎将。

义熙九年（413），刘勃勃下令实行大赦，改年号为"凤翔"。刘勃勃认为要建立不朽伟业就必须有个像样的都城，于是让叱干阿利兼任将作大匠，征发岭北胡汉百姓共十多万人，在朔方水以北、黑水以南的地方开建都城。刘勃勃雄心万丈地说："朕要统一天下，君临万邦，所以就用'统万'作为都城的名字吧。"

叱干阿利为人残忍，但心灵手巧，对建筑学颇有研究。他命人把石灰、石英和黏土掺在一块儿，然后再掺水混合搅拌，做成三合土。石灰加水后体积膨胀，能与砂石、黏土充分结合在一起，所以用这种三合土做成的墙体颜色发白，而且非常坚固。史书上说修筑统万城的时候用的是"蒸土"，就是生石灰加水以后雾气腾腾的样子。每段城墙修筑好后，他都会亲自前去验收。他用铁锥往城墙里插，如果能插进去一寸深，就要杀死建造该段城墙的建筑工匠，把他填入城墙中。工匠们吓得谁也不敢有丝毫大意，城墙修建得愈发坚固。

统万城耗时六年才完成，建成后的统万城规模十分雄伟，城池由外郭城、东城和西城三部分组成，"城高十仞，期厚三十步，上广十步，宫墙五仞，其坚可以砺刀斧"，城内建筑"台榭高大，飞阁相连，皆雕镂图画，被以绮绣，饰以丹青，穷极文采"。因为城墙是白色的，所以统万城又称为白城子，遗址位于今陕西榆林靖边县城北五十八公里处的红墩界乡白城则村，是我国重点文物保护单位。统万城也是匈奴人在人类历史长河中留下的唯一一座都城遗址。

叱干阿利又仿效曹叡时候的做法，用铜铸造成大鼓、飞廉、铜人、铜骆驼、铜龙、铜虎等巨像，用黄金装饰，放置到宫殿前面。

刘勃勃对叱干阿利的忠诚和能干非常满意，又命他负责制造兵器。兵器造好后，叱干阿利前去验收。他命人用箭朝铠甲射击，箭射穿铠甲，就把造铠甲的师傅杀死；射不穿，就把造箭的师傅杀掉。前后大约有几千名师傅被杀，但因此造出来的武器也异常锋利和坚韧，增强了胡夏军队的战斗力。

匈奴单于由挛鞮改姓刘，至今已经一百六十多年了。他们为什么要改姓呢？因为汉朝和匈奴和亲，他们认为自己是刘姓的外甥，所以改姓了刘。刘勃勃认为子随母姓不合乎礼节，就下诏说："古人姓氏无常，有以出生地为姓的，有以祖宗的官职为姓的，帝王是上天的儿子，赫然与天相连，所以今天我就改姓'赫连'！但我不能让旁支也姓这个姓，他们不是正统，就让他们以'铁伐'为姓吧，意思是他们刚猛如铁，无论到哪里皆可攻伐。"

刘勃勃以后就叫赫连勃勃了。赫连勃勃封妻子梁氏为皇后，立儿子赫连瑰为太子，封儿子赫连延为阴平公、赫连昌为太原公、赫连伦为酒泉公、赫连定为平原公、赫连满为河南公、赫连安为中山公。

朱龄石灭西蜀

桓玄之乱时，桓玄的侄子桓振攻陷了江陵，益州刺史毛璩率三万大军准备进攻桓振。长江的三条直流由东至西依次为内水（涪江）、中水（沱江）、外水（岷江），毛璩命弟弟西夷校尉毛瑾、蜀郡太守毛瑗从外水出发，参军谯纵、侯晖从内水出发。

但蜀人对到千里之外去打仗的事，是心怀恐惧的，因此侯晖和巴人阳昧等人密谋率领军队反叛。谯纵有学识，足智多谋，为人又谨慎，平时也乐于帮助他人，所以深得大家的爱戴，侯晖、阳昧准备推举他为盟主。谯纵一听坚决不干，谋反可是灭族大罪！他拔腿就跑，但被追兵紧追，他一看跑不掉，就跳入江中寻死，但被救了起来。谯纵又磕头请求放过他，又被拒绝，侯晖命用绳子把他绑起来塞进了轿子。之后侯晖偷袭毛瑾得手，毛瑾被杀，他们便强逼谯纵担任梁州和秦州刺史。

毛璩走到半路得到军中叛乱的消息，骑快马赶回成都，派参军王琼率军前去讨伐，但被谯纵的弟弟谯明子打败，兵卒死亡十之八九。益州营户李腾大开城门，把谯纵的军队放进城来，毛璩和毛瑗全家被杀。

谯纵看事已至此，也没有办法回头了，于是自称成都王，任命堂弟谯洪为益州刺史，弟弟谯明子为巴州刺史，驻守白帝城。史称谯纵建立的国家为谯蜀，不算在五胡十六国之内。这是义熙元年（405）二月的事。

谯蜀在夹缝中艰难生存，为了减轻军事上的压力，不久谯纵便向后秦称臣。此时刘裕正和卢循等交战，没空理会谯纵，他们便过了几年太平日子。

现在刘裕灭了卢循，除掉了政敌刘毅，开始着手准备消灭谯蜀了。在平灭卢循的过程中，朱龄石的表现让刘裕眼前一亮，便任命他为西阳郡太守。这次要讨伐西蜀，刘裕准备让朱龄石担任元帅一职，但遭到了很多人的反对，他们认为朱龄石年轻（年三十四），资历浅，官职低，不是合适人选，刘裕力排众议，于义熙八年十二月（413）任命朱龄石为益州刺史，让他统率宁朔将军臧熹、河间太守蒯恩、下邳太守刘钟等人，带领两万人马，前去讨伐谯蜀。

刘裕交代朱龄石道："你要以小股部队进入内水袭扰谯蜀，让他们以为我军会从内水发起攻击，然后率大军顺外水直取成都。这是上策。"这次军事行动的保密工作做得非常好，刘裕给了朱龄石一个信封，上面写着"到了白帝城才能打开"，众将士也不敢多问。大军择日开拔。

义熙九年（413）六月末，朱龄石率军抵达白帝城，他打开了刘裕的密令，只见上面写着："主力部队沿外水北上，直取成都；藏熹从中水取广汉；以老弱残兵乘十多艘舰船，从内水取黄虎。"朱龄石按照刘裕的指令，把部队分为三路，同时火速向预定目标进发。

谯纵得到晋军大军来攻的消息，命谯道福率主力军驻守涪城，严密防守内水。

朱龄石率军挺进到距离成都两百里的平模，谯纵急忙派侯晖和谯诜率一万多人到平模驻扎，并在江水两岸修筑城墙以抵御晋军。

朱龄石对刘钟说："现在天气炎热，他们凭借天险防守严密，我们如果强行攻击，未必能够攻克，反而徒增伤亡。我准备在原地休养，等待时机再行进攻，你是什么意见？"

刘钟摇摇头，说："我认为这样并不可取。我们虚张声势，准备全力攻击内水，所以谯道福才坚守在涪城。而今我们的主力在平模出现，大出他们的意料，他们惊恐不安，所以龟缩在平模城内，不敢和我们刀兵相见，我们如果此时精锐尽出，全力攻城，必定可以攻克平模，到时候一鼓作气，成都唾手可得。如果我们耽搁太久，暴露了作战意图，谯道福就会率军前来支援，到时候我们想要攻城，恐怕是难上加难，一旦粮食供应不上，我们将全军溃败，束手就擒。请元帅三思！"

朱龄石仔细听完他说的话，认为很有道理，于是命令立即攻城。将领们认为北城地势险峻，城防坚固，建议先攻南城，朱龄石不同意，他说："攻下南城，不会产生什么影响，可如果拿下北城，南城将不战而降。"

七月，朱龄石身先士卒，率军对北城发动猛烈攻击，城内守军抵挡不住，城池很快被攻破。朱龄石斩侯晖、谯诜，又率军进攻南城，南城守将弃城而逃。朱龄石命大军登陆，从陆路向成都进发。

藏熹率军进攻牛鞞县，守将谯抚之不敌被杀，防守打鼻的谯小苟被吓破了胆，弃城而逃。之后晋军所到之处，谯蜀军大都望风而逃。

七月五日，谯纵看到晋军已经势不可当，再这样下去，自己就要被生擒活捉了，于是率领数名亲信随从逃出成都。尚书令马耽封存了府库，等待投降晋军。七月九日，朱龄石率军浩浩荡荡进入成都，灭了谯纵三族，对其他人等一概不予追究，让他们各安其位。

谯纵逃出成都后，到祖先的陵墓上拜别。他女儿对他说："我们肯定逃不掉了，既然怎么都是死，为什么不死在祖先的坟山上！"谯纵不听，继续逃跑。他听说谯道福从涪城率军前来救援，就去投奔。谯道福看见谯纵非常愤怒，斥责他道："成都城池坚固，你为什么白白把它丢弃？现在你还能逃到哪里？人没有不死的，你怎么就怕成这个熊样！"谯道福越说越气，拔出佩剑向谯纵刺去，谯纵一拨马，佩剑刺中了马鞍。谯纵见这里也不收留，骑马就跑。

谯纵终于逃无可逃，就上吊自杀了。这时候巴西郡人王志从旁路过，砍下他的人头，向朱龄石领功去了。

谯道福对将士们说："蜀国的存亡在我身上，而不在谯纵身上，我们如果拼死一战，还有挽回的余地。"将士们赞同他的话。于是谯道福拿出自己所有的金银财宝，分发给各位将士，鼓励他们英勇杀敌，但将士们拿到赏赐后却一哄而散了，谯道福苦笑一声，去投降獠人，不料走到半路却被巴西郡人杜瑾活捉，他把谯道福送给了朱龄石，朱龄石在军营前把谯道福斩首，立国九年的谯蜀至此灭亡。

朱龄石准备把马耽放逐到越嶲郡，马耽感觉不妙，对属下说："朱龄石不送我去京师，却把我放逐至越嶲郡，是因为他得到了我移交的宝库，打算杀人灭口，我是难逃一死了。"于是他沐浴更衣，上吊自尽。果然不多久，朱龄石派来杀他的人就到了，这人看到马耽的尸体，一剑砍下他的人头，拿回去复命。

朱龄石灭西蜀有功，朝廷（实际上是刘裕）任命他为监梁州、秦州六郡诸军事，封丰城县侯。

西秦灭南凉

姚兴对归义侯乞伏乾归很不放心，因此趁他到长安晋见的机会，把他留了下来，任命他为主客尚书，封镇远将军，任命他的儿子乞伏炽磐为西夷校尉，统率部落人马。乞伏炽磐勇武，谋略并不次于其父乞伏乾归。

姚兴派中军将军广平公姚弼、后军将军敛成和镇远将军乞伏乾归，率领三万大军攻打南凉秃发傉檀。姚兴欺骗秃发傉檀，说他已经派兵攻打胡夏，为了防止胡夏向西逃窜，所以命令姚弼等派军拦截。秃发傉檀信以为真，姚弼等从金城顺利渡过黄河。

谋士姜继对姚弼说："秃发傉檀现在疏于防范，请让我率领轻骑五千人直抵姑藏城下，切断他们的外援，到时候他们将束手就擒。"姚弼没有同意。姚弼率大军挺进到漠口，昌松郡太守苏霸顽强抵抗，城破，姚弼斩苏霸。

昌松是姑藏的门户，它一被攻下，后秦军再没有什么阻碍，顺利抵达姑藏城下。秃发傉檀坚守城池，出奇兵击破后秦军，姚弼等撤退到西苑。这时候，姑藏城中的王钟集合了数千人，准备背叛秃发傉檀，投降姚弼。消息走漏，秃发傉檀有了防备，但他只想杀死几个主谋，饶恕其他人，前军将军伊力延侯劝他道："现在大敌当前，如果对内部的反叛不进行严厉镇压，恐怕会起连锁反应，我建议把王钟等人全部活埋。"秃发傉檀同意了，王钟等叛乱分子五千人被活埋。

秃发傉檀又生一计，他命郡县把牛羊等牲口全部放到田野里，让它们自由活动。后秦后军将军敛成得到田地里有大量牲口的消息，大喜，派军前去抢夺。秃发傉檀看火候差不多了，命镇北大将军秃发俱延和镇军将军秃发敬归等率军出击，后秦军不备，被打得大败，被杀死七千多人。姚弼吸取教训，下令坚守营寨，拒不出城。南凉军发动攻击，无法攻克。

姚兴派卫大将军常山公姚显率两万精骑支援姚弼，大军行进到高平的时候，得到姚弼战败的消息，他们加快速度，不日抵达姑藏城下。姚显派神射手孟钦等五人到姑藏凉风门挑战，这时候从姑藏城中出来一匹快马，马上端坐的是南凉材官将军宋益，孟钦等人就要拉弓放箭，但箭还没有射出来，宋益已经飞马到了他们面前。宋益挥动大刀，力斩孟钦等人。五员大将瞬间被杀，姚显大惊，感觉这仗没法打下去了，于是向秃发傉檀道歉，然后率军撤退。秃发傉檀不想过多得罪后秦，也派人向后秦表达了歉意。

乞伏炽磐率领部落两万多人在相对安全的嵻崀山另建新城，避开后秦军可能的攻击。

乞伏炽磐到上邽（今甘肃清水县）拜见后秦太原公姚懿，后秦叛将彭奚念趁机偷袭苑川（今甘肃榆中县附近），乞伏炽磐得到消息后立即回军，大战彭奚念，彭奚念不敌，逃回老巢枹罕（今甘肃临夏县附近），乞伏炽磐又率军攻破了枹罕。这时候乞伏乾归正跟随姚兴巡视平凉，乞伏炽磐便派人秘密通知了他，乞伏乾归不辞而别，回到了苑川，然后从苑川前往枹罕。他命乞伏炽磐镇守枹罕，然后把大本营向北迁到了度坚山。

义熙五年（409）七月，乞伏乾归在度坚山宣布脱离后秦自立，称秦王，大赦，改年号。他封边氏为皇后，封世子乞伏炽磐为太子，兼都督中外诸军事、录尚书事；任命屋引破光为河州刺史，镇守枹罕；在世的原公卿大臣们都官复原职。至此，亡国已经八年的西秦再度复国。

乞伏乾归又任命焦遗为太子太师，同时参与朝廷政务。他对太子乞伏炽磐说："你要像侍奉我一样侍奉焦太师。"乞伏炽磐向焦遗叩头拜师。乞伏乾归又准备把女儿嫁给焦遗的儿子焦华，焦华诚惶诚恐地说："公主身份高贵，嫁给我实在不般配，我不敢高攀。"乞伏乾归也不再勉强，只任命焦华为尚书民部郎。

乞伏乾归率军攻击后秦金城郡，顺利攻克，然后又攻打叛将越质屈机等领导的十多个部落，接连大胜。他把两万五千多人迁到了苑川，又把都城迁回这里。乞伏乾归势不可当，继续率军攻打后秦的略阳郡、南安郡和陇西郡，全部攻克，把两万九千多户迁到了苑川和枹罕。之后又把鲜卑仆浑部落三千多户迁到度坚山，任命儿子乞伏敕勃为秦兴郡太守。

南凉视北凉为死对头，义熙六年（410）三月，秃发傉檀亲率五万精骑，对北凉发起了第三次攻击。两军在穷泉大战，南凉军大败，溃不成军，将士四散奔逃，秃发傉檀单人独骑逃回。北凉乘胜追击，北凉王沮渠蒙逊兵临姑藏城下，城内乱作一团，有一万多户直接出城投降了沮渠蒙逊。秃发傉檀派司隶校尉秃发敬归和儿子秃发佗为人质，请求和沮渠蒙逊和解，但敬归走到半路心中恐惧，又逃了回来，秃发佗被北凉抓获。沮渠蒙逊掳走了八千多户百姓后撤兵。

这时候，南凉右卫将军折掘奇镇在石驴山造反，秃发傉檀感到姑藏太不安全

急忙出宫，告诉姚愔（姚兴的第七子）说姚兴已死，于是他们率兵冲进宫城，敛曼嵬和胡翼度等人指挥禁卫军死守。姚愔派勇士登上宫墙，顺着房檐前进到后宫的马道，太子右卫率姚和都率兵在马道阻击，双方展开血战，姚愔等人无法突破防线，烧毁了端门后撤退。

姚兴听得外面喊杀声震天，知道发生了兵变，勉强起身，坐轿到了前殿，禁卫军一看他还活着，倍感振奋，全力向姚愔军发起攻击，这时候姚和都也率兵前来支援，前后夹击之下，姚愔军不敌，四散奔逃。姚愔等人拼命逃出长安，姚愔逃往骊山，同党吕隆逃往雍县，尹冲和尹泓逃往东晋。

事情到了这等地步，姚兴不再心软，命姚弼自杀。

姚兴召见姚绍、姚赞、梁喜、尹昭和敛曼嵬，命人把之前已经拟好的诏书宣读给他们，让他们接受遗诏，辅佐姚泓。第二天，姚兴去世，年五十一岁，在位二十三年。

姚泓先秘不发丧，以姚兴的名义起草了诏书，派人前去处死了姚愔、吕隆和大将军尹元等人，这才发布姚兴的死讯，然后登上皇帝宝座，大赦，改元。

姚宣意图谋反，但消息走漏，被姚泓杀了。

刘裕伐后秦

桓玄谋乱时，荆州刺史司马休之（司马懿玄孙）逃到了南燕。刘裕灭桓玄后，司马休之回到东晋，任荆州刺史，后迁并州刺史，在刘裕灭了前荆州刺史刘毅后，又回任荆州刺史。司马休之在荆州刺史的任上干得风生水起，深得民心，实力逐渐壮大，这引起了刘裕的忌惮。刘裕派军攻打司马休之。司马休之不敌，投降了后秦，姚兴任命司马休之为扬州刺史。

刘裕消灭了朝中所有像样的政治对手，已经没有人再有实力和他对抗了，他篡位的步伐已经势不可当。

姚兴去世后，后秦发生内乱，关中骚动，刘裕大喜，认为这是夺取关中、收复失地的好机会。义熙十二年（416）三月，刘裕向朝廷上表，要求北伐后秦。朝廷任命刘裕为中外大都督，兼司、豫二州刺史，任命刘裕的长子刘义符为徐、兖二州刺史。琅琊王司马德文要求打前站，先到洛阳去整修皇家陵墓，刘裕同意了。

大军将要出征，恰巧这时候宁州刺史派人给刘裕送来了一个琥珀枕头。琥珀枕头可以促进血液循环，增进睡眠质量，同时琥珀又能散瘀止血，是很好的医治刀伤的药材，刘裕便没有独享，而是命人把琥珀枕头弄碎，分发给各位将士，让他们战时使用。

刘裕任命刘义符为中军将军、监太尉留府事，刘穆之为左仆射，兼任监军、中军二府军司，入住东府，总理朝中事务，太尉左司马徐羡之为刘穆之的副手。命左将军朱龄石负责宫中的安全保卫工作，徐州刺史刘怀慎守卫京师，扬州别驾从事史张裕任留州事。

刘穆之处理实际工作的能力非常强，往往能化繁为简，在谈笑中就能批阅文件，而且不会出现错误。他高效率地处理完公务，还能利用闲暇时间读书练字，甚至校订文书中的错误。刘穆之年轻时穷得没饭吃，对此他刻骨铭心，现在有条件了，每次吃饭的时候都喜欢摆个大桌子，邀十几个人一同用餐。

义熙十二年（416）八月十二日，刘裕率大军从建康启程。他命龙骧将军王镇恶、冠军将军檀道济率步兵从淮泗攻打许昌、洛阳，新野太守朱超石、宁朔将军胡藩攻打阳城，振武将军沈田子、建威将军傅弘之攻打武关，建武将军沈林子、彭城内史刘遵考率水军攻打石门，从汴水入黄河。又命冀州刺史王仲德率前锋部队疏通钜野泽（当年桓温挖的），使之可以入黄河。刘穆之对王镇恶说："元帅对你的期望很高，你要不负所望！"王镇恶说："不收复关中，誓不回来！"

刘裕率军抵达彭城，朝廷又任命他兼任徐州刺史，任命王玄谟为从事史（参谋官）。

王镇恶、檀道济率军进入后秦领土，他们势如破竹，连连告捷。慑于晋军的强大威势，后秦将领王苟生献出漆丘，投降了王镇恶，徐州刺史姚掌也献出项城，投降了檀道济，其他的郡县也纷纷投降。新蔡太守董遵不识时务，不肯投降，被檀道济率军打败，杀掉了。晋军继续推进，又攻陷了许昌，生擒颍川太守姚垣及大将杨业。

沈林子率军从汴水进入黄河，董神虎率一千多民众前来投靠，他们一起攻克了仓垣，后秦兖州刺史韦华投降，这时候董神虎却擅自离开部队，沈林子把他抓获后斩首。

大军压境，后秦内部一片慌乱，东平公姚绍建议道："我们不如放弃安定，把人口迁往京畿地区，从中挑选精兵。如果我们两线作战，兵力分散，如何能应付得了？事情紧急，请陛下尽快决定。"

左仆射梁喜说："齐公姚恢威名远播，有他镇守安定，赫连勃勃肯定无法攻克，如果放弃安定，赫连勃勃就会继续向国内推进。现在，我们的兵马足以对抗晋国，我们不应该削弱安定防线。"

姚泓觉得梁喜的话很有道理，同意他的意见。

王仲德率水军进入黄河，逼近滑台。这时候的滑台属于北魏，北魏兖州刺史尉建以为王仲德是来夺取滑台的，吓破了胆，弃城而逃，王仲德也就趁机率军进入城中。拓跋嗣得到报告，派叔孙建、公孙表率军渡过黄河南下，尉建过来投奔，他们杀死了尉建，把尸体丢进黄河。拓跋嗣派叔孙建质问刘裕为什么入侵，刘裕赶忙道歉："我们只不过是想收复故都，祭扫先帝陵墓，希望贵国借路一用，绝不敢对贵国有不利行动。"拓跋嗣仍不放心，派大将于栗磾在黄河岸边修筑营垒，防备晋军。

后秦的阳城和荥阳又投降了沈林子和朱超石，晋军进逼成皋。这时候防守洛阳的后秦将领为征南将军陈留公姚洸，他急忙派人向姚泓求救，姚泓命越骑校尉阎生率三千铁骑、武卫将军姚益男率一万步兵前去救援，又命并州牧姚懿南下驻军陕津，作为后援。

檀道济有勇有谋，之前他用重金收买了姚洸的司马姚禹，让他作为内应，见机行事。此时，后秦的宁朔将军赵玄对姚洸说："如今晋军声势浩大，我们势单力孤，我认为上策是严守金墉城，等待援军。"姚禹不同意，他对姚洸说："将军是一方大员，谋略超人，如果守城不出，恐怕朝廷会怪罪下来。"姚洸一听，认为姚禹说得太对了，自己不能做缩头乌龟，于是派赵玄率领一千人马南下驻守柏谷坞，广武将军石无讳东下防守巩城。赵玄都急哭了，但也无济于事。

成皋、虎牢的守将相继投降了晋军，檀道济长驱直入，石无讳走到半路，吓得又跑了回去。晋龙骧司马毛德祖和赵玄在柏谷坞大战，赵玄不敌，身中十多刀，大叫一声跌落马下。赵玄的司马蹇鉴冒死护住他，让他快走，赵玄说："我已经走不了了，你快走吧！"蹇鉴哭着说："你不走，我也不能独活！"这时候晋军一拥而上，把他们都杀死了。

姚禹趁夜翻过城墙，前去投奔檀道济。十月二十日，檀道济率大军来到洛阳城下，姚洸一看这仗没法打了，便出城投降了檀道济。檀道济的手下抓获了四千多个羌人，有将军建议应该把他们全部坑杀，然后建起骷髅台，檀道济说："不能这么鲁莽，目前需要安抚他们，争取人心，为获得更大的胜利做准备。"于是把他们全部放走了。见此情况，附近不少胡人和汉人都来归降。

阎生和姚益男走到半路，听说洛阳已经被晋军攻破，不敢再前行。

听说洛阳被收复，建康的满朝文武都激动得流下了热泪，司马德宗下令，命司空高密王司马恢之代表朝廷，前去洛阳整修并祭拜皇家陵墓。刘裕命冠军将军毛脩之为河南、河内二郡太守，镇守洛阳。

刘裕一边打仗收复失地，一边也没有忘记加快篡位的步伐。他派左长史王弘回到建康，暗示朝廷，应该给刘裕加九锡。这时候，在朝中处理留守事务的是刘穆之，他此时明白了，自己虽然受到刘裕的重视和重用，但还不是刘裕的心腹，加九锡这样的事情刘裕不会交给他做，而是要假手他人。刘穆之感到非常失落，非常苦闷，竟然生病卧床了。

十二月二十九日，安帝司马德宗下诏，任命刘裕为相国、扬州牧，总领百官，封宋公，采邑十个郡，加九锡，位次在各位诸侯王之上，原任官职一律保留。刘裕假意推辞不受。

大敌当前，后秦内部又出了问题。并州牧姚懿的司马孙畅劝说他杀到长安，处死东平公姚绍，废黜姚泓，然后自己称帝。姚懿一听大喜，立即把仓库里的粮食发给百姓，笼络人心。左常侍张敞、侍郎左雅却劝姚懿道："殿下是圣上的亲弟弟，而且现在大敌当前，城池沦陷，朝廷危如累卵，您不能这么做。"姚懿一听暴怒，命人用鞭子把他们打死了。

姚泓得到禀告，找姚绍商议对策，姚绍说："这一定是孙畅的主意，现在应该立即征召孙畅，然后派抚军将军姚赞驻守陕城。我会去潼关指挥，如果孙畅前来，就命姚懿率军抵抗晋军，如果孙畅不来，你就派兵讨伐他们。"姚泓同意，道："就按叔叔说的做。"于是他派姚赞和冠军将军司马国璠、建义将军蛇玄驻守陕津，武卫将军姚驴驻守潼关。

孙畅接到诏令，根本没理，继续鼓动姚懿自称皇帝，还向各州郡发布了文告，意图争取支持者。姚懿准备调用匈奴堡的粮食，但守卫匈奴堡的宁东将军姚成都予以拒绝。姚懿很生气，派骁骑将军王国带领几百勇士进攻匈奴堡，结果都被姚成都生擒。

接到姚懿文告的不少，但只有临晋数千人响应，姚成都便率军攻打临晋，攻破了城池。这时候，蒲阪的百姓过纯率领数人拿起武器，包围了姚懿府，把他困在府中，姚绍趁机率军进入蒲阪，擒获了姚懿，诛杀了孙畅等人。

义熙十三年（417）正月，面对危局，姚泓束手无策，和众文武以泪相对。这时候又出乱子了，征北将军齐公姚恢率三万多人起兵从北雍州出发，兵发长安，声称要清君侧，扬威将军姜纪也率军投降了姚恢。姚恢击败镇西将军姚谌，攻克了郿城，一时间长安城内人心惶惶。姚泓派人骑快马召姚绍回军救援京师，另派姚裕及辅国将军胡翼度驻防沣水。扶风太守姚儁也投降了姚恢。

姚绍紧急回师，和姚恢军在灵台对峙。姚赞也率主力回援京师，命宁朔将军尹雅为弘农郡太守，防守潼关。看到朝廷军队势大，姚恢的大将齐黄投降。姚恢被姚绍和姚赞夹击，大败，他和他的三个弟弟都被杀死。

后秦灭亡

王镇恶率军推进到渑池，派毛德祖拿下蠡吾城后，抵达潼关。檀道济和沈林子率军从陕城北渡黄河，攻陷襄邑堡后又向蒲阪进攻，但无法攻克。

义熙十三年（417）二月十九日，荥阳守将傅洪献出虎牢关，投降北魏。

姚泓命姚绍率武卫将军姚鸾等及五万将士死守潼关，命姚驴率军支援蒲阪。

沈林子对檀道济说："蒲阪城池坚固，守军众多，短时间内攻取不下，不如和王镇恶会师，合力攻打潼关，待攻克潼关后，蒲阪自然会不战而降。"檀道济同意了。

三月，檀道济和沈林子率军抵达潼关。姚绍迎战，大败，率残兵撤退到定城。姚绍派姚鸾袭击檀道济的粮道，又被沈林子打得大败，姚鸾被杀。姚绍再派姚赞进驻黄河岸边，企图切断晋军水路，依旧被沈林子打败。河北郡太守薛帛献出河曲，投降了晋军。

刘裕率水师从淮河、泗水入济水，准备由此再进入黄河，不过这样一来就需要经过北魏地界，他派人出使北魏，请求借路。拓跋嗣怀疑刘裕的用兵意图，便命司徒长孙嵩为督山东诸军事，由振威将军娥清、冀州刺史阿薄干率十万大军，部署在黄河北岸，阻挡晋军前进。三月八日，刘裕率水师入黄河，他任命左将军向弥为北青州刺史，镇守碻磝。

当初大军出发时，刘裕嘱咐王镇恶等人说："收复洛阳后，须等大军集齐，再一同进兵。"此时王镇恶却忘了命令，率军直取潼关，但久攻不下，军中开始缺粮。王镇恶派人骑快马飞报刘裕，要求调拨粮草，增派人手。刘裕把来人叫到指挥船上，他打开北面窗户，用手指点着河岸上的北魏军，说："看看对岸的军队，我这里怎么能派得出人马！"王镇恶没办法，只有自力更生。他亲自回到弘农郡，做老百姓的工作，晓之以理，动之以情，百姓纷纷献粮，粮草问题得到解决。

四月，刘裕命白直队主丁旿率勇士七百人，战车一百辆，在河岸一百多步的地方摆起了却月阵，阵中竖起白色羽毛大旗，然后命朱超石率两千人携带强弩一百张进入阵中。北魏军第一次看到这种阵型，都愣住了。北魏长孙嵩率三万骑兵发起了冲击，朱超石命用强弩射击，但敌人太多，只靠强弩远远不够，还好朱超石还带有大铁锤和一千多支丈八长矛，他命人把长矛折成三四尺长的短矛，用铁锤敲击矛头，使它们变得锋利，然后进攻。这种长矛威力特别大，一矛捅出去就能刺穿三四个人，北魏军惊骇不已，四散奔逃。晋军立斩阿薄干，长孙嵩率军撤回畔城。

姚绍派长史姚洽、宁朔将军安鸾、护军姚墨蠡、河东太守唐小方率领两千兵马驻守九原，准备凭借黄河天险，切断晋军粮道。沈林子率军拦腰攻击，大败后秦军，杀死了姚洽、姚墨蠡和唐小方。姚绍听说姚洽等人战死，气得浑身哆嗦，一大口鲜血喷出。他强撑着把兵权交给了姚赞，然后气绝身亡。

刘裕率军过洛阳，抵达阌乡，并命沈田子率领一千多士兵进攻峣柳城。姚泓准备亲自率军抵抗刘裕，但他担心沈田子偷袭他的后方，于是决定先解决沈田子。姚泓率数万将士，出其不意到达青泥。这大出沈田子的意料，他本来准备撤退，但听说这次是姚泓御驾亲征后，决定试一试。沈田子率亲信前行，让建威将军傅弘之作为后援。

沈田子等人被后秦军团团围住。沈田子进行战前动员，他激励士兵说："我们出兵万里之遥，就是为了这一刻！姚泓近在眼前，能不能封官晋爵，就看你们自己了！"士兵们顿时大声高呼，摩拳擦掌，拿起短兵器，和后秦士兵短兵相接。他们奋勇杀敌，以一当十，战斗力惊人，后秦军军心本就已经涣散，现在一下子被杀死一万多人，更加害怕，开始四散溃逃。姚泓狼狈逃窜，把专用的车子、衣服等都丢了，一路逃回了霸上。他丢下的器物均被沈田子缴获。

八月二日，刘裕率军抵达潼关，任命朱超石为河东太守，让他和振武将军徐猗之、河北郡太守薛帛会师，合击蒲阪。后秦平原公姚璞与姚和都迎战，晋军大败，徐猗之身亡，朱超石逃回潼关。姚赞派司马国璠尾随刘裕大军。

王镇恶请求率水军自黄河入渭水，兵进长安，刘裕同意。后秦恢武将军姚难率军从香城西进，王镇恶率军追击。姚泓进驻石桥，声援姚难。镇北将军姚强和姚难合兵一处，驻扎在泾水岸边，抵御王镇恶。王镇恶派毛德祖进攻，大胜，杀死姚强，姚难逃回长安。

姚赞退到郑县，刘裕率军进逼。姚泓命姚丕驻守渭桥，胡翼度驻守石积，姚赞驻守灞东，他自己则亲自率军驻守逍遥园。

王镇恶乘坐小船逆渭水而上，这种小船不是普通的船，普通的船会使水手暴露在外，这种船的水手是隐藏在船体之内的，所以后秦的人只看见小船乘风破浪而行，却看不见水手，他们非常惊讶，以为晋军有天神帮助。

八月二十三日凌晨，王镇恶军抵达渭桥。他让将士们饱餐战饭，然后重装登陆，命人把小船抛入水中，小船顺流而下。王镇恶进行战前动员，他说："我们的吃穿用具都已经顺水流走，今天如果取胜，可以扬名立万，高官厚禄，如果失败，将尸骨无存，大家看着办吧！"说完，他身先士卒，冲在了队伍最前面，将士们也纷纷拼尽全力进攻，大破姚丕军。姚泓率兵来救，却被姚丕的逃兵给冲散了。姚谌等战死，姚泓单枪匹马逃回皇宫。王镇恶从长安城北边的平朔门入城，姚泓和姚裕等率数百个骑兵逃奔到石桥。姚赞率军前来救援，可是走到半路，士兵们已经全逃走了。胡翼度投降了刘裕。

姚泓也准备投降，他十二岁的儿子姚佛念对他说："投降了不免受辱，不如自杀。"姚泓沉默不语，姚佛念跳下宫墙而亡。八月二十四日，姚泓携皇后和文武百官向王镇恶投降，王镇恶把他们关押起来。长安城中的六万户汉人和夷人也归降了王镇恶。

至此，五胡十六国中的后秦灭亡，立国三十四年，共历三位国君，分别为姚苌、姚兴和姚泓。

九月，王镇恶到霸上迎接刘裕，刘裕拉着王镇恶的手，对他说："成就我霸业的是你啊！"王镇恶赶忙说："这都是因为明公英明，将士神勇，我哪里有什么功劳！"刘裕哈哈一笑，夸赞道："你还挺谦虚的！"不过王镇恶其实也不是个省油的灯，后秦仓库里的金银财宝他可没少拿，这事儿刘裕是知道的，只是在装糊涂罢了。

刘裕命人把后秦皇家器物送到建康，然后把国库里的金银财宝分发给各位将士。后秦平原公姚璞、并州刺史尹昭献出蒲阪城投降。东平公姚赞率领皇室一百多人也来投奔刘裕，但刘裕把他们全部处死了，其余的皇室全部被迁往建康。

刘裕命人把姚泓送到建康，在闹市斩首。姚泓死时年三十岁，在位两年。晋帝司马德宗下诏封宋公刘裕为宋王，采邑增加十个郡，刘裕又假意辞谢。

之前投降后秦的司马休之、司马文思等人再投北魏，不久，司马休之去世。

　　十一月三日，刘穆之在忧愤中去世，年五十八岁，噩耗传到长安，刘裕接连痛悼了好几天。这时候的刘裕正遇到了难题，他本想趁热打铁，进攻胡夏、西秦、北凉等国，但将士们普遍厌战，想要回朝。正在刘裕思考下一步对策的时候，传来了刘穆之去世的消息，他担心建康方面会生变，于是决定率军回京。

　　回军需要时间，但建康不能没有主事的，刘裕准备让王弘接任刘穆之的职位，从事中郎谢晦建议道："王弘即轻佻又浮躁，不如让徐羡之接任。"于是刘裕任命徐羡之为吏部尚书、建威将军、丹阳尹、代管留任。但刘裕对徐羡之显然没有对刘穆之放心，他命令徐羡之一旦遇有大事，就要呈报自己后定夺。

　　刘裕任命他的次子、年仅十一岁的桂阳公刘义真为都督雍、梁、秦三州诸军事，兼安西将军，领雍、东秦二州刺史；太尉咨议参军王脩为长史；王镇恶为司马，兼冯翊太守；沈田子、毛德祖为中兵参军，沈田子兼始平太守，毛德祖兼秦州刺史、天水太守；傅弘之为雍州治中从事史。这些人负责镇守关中。

　　关中百姓一向很敬重王猛，这种敬重自然又转移到了王镇恶身上，这引起了来自江南的将领们的嫉恨。沈田子和傅弘之几次对刘裕说，王镇恶在关中势力强大，应该提防他，但刘裕说："我留下你们十几个人，还有一万多将士，俗话说'猛兽不如群狐'，你们怎么还惧怕一个王镇恶呢？"

　　三秦的汉人听说刘裕要回南方了，纷纷到刘裕大营前痛哭，说："此地不沾王化已经百年①，我们才刚刚见到汉人衣冠，人人欢喜雀跃，长安十陵乃刘家的坟墓，咸阳未央宫也是刘家的住宅，您要舍弃它们而去吗？"

　　刘裕鼻子一酸，也流下了眼泪，他宽慰父老们道："我身负皇命，不敢擅自停留。父老乡亲们不忘故国，让刘某倍感欣喜和感谢，现我留下次子与文武贤良镇守关中，还望你们共同维护境内的和平。"言毕，他和乡亲们洒泪而别。

　　义熙十三年（417）十二月三日，刘裕率军从长安启程，自洛水进入黄河，再开掘汴渠东归。

---

① 公元316年，匈奴刘曜攻占了长安，距此时恰好一百零一年。

晋亡宋兴

东晋朝廷已经是刘裕的天下，没有任何政治势力可以对他构成威胁，他终于接受了之前一直推辞的宋公爵位和九锡。从王莽开始，接受九锡就是要谋朝篡位的前兆，到刘裕这里自然也不例外。

刘裕看到了一本谶书，书上说："昌明之后，还有两个皇帝。""昌明"是孝武帝司马曜的字，他是现任安帝司马德宗的父亲。司马德宗虽然生活不能自理，但还是很健康的，况且他比刘裕小十九岁，刘裕心想，别说还有两个皇帝了，就是一个司马德宗，自己也耗不过他，但天命不可违，这可如何是好？他苦思冥想，终于想到了一个"捷径"——如果安帝尽快死亡，自己就可以再扶植一个司马家的皇帝，然后再让他尽快把位置让给自己，这样既可以得到皇位，又不违背天意，可以说一举两得。刘裕不由得暗暗佩服起自己来。

一不做二不休，刘裕派中书侍郎王韶之（王敦堂弟王廙的曾孙）携带毒药，和安帝左右侍从人员一起伺机下毒，想要毒死安帝。但安帝的弟弟琅琊王司马德文知道这是非常时期，担心会出意外，所以就和哥哥同吃同住，对安帝照顾得非常周到，王韶之等人很长一段时间都没有找到下手的机会。不过事有凑巧，司马德文生病了，他不得不离开安帝身边，回到家里养病。

义熙十四年十二月十七日（419），心急火燎的王韶之等人就地取材，在东堂用衣服死死勒住了安帝的脖子，不一会儿，安帝司马德宗就停止了挣扎，驾崩，年三十八岁。

安帝没有子嗣，刘裕立即声称奉安帝遗诏，拥立琅琊王司马德文为帝，是为晋恭帝，他也是司马家的最后一位皇帝。

元熙元年（419）正月初三，司马德文封刘裕为宋王，让他回朝主政。按照惯例，刘裕自然还是要推辞一番。元熙元年（419）七月，刘裕正式接受了宋王的封号，他从彭城移师寿阳，任命自己的同乡旧识度支尚书刘怀慎为督淮北诸军事、徐州刺史，镇守彭城。十二月，司马德文又加给刘裕特殊礼遇，命他可以戴有十二旒的帽子，乘坐用六匹马拉的金根车，这是天子才有的待遇；又尊称刘裕的继母萧氏为太后，世子刘义符为太子。

刘裕想取得帝位，但不想硬夺，就希望恭帝司马德文能主动禅让，但司马德文到目前为止还没有主动这样表示，刘裕很着急，就想找个说客去提醒提醒他。可找谁呢？这个事情又不便明说，他只能希望有人领悟他的意思，主动站出来。

元熙二年（420）四月的一天，刘裕大摆宴席宴请文武官员，他们推杯换盏，气氛相当热烈。酒至半酣，刘裕对他们说："各位稍停一下，听我说几句话。当年桓玄篡权，晋室权柄移位，我第一个站了出来，振臂一呼，力诛桓玄，使晋室复位。后我南征北战，灭慕容超、谯纵和姚泓，建立大业，圣上封我为宋王，赐给我九锡。如今我已经五十八岁了，地位又如此高，我深知物极必反的道理，长此下去，必不得保全，因此我想把王位和九锡还给圣上，回京师养子弄孙，以安天年。"大家正喝到兴头上，听了刘裕这一席话，都云里雾里的，不知道该怎么回答，生怕说错了话，于是只好含糊其词，一味夸赞刘裕功劳大。

不觉间天色已晚，文武官员纷纷告辞，走出了宋王府。中书令傅亮也走在人群中，他还在揣摩刚才刘裕说那番话时的表情。刘裕话说得看似随意，但表情里面却隐藏着深意，当时大家都在争着敬酒，他也没有时间细想，这会儿他再回想刚才的一幕，猛然间就领会了刘裕的话外之音，这个想法让傅亮猛地吸了一口冷气。但司马家让位刘家已是大势所趋，自己如果能帮刘裕办成了这件事，就会成为刘裕的开国功臣，高官厚禄享用不尽，想到这里，傅亮快步返回宋王府。这时候宋王府已经大门紧闭，傅亮叩门，刘裕大喜，急令开门，他知道自己期待的那个人出现了。

傅亮见到刘裕，对他说："我现在要返回京师。"刘裕也不多问，问道："你需要多少士兵护送？"傅亮说："几十个人即可。"

傅亮走出宋王府，心情复杂，他抬头仰望天空，突然看见一颗光芒四射的星星划过夜空，迅速消失得无影无踪。傅亮一拍大腿，长叹道："这是天意啊！"

到达建康后，傅亮劝司马德文下诏召刘裕入京辅政，司马德文照做了。刘裕命四子刘义康为都督豫、司、雍、并四州诸军事，兼豫州刺史，镇守寿阳。刘义康才十二岁，刘裕便命刘湛为长史辅佐他，大小事务都让刘湛拿主意。刘湛博览群书，又务实重干，不喜欢空谈，刘裕特别器重他。

六月九日，刘裕抵达建康，和傅亮秘密商议之后，决定由傅亮亲笔起草禅让诏书。傅亮带着禅让诏书来皇宫找司马德文，让他亲自照抄一遍，司马德文接过诏书，神情自然，对左右说："桓玄掌权的时候，天命已改，有赖宋王，才使得晋延长国祚近二十年（实际上是十七年），今天我写下禅让诏书，可以说是自愿的。"说罢，司马德文把诏书照抄了一遍，递交傅亮，然后又派太保谢澹（谢安的孙子）、太尉刘宣范向刘裕献上了玉玺印绶。

六月十一日，司马德文要搬离皇宫回琅琊王府，文武百官前来送行，场面十分伤感。秘书监徐广尤其哀恸，他失声痛哭，谁也劝不住。至此，立国一百五十六年的司马晋朝正式退出了历史舞台。

六月十四日，刘裕在建康城南登上高台，设立祭坛，烧柴祭天，登基称帝。礼毕，他乘坐天子法驾，进入了太极大殿，大赦天下，改年号为"永初"，取消《泰始历》，改行《永初历》。

刘裕建立的国家为"宋"，习惯上我们称其为"刘宋"或"南朝宋"，称刘裕为宋武帝。历史从此进入了南北朝时期。

参考书目

〔唐〕房玄龄. 晋书. 北京：中华书局，1974.

〔宋〕司马光. 资治通鉴. 北京：中华书局，2013.

〔北齐〕魏收. 魏书. 北京：中华书局，1974.

〔清〕王夫之. 读通鉴论. 北京：中华书局，2013.

〔南朝宋〕刘义庆. 世说新语. 上海：上海古籍出版社，2016.

〔北魏〕郦道元. 水经注. 北京：中华书局，2016.

〔梁〕释慧皎. 高僧传. 北京：中华书局，1992.

二十五史刊行委员会. 二十五史补编. 北京：中华书局，1955.

吕思勉. 两晋南北朝史. 南京：江苏人民出版社，2014.

万绳楠. 陈寅恪魏晋南北朝史讲演录. 贵阳：贵州人民出版社，2012.

唐长孺. 魏晋南北朝史论丛. 北京：生活·读书·新知三联书店，1955.

唐长孺. 魏晋南北朝史论丛续编. 北京：生活·读书·新知三联书店，1959.

唐长孺. 魏晋南北朝史论拾遗. 北京：中华书局，1983.

万绳楠. 魏晋南北朝文化史. 北京：东方出版社，2007.

何兹全. 魏晋南北朝史略. 上海：上海人民出版社，1958.

白寿彝. 中古时代·三国两晋南北朝时期. 北京：中国友谊出版社，2011.

周一良. 魏晋南北朝史十二讲. 北京：中华书局，2010.

王伊同. 五朝门第. 北京：中华书局，2006.

张旭华. 九品中正制研究. 北京：中华书局，2015.

蒋建中. 古今官职诠释. 北京：中国书籍出版社，2015.

张传玺、杨济安. 中国古代史教学参考地图集. 北京：北京大学出版社，1984.

薛国屏. 中国地名沿革对照表. 上海：上海辞书出版社，2017.

何兹全.读史集.上海：上海人民出版社，1982.

郑欣.魏晋南北朝史探索.济南：山东大学出版社，1989.

陈茂同.中国历代职官沿革史.天津：百花文艺出版社，2005.

林幹.东胡史.呼和浩特：内蒙古人民出版社，2007.

杨建新.中国西北少数民族通史·西晋十六国卷.北京：民族出版社，2009.

周伟洲.中国中世西北民族关系研究.桂林：广西师范大学出版社，2007.

方立天.魏晋南北朝佛教.北京：中国人民大学出版社，2012.

许地山、傅勤家.道教史 外一种：中国道教史.长沙：岳麓书社，2010.

杜瑜.中国历代疆域.北京：中国国际广播出版社，2011.

张承宗、魏向东.中国风俗通史·魏晋南北朝卷.上海：上海文艺出版社，2001.

王仲荦.魏晋南北朝史.上海：上海人民出版社，2016.

刘大杰.魏晋思想论.长沙：岳麓书社，2010.

刘强.魏晋风流十讲.北京：中国青年出版社，2014.

王文斌.话说清谈.昆明：云南人民出版社，2012.

李磊.六朝士风研究.武汉：武汉出版社，2008.

王文生.魏晋南北朝文学史.武汉：武汉大学出版社，2009.

田宇庆.东晋门阀政治.北京：北京大学出版社，2012.

胡阿祥.东晋南朝侨州郡县与侨流人口研究.南京：江苏教育出版社，2008.

高敏.中国经济通史·魏晋南北朝经济卷.北京：经济日报出版社，1998.

柏杨.中国帝王皇后亲王公主世系录.北京：中国友谊出版社，1986.

李梅田.中国古代物资文化史·魏晋南北朝.北京：开明出版社，2014.

周振鹤.中国行政区划通史 三国两晋南朝卷.上海：复旦大学出版社，2017.

周振鹤.中国行政区划通史·十六国北朝卷.上海：复旦大学出版社，2017.

孔祥军.晋书地理志校注.北京：新世界出版社，2012.

罗宗真.魏晋南北朝考古.北京：文物出版社，2001.